普通高等教育"十一五"国家级规划教材

新编21世纪公共管理系列教材

政府经济学

第四版

Economics of Government

郭小聪 主编

中国人民大学出版社

·北京·

作 者 简 介

郭小聪 中山大学政治与公共事务管理学院教授、博士生导师，中山大学中国公共管理研究中心专职研究员。美国伊利诺伊大学、加利福尼亚州立大学访问学者，此外，还曾访问过法国巴黎政治学院、法国马赛第二大学、瑞士洛桑大学、英国牛津大学等高校。主要研究领域为政府经济学、公共管理学、政治学等。出版《中西古代政府制度及其近代转型路径约束比较》、《地方政府与失业治理》、《政府经济职能与宏观管理》、《政府经济学》、《行政管理学》、《官僚制内幕》等学术专著、教材和译著九部，发表论文近百篇，其中，《中西古代政府制度及其近代转型路径约束比较》获得广东省2004—2005年度哲学社会科学优秀成果一等奖，《政府经济学》被评为普通高等教育“十一五”国家级规划教材。

内 容 简 介

本书分五篇系统阐述了政府经济学的基本概念、理论和方法。第1篇从政府与市场的关系入手，讨论政府经济行为的必要性、可能性和有效性，这是政府经济学的逻辑起点。第2篇从宏观的角度搭建政府经济行为运作的制度框架，包括政府行使宏观经济管理职能的制度、机构、方式和手段。第3篇以公共产品理论和公共选择理论为核心，阐述政府提供公共产品的基本原理和供给机制，分析公共产品的供给方式及效果，介绍政府采购的制度和方式，并对政府财政支出的规模、结构和效益进行经济分析，提出控制公共支出不合理增长的措施。第4篇以政府税收理论为核心，分别对税制、税种、税率及免税与补贴等政府税收形式进行研究和分析，并在此基础上评价各种收入形式的经济效应。第5篇以国有资产理论为核心，研究国有经济的管理方式和实现形式，探讨国有资产管理体制、管理内容、管理手段等问题。全书在论述政府经济学基本理论的基础上，力图反映我国政府的经济行为以及经济管理机构、经济管理制度、经济管理政策、公共产品供给、国有资产管理等的实际情况。

第四版紧扣党的十八届三中全会的决定，围绕全面深化改革的大方向和具体领域修订有关观点和表述方式，尤其在政府与市场关系、政府职能转变、政府机构改革、公有经济与非公有经济的地位、分配制度改革、国有企业改革、财税体制改革等方面，贯彻了决定的新精神。同时，更新了全书的数据及章末的案例分析与阅读材料，并对个别图形进行了修正。

本书适合作为行政管理、公共事业管理、公共管理硕士（MPA）及相关专业的“政府经济学”、“公共经济学”、“公共财政学”等课程的教材，也可作为党政干部和其他读者系统学习政府经济学基本知识的参考书。

出版说明

现代意义上的公共行政与公共管理研究和教育始于 20 世纪初的西方。时至今日，随着公共管理职业化的发展，公共行政与公共管理的研究和教育事业在西方发达国家方兴未艾。自 20 世纪 80 年代起，为了适应政府改革与公共管理人才培养的需要，我国的公共行政与公共管理研究和教育在经历了发展的挫折之后，开始了恢复和重建的工作。经过多年的发展，特别是公共管理一级学科的设置和我国公共管理硕士（MPA）教育的启动以及高校公共管理类本科专业的大量开设，公共管理已成为当代中国社会科学和管理科学领域的一个充满生机活力、具有远大发展前景的学科。

为了满足广大高校公共管理类专业的教学需要，在历届教育部高等学校公共管理类学科专业教学指导委员会的指导和支持下，中国人民大学出版社自 1999 年起，陆续出版了“21 世纪公共行政系列教材”、“21 世纪公共管理系列教材”、“21 世纪公共事业管理系列教材”、“公共管理系列教材”、“公共管理核心课程系列教材”、“21 世纪劳动与社会保障系列教材”、“21 世纪土地资源管理系列教材”、“21 世纪城市规划与管理系列教材”等多个本科系列教材。这些教材被国内高校公共管理类专业广泛选用，并得到了公共管理学界的支持和认可，数十种教材被评为“十五”、“十一五”、“十二五”国家级规划教材，普通高等教育精品教材，以及各省市精品教材，为我国公共管理学科发展和人才培养作出了积极的贡献。

我国高等教育改革的进一步深化，以及新技术和新媒体的不断发展，对高校教材提出了更高的要求。为了回应这种要求，我们在广泛调研的基础上，拟对上述系列教材进行整合和提升，推出“新编 21 世纪公共管理系列教材”，以满足国内高校公共管理一级学科下设的行政管理、公共事业管理、劳动与社会保障、土地资源管理、城市管理、海关管理、交通管理、海事管理、公共关系学等本科专业的教学需要。

“新编 21 世纪公共管理系列教材”将秉承中国人民大学出版社“出教材学术精品，育人文社科英才”的宗旨，从本科教育的特点出发，从公共管理教育的特点出发，为广大高校公共管理类专业师生提供一套高质量的本科教材。在教材编写和内容安排上，“新编 21 世纪公共管理系列教材”强调基础知识、基本理论和基本技能，同时，也尽可能地体现创新性和前沿性，反映相关领域理论与实践的最新发展情况。

“新编 21 世纪公共管理系列教材”由中国人民大学、中山大学、北京大学、清华大学、复旦大学、厦门大学、武汉大学、浙江大学、吉林大学、东北大学、北京师范大学、山东大学、四川大学、西北大学等数十所国内著名大学的知名学者领衔著述，我们期望通过这种强强联合、优势互补、资源共享的方式，为国内公共管理学界奉上一套体现系统性、权威性、通用性，并兼具创新性、前沿性、启发性的精品教材。

公共管理的实践是不断发展和变化的。随着公共管理实践的不断发展，公共管理学科研究的范围、主题和内容也在不断地发展和变化。我们将紧跟公共管理学科的发展，与所有作者一起，不断对本套教材进行修订和完善。望广大读者给我们反馈信息，对本套教材提出批评和建议，以使我们能够在所有读者和作者的帮助下，与中国公共管理学科共同成长。

中国人民大学出版社

第四版前言

根据我国改革开放的环境变化，《政府经济学（第四版）》的修订重点如下：

1. 紧扣党的十八届三中全会通过的《中共中央关于全面深化改革若干重大问题的决定》，围绕全面深化改革的大方向和具体领域修订有关观点和表述，尤其是在政府与市场关系、政府职能转变、政府机构改革、公有经济与非公有经济的地位、分配制度改革、国有企业改革、财税体制改革等方面，贯彻了决定的新精神。
2. 多数数据更新到2013年，个别地方更新到2012年。
3. 案例分析和阅读资料也替换为近三年的成果。
4. 更新国务院对部分经济政策的新规定，如个人所得税的累进税率等。
5. 修正个别图形。

承蒙广大读者的厚爱和支持，《政府经济学》得以再版，在此特表衷心感谢！

郭小聪

2014年9月

第三版前言

《政府经济学（第三版）》的修订重点是：

1. 替换部分章节的阅读资料，增加可读性和针对性。

2. 更换部分章节的案例分析，尽量采用 2010 年或 2009 年发生的案例，并重新设计思考题。

3. 更换最新数据，尽量采用 2010 年或 2009 年数据。

4. 删除和修改个别文字，增加我国有关财税政策方面的最新内容，增加“十一五”成果和“十二五”规划的内容。

承蒙广大读者的厚爱和支持，再次表示由衷的感谢！

郭小聪

2011 年 8 月

第二版前言

由郭小聪主编、中国人民大学出版社出版的《政府经济学》，承蒙读者的厚爱，被评为普通高等教育“十一五”国家级规划教材。自2003年出版第一版以来，我国社会发生了广泛又深刻的变化，为了更加全面地反映中国社会和经济发展的最新情况，本教材进行了修订。修订的主要内容有：

1. 把国家“十一五”规划的主要内容及党的十六大和十七大的重要精神补充到各个有关的章节中，如第2章的政府职能转变、转变经济发展方式，第3章的政府经济管理机构改革，第5章的产业政策、收入分配政策，等等。

2. 较全面地反映了近几年推行的经济体制改革措施及其成果，同时对改革的趋势进行探讨，例如行政管理体制改革、税制改革、国库管理体制改革、转移支付制度改革等。凡是涉及改革与发展的重大问题的内容均予以强调、突出，适当补充内容、增加篇幅，例如对于转变经济发展方式、加大中间阶层的收入分配、建立与完善公司治理结构、国有经济战略性调整、垄断行业改革等方面内容都进行了调整、充实。

3. 对数据进行了更新、充实，尽可能采用最近年份的统计资料；对绝大部分案例和阅读材料做了更新，尽可能采用新的和可读性、现实性更强的案例与阅读材料；相关政策实践更新到2007年，如政府采购制度等。

4. 个别章节作了比较细致的修订，如第7章的公共选择理论，对其中的“多数通过规则”部分，进一步理顺了内容条理层次；完善了“单峰偏好”、“多峰偏好”的定义表述；对于简单多数规则的弱点，增加了图表形式的诠释；对“垄断官僚行为理论”部分，增加了几何图帮助阐释尼斯坎南垄断官僚模型。又如第9章，对其中的“按照支出的用途分类”部分，重新按照我国现行财政支出核算分类口径作了相应的调整；对“效益和成本的确定”部分，增加了影子价格概念的阐述；删除了消费者剩余的分析（严格来说这属于影子价格估算方法之一）部分的内容；增加了有关政治因素（利益集团）对成本收益评估的影响的内容；增加了有关公共项目支出评估中长期动态修正的内容。

由于我们的水平有限，掌握的资料不够全面，遗漏和错误在所难免，希望读者批评、指正。感谢读者的厚爱和支持!

郭小聪

2008 年 4 月

对政府经济学的若干看法（代前言）

一、政府经济学的由来

政府经济学（economics of government），是由公共财政学（public finance）和公共经济学（public economics or public sector economics）发展而来的，其起源可以追溯到西方学者对财政问题的关注和研究。

财政的产生同国家的出现联系在一起。国家出现以后，其作为执行一般社会需要的代表，履行集中分配部分剩余产品以满足一般社会需要的职能。早期的经济学家都是从国家或君主的收支活动来探讨经济问题的，如德国的官房学派和历史学派。在他们眼里，经济学只不过是君主政府的“官房学”，是政府的理财学。就此而言，经济学来源于财政学。财政学、经济学从纯粹属于国家走向公共社会，是从亚当·斯密（Adam Smith）开始的。就像恩格斯所说的，亚当·斯密在1776年发表了自己关于国民财富的本质和成因的著作，从而创立了财政学。在这以前，“全部以前的财政学都纯粹是国家的；国家经济仅仅被看作全部国家事务中的一个部门，从属于国家本身”①。

亚当·斯密的《国民财富的性质和原因的研究》（以下简称《国富论》）于1776年出版时，英国资产阶级革命已经过去了130余年，距使英国资产阶级政权得到巩固的1688年“光荣革命”也近90年了，但其时英国的产业革命尚未完成，市场经济的发展仍需要摆脱残余的封建制度和曾经流行一时的重商主义的束缚，自由发展，而不需要国家的保护。正是在这样的背景下，《国富论》把财政学从纯粹属于国家的理财活动推向与市场经济相适应的公共财政实践，与此同时，亚当·斯密主张把政府的经济活动限制在一定的范围内，如国防、司法、行政、公共秩序的维护等等，认为资源配置的任务应在“看不见的手”——市场的供求和价格机制——的引导下完成。《国富论》的出版，标志着自由贸易、

---

① 《马克思恩格斯全集》，中文2版，第3卷，545页，北京，人民出版社，2002。

自由放任的古典政治经济学的形成。继斯密之后，李嘉图、穆勒、萨伊、马歇尔、瓦尔拉斯等经济学家进一步发展了市场经济及自由放任的理论。

自此以后，西方的经济学摆脱了早期的政府理财学步入了公共经济学的轨道，把财政学看成是公共财政学的观点也成为主流观点。但在公共经济学的发展过程中，对于诸如政府应该扮演什么角色、履行什么职能，国家、政府该不该干预经济，如何干预经济等问题，经济学家们则一直存在着不同的看法。

第一个持与亚当·斯密不同看法的是德国历史学派的先驱——李斯特（Friedrich List，1789—1846）。他在自己 1841 年出版的名著《政治经济学的国民体系》中提出，各民族、各国家有不同的发展道路，不存在适用于所有民族的经济规律，由此提出了国家干预的理论。他认为，在各国、各民族经济发展不平衡的条件下，实行自由贸易只会对先进国家有利，落后国家只有在强大的国家力量扶持下，才能实现强国之梦。

另一个与斯密持不同观点的人是 20 世纪初英国剑桥学派的重要人物庇古（Arthur Cecil Pigou，1877—1959）。他是福利经济学的代表人物。庇古于 1920 年出版了《福利经济学》一书，从社会经济福利最大化的角度研究市场经济的效率与合理性，并对市场经济的优缺点进行了评价，在此基础上引入了国家干预的问题。

对传统的自由放任学说提出了有史以来最严厉的挑战的是凯恩斯（John Maynard Keynes，1883—1946）。他于 1936 年出版的《就业、利息和货币通论》一书，开始了一场旨在用国家干预理论代替经济自由主义学说的“凯恩斯革命”。凯恩斯第一次从宏观经济角度分析资源的充分利用问题，否定传统经济理论关于资本主义经济能自行调节、实现充分就业的假设，即“萨伊定律”，认为失业是有效需求不足的结果，要实现充分就业，就必须填补总需求与总供给之间存在的缺口。而“要达到离充分就业不远之境，其唯一办法，乃是把投资这件事情，由社会来总揽”，“国家必须用改变租税体系、限制利率以及其他方法，指导消费倾向”。在此基础上，他提出了全新的国家干预的主张：“除了消费倾向与投资引诱二者，必须由中央统制，以便二者互相配合适应以外，实在没有理由要使经济生活比以前更社会化。”[①]由于凯恩斯主义适应了国家垄断资本主义的需要，在 20 世纪 30 年代的大危机中，它对资本主义制度曾起过“起死回生”的作用。

第二次世界大战以后，尽管关于应该实行自由放任还是政府干预的理论争论持续不断，但争论中也有达成共识的地方，即私人产品与公共产品存在不同的供给和消费规律，私人产品的消费存在明显的竞争性和排他性，而公共产品的消费存在非竞争性和非排他性，或半竞争性和半排他性。由于公共产品具有共同消费性质，很容易产生“搭便车”（free-rider）和“囚徒困境”（prisoner's dilemma）问题，使提供者遭受严重的成本利益失衡损失。“搭便车”指的是公共产品供应上的坐享其成的心理和行为。“囚徒困境”指的是人们为了追求眼前利益而不顾长远危害的现象和行为。“搭便车”和“囚徒困境”问题造成的结果是，或者完全没有公共产品提供，或者公共产品的提供严重不足。“公共经济学”就是在研究这些问题的过程中发展起来的。如果说，古典经济学的重点是研究私人产品的供给与消费问题，公共经济学则主要是研究公共产品的供给与消费问题。根据张馨教授的

---

① ［英］凯恩斯：《就业、利息和货币通论》，321～322 页，北京，商务印书馆，1983。

看法，“公共产品”（public goods）一词在英语财政学专著中的最早出现，是1936年在美国翻译出版的意大利学者马尔科的《公共财政学基本原理》（*First Principles of Public Finance*）一书。[①] 但直到20世纪60年代以后，公共产品概念及其理论才在美英学界被广泛接受和使用，公共经济学也是这时才真正获得发展的。列夫·约翰森的《公共经济学》于1965年出版，反映这门学科研究成果的专门刊物《公共经济学》杂志也于1966年创刊。

在公共经济学的发展过程中，西方学者对如何解决公共产品供给与消费中的问题，如“搭便车”、“囚徒困境”、外部性（externalities）等，仍然存在不同看法。这些不同看法，实质上是自由放任与政府干预的争论的继续。以斯蒂格利茨（Joseph E. Stiglitz）为代表的学者认为，公共性、外在性、垄断性等市场失灵现象为政府干预市场以提高社会整体福利水平提供了空间，因为“政府的显著特征——拥有全体的社会成员和强制力——使政府在纠正市场失灵方面具有某些明显优势”[②]。而以科斯（Ronald Coase）为代表的学者，则主张靠“自愿联合”或“协商解决”等市场原则来解决市场失灵问题，主张通过明晰私有产权使外部问题内在化、市场化。所以，西方经济学界有人把斯蒂格利茨的经济学称为“干预经济学”（economics of intervention），把科斯的经济学称为“产权经济学”（economics of property right）。不过，现代西方学者中有关政府干预的主张，比凯恩斯等人的政府干预的主张要温和得多，更多地表现为主张政府与市场的结合，因而更接近于“混合经济学”。在混合经济学中，“市场机制在许多领域决定价格和产量，而政府却通过税收、支出方案和规章制度来调节市场。市场和政府这两个部分都是必不可缺的。没有政府和没有市场的经济都是一个巴掌拍不响的经济”[③]。可以说，政府经济学正是在主张温和的政府干预，主张把政府与市场相结合的学者群中逐步发展起来的，它是与公共经济学既有密切联系又有区别的一门边缘学科。我比较赞同这样的看法：“公共经济学是政府经济学的前身，政府经济学建立在公共经济学研究的基础之上。公共经济学扩展了财政学，与政治学开始交叉，为政府经济学的形成做了准备。如果说政府经济学发源于财政学，那么可以认为公共经济学是财政学到政府经济学之间的桥梁。”[④]

二、政府经济学与公共经济学的差别

这是学生经常问的、老师又很难解释清楚的问题。我国的多数老师采取最简单的回答：公共财政学就是公共经济学，公共经济学就是政府经济学。从上述可见，三者本来就是同一根源，要讲清楚它们之间的区别确实不容易。国外学者也只是交替使用公共财政学（public finance）、公共经济学（public economics/public sector economics）、政府经济学（economics of government/governmental economics/economics of government activities），至于三者之

---

① 参见张馨：《比较财政学教程》，北京，中国人民大学出版社，1997。

② ［美］约瑟夫·E·斯蒂格利茨等：《政府为什么干预经济——政府在市场经济中的角色》，74页，北京，中国物资出版社，1998。

③ ［美］保罗·A·萨缪尔森、威廉·D·诺德豪斯：《经济学》（上册），12版，86～87页，北京，中国发展出版社，1992。

④ 杨龙：《政府经济学的研究对象及其学科特色》，载《东南大学学报》（哲学社会科学版），2002（2），42页。

间的区别，很少有人进行认真的思考，只是感觉到存在差别而已。

相比之下，学者们对公共财政学与公共经济学的区别更清楚一些。如，迈克尔·霍华德在他的《公共部门经济学：适用于发展中国家》一书中简述了这种区别："公共部门经济学常被公共财政学和公共经济学所交替使用。我从未合理地区分过两者的区别。一般地说，公共财政学是一个老术语，它强调预算的收入一面，当然也讨论财政支出的决定和影响。而公共部门经济学更加注重政府税收与支出对经济活动的影响。税收的来源以及影响公共支出的因素，仍然是公共部门经济学的重要组成部分。"① 又如，彼得·M·杰克逊在他主编的《公共部门经济学前沿问题》中也认为："'公共部门经济学'这个概念取代研究领域比较狭窄的'财政学'只是近年的事，传统的财政学主要侧重财政方程式中的税收方面，忽略了公共支出的公共选择。""与财政学相比，公共部门经济学近来发展的一个特征是经济学家们更加注重公共用品（公共政策）的需求和供给。"② 还有一位学者，马克·波尔曼，在一篇评论斯蒂格利茨的文章的注释中说，许多美国人习惯于用"公共财政"这个词，"对'公共经济学'这个词感到不习惯，但这是一个合适的词语"。为什么说它是"一个合适的词语"呢？因为"过去公共财政专家关注的是如何有效和公正地进行课税和使用税收"，但是如今研究的重点已经有了巨大的转变，"公共财政学"已经包含不了新的研究内容，而"'公共经济学'很好地包含了这些内容：对国家财政的控制；谁拥有，谁控制，谁管理和谁制定政策，以及谁关注政府的经济政策"③。他还说，最初他把斯蒂格利茨列为公共财政专家，而现在应该把他看作一个研究公共经济学的美国人。

这三位学者讲的是公共财政学与公共经济学的差别，至于公共经济学与政府经济学的差别，似乎没有学者论述过。

从已有的文献看，不论是以政府经济学命名的著作，还是以公共经济学命名的著作，两者在研究对象、具体内容以及运用的理论等方面，确有许多相同之处，但不同的地方还是有的。我认为，作者使用不同书名的情况不一，有的可能真的出于不同理由的考虑，有的可能并没有经过认真思考，只是出于偏好而已，所以，书名本身并不重要，关键是看内容到底有没有差别。

1988年春秋出版社组织翻译出版约瑟夫·E·斯蒂格利茨的著作时，斯蒂格利茨的著作的原名直译是《公共部门经济学》(*Economics of Public Sectors*)，但中文版书名是《政府经济学》。翻译者当年为什么把它翻译成政府经济学？我没有机会去请教，但细想起来，觉得这样的翻译正是翻译者的水平所在。因为这样的翻译，能够起到直接翻译所无法起到的作用。一是容易被中国读者理解，赢得了广泛的读者群。由于长期实行计划经济体制的缘故，中国人习惯于把经济管理看成是政府的分内事，政府是当然的经济管理主体。虽然经过改革，20世纪80年代末，我国政府已经开始逐步地把企业的管理权还给企业，理论上也开始认识到政府职能转变的必要性，但政府是社会经济管理的主体这一观念已经深入人心。而且，公共部门、公共组织等概念，虽然在80年代末已经被部分学者所运用，但

① Michael Howard, *Public Sector Economics: For Developing Countries*, Barbados, University of the West Indies Press, 2001, p. 1.

② [英] 彼得·M·杰克逊主编：《公共部门经济学前沿问题》，2、3页，北京，中国税务出版社，2000。

③ [美] 约瑟夫·E·斯蒂格利茨等：《政府为什么干预经济——政府在市场经济中的角色》，152～153页。

相对来说，人们更为熟悉和更容易理解的是政府、政府组织、政府机构、政府部门等概念。所以，政府经济学就像宏观经济学一样，更容易被读者所理解和接受。二是能更贴切地反映斯蒂格利茨的著作的内容，更直接地反映他的主张——“政府干预”的观点。该书以美国的政府、政治及经济过程为对象，主要分析政府的经济行为，尤其是政府的支出行为和税收行为，分析的单位是联邦政府和州政府，全书贯彻了他的关于政府相对于其他经济组织的优越性以及在混合经济体制下发挥政府作用的理论观点。三是使中国学者更为冷静地思考我国在体制转轨过程中的一些新问题，如，怎样正确处理政府与市场的关系问题，在市场经济中政府要扮演什么经济角色，政府职能转变是否意味着政府要放弃经济职能，等等。80年代末，“最好的政府是什么都不管的政府”、“管事越少的政府越好”的观点，在学术界颇为流行。在这种背景下，书名译为“政府经济学”的斯蒂格利茨著作的出版，产生了比较大的影响，发挥了一定的矫正作用。“政府经济学”这一书名很快被众多中国学者所认同和赞赏，中国学者也开始研究政府经济职能、政府与市场、政府经济管理等专题，以至于直接使用“政府经济学”作为书名来编著教材。

至于国外学者直接用类似“政府经济学”作为书名的情况，就我掌握的资料来看，虽然不多，但也有一些。如，戴维·N·海曼（David N. Hyman）的书，其英文书名为：*The Economics of Governmental Activity*（New York，Holt，Rinehart and Winston，Inc.，1973），可以翻译为“政府行为经济学”或“政府经济学”。还有《国家与地方政府经济学》（Werner Zvi Hirsch，*The Economics of State and Local Government*，New York，McGraw-Hill，1970；Henry John Raimondo，*Economics of State and Local Government*，New York，Praeger，1992）、《地方政府经济学：理论和实践》（David N. King，*Local Government Economics in Theory and Practice*，London，New York，Routledge，1992）、《地方政府经济学：原理与实践》（Stephen James Bailey，*Local Government Economics：Principles and Practice*，Basingstoke，Macmillan Press，1999）、《社会、政府与国家经济学》（Frank Chodorov，*The Economics of Society，Government，and State*，N. Y.，Analysis associates，1946）、《财政分层：不同层级政府经济学》（David N. King，*Fiscal Tiers：The Economics of Multi-level Government*，London，Boston，G. Allen & Unwin，1984）等等。[①]

那么，政府经济学与公共经济学之间到底有什么差别呢？我想，大致有三方面的差别：

第一，研究对象和范围有差别。公共经济学的研究对象中的经济主体是公共部门或公共组织，而政府经济学的研究对象中的经济主体是政府及其管理部门。在西方学者眼里，这两种经济主体基本就是一回事，但在实际的使用中，两者还是有差别的。公共部门、公共组织是相对于私人部门、私人组织而言的，凡是涉及社会的部门和组织，都可以归入公共部门、公共组织。目前正成为研究热点的“非营利组织”（non-profit organization）、“非政府组织”（non-governmental organization）、“社会服务组织”（social service organi-

① 以上列的政府经济学英文版著作，除我两次分别到美国两所大学做访问学者期间阅读的书目外，还有现正在美国杜克大学做访问学者的何艳玲老师帮助检索的书目，在此表示感谢。

zation)、“志愿组织”(voluntary organization)等，被理解为既不是私人部门又不是公共部门，而被归入“第三部门”(the third sector)或“第三域”(相对于公域和私域)。严格说来，这些组织和部门都属于社会性的公共部门，公共部门应该包括政府的和非政府的。在全球经济一体化的进程中，非政府性的公共部门和组织扮演着重要的主体角色，发挥着政府组织和部门无法替代的作用。[①] 所以，我认为，公共经济学应该研究包括非政府性公共组织在内的所有公共部门的经济行为和规律，而政府经济学主要是研究政府作为经济主体时的经济行为和规律。两种经济主体存在着明显的差别，那就是，政府组织及其部门是有不同的层级的，不同层级的政府部门具有不同的权限和职能，而一般的公共组织和部门很难区分其层级、权限和职能。因为这种差别的存在，鲍德威(Robin W. Boadway)和威迪逊(David E. Wildasin)在他们合著的《公共部门经济学》中，在第 14 章的第 2 节讲述了“公共部门职能与适当级别政府的对应”[②]。由于经济主体的差别，公共经济学的研究范围大于政府经济学的研究范围。有学者主张从经济主体来划分经济学分支学科：“在市场经济中，如果不考虑同外国的经济关系，政府同企业、居民一起成为市场经济的三大主体，对三大主体的经济学研究，形成了三个经济学分支学科：政府经济学、企业经济学和家庭经济学。”[③] 我认为这种划分法未尝不可。

第二，运用的理论和分析工具有差别。关于公共经济学的理论基础和分析工具，鲍德威和威迪逊在《公共部门经济学》的前言中作了概括：“作为一门同时涉及规范与实证经济学分析的学科……一方面，财政学(作者把财政学与公共经济学等同看待——本文作者注)试图回答这样的问题，即在市场经济条件下，公共部门在影响资源配置方面究竟应当起什么样的作用。确定公共部门决策规则的一系列规范分析因而需要用到现代福利经济学的工具，就这点而言，我们可以将财政学归于应用福利经济学的范畴。另一方面，财政学也涉及实证分析问题，即研究政府活动(如税收、支出、转移)如何影响经济中的资源配置、相对价格和福利状况。”[④] 也就是说，公共经济学的理论基础是福利经济学，其分析工具是规范分析和实证分析。我认为，这也是政府经济学的理论基础和分析工具，不同的地方是，政府经济学还必须借助政治学理论，尤其是国家理论(含政府理论)，在进行经济分析的同时引入政治分析。“政治分析与经济分析有着一定的区别。经济分析的关键在于经济资源的稀缺性，即投入产出、成本收益比较的经济效益问题；而政治分析的核心在于在经济资源约束条件下的利益冲突，即成本摊派的收益分享。”[⑤] 公共经济学注重对投入产出的经济效益分析，而政府经济学注重对产生经济效益的制约条件的分析，包括对政府管理体制、管理机构和管理方式等对政府经济行为及其管理效能的影响进行的分析。在公共经济学中，国家的意志及贯彻国家意志的组织即政府制定的公共政策和行为方式等，往往被作为外生变量来处理，而对于政府经济学来说，这些都是影响经济效益的内生变量。

---

① 参见［美］J. L. 费尔南多、A. W. 赫斯顿：《国家、市场和公民社会之间的非政府组织》，见何增科主编：《公民社会与第三部门》，270～286 页，北京，社会科学文献出版社，2000。

② ［美］鲍德威、威迪逊：《公共部门经济学》，353～362 页，北京，中国人民大学出版社，2000。

③ 张荐华：《开展政府经济学的研究》，载《经济问题探索》，1998 (1)，6～9 页。

④ ［美］鲍德威、威迪逊：《公共部门经济学》，6 页。

⑤ 毛寿龙：《中国政府功能的经济分析》，4 页，北京，中国广播电视出版社，1996。

第三，学科性质的定位有差别。如果前两点差别合乎逻辑的话，这一点差别也就不言而喻了。政府经济学和公共经济学，虽然有许多原理、知识、结构、内容是相同的、交叉的，但公共经济学的学科性质定位在经济学，这一点是非常明确的，而政府经济学更像是一门边缘学科、综合性学科，其学科性质的定位应该属于公共行政学，或者我国所理解的公共管理学。在美国高校，经济学系和公共行政系都开设公共经济学课程，这两个系的公共经济学课程在多数学校都用英文 public economics 或 public sector economics 等来表示，也有个别学校的公共行政系或政府研究所将这门课命名为 economics of government 或 governmental economics 或 economics of government activities 等。我国高校的政治学专业、行政管理学专业以及公共管理的专业硕士研究生（MPA），也都开设这门课，课程名称也是两种都有。依我之见，从专业的特点和课程的学科性质来看，政治学、行政管理学和公共管理专业开设这门课程宜统一称为"政府经济学"，便于区别经济学专业的同类课程。

当然，我们不得不承认，政府经济学和公共经济学的差别并不是很明显，但在发展综合学科、边缘学科的同时，保持各学科之间的特色是非常必要的，这也是我们强调两者之间差别的真正目的。

三、政府经济学的基本问题与基本框架

任何学科的基本框架都是由研究的基本问题决定的。所以，我们必须先思考政府经济学的基本问题到底是什么。对此，最好看看英文版著作中直接取名为政府经济学的作者是如何看的。上述提到的戴维·N·海曼在他的《政府行为经济学》中认为："任何社会都会给政府行为提出一系列问题，包括：(1) 全体国家公民是如何对他们的共同利益做出选择的？(2) 有多少和有哪些行为应该由政府来承担？(3) 政府政策选择对实现社会目标具有什么作用？(4) 政府行为的财政运作对实现社会目标具有什么效果？"① 根据这些问题，海曼分四个部分来构思他的著作的基本框架：第一部分建立一个分析市场经济中政府作用的理论框架；第二部分提出有助于优化政府支出的基本原理——包括政府确定优选项目的过程；第三部分主要讲述政府支出项目的财政运作方法，包括美国政府的税收计划和税收政策等，目的是保证财政运作有利于实现社会目标；第四部分分析在联邦主义体制框架下城市政府所面临的问题，主要是美国的地方财政及其支出问题，包括分税制和城市问题的讨论。②

斯蒂格利茨把政府经济学的基本问题归结为"生产什么、怎么生产、为谁生产和如何决策"，就像郑秉文博士所说："在斯蒂格利茨那里，政府的经济作用一直被划分为生产和消费两个方面，即生产方面的作用是要回答'怎样生产产品'的问题，消费方面的作用是解决'生产什么'、'为谁生产'等问题。"③ 围绕这两大问题，斯蒂格利茨主张政府经济学

---

① David N. Hyman, *The Economics of Governmental Activity*, New York, Holt, Rinehart and Winston, Inc., 1973, p. 3.

② Ibid., pp. 3 - 7.

③ 郑秉文：《译者序》，见［美］约瑟夫·E·斯蒂格利茨等：《政府为什么干预经济——政府在市场经济中的角色》，6页。

的研究重点应该集中在三个方面：(1) 搞清政府参与哪些活动和这些活动是如何组织起来的；(2) 尽可能地理解与预测政府这些活动的全部结果；(3) 评价各项政策。[①]

我们再看看国内的著作是如何构建政府经济学的基本问题和基本框架的。比较有中国特色的大概是周绍朋等主编的《中国政府经济学导论》。作者认为“中国政府经济学以政府管理经济、领导经济体制改革为研究对象，运用理论分析和实证分析相结合的研究方法分析中国政府管理经济中的主要问题”[②]。书的内容包括：社会主义市场经济体制，政府与市场的关系，政府综合运用计划、财政、金融等手段进行宏观经济调控，政府对微观经济进行规制和引导国有企业改革，区域经济协调发展，收入分配和社会保障，可持续发展等。基本框架与过去的“国民经济计划与管理”基本相同，应用性、对策性非常明显。

综合国内外同类著作的看法，我认为政府经济学的基本问题应该包括四个方面：一是在市场经济中政府具有什么经济职能？有哪些经济领域需要政府介入？有哪些经济行为需要政府承担？二是政府要通过什么样的管理机构、管理方式和经济政策来履行经济职能？这些机构、方式和政策是如何制约政府的行为效果的？三是政府如何通过财政管理（收入与支出）来实现提高公共服务质量、增进社会福利和稳定经济的目标？四是政府如何管好自身的财产（主要是国有资产）？如何才能在保证自身财产增值的同时有利于社会目标的实现？

根据这四个方面的基本问题，可以从五个部分来构造基本框架：

第一部分，从政府与市场关系入手，从规范的层面讨论政府经济行为的必要性、可能性和有效性，这是政府经济学的逻辑起点。阐明市场的构成要素、功能，分析市场失灵的原因、表现，从市场失灵的机理说明政府有限经济行为的必要性和范围，并从理论的层面阐述政府经济职能的演变，研究政府干预的局限性，即政府失灵的表现、原因和矫正措施，探讨既不损害市场机制又能改善政府经济行为效能的途径。

第二部分，从宏观的角度搭建政府经济行为运作的制度框架，包括政府行使宏观经济管理职能的制度、机构、方式和手段，具体来说，就是政府参与市场经济活动的组织形式和方式，政府规范市场、规制微观经济行为的法规和行政制度，政府调节市场经济活动的各项政策，包括税收政策、金融货币政策、产业政策、收入分配政策等。

第三部分，以公共产品理论和公共选择理论为核心，讲述政府提供公共产品的基本原理和供给机制，分析公共产品的供给方式及效果，对政府公共决策的规则和局限性进行政治分析，介绍政府采购的制度和方式，并对政府财政支出的规模、结构和效率进行经济分析，提出控制公共支出不合理增长的措施。

第四部分，以政府税收理论为核心，分别对税制、税种、税率、免税与补贴等政府税收形式进行研究和分析，并在此基础上评价各种收入形式的经济效应。

第五部分，以国有资产理论为核心，分析市场经济条件下国有经济及国有资产存在的必要性及其作用，探讨国有经济的实现形式，国有资产管理体制、管理内容、管理手段等问题。

---

① 参见［美］约瑟夫·E·斯蒂格利茨等：《政府为什么干预经济——政府在市场经济中的角色》，14～15页。

② 周绍朋等主编：《中国政府经济学导论》，1页，北京，经济科学出版社，1998。

我国的政府经济学教材，一定要反映我国政府经济行为以及相关的实际情况，包括我国政府的经济管理机构、经济管理制度、经济管理政策、公共产品供给、国有资产管理等实际情况。美国有关政府经济学、公共经济学、公共财政学的书，几乎都是直接从美国政府的实际情况入手来讲述理论知识的，我们没有任何理由只照搬别人的理论而不联系自己的实际，否则，对培养我国的人才、促进我国的经济发展没有太多的价值。

这本《政府经济学》正是沿着上述思路来谋篇布局和写作的，但做得还很不够。一是政治分析方面还比较薄弱，二是没有涉及不同层级政府（multi-level government）之间的关系，三是缺乏政府政策的具体绩效评估。这是我们课程组需要进一步努力的地方。

郭小聪

2003 年 7 月 31 日

目 录

第1篇 导论

第2篇 政府经济管理的机构、方法和政策

第3篇 政府支出理论与应用

第 4 篇　政府收入理论与应用

第 5 篇 政府对国有资产的管理

第 1 篇

导　论

第 1 章

政府与市场

重点问题

- 政府的内涵与特点
- 市场的要素、机制与功能
- 政府与市场关系的理论演变
- 市场失灵的类型与原因
- 我国社会主义市场经济的特色
- 我国政府在市场经济中的角色

1.1 政府与市场的概念

1.1.1 政府的基本概念

1. 政府的一般内涵

关于政府的定义，向来众说纷纭，难有一个统一的说法，但大致上可以分为广义和狭义两类。

广义的政府（government），泛指一切国家政权机关，包括立法机关、司法机关、行政机关以及一切公共机关，议会、内阁、总统、法院等机构都属于广义概念上的政府。有代表性的如英国《大众百科全书》的定义：政府是“由政治单元在其管辖的范围内制定规则和进行资源分配的机构。政府的功能是：（1）立法；（2）司法；（3）执行、行政管理”①。对广义概念的政府又存在两种不同的见解：一种认为，国家的总统、总理、国务卿、部长、司局长、外交官、海陆空军的军官以及各级地方行政官员，都是政府官员的一

① 转引自辛向阳：《新政府论》，3 页，北京，中国工人出版社，1994。

部分，把这些官员所在的办事机构加在一起，就构成了一个国家的政府；另一种认为，司法部门的官员及其所在的机构也应包括在政府之内，因为这些官员的职责在于解释宪法和执行法律，这是执行国家意志即统治阶级意志的一种重要职能。

狭义的政府（administration）专指一个国家的中央和地方的行政机关，如外国的内阁、总统、政务院等，我国的国务院、地方各级人民政府。《美国百科全书》是这样界定政府的："政府一词适应管理团体和国家的机构及其活动。通常它指的是诸如英国或日本这些民族国家或其分支如省、市地方政府的组织机构及法定程序。就这一方面而言，政府对已经确认为某一民族国家中的成员的事务进行管理。由此可见，政府就是一个国家或社会的代理机构。"① 有的政治学辞典给狭义政府下的定义比较简练，如："政府就是处理整个国家事务的主要组织"②，又如："政府是行使国家权力的机关"③。我国宪法中的"人民政府"就是指各级行政机关，即狭义的政府。

2. 我国政府的内涵

《中华人民共和国宪法》总纲第二条规定："中华人民共和国的一切权力属于人民。人民行使国家权力的机关是全国人民代表大会和地方各级人民代表大会。人民依照法律规定，通过各种途径和形式，管理国家事务，管理经济和文化事业，管理社会事务。"《宪法》还规定："中华人民共和国国务院，即中央人民政府，是最高国家权力机关的执行机关，是最高国家行政机关。""地方各级人民政府是地方各级国家权力机关的执行机关，是地方各级国家行政机关。"《中华人民共和国地方各级人民代表大会和地方各级人民政府组织法》规定："地方各级人民政府对本级人民代表大会和上一级国家行政机关负责并报告工作。县级以上的地方各级人民政府在本级人民代表大会闭会期间，对本级人民代表大会常务委员会负责并报告工作。全国地方各级人民政府都是国务院统一领导下的国家行政机关，都服从国务院。"《宪法》还明确规定了政府行政管理的对象和范围是："依照法律规定的权限，管理本行政区域内的经济、教育、科学、文化、卫生、体育事业、城市建设事业和财政、民政、公安、民族事务、司法行政、监察、计划生育等行政工作，发布决定和命令，任免、培训、考核和奖惩行政工作人员。"

根据上述法律规定，我国政府的基本含义包括以下几方面的内容④：

(1) 国家和地方各级人民政府都由相应的人民代表大会产生，是国家权力机关的执行机关。这体现着我国议行合一、一切权力属于人民的原则，各级政府的一切行政权力都来自人民代表大会的授予，都要接受本级人民代表大会的监督，并对其负责和报告工作。政府必须真正代表和反映以工人阶级为领导的广大人民群众的意志和利益，在实施行政管理时，既要切实保证不违背人民的意志，坚决执行权力机关的决议，又要切实保障人民的民主生活，自觉接受人民群众的有效监督。

(2) 政府不仅要向本级权力机关负责，而且要向上一级政府负责，向其报告工作并接

---

① 转引自徐争游等编：《中央政府的职能和组织结构》(上册)，203页，北京，华夏出版社，1994。

② P. H. Collin, *Dictionary of Government and Politics*, Second Edition, Teddington, Middlesex, Peter Collin Publishing, 1997.

③ 中国大百科全书出版社编辑部编：《中国大百科全书·政治学》，479页，北京，中国大百科全书出版社，1992。

④ 参见李善岳等主编：《中国政府管理概论》，3～4页，北京，中共中央党校出版社，1997。

受其监督。各级政府的行政管理是整个国家行政管理的一个重要组成部分，地方各级政府都要接受国务院的统一领导，任何政府的行政管理，都不应当也不允许有悖于国家行政管理的基本原则和总体规划与要求，更不得各自为政、我行我素。

（3）各级政府的行政管理，从范围来说是全方位的，但其特定的任务就是领导、组织和管理国家公共行政事务。同中央政府相比，除不能管理外交、国防事务以及制定全国性行政法规外，各级政府要依法管理经济、政治、教育、文化、科学、建设、财政、民政、公安、行政司法和监察等各项事务。其中不仅有物质产品生产，而且有精神产品生产；不仅有管理，而且有监督；不仅有对物、财的管理，而且有对人的管理；等等。因此，我国政府行政管理的任务是相当繁重的，是保证经济生活正常运转、社会生活丰富安定以及各部门、地区、行业的关系的协调所不可缺少的。

（4）政府拥有法定的行政管理和执行权力，运用行政手段对社会生活进行指挥。根据宪法和法律的规定，它有权采取行政措施、制定行政法规、发布决定和命令等，指导所属各部门、下级政府、企事业单位、社会团体和公民的社会活动。它可以运用行政法规、行政措施、行政命令等手段，利用行政系统上下级隶属关系，对整个国家的组织和行政事务管理进行指挥，并且对整个社会都有着普遍的约束力和强制力。

（5）为人民服务是国家和各级政府的宗旨，是一切行政措施的出发点和落脚点。人民既是被管理的对象（客体），又是管理的主人（主体）。因此，人民对于政府及其工作人员有进行监督，提出批评、建议的权利，对他们的失职、渎职和违法行为有向国家机关提出申诉、检举或控告的权利；人民违反了法律法规也要受到相应处罚。

3. 政府的基本特点

政府具有主权性和独立性、政治性和阶级性、强制性和约束性、执行性和实践性、综合性和动态性等基本特点。[①]

（1）主权性和独立性。主权性和独立性是指各级政府依照法律的规定独立行使行政权，具有独立自主地处理本层级内外事务的最高权力。这是一个国家的统治阶级的统治权在政治上和法律上的表现。如果政府不具备这种主权性和独立性，就不能在国内活动和国际交往中贯彻统治阶级的意志，就不能强迫人们遵守它所制定的秩序和颁布的法规与命令等，也就不可能对整个国家实行统一的领导、组织与管理。

（2）政治性和阶级性。政府是国家的一个基本要素[②]，它从属于国家权力机关。政府作为行政机关，必须执行权力机关制定的法律、法令和一切决议，必须对权力机关负责并报告工作，同时，必须接受权力机关的监督和质询。所以，与国家的本质特征相一致，政府在行使职权时，实质上也在实现着阶级统治的政治职能，表现出明显的政治性和阶级性。

（3）强制性和约束性。作为国家权力机关执行机关的政府具有强制性，表现为统治阶级借助军队、警察、监狱等暴力工具强迫全社会服从它的统治。它所拥有的是国家最高行政权力，权力的影响对象涉及全体公民，无一例外；它所制定的各种行政法规、行政措施

---

① 参见李善岳等主编：《中国政府管理概论》，5～7页。

② 一般认为，国家有三个基本要素，即领土、人口、主权。也有学者认为国家有四个基本要素，即领土、人口、政府和主权。

和发布的一切行政命令等，所有的政府管理对象都要遵守，即使是统治阶级的成员也不例外。这是实行阶级统治必不可少的条件。

(4) 执行性和实践性。政府是国家权力机关的执行机关。但在执行中，它不只是消极被动地照章办事，而是积极能动地参与和影响国家的立法与政策制定。而在现代国家中，政策制定已成为政府活动中的重要内容。政府管理的各项工作都同每个单位和个人有着直接或间接的关系，它提出的解决办法，都是从纷繁复杂的现象与事实中抽象提炼出来的、带有规律性的理论原则和艺术技巧，是经过科学分析和实践检验行之有效的方法。

(5) 综合性和动态性。政府按照法律的规定，综合领导和管理国家的各项公共事务，处理国内外各项重大关系问题，而这些工作又都处于不断丰富发展的动态之中。随着科学技术的发展，政府管辖范围逐渐扩大，管辖专业逐渐增多，管理机构相应增加，管理的体制日趋完善。因此，对政府工作人员的要求也越来越高，只有不断更新自己的知识，探求和掌握新的理论与方法，才能做好政府管理工作。

1.1.2 市场的基本概念

1. 市场的概念

所谓市场，是指商品和劳务买卖双方自由交换的场所与机制，它体现了商品生产者之间相互交换劳动的经济关系。

狭义的市场指有形市场，广义的市场包括了有形市场和无形市场。有形市场是指有固定的商品交换场所的市场，买卖双方在这种固定场所进行交易。一般的商店和集市都是有形市场。无形市场是指没有固定交易场所的市场。它一般通过某种中介（如广告、中间商等）来沟通买卖双方，实现交易行为。例如某些技术市场、信息市场、房地产市场就属于无形市场。

交易主体、交易客体和交易行为构成了市场的三个基本要素。

(1) 交易主体。交易主体是指在市场上从事交易活动的个人或组织，可分为自然人和法人，也可分为买方和卖方。这些个人和组织是市场关系中的能动因素。交易主体可以分为四种类型，即企业、居民、政府和其他非营利性机构。在现代商品经济中，企业是最主要的交易主体，市场上的交易行为绝大部分是由企业进行的。居民作为劳动力和资本等生产要素的提供者，是商品和劳务的购买者与最终消费者，也是重要而广泛的交易主体。政府在履行社会经济管理职能时，不仅要对经济运行进行宏观调控，而且担负着社会公共事务和重要经济事业的建设与管理任务，也是某些商品和劳务的购买者与消费者，因而也是重要的交易主体。非营利性机构主要是指某些事业单位，如学校、文化和体育单位等，它们虽然不像企业那样以营利为目的，但也要向社会提供有偿服务，也要购买与消费商品和劳务，因而也是交易主体。某些中介机构，如律师事务所、会计师事务所等，也可以构成交易主体。

(2) 交易客体。交易客体也称交易对象，是指交易活动的标的物，即买卖的对象物。交易客体包括商品和劳务两部分，具体可分为两类：一类指的是具有一定使用价值和价值的有形的物质产品，如各种生产资料和生活资料；另一类指的是能够满足人们某种特殊需要的劳动服务，它不仅包括人们日常所说的服务性行业，还包括金融、科技、信息、文教卫生等行业提供的服务。第三产业的大部分行业所提供的都是劳务。劳务虽然是一种无形产品，但同样具有使用价值和价值，具有商品的一般属性。

（3）交易行为。交易行为是指买卖双方的交易活动，它是连接交易主体和交易客体的中间环节。不同的交易主体通过交易行为完成对交易客体的交换，达到满足各自需要的目的。在商品经济条件下，完成交易行为的媒介是货币；完成交易行为的手段包括了各种必需的物质条件，如交易场地、计量工具、交通以及仓库等服务设施。交易行为的顺利完成还要靠交易规则来保证。交易规则是指市场管理部门制定的或是在市场运行中自动形成的各种规则、规章、制度等。

2. 市场机制

市场机制是市场运行的实现机制，它是市场中供求、价格、竞争三大构成要素之间相互联系、相互作用和相互制约的关系。

市场中的供求、价格、竞争三个要素共同构成一个相互联系、相互作用和相互制约的有机体系，其中任何一个要素发生变化，都会影响其他两个要素，使之发生相应的变化。例如，当某种商品的供求关系发生变化时，不仅会直接影响商品价格，同时也会改变竞争格局和竞争的激烈程度。假如某种商品的供给量增加或需求量减少，就会出现供大于求的现象，这时该商品的价格就会下跌，卖方企业之间争夺市场的竞争就会加剧。反之，假如某种商品的需求量增加或供给量减少，就会出现供不应求的现象，这时该商品的价格就会上涨，买方之间争夺货源的竞争就会加剧。同样道理，价格的变动反过来会影响供求和竞争，而竞争格局和竞争的激烈程度也会影响供求状况和价格变化。供求、价格、竞争这三者相互作用的最终结果，会表现在产品结构和产业结构的变化上，表现在生产要素的重新配置上，从而体现出市场对经济运行的调节。这种由市场机制的作用引起的对经济的调节称为市场调节。

与价格、供求、竞争三要素相对应，市场机制包括了价格机制、供求机制和竞争机制，其中价格机制是核心。

（1）价格机制。价格机制是指商品价格的形成和变动及其对经济运行的影响，它是以价格形式发生作用，从而引起市场供求变化的市场机制。价格机制通过显示价格信号，调节社会资源的配置方向，调节市场的供求关系，推动经济发展。价格机制在经济运行中具有不可替代的核心作用，它是实现市场交换的前提条件，是市场运行的晴雨表，也是发展和开拓市场的重要手段。

（2）供求机制。供求机制是商品供求关系使市场价格围绕价值波动的作用方式，是供求双方相互作用、相互制约，从而使供求趋于平衡的市场机制。它反映了市场供求关系同市场价格的内在联系和规律性，也称为供求规律。在经济运行中，市场价格是供给和需求相互作用、相互制约的结果。

（3）竞争机制。竞争机制是指各种市场交易主体之间的竞争以及市场供求关系、价格、资金、劳动力等要素之间形成的相互作用、相互制约的联系方式。它反映了不同市场交易主体之间的各种经济利益关系。竞争机制是价格机制和供求机制借以实现的途径，它不仅调节着价值的形成，而且刺激和推动着价值的增值。

3. 市场功能

市场功能即市场的作用，它是在市场机制各要素的相互联系、相互作用、相互制约中形成的。市场功能主要有如下六大方面：

(1) 交换功能。交换功能是市场最主要的功能。商品生产者生产的商品或提供的劳务，只有投放市场、经过市场，才能到达消费者的手中；商品或劳务的价值只有通过市场交换才能得以实现；消费者也只有通过市场交换才能获得自己需要的商品或劳务。

(2) 信息传递功能。市场在生产者、经营者、消费者之间传递信息，就实现了市场的信息传递功能。市场是各种经济信息的集散地，生产者、经营者、消费者都可以通过市场上的供求、价格等信息的传导反馈，了解行情，从而做出自己的选择。

(3) 调节功能。调节功能是指市场对国民经济的供需结构、产品结构、企业结构、产业结构和地区结构进行合理化的调节。主要表现在四个方面：一是通过市场调节供给的增加或减少，调节需求的扩大或缩小，保持供求结构的平衡；二是通过市场调节生产的扩张或缩减，通过抑制或刺激消费，实现产品供给与需求结构的平衡；三是通过市场需求调节企业的规模结构，以提高企业的效率和效益；四是通过市场调节资源的流动，以促进产业结构的平衡和高级化。

(4) 约束功能。市场作为一种利益调节机制，不仅能激励各种市场主体，而且能约束各种市场主体。一方面，市场主体依据市场规律和自身条件来选择自己的交易行为方式；另一方面，市场主体必须对自己的选择和行为结果承担全部责任。市场的这种约束功能，决定着市场主体在经济活动中趋利避害的实现程度。

(5) 检验功能。市场既是实现商品或劳务交换的场所，也是检验商品或劳务的使用价值和价值的场所。一种商品或劳务是否对消费者有用，是否能满足消费者的需要，是否为社会所承认，只有通过市场才能得到检验和评价。

(6) 促进技术进步功能。市场具有通过竞争促进技术进步的功能。市场竞争分为价格竞争和非价格竞争，两种竞争通过不同途径促进技术进步。价格竞争主要促使企业通过技术创新，降低现有产品成本，以实现资源的最优组合；非价格竞争主要是促使企业通过技术创新来开发新产品、开辟新市场，以适应消费需求的多元化和高级化。

1.2 政府与市场的关系：理论演变

依据西方经济学家对政府与市场的关系的认识，其理论的演变大致划分为以下五个阶段。第一阶段：15 世纪至 17 世纪的重商主义时期。这一时期主张政府干预的思想占据主流地位。第二阶段：1776 年亚当·斯密出版《国民财富的性质和原因的研究》至 20 世纪 20 年代。这一阶段强调市场作用和主张经济自由主义的思想占据主流地位。第三阶段：20 世纪 20 年代至 50 年代末期。这一阶段从分析“市场失灵”(market failure) 出发，强调政府干预的必要性。第四阶段：20 世纪 60 年代至 80 年代。这一阶段，经济自由主义复兴，经济学家开始研究政府行为的内在动机，强调“政府失败”(government failure) 或“政策失败”(policy failure) 的可能性，主张重新以市场机制作为调节资源配置的主要工具。第五阶段：20 世纪 90 年代至今。这一阶段，新凯恩斯主义以重构凯恩斯宏观经济学为出发点，复兴凯恩斯主义，在承认政府失败的可能性的同时，认为政府干预是对未来经济稳定的一种投资。

1.2.1 重商主义理论

重商主义产生并流行于15世纪至17世纪中叶的西欧。这一时期的西欧，中央集权制民族国家建立起来，原先各自独立的，有不同利益、不同法律、不同关税的各个地区，结合为一个拥有统一的政府、统一的法律、统一的民族利益和统一的关税的国家。随着中央集权制国家的建立以及地理大发现，商业和商业资本不断发展壮大起来。商业和商业资本的发展促进了社会分工的扩大和国内市场的统一，也促进了对外贸易的发展和世界市场的形成。但是，封建割据限制了商业资本的活动，成为商业和社会经济发展的严重障碍。因此，商业资本家坚决要求加强国家集权的力量，消除割据，以保证他们在国内市场上畅通无阻地进行商业活动，并实行对外扩张。重商主义就是在这种社会经济背景下产生和发展起来的，它反映了商业资本和新兴资产阶级进行原始积累的要求。

重商主义者既未完整地分析政府的行为动机和政府的作用，也没有分析政府、市场与企业之间的关系，因而他们关于政府干预的论述与其说是一种理论，不如说是一种政策主张。“其理论研究的领域也只局限于商业流通领域。因而这种研究并没有形成真正意义上的经济学理论。”① 他们把货币视为财富的唯一形式，把商品流通视为财富的源泉，把对外贸易视为增加一国财富的根本途径。早期重商主义者力图在国内把货币以贮藏货币的形式积累起来，达到积累货币财富的目的；晚期重商主义者为了鼓励输出，主张国家实行保护关税的政策并采取扶植生产出口商品的工场手工业的政策。重商主义的政策主张在历史上是起过进步作用的。英法等国当时所实行的重商主义经济政策有力地促进了商品经济的发展，促进了工场手工业的发展。

1.2.2 自由放任主义理论

在重商主义者那里，政府的经济职能是十分重要的。但到了18世纪，产业革命已经兴起，立足已稳的资本主义展现出生机勃勃的前景，资产阶级完全能够依靠自己的力量发展经济，因而自由放任主义逐渐抬头。当时法国的重农主义者认为，社会可以自行运转，政府没有多大必要存在，尤其是正常的经济秩序建立后，没有政府也行。听任社会独自运行，远比在政府管理之下更好。有位重农主义者说了一句名言：“不管也罢，管也罢，世界总是在自行运转。”② 处于这个时代的英国古典经济学家亚当·斯密，也提出了与重农主义相似的主张。

1776年，亚当·斯密出版了《国民财富的性质和原因的研究》一书，在英国摧毁了重商主义的政府干预理论和政策，代之以自由放任理论和政府不干涉经济事务的政策，并把“自由放任”视为他所主张的经济政策的基本原则。他认为，个人“通常既不打算促进公共的利益，也不知道他自己是在什么程度上促进那种利益。……由于他管理产业的方式目的在于使其生产物的价值能达到最大限度，他所盘算的也只是他自己的利益。在这种场

---

① 胡希宁主编：《西方经济学与中国经济体制改革》，3页，北京，中华工商联合会出版社，1996。

② 转引自［日］现代经济学研究会编著：《世界十五大经济学》，20页，北京，求实出版社，1990。

合，像在其他许多场合一样，他受着一只看不见的手的指导，去尽力达到一个并非他本意想要达到的目的。也并不因为事非出于本意，就对社会有害。他追求自己的利益，往往使他能比在真正出于本意的情况下更有效地促进社会的利益”[①]。因此，对经济活动，政府无须干预，由市场这只“看不见的手”来自动调节就行。基于这样的观点，亚当·斯密对政府职能作了限定：“第一，保护社会，使其不受其他独立社会的侵犯。第二，尽可能保护社会上各个人，使其不受社会上任何其他人的侵害或压迫，也就是说，要设立严正的司法机关。第三，建设并维持某些公共事业及某些公共设施（其建设与维持绝不是为了任何个人或少数人的利益），这种事业与设施，在由大社会经营时，其利润常能补偿所费而且有余，但若由个人或少数人经营，就决不能补偿所费。”[②] 但是，亚当·斯密并非完全否定政府对经济的作用。从他提出的政府三项职能可见，他认为政府具有为经济运转提供环境保证的作用。他反对的是政府深入经济生活内部的直接干预。

继亚当·斯密之后，在政府与市场问题上主张自由放任观点的还有19世纪英国经济学家西尼耳和穆勒。西尼耳说：“政府的唯一合理基础，统治权利和相应的服从义务的唯一基础是与人方便——社会的一般利益。政府的义务就是竭尽所能增进被统治者的福利，对此义务的唯一限制是它的权力。”[③] 穆勒在论述政府经济职能时也遵守自由放任的一般原则。他认为，每个成年人的生活都有其个性，不应当受其他个人或公共集体的控制。如果政府职能增加，就意味着权力的增加，其间接影响力也增加；政府职能的增加，不仅增加了团体的负担，而且事情交由政府去干，结果还不如给那些与其有利害关系的私人去干。有些民众没有为集体利益而自发行动的习惯，而是惯于听从、依赖政府，要政府为他们包办好一切。这样的民众缺乏在最重要部门中受到的教育，他们的才能只能是半发展的。基于上述理由，穆勒主张限制政府的职能，促进个体自由发展。他认为政府的职能是：(1) 保护不能维护自身利益的儿童和其他人。(2) 当个人对他遥远未来的利益作出不可挽回的决定，例如签订永久性契约时，政府应当干预。(3) 只能由代表来执行的事情，如联合股份公司或股份有限公司等，国家通常比个人干得好。(4) 对个人判断有必要实施法律干涉的一些事情，如减少工人劳动时间等，政府应当干预。[④] 显然，穆勒扩大了政府的经济职能，“为政府活动开辟了广泛的园地”。但无论如何，从亚当·斯密的理论的提出到20世纪初，自由放任主义一直占统治地位，政府的职能是充当“守夜人”。

1.2.3 政府干预主义理论

人类进入20世纪以后，自由竞争的资本主义过渡到垄断资本主义。由于资本主义固有矛盾的加深，1929年西方世界爆发了一次大的经济危机。经济危机向人们表明，自由放任主义者所说的资本主义经济具有的自律性调节机制失效了。因此，经济学家不得不寻求新的经济理论和政策。新的经济理论一般以凯恩斯主义为标志。但是，新的经济理论并不是随着大危机的出现才成为必要的。关于这一点，萨缪尔森在一篇论述凯恩斯主义的文

---

① ［英］亚当·斯密：《国民财富的性质和原因的研究》（下卷），27页，北京，商务印书馆，1974。

② 同上书，252～253页。

③ 转引自［英］埃德蒙·惠特克：《经济思想流派》，216～217页，上海，上海人民出版社，1974。

④ 参见上书，216～217页。

章中写道："1929年10月，这个昏暗的日子突兀地改变了整个世界的性质。但并不是这一天才使新的理论变得迫切。早在繁荣时期，旧理论已经难以适应现实的需要并表现出其缺陷。30年代的大危机并不是导致古典学派理论体系解体的最初力量。古典学派的理论是随着经济活动的大起大伏、动荡发展而由盛到衰的。而正是30年代的这场大危机，使古典学派的理论体系直接面临瓦解重建的危机。"①

比凯恩斯稍早一点，英国的福利经济学家庇古于1920年出版了《福利经济学》一书，论述了政府参与资源配置的经济职能。庇古认为，在完全竞争的条件下，虽然竞争有利于实现生产资源的最优配置，但由于种种原因，仍然会出现边际私人纯产值和边际社会纯产值相背离的情况，如由某些耐久性生产设备的使用权和所有权不一致而引起的背离，由外部原因而引起的背离，由收益变动或成本变动而引起的背离。种种背离的情况表明，仅仅依靠自由竞争不能导致生产资源的最优配置。因此，庇古提出了政府干预的必要性。他认为，政府干预经济的职能，主要是采取适当的经济政策来消除客观上存在的边际私人纯产值和边际社会纯产值的背离。② 在庇古之后，福利经济学发展成为新福利经济学，并成为适应国家垄断资本主义需要的全面干预国民经济生活的政策理论。③

给自由放任主义画上休止符的是凯恩斯。1926年，英国著名经济学家凯恩斯发表《自由放任主义的终结》一文，公开表明放弃自由放任主义原则。他力图论证对资本主义经济实行明智"管理"的必要性，力图证明借助政府对货币流通和信贷的调节，可能消除资本主义固有的失业和危机。所以，凯恩斯的理论体系可以说是沿着如何解决资本主义失业问题的思路而展开的。1936年，凯恩斯最主要的著作《就业、利息和货币通论》出版。这本书确立了凯恩斯主义的基本原理，成为现代资产阶级经济学的经典著作。凯恩斯在书中提出国家的政府要为实现充分就业作出努力的主张，认为政府有必要对经济进行干预，政府的经济职能在于通过财政政策，增加政府支出，增加需求，以消除失业；通过税收来鼓励投资；通过货币政策，利用利息率的升降来控制货币供应，间接地影响私人投资和消费。凯恩斯理论体系的"革命"之处在于否定总需求恒等于总供给的传统教条，提出了有效需求不足原理。他认为，失业是有效需求不足的结果，要实现充分就业，就必须填补总需求与总供给之间存在的缺口。而"要达到离充分就业不远之境，其唯一办法，乃是把投资这件事情，由社会来总揽"，"国家必须用改变租税体系、限制利率以及其他方法，指导消费倾向"。他的结论是："除了消费倾向与投资引诱二者，必须由中央统制，以便二者互相配合适应以外，实在没有理由要使经济生活比以前更社会化。"④ 由于凯恩斯主义适应了国家垄断资本主义的需要，在20世纪30年代的大危机中，对资本主义制度曾起过"起死回生"的作用，第二次世界大战以来，凯恩斯主义一直是西方各国政府执行和扩大经济职能的理论依据。实践证明，凯恩斯主义的政府经济职能学说中的某些合理成分，不仅适用于

---

① 转引自［日］现代经济学研究会编著：《世界十五大经济学》，19页。

② 不过，在庇古看来，实现生产资源最优配置的基本机制仍然是私人经济的自由竞争。他所说的政府经济干预也只局限于征税和补贴，他反对政府直接经营企业，认为那样会压抑企业生产和经营的积极性，并导致自身的腐化和官僚主义。但无论如何，庇古主张政府干预资源配置的影响力是很大的。

③ 参见汤在新主编：《近代西方经济学史》，610～613页，上海，上海人民出版社，1990。

④ ［英］凯恩斯：《就业、利息和货币通论》，321～322页。

发达国家，而且对发展中国家同样适用。比如：（1）在政府经济管理对象上，主张政府运用财政支出手段对宏观经济进行间接干预，而对国有企业的日常经济活动，则让企业自己去处理，政府不宜插手。（2）在经济分析方法上，反对传统经济学从局部分析问题的方法，强调要从整个宏观角度来论证经济问题，即总量分析方法。（3）在经济调节手段上，提出把财政政策、货币政策和收入政策等配合起来使用的主张，即经济政策“松紧”搭配法。

20世纪50年代以后，凯恩斯主义的追随者分裂为两大派别，即新古典综合派和新剑桥学派。新古典综合派的主要代表人物有萨缪尔森、托宾等，新剑桥学派的主要代表人物是罗宾逊、卡尔多等。两大派别在主张政府干预方面是一致的，但在政府的具体经济职能上的观点则有所不同。新古典综合派把凯恩斯的宏观经济理论和古典的微观经济理论结合起来，形成“混合经济”理论。如萨缪尔森所说：“我们的经济是私人组织和政府机构都实施经济控制的‘混合经济’：私有制度通过市场机制的无形指令发生作用，政府机构的作用则通过调节性的命令和财政刺激得以实现。”[①] 那么，政府的具体经济职能是什么呢？他们认为，“有三个作用，即效率、平等和稳定。有关效率的政府行为试图矫正垄断一类的市场失灵。政府促进平等的方案使用诸如收入再分配等工具来反映社会对穷人和残疾人的关心。稳定化政策试图削平经济周期的高峰和低谷，减少失业和通货膨胀，并且促进经济增长”[②]。新剑桥学派反对新古典综合派的观点，认为要解决资本主义的各种社会问题，必须解决收入分配的不合理性，因而政府的主要经济职能是对分配进行干预。他们特别强调税收政策的作用，主张实行没收性的遗产税，只给孤儿、寡妇留下适当的终身财产所有权，以便消灭历史所形成的财产的集中，逐渐消灭食利者阶层，并把政府由此所得的收入用于公共目标与改善穷人的地位。[③] 他们反对听任市场机制发挥作用，同意凯恩斯关于政府干预经济的观点。

在现代西方经济学中，主张政府干预经济的还有新制度学派和瑞典学派。新制度学派以美国的经济学家加尔布雷斯、鲍尔丁以及瑞典经济学家缪尔达尔为代表。这个学派认为，资本主义社会应该通过“结构革命”，使不完善的结构完善起来，使公共目标受到执政当局的重视，使权力和收入的分配均衡化，这是政府长期的、根本的纲领。此外，政府应该把实行其他经济调节措施作为短期政策，如工资—物价管制政策、计划经济政策、人力政策、反托拉斯政策、环保政策和各种福利措施。但这个学派同时认为，政府经济调节的重点是限制大公司的活动，而不是小企业和个体经营者，相反，小企业和个体经营者应该成为政府补贴、津贴的发放对象和政府优先照顾的对象。[④] 瑞典学派也称北欧学派或斯德哥尔摩学派，以瑞典经济学家为主体。维克塞尔是奠基人，著名人物有林达尔、缪尔达尔、伦德堡、林德伯克等人。瑞典学派认为，政府的经济职能主要是运用货币政策和财政政策调节经济，通过公共投资政策直接调整投资量，通过人力政策解决充分就业，通过收入政策调节财富的均衡化。政府的经济政策的基本目标是：国有化（主要部门的国有化）、福利国家（收入再分配政策，提供集体服务，政府稳定政策）、市场经济（建立企业一级

---

① ［美］保罗·A·萨缪尔森、威廉·D·诺德豪斯：《经济学》（上册），12版，68页。

② 同上书，79页。

③ 参见梁小民：《西方经济学导论》，374页，北京，北京大学出版社，1984。

④ 参见胡代光、厉以宁编著：《当代资产阶级经济学主要流派》，190～191页，北京，商务印书馆，1986。

的分权化，改进竞争，反垄断化）三者的混合物。[①]

1.2.4　新自由主义理论

20 世纪六七十年代以后，面对资本主义社会严重的经济“滞胀”危机，凯恩斯主义关于政府干预经济生活的主张和政策显得于事无补。于是，主张修复“看不见的手”、反对政府干预经济的呼声日渐高涨。在这样的背景下，产生于 30 年代的新自由主义经济学获得了较大的发展。

新自由主义经济学有广义和狭义之分。广义的新自由主义包括新货币主义在内，狭义的新自由主义特指德国的新自由主义和哈耶克的新自由主义。从理论观点、分析方法和政策主张来考察，三者同异皆有。相同之处是：三者都认为资本主义市场经济是完善的，私人企业经营制度有很大优点，政府对经济的干预政策有害无益。区别在于：新货币主义以现代货币数量理论为基础，主张实行货币供应稳定增长的政策；德国的新自由主义宣扬“社会市场经济理论”，提出以自由市场经济为主、国家的调节措施为辅的方针；哈耶克的新自由主义则是最彻底的经济自由主义，它反对一切形式的政府干预，倡导实行竞争性私人货币制度下的自由市场经济。[②]

美国经济学家弗里德曼是新货币主义的著名代表。他主张建立这样一种社会：“它主要依靠自愿的合作来组织经济活动和其他活动，它维护并扩大人类的自由，把政府活动限制在应有的范围内，使政府成为我们的仆人而不让它变成我们的主人。”[③] 他在亚当·斯密关于政府职能的三点主张的基础上，增加了一条政府职能。他说：“政府的第四项义务，是保护那些被认为不能‘负责的’社会成员。亚当·斯密没有明确提到这些义务。”“我们不能断然拒绝照管那些我们认为不负责的人”，如“疯子”或“孩子”。政府除了执行上述四项职能外，其作用将大大减少，它仅能为自由市场比较无妨碍地运作提供一个“稳定的支架”[④]。至于“货币当局”，即中央银行，除力求使货币适度稳定地增长外，应听任经济自由调节，恢复亚当·斯密的“看不见的手”——价格机制——的作用。在新货币主义看来，私人经济有其内在的稳定性，政府的各种干预政策破坏了这种稳定性，不仅不能稳定经济，反而加剧了经济的不稳定性。无论是财政政策还是金融政策，对经济的刺激作用都是短期的。也就是说，政府干预政策在短期内也许可以降低失业率，但是从长期看，将引起灾难性后果。基于此，新货币主义认为，政府在经济中的作用并不是通过经济政策来干预经济活动和市场机制，而是为市场经济的正常运行创造一个良好的环境。不过，他们又认为，这个良好的环境除了法制秩序、基础设施和社会保障外，还包括稳定物价。所以，新货币主义最终没有彻底否定政府的经济职能和作用。[⑤]

德国的新自由主义，也称弗莱堡学派，其奠基人是 W. 欧根，主要代表是缪勒·阿尔玛克、罗普克、艾哈德等人。他们提出“社会市场经济”的体制模式，并认为这是一种既

---

① 参见胡代光、厉以宁编著：《当代资产阶级经济学主要流派》，238～243 页。

② 参见上书，141 页。

③ ［美］米尔顿·弗里德曼、罗斯·弗里德曼：《自由选择——个人声明》，41 页，北京，商务印书馆，1982。

④ 同上书，31～37 页。

⑤ 参见［日］长谷川启之等：《经济政策的理论基础》，297～299 页，北京，中国计划出版社，1995。

非资本主义，又非社会主义的特定形式的经济，力图在自由放任与政府干预之间寻求“第三条道路”。他们认为在“社会市场经济”中，政府既不应像计划经济中那样配置资源，调节经济，也不应像凯恩斯主义所主张的运用经济政策干预经济，而是应该仅仅维护市场经济的秩序，就像在足球比赛中那样，政府仅仅作为裁判员维护比赛秩序，绝不是作为运动员参加比赛。① 具体地说，这种体制的政府职能主要是：（1）维持通货的稳定，因而货币调节政策是必不可少的；（2）发展交通、运输、人才培训和服务部门，因为私人企业家不便或不愿经营这些事业；（3）实行某种程度的收入再分配，使社会上的贫富悬殊不致过大；（4）采取某些福利措施，使人们的生活得到保障，而不至于重走资本主义的“不人道”的老路；（5）制定某种计划来指导、安排长期的经济活动，以弥补私人企业家和自由市场经济的考虑不周或力量不足。② 显然，德国的新自由主义有其独特之处，但就其经济自由主义的主张而言，它与其他新自由主义是一致的。

在西方经济学流派中，最彻底的经济自由主义是哈耶克的新自由主义。它不像其他经济学流派那样多多少少承认自由市场经济有缺陷，而是高唱“自由胜于一切”的调子，声称失业和通货膨胀并非资本主义所为，而是资产阶级的政府干预的结果，因而反对任何形式的政府干预。哈耶克认为，私人自由企业经济是最合理的，市场机制是完善的，因而用不着国家去实行收入再分配或“福利国家”措施，“混合经济”也是不必要的，甚至是有害的。他提倡货币非国有化，主张取消政府对货币的垄断和国家货币制度，而用私营银行之间的竞争来代替，实行自由货币。而且，在哈耶克的新自由主义那里，对于国内问题的分析和对于国际问题的分析是一致：对国内，它鼓吹自由竞争，反对垄断，反对政府干预；对国际，它同样鼓吹自由竞争，反对垄断，反对各国政府插手。这种极端的反对政府干预的主张，即使在发达资本主义国家也难以被采纳。

1.2.5 新凯恩斯主义理论

新凯恩斯主义是在20世纪80年代末90年代初逐渐兴起的。面对第二次世界大战后持续时间最长（1990—1993年）的世界性经济衰退及低通货膨胀率条件下持续的高失业，新自由主义理论显得力不从心。实践再次提出政府对经济总量进行干预的必要性问题，为新凯恩斯主义的发展提供了契机。新凯恩斯主义与凯恩斯主义相比，具有如下特点：

第一，为凯恩斯的理论寻求新的研究方法。它在继承传统凯恩斯主义的一些研究方法的同时，又吸收和创立了一些新的研究方法，其中主要的有：（1）“接近理性”方法。新凯恩斯主义者认为，经济活动主体只拥有接近理性。这一点既不同于凯恩斯的非理性假定，又不同于理性预期学派的完全理性假定。（2）不完全信息方法。所谓不完全信息是指经济活动主体只拥有不完全的信息。例如，在保险市场上，承保人和投保人之间的保险契约是针对未来风险分担的一种契约，而未来具有不可知性，而且有关未来风险的信息在投保人和承保人两者间呈不对称分布，即投保人掌握的自身风险大小的信息必然多于承保人所掌握的信息，这样就有可能出现“败德行为”。再如，在旧汽车市场上，出售者对其产品

① 参见［日］长谷川启之等：《经济政策的理论基础》，304页。

② 参见胡代光、厉以宁编著：《当代资产阶级经济学主要流派》，157～158页。

性能拥有更多的信息，购买者只能根据市场产品的平均质量支付价格，其结果就可能导致“逆向选择”的问题。在新凯恩斯主义看来，只要交易的双方对交易的结果拥有不对称信息，败德行为和逆向选择就必然存在。(3) 不完全竞争分析方法，即假定市场是不完全竞争的。

第二，发展了凯恩斯宏观经济学理论。其一，以价格刚性和非价格刚性为基础的模型对经济周期波动作出了全面的解释。如劳动力市场上失业、工资、工时、离职率与经济波动的联系，资本市场上利率、信贷、股权、投资与经济波动的联系，产品市场上产出、库存、销售、通货膨胀与经济波动的联系，不同类型市场之间、不同部门之间的周期波动传递机制以及经济波动的持续变化。其二，从重视单一的需求变动转向供需两方面的变化。在股权约束条件下的企业模型中，由于破产风险的引入，企业供给曲线主要取决于企业的净财产水平和预期，由此决定企业的供给及总供给具有很强的易变性。总供给变化与总需求变化一样是经济波动的重要来源。在宏观上，供需决策是紧密相关的，影响投资总需求的变量同时也是影响总供给的变量。其三，菲利普斯曲线的适用性不是无条件的。它在高通货膨胀条件下会呈垂直状，只有在低通货膨胀条件下才会有效。其四，失业与经济波动作为市场缺陷的一种表现形式需要政府干预。价格刚性论者认为，为了降低价格调整成本、加速价格调整，需要进行宏观结构改革；非价格论者则认为，政府如果要进行结构改革，应该把重心放在更深层次的领域，而不是放在企业的工资与价格确定上。[①]

第三，重视政府政策干预的有效性。新凯恩斯主义认为，政府在克服市场失灵上有下列优势：课税权和惩罚权、限制权、交易成本的节省。所谓课税权和惩罚权是指对外部性的干预，比如造成环境污染的经济活动使私人成本降低，却提高了社会成本，二者之间的差额形成租金，只有通过国家立法（例如环境法）和税收（例如对污染环境的生产和经营活动课税）才能消除这种租金。所谓限制权是指国家可以通过产业政策以及对金融、保险市场的干预重建经济结构，可以实现那些对社会有益但对私人资本来说却有巨大风险的项目建设，还能够在发展规模经济的同时，把追求经济效益作为根本目标，防止垄断的出现。所谓交易成本的节省，是指通过国家干预来保持和促进具有正外部性的积累形式的发展，比如促进正外部性受益人之间的合作，建立使正外部性产生的收益归私人占有的机制，设置专利权和各种知识产权保护等。

第四，指出政府干预的局限性。斯蒂格利茨罗列了公共部门的四大失败：存在于公共部门的不完全信息和不完整市场；潜在的政府的不良寻租行为和不公平；较大的国家行政机构的运行成本；公共部门的缺乏竞争和缺乏效率。正因为如此，新凯恩斯主义虽然坚持短期内宏观经济政策仍然有效的观点，但却放弃了提出一种长期宏观经济政策理论的努力。这实际上是一个重大的让步，因为最重要的宏观经济问题正是存在于这个领域，包括增长率、要素平均利用率以及收入和财富的分配等等。[②]

由上述可见，现代西方经济学的各个学派在关于政府与市场关系问题上，始终围绕着

① 参见李向阳：《市场缺陷政府干预——对新凯恩斯经济学的一项研究》，北京，中国金融出版社，1994。

② 参见何国华：《凯恩斯主义复兴和宏观经济政策理论的新发展》，载《世界经济研究》，1999 (6)。

自由主义和国家干预主义而展开论战。这种论战至今还在继续。从其争论中，我们不难看出两个特点：(1) 自由主义并非反对一切国家干预的政策，并非彻底否定政府具有一定的经济职能；政府干预主义也并非完全排斥经济自由而主张干预一切。(2) 一般说来，当资本主义经济比较稳定、经济危机和失业不十分严重的时候，自由主义容易抬头；相反，当经济危机和失业严重的时候，政府干预经济的理论和政策主张往往会获得大量的拥护者。

1.3 市场经济与政府角色

1.3.1 市场经济的含义与特征

1. 市场经济的基本含义

什么是市场经济？市场经济是存在于发达的商品经济社会的经济运行形式，是一种以市场为中心来组织社会经济、以市场机制为基础来配置社会资源的经济运行方式。我们可以从三个方面把握市场经济的含义。

(1) 市场经济是发达的商品经济社会的经济运行形式。一般说来，有商品就有市场，商品经济就是依赖市场并创造市场的经济形式。从这个意义上说，没有商品经济就没有市场经济，商品经济是市场经济的内核和基础。但是，从经济发展史看，商品经济与市场经济并不是一回事。商品经济已经存在了几千年，商品的历史更长，但市场经济却只是在资本主义生产方式确立前后才生成的。也就是说，只有在发达的商品经济阶段，才具备市场经济赖以生成的充分条件。这时，社会生产力以社会化大生产为基础，生产率高、规模大，社会分工发达，突破了自然经济的限制；商品经济占据统治地位，商品货币关系充分发展，一切产品、生产资料、生产要素均已商品化，市场成为整个社会经济运行的轴心。所以，市场经济作为一种经济运行形式，是商品经济高度发展的结果。

(2) 市场经济是以市场为中心来组织整个社会经济的经济运行形式。这是市场经济的本质所在。市场经济与任何形式的统制经济（包括计划经济）的根本区别，不在于是否存在国家干预或指导计划，而在于以什么为中心来组织整个社会经济的运行。如果以行政组织或强制性计划为中心来组织经济运行，尽管也有市场调节的客观存在，但仍然是统制型经济。以市场为中心，就是无论是微观还是宏观，无论是物资流动还是人员流动，无论何种经济行为，都要面向市场，以市场动态为基本依据，并通过市场环节来实现预期目标。市场成为各种经营主体的起点和终点，成为整个社会经济运行的中心和渠道。

(3) 市场经济是以市场机制为基础来配置社会资源的经济运行方式。这是市场经济的基本功能。市场机制实际上就是价值规律作用的机制和实现形式，它由三个要素构成，即供求、价格和竞争。供给与需求是市场的基本要素，是由社会分工形成的既相互对立又相互联系的两个方面。价格是市场机制的核心要素，是联结供求双方的利益的纽带，是价值的实现形式。竞争是市场发挥作用的重要条件，是卖方之间、买方之间、买卖双方之间，围绕商品价格和质量而进行的较量。市场机制的三个要素相互联系、相互依存、相互作用，发挥出合理配置社会资源的两大功能：一是通过促进技术进步，节约社会资源或劳动消耗；二是通过价格的核心作用，调节社会资源或劳动时间在部门之间的合理流动和分配。

2. 市场经济的特征

市场经济作为一种经济运行方式，具有如下特征：

(1) 自主性。在市场经济的运行过程中，参与市场活动的各种市场主体，包括自然人(劳动者和消费者)与法人，都有自己独立的意志，以获得最大的利益。在市场交易中，最主要的市场主体是经济实体，即各类企业。企业作为市场主体，其自主性包括三个方面：一是经营自主，即具有独立的市场行为能力，能自主地作出经营决策；二是利益自主，即其利益目标、利益追求、利益实现和利益分配，在法制范围内由自己负责，并受法律保护；三是产权自主，即拥有不与任何组织或个人发生纠纷的独立财产的所有、支配、收益和处分的权力。没有拥有这些自主性的市场主体，就没有真正的市场经济。

(2) 竞争性。在市场经济中，交易主体之间存在着多方面的竞争，有价格竞争、质量竞争、服务竞争等。其中价格竞争具有最关键的意义。价格既是反映供求关系、竞争力度的信号，又是调节供求、决定盈亏从而改变资源配置的主要手段。价格信号充分反映了产品及资源的稀缺程度，社会资源的配置则根据市场供求关系和价格的变化来调整，从而形成资源配置的市场性。竞争的存在是市场运行得以延续、社会资源得以有效配置的前提。没有竞争的经济不是市场经济。

(3) 平等性。在市场经济的运行过程中，各种交易主体之间的交易不仅是自愿的，而且是平等的。在这里，没有高低贵贱的分别，没有社会地位的差别，只有等价交换的原则，任何人都不能通过非经济的方式和手段，占有其他交易主体的劳动。交易主体之间的竞争也是平等的。这里的平等体现为公开、公正和公平。其中，公开是关键。公开，就是要求交易主体双方按照透明的通行原则进行竞争。只有公开的竞争，才能保证公正和公平。平等性可以说是商品经济、市场经济的灵魂。

(4) 开放性。在市场经济的运行过程中，市场应向所有的生产者、经营者和消费者开放，向所有的不同所有制、不同规模的企业开放，不仅向国内市场开放，而且向国外市场开放。只有开放，才能把国内市场统一起来，把国内市场和国际市场联系起来，才能达到更合理地配置国内资源和利用国际资源的目的。

(5) 系统性。市场经济的运行是一个庞大的系统。仅从结构看，它不仅包括消费品市场和生产资料市场的运行，还包括资本市场、劳动力市场、技术市场、信息市场和房地产市场等所有要素市场的运行。这些要素市场之间相互依赖、相互制约、相互促进，任何一种要素市场发育不全或发展滞后，都会影响整个市场的发育及功能的发挥，进而影响市场经济的运行秩序。市场经济的系统性要求有一个统一、自由的市场，首先是一切生产要素都成为商品，都能够进入市场，其次是所有商品都可以自由流动，不受任何封锁、垄断和分割。

3. 我国社会主义市场经济的特色

在我国建设社会主义市场经济，既不能从马克思主义经典著作中找到现成的答案，也不能照搬西方的资本主义市场经济模式，而必须有中国特色。

(1) 我国的社会主义市场经济是以公有制经济为主体、多种经济成分长期并存协调发展的市场经济。社会主义市场经济的运行主体是公有制经济，而不是私有制经济，只有这样，才能坚持市场经济的社会主义方向。但是，社会主义公有制经济绝不是单一的全民所有制经济，而应是全民所有、集体所有、股份公有、合作所有、联合所有等多层次、多元化的公有制经济结构。社会主义公有制的生命力和优越性，不仅体现在全民所有制上，也体现在集体所有、股份公有、合作所有等公有制上。以公有制经济为主，不一定就是以全民所有制为主。随着社会主义市场经济的发展，全民所有制经济的代表——国家，逐渐从对企业生产经营的直接管理中退出来，使企业直接面对市场，经济活动和市场运行的主体由国家转为各类企业。这样，全民所有制经济的相对比重就会逐渐减少，其他非全民所有制的公有制经济的相对比重就会逐渐增大，尤其是集体经济和股份公有制经济会成为公有制经济的主体。这将是我国社会主义市场经济的重要特征之一。

(2) 我国的社会主义市场经济是由中央政府总调控、地方政府具体协调的政府调控的市场经济。社会主义市场经济不是自由市场经济，而是政府调控的市场经济。首先，经济运行的主体是市场，不是政府。资金、劳动力、土地、科技、信息等生产要素和资源的配置功能主要由各类市场实现，政府、企业、劳动者互相之间交换各种生产要素也主要通过各类市场实现，企业的生产经营直接面对市场，而不是依赖政府。其次，市场被置于政府的调控之下。虽然市场是经济运行的主体，但整个市场体系必须由政府（包括中央政府和地方政府）调控。政府调控市场经济不是对市场的直接干预，而是通过制定经济政策来实现调控。最后，中央政府宏观调控和地方政府具体协调相结合。我国人口多、面积大，地区发展十分不平衡，因而政府的调控必须把中央政府宏观调控和地方政府具体协调结合起来，并将重点放在地方政府具体协调上。

(3) 我国的社会主义市场经济是以金融市场为中心、各生产要素市场一体化的市场经济。市场经济要求各生产要素商品化、市场化，在这样的条件下，资金、劳动力、土地、科技、信息等各类生产要素功能并不是完全封闭的，而是开放的、相互联系的，并在一定条件下可以互相替代。某一市场结构的变化以及供求关系的变化，必然引起另一市场相应的变化。因此，必须建立市场经济的市场体系，使各类生产要素全面地商品化、市场化，使各类生产要素既可以在本要素市场中进行交易，又可以在其他要素市场中替代具有共同功能和作用的要素。各类生产要素在市场中的配置和交换都要通过货币、资金的流通进行，所以，货币、资金既是各类生产要素市场运行的媒介，又是整个市场体系调节控制的中枢。我国的社会主义市场经济将把金融市场作为最主要的市场来建立、健全和完善。

(4) 我国的社会主义市场经济是按各种生产要素在经济发展中的功能进行分配的、既平等竞争又协调发展的市场经济。生产要素的商品化、市场化，就是要承认各种生产要素的价值和互相交换的等价性，并通过市场去合理分配和调节各种生产要素所有者的利益。社会主义市场经济是一个商品经济系统，这个系统分别由劳动密集型商品、资本密集型商品、技术和知识密集型商品共同构成。劳动密集型商品主要依靠劳动的投入，所以其商品价值在市场交换实现后，主要按劳动功能分配；资本密集型商品主要依靠资金的投入，所以其商品价值在市场交换实现后，主要按资金功能分配；技术和知识密集型商品主要依靠技术和知识的投入，所以其商品价值在市场交换实现后，主要按技术和知识功能分配。按生产要素在经济发展中的功能大小进行合理分配，将是社会主义市场经济的重要分配原则。

1.3.2　市场失灵与政府弥补市场的角色

1. 市场失灵的含义及原因

（1）市场失灵的含义。所谓市场失灵，是指由于内在功能性缺陷和外部条件缺陷引起的市场机制在资源配置的某些领域运作不灵。它有狭义和广义两层含义。狭义的市场失灵主要表现在外部负经济效应、垄断生产和经营、公共产品的生产、信息不对称情况下的商品交易以及社会收入分配不均等问题的调节上运作不灵。广义的市场失灵除了包括狭义市场失灵的内容外，还包括由宏观经济总量失衡导致的经济波动。

（2）市场失灵的原因。造成市场失灵的原因既有内在性因素，也有外在性因素。广义的市场失灵，主要是由市场机制作用的自发性、盲目性和滞后性引起的。市场机制作用的滞后性和不确定性，常常导致虚假需求和生产的盲目性，对经济活动的远景缺乏导向；市场机制容易助长投机行为，从而破坏市场运行的有序性和稳定性；等等。市场机制作用的这些特点会造成社会经济运行的紊乱，使市场总供求关系发生以超额供给或超额需求为特征的总量失衡，引发严重通货膨胀、失业和经济衰退等。

狭义的市场失灵，主要是由市场的外在性和市场的不完全性或不充分性造成的，即市场机制发挥最佳功能所要求的若干市场条件在现实的经济运动中往往不具备或不完全或不充分，由此引起市场失灵。下面我们引入市场均衡理论和所谓福利经济学的基本定理来说明问题。

经济学家把价格使商品供应量和需求量相等的状态叫作“市场均衡”。我们先从单一市场入手，看看价格如何调节供给和需求从而使双方达到均衡，即局部均衡分析。图 1—1 所表示的是电视机的供求曲线。纵轴是该商品的价格，横轴是该商品的供求量。需求线 D 是向下倾斜的，因为价格越贵，买得起的人越少，人们愿意买的数量也越少；价格越低，买得起的人越多，人们愿意买的数量也越多。供给线 S 是向上倾斜的，因为价格越贵，厂商越愿意多生产；价格越低，厂商越不愿意供应。在供给线和需求线的交点所对应的 Q 的生产水平上达到市场均衡。如果供给不变，而由于某种原因，如大部分居民收入增加了，对电视机的需求就会增加，整个需求线就会外移到 D' 的位置上。市场均衡价格也会相应

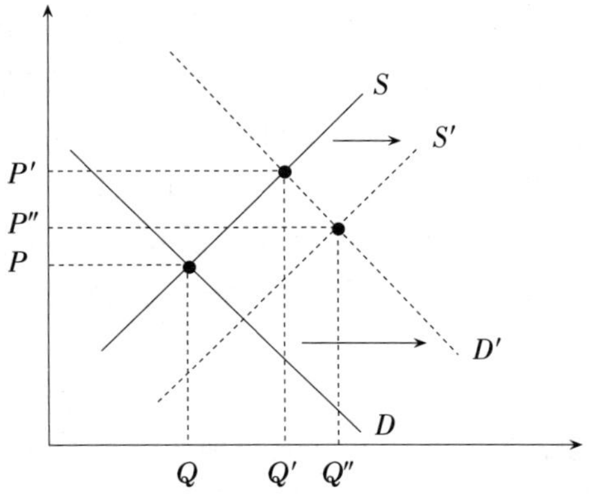

图 1—1　电视机的供求曲线

地提高到一个新水平 P'，即新的需求线 D'和供给线 S 的相交点。在高价格的吸引下，会有更多的人投资经营电视机行业。于是，整个电视机行业的生产规模扩大了，供给线向外移动到 S'的位置，使供求在新的（较低些的）价格 P''上达到均衡。这就是单一商品市场上均衡点变化的过程。

但单一市场上的均衡未必可以保证价格机制能使所有市场上的成千上万种商品都达到供求均衡。于是，经济学家又着手总体均衡分析的研究。这种研究需要应用较为高深的数学工具，比局部均衡分析复杂得多，无法用简明的图表加以分析。不过，总体均衡分析的基本原则和局部均衡分析相似，结论也是很简明的，即自由买卖、自由交易所形成的价格有可能使许多商品的市场同时达到均衡。这种状态被称为“瓦尔拉斯均衡”（Walrasian equilibrium）。

根据福利经济学的基本定理，在满足若干前提条件以后，自由市场交易所形成的瓦尔拉斯均衡就可以使资源配置达到帕累托最优（Pareto optimal）。这些前提条件也就是总体均衡理论的几个理论假设：(1) 经济信息完全和对称的假设。买卖双方对交易的内容、商品的质量和衡量标准有完全充分的了解与对称的知识。(2) 充分竞争市场的假设。市场上每个经济当事人只能被动地接受市场价格，按价格信号决定自己应当如何生产和消费，而不能以任何手段操纵价格。(3) 规模报酬不变或递减的假设。随着生产规模的增加，产品的单位成本不变或增加，而不会减少；增加产量不会增加单位产品的报酬率。(4) 企业和个人经济活动没有受任何外部经济效应的假设。经济当事人的生产或消费行为不会对其他人的福利造成任何有利或不利的影响。(5) 交易成本可忽略不计的假设。人们总是可能相互达成自愿的交易而增进彼此的福利。(6) 经济当事人完全理性的假设。个人在作出经济决定的时候，总是能够最大限度地增进自己的福利。

很显然，上述假设在现实的经济运动中是难以成立的。这些假设，一方面证明了市场经济达到最优资源配置的可能性，但另一方面也反证了市场机制本身不是万能的，市场是有缺陷的。

2. 市场失灵的类型

由于市场机制达到最优状态的前提条件在现实的经济运动中难以实现，因而市场在许多领域都会失灵。与市场失灵的原因相关，市场失灵的类型大概有如下几种：

(1) 宏观性失灵。它表现为市场总供求关系发生以超额供给或超额需求为特征的宏观经济总量失衡。当存在超额供给时，国民收入以小于充分就业的水平达到均衡，引起生产过剩、经济衰退和大量失业；当存在超额需求时，以货币计算的国民收入增长超过以实物计算的国民收入增长，国民收入超分配，诱发过度需求，引起严重的通货膨胀；当二者交替出现或并存时，又引起“滞”和“胀”的交替出现，或“滞”和“胀”的并存。

(2) 信息性失灵。它表现为在交易过程中，交易双方对于商品质量、性能等信息的了解程度不同，出现了信息不完全或信息不对称的现象。这种现象在市场持续一段时间后，就会破坏市场机制的优胜劣汰的作用，甚至会出现“劣胜优汰”的奇怪现象。当交易前卖方比买方更多地了解自己商品的质量和性能，而买方只有将商品买回去后才能真正了解商品的好坏时，就会出现劣等商品赶跑优质商品的“柠檬”市场。而当交易双方在交易后

(这里的交易不是仅指买卖关系，还包括委托代理等更广泛的各种关系)，一方因不能掌握足够的信息去监督另一方的行为时，则可能出现后者违背道德规范，在一味追求自己的利益的同时损害前者的利益的现象。这种现象被西方经济学称为“道德风险”。道德风险同样破坏市场经济中的社会利益最大化的原则，使社会资源无法实现最优配置。

(3) 公共性失灵。它表现为国防、市政建设、生态环境保护、教育和医疗保健等公共部门或准公共部门的产品，不能像面包、电冰箱等私用产品那样，在市场上被自发有效地生产出来。这是由于公共产品消费具有非竞争性和非排他性的特点的缘故。首先，公共产品的消费具有非竞争性。私人产品的消费具有竞争性，如一块面包，我吃多了，你就必然吃少，因此彼此之间存在着一种竞争的关系。而对公共产品的消费，则不存在这种竞争。如一盏路灯，我使用它时，并不能使它对你的作用降低；消费它的人多了，也不会使所有使用它的人的消费水平受到影响。其次，公共产品的消费具有非排他性。私人产品都具有排他性，即在市场上，你不付款，就得不到某一商品，而一旦你花钱买到这一商品，别人就不能无偿享用它。但公共产品不同，只要它被生产出来，人们就可以免费使用它，如果强行收费，或不让人们免费使用它，则会使整个社会支付的成本上升或使整个社会得到的好处（福利）降低。所以，市场不可能自发地有效地提供公共产品。准公共产品可以在自由市场上由私人来提供，因为准公共产品通常具有排他性的特征，如教育、医疗、邮政、公路、自来水、煤气、有线电视等，既可以供每个人享用，又可以收费，你不付款便得不到。尽管如此，准公共产品同样不能完全由私人按市场自由选择的原则来提供，因为市场上的准公共产品相对于需求来说，其供给不足，如果完全由私人按自由选择原则行事，则消费者对准公共产品的需求会受到其收入水平的制约，即只有收入较高的人才能获得他想要的商品（如上大学）。可见，在公共产品和准公共产品领域，市场的自由选择原则是行不通的，市场机制在这里无法实现社会资源的最优配置。

(4) 垄断性失灵。它表现为市场上出现只有为数很少的几家供应商，甚至是独家垄断的局面，垄断厂商通过操纵物价，牟取暴利，使市场均衡作用失灵。市场本身有一个悖论：所谓市场的良好状态是竞争状态，不管是完全竞争的理想状态，还是垄断竞争这种市场常态，只有保持竞争，市场机制才能有效地发挥作用。可是，在对于规模经济敏感的部门，市场竞争有一种趋势——生产经营规模越大，效益越高。这种趋势导致积聚和集中，导致垄断，从而抑制竞争。例如，高档电器、汽车等产业部门，生产规模大的厂商往往比生产规模小的厂商更有成本优势，从而可以“以大欺小”，击败对手，垄断市场，降低市场机制的作用。可以说，市场竞争本身具有走向垄断的趋势，尤其是在规模经济意义显著的行业，这种趋势更为明显。垄断反过来又抑制竞争，抑制市场机制的有效运作，妨碍经济效率的提高。

(5) 外在性失灵。它表现为当某些市场主体的活动给外部（社会或其他主体）带来经济损失（如化工厂排放污水会给养鱼场带来损失）时，通过市场机制的自发作用来调节将难以达到有效配置社会资源的目的。在市场经济中，资源的有效配置，要求市场价格等于社会成本。当不存在外部的消极影响时，生产者的私人成本等于社会成本，即一个生产者给其他生产者造成的没有补偿的损失为零。又因为生产者的产品价格总是等于其私人成本，所以，当社会成本等于私人成本时，其产品价格也就等于社会成本，符合有效配置资源的要求。但是，当存在消极的外部影响时，私人成本和社会成本在量上就会出现差异，即社会成本大于私人成本。比如，当化工厂排放污水给养鱼场带来损失时，化工厂的私人成本并未增加，而养鱼场却要为此支付更多的成本。从全社会的角度看，渔场主多支付的成本就是社会成本的一部分，即社会成本是化工厂的私人成本加上它强加给养鱼场的成本。由于私人成本等于价格，所以社会成本必然大于价格，这样就不符合有效配置资源的要求。也就是说，虽然当私人成本等于价格时，私人生产者可获得最大利益，但由于社会成本高于私人成本（或价格），社会效益便会因价格不能补偿社会成本而遭受损失。外在性失灵的另一种表现是有益效应得不到鼓励，比如一个新发明在给社会带来较大的效益时，其他人也跟着受益。虽然社会得到的外部收益远远大于发明者为发明所付出的成本，但在许多情况下，发明者只能够得到他的发明带给社会利益的一部分报酬，这样不利于鼓励有益的外部效应，同样达不到资源的最优配置。可见，无论是有害还是有益的外部效应，市场配置都不是有效的。

（6）分配性失灵。它表现为，在分配领域，单纯依靠市场机制的自发作用不可能完全实现公正的收入分配。造成这类失灵的原因，与上述几种失灵类型的原因密切相关。一是在存在垄断的条件下，会使价格严重背离价值，从而使部分人获得不合理收入。二是在市场机制的自发作用下，生产要素供求状况的不平衡必然形成要素收入的不合理差距。三是虽然市场交易在原则上是平等的和等价的，但由于人们的资源禀赋不同，收入水平就会有差别。四是由于收入分配具有公共性、外部性等特征，因而市场本身无法保证其公正性，正如查尔斯·沃尔夫博士所言："收入分配是一种特殊的公共产品。'平等的'再分配并非产生于自由发挥作用的市场，因为对于赠予者来说，由博爱和仁慈所产生的收益是外部的，并且由他们来提供也是不合适的，相反，应将社会作为一个整体来加以实现。如果听任市场自身的运行，那么它产生的再分配将比它的'效率'（也即社会理想的）更少，原因在于与外部性、公共产品和不完全市场相联系的'无偿使用'问题。"五是在市场纯经济效益的作用下，各经济利益主体追求各自利益的最大化，会使收入差距不断拉大，以致出现富者越富、贫者越贫的"马太效应"。可见，市场机制虽然也有分配功能，但就公正性而言，它又几乎是无功能的。

3. 市场经济中政府的经济角色①

市场失灵的情况决定了政府介入、干预经济活动的必要性。但是，在社会主义市场经济条件下，市场对资源配置始终起着基础性作用，市场在社会经济活动中处于主导地位，政府对经济活动的介入和干预，只是辅助性的、补助性的。政府在市场经济中的经济角色，是由弥补市场缺陷或不足的需要所决定的。

（1）调控人角色。其角色的职责是对宏观经济总量进行调节和控制，有两大调控目标：一是宏观经济总量的平衡，即保持社会总供给和总需求的基本平衡；二是产业结构调整和优化。社会资源的有效配置和有效利用是通过三个层次来实现的，即微观层次、结构层次和宏观层次。在市场经济体制下，政府作为调控人的角色，主要是针对宏观层次而言的。政府要利用经济政策、经济杠杆、经济立法和行政手段来调控经济总量，以实现宏观

① 参见郭小聪：《论重塑政府经济管理角色》，载《岭南学刊》，1997（5）。

层次的资源优化配置。至于微观层次和结构层次上的资源优化配置，要让给市场机制去完成。但这并不意味着政府在这两个层次无所作为，相反，政府可以根据其信息方面的优势，制定一些税收政策、产业政策，来引导微观经济主体的行为方向，指导产业结构的合理转化，以配合宏观经济总量的控制。

（2）公益人角色。其角色的职责是实现并维护一定的公共目标，这里指的主要是三大公共目标：其一，提供公共产品和准公共产品。实现这个目标的前提是政府建立起公平、合理的税收制度，因为政府生产和资助公共产品的财力主要是依靠各种税收获得的。对于准公共产品，政府一方面要通过制定一定的政策，鼓励民间、社会和市场参与部分准公共产品的生产与提供，如教育、医疗等，另一方面又要制定具体的制度，防止由于利润最大化的市场原则造成对公共利益的损害。其二，鼓励和保护有益的外部效应，预防和制止有害的外部效应。对于有益的外部效应，比如科学研究、发明创造等，政府很有必要通过各种奖励性政策来鼓励，并通过各种法规如专利法等来保护知识产权。而对于有害的外部效应，如环境污染等，除少数由于涉及的当事人少而清楚，可以通过界定产权，让市场去调节外，大多数要依靠政府借助行政、财政和税收等手段来处理，或给予行政处罚，或给予财政补贴，或课以重税，或给予税收优惠。其三，调节收入分配，避免个人收入差距过分拉大。在第一次分配（市场分配）中，政府要通过各种经济法律、法规，来鼓励微观主体的合理、合法收入，严格限制不合理的、非法的收入。在第二次分配，即政府的再分配中，政府一方面要通过个人所得税和消费税来调节收入差别，另一方面还要建立完善的社会保障制度，为市场竞争提供基本的安全保障。

（3）管制人角色。其角色职责是对私人经济部门（厂商或家庭）的活动进行某些限制和规定。政府管制的目的主要有三个：一是防止自然垄断。如通过限制个别垄断企业的规模和市场占有率，打破垄断企业造成的“进入壁垒”，鼓励其他企业进入市场，保证正常的竞争。二是防止过度竞争。如通过价格限制，把价格的上限定在平均成本上，以避免因过度竞争而造成企业之间的“自相残杀”。三是保护消费者、雇员的利益。如对商标、广告等实行管制，以防止企业用种种手段欺骗消费者；对劳动时间、劳动报酬设置上限和下限，以保护雇员的基本权益。

（4）仲裁人角色。其角色职责是超越于各个经济主体之上，协调、处理经济主体之间的利益冲突。在市场经济中，相互竞争的各经济主体一旦发生利益冲突，当事人自己是无法界定各自的利益分界的，因为市场本身不具备划分经济主体利益界限的机制。各经济主体在竞争中发生利益冲突是难以避免的，但它们自身又不具备化解冲突的能力。所以，很需要政府来充当仲裁人的角色，以设定划分经济主体利益的规则，并根据既定的规则，确定经济主体之间冲突的经济利益，保证各经济主体能在公平的条件下竞争，防止超经济强制的发生。

（5）守夜人角色。其角色职责是防止和打击经济领域的违法犯罪行为，维护社会经济生活的正常秩序。在市场经济中，竞争的残酷现实，很容易诱使某些人铤而走险，产生非法侵犯他人权益的动机，导致经济中违法犯罪行为的发生，扰乱社会的经济秩序。对于违法犯罪行为，经济主体既缺乏保护自己的有效手段，又没有足够的力量来打击对方。只有政府才能担此重任，因为政府有暴力机关作后盾。所以，政府应当为各经济主体充当守夜人，通过严格依法采取资格认定、行政许可等制度来预防经济违法犯罪行为的发生，并严格依法查处经济违法犯罪行为，为经济主体的竞争提供安全保证。

本章小结

狭义的政府专指一个国家的中央和地方的行政机关。市场是指商品和劳务买卖双方自由交换的场所与机制，它体现了商品生产者之间相互交换劳动的经济关系。对政府与市场的关系，学界一直存在不同的见解。从古典经济学开始，经历了重商主义、自由放任主义、政府干预主义、新自由主义和新凯恩斯主义的理论演变。市场经济作为一种经济运行方式，只存在于发达商品经济社会，它以市场为中心来组织社会经济、以市场机制为基础来配置社会资源。我国的社会主义市场经济，既具有自己的特色，也具有一般市场经济的共性，如同样存在市场失灵。市场失灵的存在是政府介入社会宏观经济运行的原因之一。我国政府在进行社会宏观经济管理中扮演着五种角色，即调控人角色、公益人角色、管制人角色、仲裁人角色和守夜人角色。

关键术语

市场机制　　自由主义　　凯恩斯主义　　市场经济　　市场失灵

复习思考题

1. 什么是市场机制？它具有什么功能？

2. 在政府与市场的关系问题上，西方经济学经过了哪些理论演变？从其演变的过程中，我们可以得到什么启示？

3. 什么是市场经济？如何理解我国的社会主义市场经济？

4. 市场失灵的原因及类型是什么？

5. 为什么说市场经济的宏观运行需要政府管理？政府在宏观经济管理中具有什么作用？

阅读材料

政府与市场的关系

党的十八届三中全会指出，经济体制改革是全面深化改革的重点，核心问题是处理好政府与市场的关系。我们对于这个问题的认识随着改革开放的推进而不断深化。党的十一届三中全会开始强调物质利益在调动工人农民积极性上的重要性，但是仍沿着计划经济的思路用政府的力量来调整农轻重的比例；后来承认市场在资源配置上的作用，但是强调“计划为主、市场为辅”；再到 1993 年党的十四届三中全会正式确立了社会主义市场经济的改革方向，当时的定位是市场在国家宏观调控下对资源配置起基础性作用。这次党的十八届三中全会指出，市场在资源配置中起决定性作用，更好地发挥政府的作用。从“基础性”到“决定性”虽然只是几个字的变化，但这充分体现了解放思想、实事求是、与时俱进的精神，为进一步持续健康发展中国经济、为中华民族伟大复兴中国梦的实现打下了一个非常坚实的制度基础。

党的十八届三中全会再次强调“发展仍是解决我国所有问题的关键”。这个论断不仅适用于中国，也适用于所有发展中国家。经济发展的本质是技术的不断创新和产业的不断升级，发展中国家具有后发优势，可以引进、消化、吸收发达国家的技术，从而技术创新、产业升级的成本和风险比发达国家低很多，经济增长速度可以数倍于发达国家。从19世纪中叶到现在，发达国家人均收入水平年均增长3%。一个发展中国家如果善于利用后发优势，经济增长速度可以达到8%～10%。

可是从经验事实来看，从二战后到现在，全世界180多个发展中经济体中，只有2个经济体从低收入变成中等收入，然后进入高收入（中国台湾地区与韩国），只有13个经济体从中等收入变成高收入，其中只有日本和“亚洲四小龙”不是西欧周边国家、和发达国家原本差距不大的欧洲国家。绝大多数发展中国家长期陷在低收入或中等收入陷阱中，其最主要原因就是没有处理好政府和市场的关系。

二战后的发展思路的主流是第一版的发展经济学，即结构主义，强调通过政府干预来克服市场失灵，推行重工业优先发展。也就是高度强调政府在资源动员和配置上的作用，忽视了市场。结果以对市场的各种扭曲建立起来了一些先进的产业，但是，资源错配和寻租、腐败盛行，经济发展的绩效很差，跟发达国家的差距越来越大。20世纪七八十年代，全世界发展中国家都在改革开放，盛行的是发展经济学的第二版，即新自由主义，强调市场，忽视了政府的作用，主张采用休克疗法，推行私有化、自由化、市场化。结果是推行新自由主义所倡导的华盛顿共识的国家经济普遍崩溃停滞，危机不断，发展的绩效比改革前还差。

在同一时期，有少数经济体取得了成功，它们都有一个共同的特点：在经济发展和转型中既有“有效的市场”，也有“有为的政府”。为什么有效的市场很重要？按照要素禀赋结构所决定的比较优势来选择技术、发展产业是一个国家在国内、国际市场形成竞争优势的前提。企业追求的是利润，只有在充分竞争、完善有效的市场体系之下形成的价格信号，才能使企业家按照当时要素禀赋所决定的比较优势进行技术、产业的选择，从而使整个国家具有竞争优势。为什么有为的政府也同样重要？经济发展是一个技术、产业、基础设施和制度结构不断变迁的过程，随着技术不断创新、产业不断升级，基础设施和上层制度安排也必须随之不断完善。基础设施和上层制度的完善不是一个企业家能单独推动的，必须由政府发挥因势利导的作用，来组织协调相关企业的投资或由政府自己提供这方面的完善。另外政府只有补偿技术创新、产业升级过程中先行企业所面临的风险和不确定性，技术和产业才能根据比较优势的变化不断顺利进行创新和升级。所以，一个发展成功的国家必然是以市场经济为基础，再加上一个有为的政府。

对于转型中国家，有为的政府尤其重要。一方面，转型中国家因为过去所采取的战略，遗留了一批违反比较优势、没有自生能力的资本密集型的大型企业。对这些企业的保护、补贴不能一下完全取消，否则会带来大规模破产、失业，造成社会和政治不稳定，需要政府给予原有的产业一些转型期的保护补贴。另一方面，转型中国家由于过去政府将有限的资金用于发展资本密集型产业，导致基础设施非常差，同时存在很多制度扭曲，因而需要政府解放思想、实事求是，务实地创造条件逐一去克服。

我国在改革开放过程中采取的是一种务实的渐进双轨制：一方面对原来没有自生能力的大型国有企业给予必要的保护和补贴；另一方面放开符合比较优势的劳动密集型产业的准入，让市场发挥作用。这样一个转型方式使得我们能够维持稳定和快速的发展，但是也付出了一定的代价。最主要表现为收入分配不断恶化，腐败现象越来越普遍。其原因在于，为了保护、补贴没有自生能力的大型企业，我们保留了一些对价格信号的扭曲，比如通过金融抑制人为压低资金价格，将金融资源主要分配给国有和少数非国有的大型企业。这相当于给大型国有企业和这些比较富裕的群体提供了补贴，而补贴这些大企业的是把钱存入金融体系但得不到金融服务而且相对比较穷的中小企业、农户和一般家庭。对于能拿到资金的企业来说，因为资金价格相对便宜，所以投资的是资本相当密集的产业，这样的产业创造的就业机会相对较少，从而也会抑制劳动需求和工资，进一步恶化收入分配。此外，资源价格也偏低，谁能拿到资源开采权谁就能马上致富。这些扭曲都创造了租金，有了租金就有了寻租的行为，导致腐败贪污。

在改革开放初期，中国是一个极端贫穷的国家，资本十分匮乏。当时以对市场的扭曲给这些资本密集型大型企业保留一些保护、补贴是维持经济和社会稳定的必要，属于“雪中送炭”。经过 30 多年高速发展，我们现在已经是中等偏上收入的国家，资本已经不再那么短缺，很多原来不符合比较优势的资本密集型重工业现在已经符合比较优势，在国内国际市场上具有竞争优势。在这种状况下，继续保留那些保护、补贴就从“雪中送炭”变为了“锦上添花”，导致的结果只能是收入分配恶化和腐败蔓延。

党的十八届三中全会与时俱进地强调市场在资源配置中起决定性作用，这意味着需要消除所遗留的市场扭曲，让资源由市场进行配置，这样一方面能够让经济更好地按比较优势发展，另一方面可以解决改革开放以来遗留的社会、经济问题。在这个过程中，政府还应该发挥积极作用，保护产权，维持宏观稳定，克服市场失灵，因势利导地推动技术、产业、制度等结构的变迁。

如果能这样做，中国经济则会持续、稳定、健康而且比较快速地发展，到 2020 年左右人均收入在 2010 年的水平上翻一番，加上人民币升值，中国很可能可以跨过高收入国家的门槛，达到人均收入 12 700 美元，成为二战以后第三个从低收入变成中等收入再进入高收入的经济体，为中华民族伟大复兴中国梦的实现迈出坚实的历史性一步。

资料来源：林毅夫：《政府与市场的关系》，载《国家行政学院学报》，2013 (10)。

第2章

政府经济职能与管理效能

重点问题

- 国家本质与国家职能
- 国家职能与政府职能的关系
- 政府经济职能的含义与内容
- 我国政府经济职能的转变
- 政府经济管理的有限性和有效性
- 政府失败的表现
- 政府经济管理效能的提高

2.1 政府经济职能

2.1.1 政府职能概述

1. 国家本质与国家职能[①]

要了解政府经济管理职能的含义，首先必须了解与其密切相关的两个基本概念：国家职能和政府职能。

职能，指人、事物、机构应有的职责和功能。所谓国家职能，是指国家机器活动的总方向、总任务及其基本使命和基本目的，是国家在实施其阶级统治和社会管理活动过程中担负的职责和功能。国家职能是国家本质的反映和外在表现。正确地理解国家本质，有助于准确地把握国家的职能。

---

① 参见郭小聪：《论国家职能与政府职能》，载《中山大学学报》（社会科学版），1997（3）。

在关于国家本质的问题上，存在两种片面的观点。一种观点认为，国家本质上是社会公共利益的代表，是一种中性的社会设施，是一个管理社会公共事务的机关，因而国家的职能就是为社会公众履行职责。多数西方学者都坚持这种看法，尤其是20世纪30年代以后，随着凯恩斯主义的盛行，资本主义国家大规模地介入社会经济活动，承担着越来越多的社会管理职能，这种观点获得了更广泛的市场。另一种观点认为，国家本质上只是阶级专政的工具，是统治阶级镇压被统治阶级的机关，国家只有一种属性，就是阶级性，所以，剥削阶级的国家，根本不存在什么社会公共职能，只有两种基本职能，一是镇压被统治阶级的内部职能，二是侵略别国或保护本国不受侵略的外部职能。甚至认为社会主义国家归根到底也是一个阶级对另一个阶级实行专政的工具，因而主张要不断地强化社会主义国家的政治职能。

上述两种观点的片面性，就在于它们都割断了国家本质的阶级性与公共性的统一，前者用国家的公共性来否定其阶级性，后者则用国家的阶级性来排斥其公共性。实际上，国家的阶级性与公共性是统一的、相互依存的。一方面，国家作为阶级社会的特有现象，总是代表统治阶级的利益的。任何国家都包含着阶级的规定性，不包含阶级规定性的国家是不存在的，国家之所以有存在的必要，就是因为社会存在阶级冲突而又无力摆脱这种冲突，只有国家的力量才能缓和冲突。恩格斯在《家庭、私有制和国家的起源》中写道："国家是承认：这个社会陷入了不可解决的自我矛盾，分裂为不可调和的对立面而又无力摆脱这些对立面。而为了使这些对立面，这些经济利益互相冲突的阶级，不致在无谓的斗争中把自己和社会消灭，就需要有一种表面上凌驾于社会之上的力量，这种力量应当缓和冲突，把冲突保持在'秩序'的范围以内；这种从社会中产生但又自居于社会之上并且日益同社会相异化的力量，就是国家。"① 现代资本主义国家的职能虽然大量体现在介入经济活动和从事社会公共管理上，但其根本性目的仍然是缓和冲突、维持"秩序"，以便实现资产阶级的最大利益。所以，从最根本的意义上说，现代资本主义国家仍然是资本主义社会关系的维护者，是资产阶级私有财产的保护者。正如马克思、恩格斯所言："现代的国家政权不过是管理整个资产阶级的共同事务的委员会罢了。"②

但另一方面，任何国家只有介入社会经济活动和社会公共事务管理，才能最终实现统治阶级的利益。首先，任何阶级统治都是以实现一定的社会公共职能为前提的。恩格斯在《反杜林论》中系统地阐述过这个观点。他说，"一切政治权力起先都是以某种经济的、社会的职能为基础的"，"政治统治到处都是以执行某种社会职能为基础，而且政治统治只有在它执行了它的这种社会职能时才能持续下去"③。实行任何一种社会制度的国家都是建筑在一定规模的社会公共事务的基础上的，只是由于生产力水平的制约，不同时代、不同社会、不同时期的国家社会公共事务的规模不同而已。但不论哪一个时代、哪一个社会、哪一个时期，也不论公共事务的规模大小，履行社会公共事务管理的职能都是国家不可或缺的。马克思在分析古代印度社会时，就反复强调了"公共工程部门"的重要性。履行社会

① 《马克思恩格斯选集》，2版，第4卷，170页，北京，人民出版社，1995。
② 《马克思恩格斯选集》，2版，第1卷，274页，北京，人民出版社，1995。
③ 《马克思恩格斯选集》，2版，第3卷，526、523页，北京，人民出版社，1995。

公共事务管理职能，对缓和社会矛盾、维持阶级统治、实现统治阶级利益具有重要意义。任何国家缺少这方面的职能，都会连政治统治也无法维持。其次，统治阶级的特殊利益在一定程度上受到社会普遍利益的制约。剥削阶级的国家本质上是为维护和扩大统治阶级的特殊利益服务的，但却不能无视社会的普遍利益，甚至不能不考虑社会的普遍利益。因为若不兼顾甚至扩大社会的普遍利益，如建设公共文化场所、发展社会保障系统、治理环境等，就无法维护和扩大统治阶级的特殊利益。正因为如此，当代资本主义国家更多的是用公共性职能代替早期的镇压性职能，来赢得生产的外部条件，赢得社会的稳定和现存制度的长久存在，以保证资产阶级的长远利益。在社会主义国家，虽然同样存在着镇压敌对阶级和敌对势力的反抗的职能，但领导阶级并没有自己的特殊利益，国家利益和社会利益是一致的，因此，管理社会公共事务的职能更是社会主义国家职能的题中应有之义。

可见，国家的本质是阶级性与公共性的有机统一，是经济上占统治地位的阶级进行阶级统治和社会公共管理的工具。国家职能实质上就是实现国家本质的功能，是国家本质的具体展开。因此，国家职能必须充分体现国家本质的规定性，即阶级性与公共性。国家的阶级性规定国家必须用暴力消灭敌对阶级、镇压敌对分子、巩固国家政权，以及维护国家主权、防止外来侵略；国家的公共性规定了国家必须实施对社会经济和社会公共事务的管理。具体地说，国家职能包括三个方面①：（1）政治职能。其功能和作用在于对内控制被统治阶级，镇压敌对势力的反抗，协调统治阶级内部的利益冲突，维持统治秩序；对外维护国家主权的统一和领土的完整，为实现统治阶级的统治和社会经济发展创造良好的外界环境。（2）经济职能。其功能和作用在于干预社会经济活动，为实现阶级统治和促进社会发展创造物质基础。（3）公共管理职能。其功能和作用在于管理社会公共事务和发展社会科教文卫事业，以适应社会的政治、经济和文化发展的需要。国家这三个方面的职能是相互联系、相互制约和相互促进的，任何时候都不能偏废任何一种职能。

2. 政府职能及其与国家职能的关系

有了国家为何还要有政府②？政府职能指的是什么？它与国家职能之间又有什么联系和区别？这些都是必须进一步认识清楚的问题。

之所以有了国家还要有政府，道理就在于“为了使国家意志得到表达和执行，必须建立、维持并发展一个非常复杂的政府组织”③。作为政治实体的国家，其职能只有通过一定的国家机关才能得以实施。国家机关可以说是实施国家职能的物质载体。这些根据国家的本质和基本的政治制度建立起来的、用于履行国家职能的机关，统称国家机器，也就是广义上的政府。在古代社会，履行国家职能的国家机关体系几乎是合一的，分化不明显，一切皆从属于王权。所以，在古代社会并不存在狭义的政府。只有到了近代，国家机关才明

---

① 有些学者将国家职能划分为政治职能、经济职能和文化职能。我们认为，政府除了要进行政治管理和经济管理之外，还要进行大量的公共事务管理。文化管理只是公共事务管理的一个组成部分，所以，这里将国家职能划分为政治职能、经济职能和公共管理职能。有关政府职能的划分标准问题，可参阅谢庆奎：《政府职能与政府职能转变》，载《百科知识》，1995（8）。

② 这里是指狭义的政府。

③ ［美］古德诺：《政治与行政》，43 页，北京，华夏出版社，1987。

显分化，大多数国家都设置五种国家机关，即国家代表机关（也称权力机关或立法机关）、国家元首、国家行政机关（也称国家管理机关或政府）、审判和检察机关（也称司法机关）、暴力机关（也称武装力量）。因此，近代以后，一般是从狭义来理解政府的，即政府就是国家行政机关。

同样道理，近代以后，政府职能就专指狭义的政府职能，即指国家行政机关在一定时期内，根据国家和社会的发展需要而承担的职责和功能。

那么，政府职能与国家职能的关系又是如何的呢？概括地说，政府职能从属于国家职能，但两者职责相同而侧重点和功能不同。首先，国家职能包括了政府职能。国家的三方面职能即政治职能、经济职能和公共管理职能也同时存在于政府职能之中，正如古德诺所说的："作为政府实体的国家的行为，既存在于对表达其意志所必需的活动中，也存在于对执行其意志所必需的活动中。"[①] 这里的"执行其意志所必需的活动"，就是指政府履行其职能的活动。也就是说，国家的职能同时存在于政府履行职能的活动之中，政府职能是国家基本职能的一个重要组成部分。从内容构成来看，政府职能虽然同样由政治职能、经济职能和公共管理职能三部分组成，但每一部分的外延都要比国家基本职能相应部分的外延窄。其次，政府与国家承担共同的职责，但政府履行职责的侧重点有所不同。政府作为国家机关的一个重要组成部分，与其他国家机关一起承担着共同的职责，如维护国家主权的统一和领土的完整，维持社会秩序，组织并促进国家的经济和社会发展，为社会公共事业提供服务，等等。但政府在履行职责时，侧重于组织和干预社会经济生活，以及处理和管理社会公共事务。而国家权力机关侧重于整体职能的把握，其他国家机关履行职责的侧重点主要在于维持国家政权的稳定以及社会的安定和一切活动的有序化。当然，政府和其他国家机关在有重点地履行自身职责时，并不是互相排斥的，而是相互制约和相互作用的。最后，政府与国家履行职能的权力功能不同。由于政治情况的极端复杂性，统治阶级要实现自己的意志，"不仅要求统治者的意志在能够被执行之前就表述或表达出来，还要求把这种意志的执行在很大程度上委托给一个不同于国家意志表达机关的机关"[②]。负责执行国家意志的机关是国家行政机关，即政府；负责表达国家意志的机关是国家权力机关，如我国的全国人民代表大会。在这里，国家权力机关不仅集中着国家的最高权力，而且代表着国家的整体职能，它拥有国家意志的表达功能并把握国家整体职能分解的权力，而政府只拥有国家意志的执行功能和为实现国家职能而承担服务的权力。近代以后国家机关的分化，实质上是国家功能分化的结果，虽然绝大多数国家的国家机关分化为五种（如上所述），但就其功能来说，基本可分为表达意志的机关和执行意志的机关两大类。根据古德诺的观点，"孟德斯鸠著名的分权理论正是建立在这种对政府功能的基本区分之上的"[③]。孟德斯鸠把国家权力分为立法、行政和司法，是对英国的政治制度研究的结果，因为英国大概是当时唯一一个把执行机构与司法机构严格分开的国家。但从权力的功能来分，权力说到底只有两种，正如法国的行政法专家狄克洛克所说："只能想象

① ［美］古德诺：《政治与行政》，5页。
② 同上书，6页。
③ 同上书，6页。这里的政府指广义的政府。

有两种权力：一种制定法律，一种执行法律。因此，除了这两种权力以外，没有第三种权力存在的余地。”① 国家履行职能的权力功能是制定法律，而政府履行职能的权力功能是执行法律。这也是政府职能之所以从属于国家职能的本质原因。

综上所述，国家的本质决定国家及其政府具有三大方面的职能，即政治职能、经济职能和公共管理职能。但国家职能与政府职能之间，在权力性质上后者从属于前者；在职能范围上后者窄于前者；在履行职责的重点方面，前者侧重于整体职能的把握，后者侧重于组织、干预经济生活和管理社会公共事务；在权力功能上，前者是制定法律，后者是执行法律。

2.1.2　政府经济职能的含义与内容

1. 政府经济职能的含义

政府经济职能作为政府职能的一个重要部分，也有其特定的含义。概括地说，政府经济职能是指政府从社会经济生活的宏观角度，履行对国民经济进行全局性的规划、协调、服务、监督的职能和功能。它是为了达到一定目的而采取的组织和干预社会经济活动的方法、方式、手段的总称。政府经济职能包括下面几层含义：

（1）管理的主体是中央政府及各级地方政府，而不是任何其他经济组织、单位和个人。

（2）管理的经济对象是整个国民经济，着眼于全局性的宏观管理，不同于部门经济管理和企业经济管理。

（3）管理的目的既有阶级性意义，即实现统治阶级的利益，也有公共性意义，即通过一系列管理活动，以较少的代价获得较大的经济效果，促进社会的经济发展。

（4）管理的方法、方式和手段带有综合性。

2. 政府经济职能的内容

政府经济职能总体上包括以下四个方面：

（1）资源配置职能。资源配置是政府经济职能在微观领域的实现方式，其核心问题就是如何把有限的或稀缺的资源配置到最需要的地方，从而使资源得到最有效的利用。在市场经济中，主要是通过市场机制这只“看不见的手”引导生产要素合理流动，实现资源的最优配置。但市场机制的自发调节作用只有在完全竞争的市场条件下才可以实现资源的最优配置，而现实经济生活中，由于存在着不完全竞争、信息不充分、垄断、外部效应等因素，必然导致市场失灵，因而完全由市场机制调节的经济很难达到资源配置的帕累托最优。为了消除市场失灵所造成的资源配置的效率损失，政府必须进行必要的干预。具体而言，在资源配置方面，政府的作用主要体现在以下几方面：一是提供公共产品，由于公共产品具有非排他性和非竞争性，因而不能由市场提供而只能由政府提供。二是通过产业政策的调整鼓励对基础产业及支柱产业、高新技术产业进行投资。三是政府对资源合理利用施加影响，如通过立法或行政干预，控制环境污染，避免对自然资源的掠夺性开采等。

① 转引自［美］古德诺：《政治与行政》，42 页。

(2) 收入再分配职能。在市场经济条件下，收入分配是由市场决定的。在生产要素市场上，生产要素所有者提供生产要素，并且按市场价格取得收入。在西方经济学家看来，这样一种分配的方式是有效率的，但在公平方面却是有欠缺的。首先，市场经济中部分人有财产，部分人没有财产，但财产是可以继承的，因而有一部分人可以依靠他们的财产或依靠他们前辈的财产，而不是依靠他们的能力和工作取得高额收入。其次，人们的智力和接受教育的程度不是由他们个人决定的，而是由他们父母的遗传和家庭的经济状况决定的。因此，他们所得到的收入受他们个人以外的因素影响。最后，生产要素所有者所提供的生产要素要受到市场无情的选择，在市场竞争中处于有利地位的生产要素所有者可以得到较高的收入，而在市场竞争中处于不利地位的生产要素所有者则可能被市场所淘汰。因此，收入分配在市场的调节下可能走向两极分化。政府在制定再分配政策方面具有强制性的权力，同时具备强制性的税收征收权，有能力进行大规模的收入再分配活动，因此，政府能够纠正由于生产要素市场不完善所导致的收入不公问题。具体而言，政府通过累进税取得收入，又以现金补助、补贴、公共产品和服务等形式进行收入的再分配。公共教育、社会福利、社会保障，都是政府再分配职能的体现。

(3) 稳定经济职能。在市场经济条件下，社会总供给和总需求的不平衡是常见现象，供需失衡必然导致经济波动，引发失业和通货膨胀，破坏经济发展的比例关系，阻碍市场经济的均衡发展。社会经济在遭受供需失衡的冲击后，市场机制本身虽然可以使经济从一个非均衡状态恢复到均衡状态，但这却是一个非常缓慢和痛苦的过程，并且必然以资源的严重浪费为代价。在这种情况下，政府有必要在宏观层面运用各种经济政策去影响与调节社会总供给和总需求，使经济在尽可能短的时间内以较低的代价恢复到均衡状态。在短期需求管理上，政府可以运用的工具包括货币政策和财政政策，能够通过货币供应、调节关税或者汇率、改变公共支出、调节税收和利率等方式，提供经济总量平衡所必需的条件。此外，政府还可以通过制定中长期的经济发展规划和政策，保证国民经济的长期稳定发展，比如中国和法国的五年发展计划、日本的产业发展规划等等，都是这一经济职能的体现。

(4) 市场管制职能。在市场经济条件下，多元化的市场主体要自由进入或退出市场，必须用法律来明确市场主体间的产权关系、经营关系和交换关系。只有用法律明确界定和规范市场主体间的权利义务关系，才能为市场经济的正常运行提供必要的保障。离开了规范的法律调节，市场主体的行为就会混乱不堪，陷入无序状态。因此，要保证市场竞争的规范化，维护市场经济的正常秩序，必须有一个完善的法律体系。这就需要政府通过法定程序制定规则并监督规则的执行，以规范交易双方的经济行为。

政府的市场管制职能还在于保证公共利益，使其不至于受到自由市场中非理性和自私行为的危害。这体现在两个方面：一是防止垄断，保护竞争，通过限制垄断企业的规模和市场占有率，打破垄断造成的“进入壁垒”，保证自由竞争；二是保护消费者和公众的利益，比如对商标、广告等实行管制，以防止企业对消费者的欺诈行为，维护公众利益。

2.1.3 我国政府经济职能的转变

1. 我国政府经济职能转变的内涵和过程

(1) 我国政府经济职能转变的内涵。由于各国国情的复杂性和多样性，各国在对政府作用的界定上并不完全相同，不过有一点是达成共识的，即提供公共产品和实现公平是政府的独特功能，因为市场在这两个领域基本上是失灵的。所谓公共产品，是指满足社会公共需要的物品。社会公共需要涵盖的范围很广，包括行政、国防、文化教育、卫生保健、生态环保的需要，也包括基础设施、基础产业、支柱产业和风险产业投资的需要；从广义上讲，还包括调节市场经济运行而采取的各种措施、政策和提供的服务等。在实现社会公平方面，政府应该通过税收和社会保障制度等手段来调节收入差距，防止两极分化，维护社会稳定。

中国目前正处于由计划经济向市场经济过渡的转轨阶段，一方面，许多原本应当由“看不见的手”予以调节的领域，仍然由政府所把持，政企不分的现象尚未根本改变。另一方面，本该由政府承担的协调职能、服务职能、监督职能却存在许多空白，严重地制约着市场机制的形成与完善。政府经济职能的转变，就是要适应社会主义市场经济要求，改变以行政手段为主直接控制企业和个人经济活动的模式，建立以间接调节为主的宏观调控体系，将政府职能转化为实现宏观总量和结构平衡，保障市场体系的正常运转，以及调节社会收入差距。

（2）我国政府经济职能转变的过程。从新中国成立后到 1978 年实行改革开放之前，我国实行的是纯粹的计划经济体制，政府是全能政府，其经济职能的发挥主要通过国民经济计划实现，政府通过计划手段执行着资源配置的职能，由此形成了反映政府偏好、体现政府意图的高度控制型结构。在纯粹的计划经济体制下，政府的经济职能明显具有以下特征：突出的微观管理职能，表现为政企不分，企业作为政府的附属物，没有生产、经营的独立性和自主性；政府主要通过行政手段直接管理经济；中央政府通过综合性和专业化的管理部门对地方政府建立了等级分明的行政隶属关系，由此形成了所谓的条块分割。不可否认，这种高度集权的计划经济体制在新中国成立初期曾起过一定的积极作用，但随着经济的发展，这种体制的缺陷逐步暴露：不能使资源得到有效配置；缺乏保证政府作出正确经济决策的机制；不利于创新；不能提供经济自动发展的持久动力；易于漠视消费者利益，造成国民经济结构性失衡；造成政府本身耗用过多的经济资源。

党的十一届三中全会以来，随着经济体制改革的深入，政府经济职能既有局部转变又有全面转变，两者基本是同步进行的。

1）1978—1984 年，政府经济职能转变的第一阶段。1978 年前后思想解放的浪潮冲破了极左思潮的束缚，启动了我国市场取向的经济体制改革。在这一阶段，政府经济职能的模式实现了从“政府统制”到“政府干预”的转变，意味着政府从全能政府向有限政府的转变。在改革之初，中国最高决策层认识到，计划经济体制的最大弊端是权力过分集中，因此，缩小政府经济职能是改革的基本思路，表现在：第一，对国有企业实行放权让利，使它们在国家统一计划指导下有更多的经营自主权；第二，大力精简各级经济行政机构，把它们的大部分职能转交给企业性的专业公司或联合公司。

1982 年 9 月，党的十二大明确提出“计划经济为主、市场调节为辅”，这一改革的目标模式明确了市场的合法地位，为缩小政府经济职能提供了依据。

2）1984—1992 年，政府经济职能转变的第二阶段。1984 年 10 月，党的十二届三中全会通过《中共中央关于经济体制改革的决定》，提出了“有计划的商品经济”，从而明确了政府实现经济职能的手段。尽管指令性计划仍具有重要作用，但政府已不能光靠它执行经济职能，而必须综合运用计划、经济、法律等多种手段，这表明政府经济职能手段开始发生重要转变。

1987 年，党的十三大提出要建立“国家调节市场，市场引导企业”的新的经济运行机制，明确了政府与市场的职能边界和政府经济职能的对象，避免了政府对市场和企业的直接干预，表明政府经济职能方式开始发生重要转变。

在这一阶段，政府经济职能的内容主要有以下几方面：第一，为了增强企业活力，特别是国有大中型企业活力，在国有企业的经营方式上实行改革，按照政企分开、所有权与经营权适当分离的原则，扩大企业的生产经营自主权；第二，国家宏观调控的范围和方式得到了调整和改进，主要是改革计划管理体制，增强经济杠杆在宏观调控中的作用；第三，培育合理的价格体系；第四，逐步建立和培育社会主义市场体系等。

3）1992—1997 年，政府经济职能转变的第三阶段。1992 年，党的十四大提出“社会主义市场经济”，意味着我国经济体制改革实现了根本性转变，市场机制在资源配置中的基础性地位得以合法化，明确了政府经济职能主要限于通过以间接手段为主的宏观调控体系干预市场失灵领域。

1994 年，伴随着财税、金融等各项改革的深入，政府经济职能手段发生了进一步转变，经济和法律等间接手段已成为主要的职能手段，政府开始充分发挥财政、货币政策调控宏观经济的作用。

在市场经济条件下，政府的经济职能被界定在以下几方面：第一，资源配置职能。包括：提供公共产品；通过产业政策的调整鼓励对基础产业及支柱产业、高新技术产业进行投资活动；通过立法或行政干预，控制环境污染，避免对自然资源的掠夺性开采等。第二，收入再分配职能。也就是通过征税取得收入，又以现金补助、补贴、公共产品和服务等形式进行收入的再分配。第三，稳定经济职能。也就是运用各种经济政策去影响和调节社会总供给和总需求，使经济在尽可能短的时间内以较低的代价恢复到均衡状态；通过制定中长期的经济发展规划和政策，保证国民经济的长期稳定发展；建立完善的社会保障制度，为企业创造良好的外部环境。第四，市场管制职能。也就是通过法定程序制定规则并监督规则的执行，以规范交易双方的经济行为。

4）1998 年至今，政府经济职能转变的新阶段。这个阶段，政府经济职能的转变落实到国务院的机构改革上。历届政府都根据政府经济职能的转变对中央政府机构作了重要调整。

1998 年的国务院机构改革中，涉及政府经济职能的有：第一，宏观经济调控职能。设立国家发展计划委员会、国家经济贸易委员会、财政部和中国人民银行四个宏观调控部门，主要职能是保持经济总量平衡，抑制通货膨胀，优化经济结构，实现经济持续、快速、健康发展；健全宏观调控体系，完善经济、法律手段，改善宏观调控机制。第二，专业经济管理职能。作为过渡，保留铁道部、交通部、信息产业部和对外贸易经济合作部等八个专业经济管理部门，但是不再直接管理企业。其主要职能是：制定行业规划和行业政策，进行行业管理；引导本行业产品结构调整，维护行业平等竞争秩序。第三，教育、科技、文化、社会保障和资源管理职能。通过五个部门的设立来进行教育、科技、文化及国土和自然资源的管理与社会服务。这次机构改革，将当时国务院的 50 个部委削减为 29 个。

2001 年 12 月 11 日，我国正式成为世界贸易组织（WTO）的成员国。作为新成员国，如何尽快适应 WTO 的规则要求，履行我国政府的承诺，是一个十分迫切的课题。而课题中的关键之一，是如何根据 WTO 对成员国的要求以及各种协议的规定来加快我国政府经济职能的调整和转变。我国政府经济职能的转变状况距离适应 WTO 的规则要求还有较大的差距，具体表现在三方面：一是政府仍然直接参与竞争性产品的经营，参与私人产品和私人服务的供给，如进行彩电、汽车、房屋、商业服务等行业的生产经营活动。二是政府仍然干预企业的微观管理，如直接经手企业的贷款、直接决定工程承包等等。三是行政审批过多、过细，部门垄断和行业垄断普遍存在，企业处于不公平竞争的状况中，权钱交易的现象仍然十分严重。这些现象既违背了 WTO 有关公平竞争的规则要求，也不符合我国政府在加入 WTO 议定书中所作的承诺。所以，我国还必须根据 WTO 的规则，在落实政企分开、改革行政审批制度、理顺中央与地方关系、发挥社会中介组织的作用以及改革政府采购制度等方面，进一步深化政府的职能转变。

根据新形势下新的要求，2002 年 11 月召开的党的十六大明确提出，要进一步转变政府职能，改进管理方式，推行电子政务，提高行政效率，形成行为规范、运转协调、公正透明、廉洁高效的行政管理体制；要依法规范中央和地方政府的职能和权限，正确处理中央垂直管理部门和地方政府的关系；要按照精简、统一、效能的原则和决策、执行、监督相协调的要求，继续推进政府机构改革，切实解决层次过多、职能交叉、机构臃肿、权责脱节和多重多头执法等问题；要按照政事分开的原则，改革事业单位管理体制。

2003 年 3 月，新一届政府继续进行政府改革，政府组织继续调整，政府职能进一步转变，上次改革没有解决的问题部分得到了解决。如外经贸部，1998 年因东南亚经济危机而保留，此次撤销，和经贸委的一部分组成商务部，而计划经济委员会也被撤销，与经贸委的一部分组成国家发展和改革委员会。这次改革，组织逻辑从精简机构和精减人员转变为少量精简机构，主要调整内部机制。

2003 年 10 月 14 日，党的十六届三中全会通过了《中共中央关于完善社会主义市场经济体制若干问题的决定》，提出了完善市场经济体制的一系列新的构想。十六届三中全会在中国改革开放历史上具有里程碑式的意义。十一届三中全会启动改革开放，十四届三中全会确立了市场经济体制的基本价值目标，十六届三中全会则在总结过去经验教训的基础上，终于为市场经济体制提出了一个非常清晰的发展思路和框架。该《决定》特别强调深化行政管理体制改革、加快转变政府职能，具体提出了深化行政管理体制改革的基本方向和举措，提出了划分中央和地方经济社会事务管理责权的基本原则，确定了政府职能转变的具体方向。

2007 年 10 月，党的十七大报告提出深化改革的任务：要抓紧制定行政管理体制改革总体方案，着力转变职能、理顺关系、优化结构、提高效能，形成权责一致、分工合理、决策科学、执行顺畅、监督有力的行政管理体制。健全政府职责体系、完善公共服务体系、推行电子政务、强化社会管理和公共服务。加快推进政企分开、政资分开、政事分开、政府与市场中介组织分开，规范行政行为，加强行政执法部门建设，减少和规范行政审批，减少政府对微观经济运行的干预。规范垂直管理部门和地方政府的关系。加大机构整合力度，探索实行职能有机统一的大部门体制，健全部门间的协调配合机制。精简和规范各类议事协调机构及其办事机构，减少行政层次，降低行政成本，着力解决机构重叠、职责交叉、政出多门问题。

2012 年 11 月召开的党的十八大提出，要按照建立中国特色行政体制目标，深入推进政企分开、政资分开、政事分开、政社分开，建设职能科学、结构优化、廉洁高效、人民满意的服务型政府。深化行政审批制度改革，继续简政放权，推动政府职能向创造良好发展环境、提供优质公共服务、维护社会公平正义转变。稳步推进大部门制改革，健全部门职责体系。优化行政层级和行政区划设置，有条件的地方可探索省直接管理县（市）改革，深化乡镇行政体制改革。创新行政管理方式，提高政府公信力和执行力。严格控制机构编制，减少领导职数，降低行政成本。推进事业单位分类改革。完善体制改革协调机制，统筹规划和协调重大改革。

2013 年 11 月 12 日，党的十八届三中全会通过了《中共中央关于全面深化改革若干重大问题的决定》，提出“切实转变政府职能，深化行政体制改革，创新行政管理方式，增强政府公信力和执行力，建设法治政府和服务型政府”的新要求。全面正确履行政府职能，进一步简政放权，深化行政审批制度改革，最大限度减少中央政府对微观事务的管理，市场机制能有效调节的经济活动，一律取消审批，对保留的行政审批事项要规范管理、提高效率。加强发展战略、规划、政策、标准等制定和实施，加强市场活动监管，加强各类公共服务提供。优化政府组织结构，优化政府机构设置、职能配置、工作流程，完善决策权、执行权、监督权既相互制约又相互协调的行政运行机制。

2. 我国政府经济职能转变的特殊性及走向

（1）我国政府经济职能转变的特殊性。我国政府经济职能转变的特殊性有以下几点：

1）我国的市场经济体制不是自发形成的，而是靠政府的外在力量推动的，因此政府在建立和完善市场经济体制方面起着极其重要的作用，但是市场的逐步成熟意味着政府要逐步退出。把建立社会主义市场经济体制作为我国政府经济体制改革的目标体现了我国政府的理性与勇气。随着我国经济的发展，计划经济体制的弊端日益暴露，而市场机制的优越性逐步显现，在此过程中，我国政府本着实事求是的精神，突破了意识形态的束缚，破除了把计划等同于社会主义、市场等同于资本主义的陈旧思想，提出在社会主义国家也可以建设市场经济，表现了巨大的智慧和创新精神。当前，政府的外在力量推动体现为：第一，建立全国统一的市场体系。第二，培育市场主体，建立产权清晰、权责明确、政企分开、管理科学的现代企业制度。第三，加速社会主义市场经济体制的完善。政府要向社会宣传灌输市场经济观念，在保证稳定的前提下，加快市场经济体制的完善，采取措施缓解改革阻力，减少转轨成本。

2）我国是后发国家，市场失灵和政府失败的例子在历史上都有先例，我们可以利用后发优势，避免走西方国家的老路。在西方国家，实行市场经济已有数百年历史，市场失灵和政府失败都已显现，“市场万能”和“政府万能”的理论都已被历史证伪，鼓吹“市场万能”必定否认政府的经济职能，或鼓吹“政府万能”必定回到计划经济的老路，都不利于经济的发展。

3）我国是社会主义国家，在社会主义国家如何建设市场经济并没有先例，探索的道路必定艰难。我国的市场经济体制是与社会主义基本制度结合在一起的，所以必须坚持公有制为主体，多种经济成分长期共同发展的所有制结构。改革开放以来，如何增强企业，尤其是国有大中型企业的活力一直是我国经济体制改革的中心环节。西方国家也有国有企业，但无论是在量上还是在质上都无法与我国相比。在我国，国有企业改革不仅是一个重大的经济问题，同时也是一个重大的政治问题。

4）我国是一个具有独特国情的发展中国家，这给我国政府经济职能的界定与转变增加了更大的困难。第一，人口基数庞大，控制人口的压力很大。随着我国向市场经济体制的转变，原先在计划经济体制下行之有效的计划生育的许多手段失效，同时我国人口的老龄化问题日益突出，意味着政府的社会保障任务艰巨。第二，在向市场经济转轨过程中，我国失业问题日益严重，政府要增加就业机会，广辟就业渠道，同时为失业人口提供基本生活保障。第三，我国总体的自然环境比较恶劣，表现在自然灾害频繁，可耕地面积小，沙漠、戈壁面积大等方面，再加上改革开放以来出现的一些短期行为造成生态破坏、环境污染加剧，意味着政府在防治自然灾害、保护环境、发展农业生产方面要承担较多的责任。第四，东西部之间、城乡之间发展严重失衡，不利于宏观经济的运行，导致产业结构断层、收入分配不公、有效需求不足与过度并存等问题，也不利于国家统一、政治稳定、民族团结、国防安全等。解决区域差别、城乡差别过大的问题，要求政府必须加强对经济的宏观调控。第五，传统的计划经济观念和儒家思想共同倡导的人治观念在我国根深蒂固，这与市场经济的法治要求相抵触，所以政府在灌输市场经济观念、加强法制建设方面要发挥巨大作用。第六，当前我国贫富差距不断扩大，政府要遏制贫富分化，减少贫困人口。

（2）我国政府经济职能转变的走向。我国经济体制改革的总趋势是逐步扩大市场机制在经济中的作用，并相应地转变政府经济职能。经过 30 多年的改革，中国的市场机制和市场体系正在逐步发育成长，政府对经济的管理方式已发生重大变化。但是从深化改革的角度来看，特别是加入 WTO 以后，政府经济职能依然存在很多不适应和不完善的地方。政府经济职能的改革，应当朝以下方向发展：

1）合理界定政府经济职能的范围。首先要从法律上明确规定政府工作的职责范围，规范其行为。在市场经济条件下，企业要依法生产，依法经营，政府也要依法管理，依法“掌舵”。只有使政府干预走向法制化、规范化，才能提高干预的合理性、科学性。其次要彻底割断部门权力和部门利益的关系。现实中由于政府权力与部门利益呈正相关，一些政府部门凭借手中的行政权力任意对企业进行干预，又不对干预的后果承担责任，结果是谁都想管企业，哪个部门管的企业越多，利益也就越大，这种现象助长了政府行为的不规范，在利益驱动下，不仅政企难以分开，而且由此引发了一些不合理现象，因此，必须彻底割断权力与利益的纽带。对政府干预行为进行有效监督的关键在于增加政府干预的透明度、公开性，使其接受社会公众的检查、监督，尤其是要加强对执法人员的监督管理。

2）改进政府干预经济的方式，推动国有企业改革与发展。随着社会主义市场经济体制的建立和中国加入 WTO，我国政府对经济的干预必须由过去直接调控的方式逐步向间接调控的方式转变。西方发达国家的一些做法值得我们借鉴：第一，一个国家产业结构的调整，依赖于政府科学合理的政策导向，这是一个自觉的过程，政府在其中起了很大的推动作用。要改变目前我国产业结构中存在的问题，必须发挥政府产业政策正确的引导作用，对国家需要重点发展的基础产业、支柱产业、高新技术产业制定产业发展倾斜计划，给予政策倾斜。第二，政府在促进企业技术改造和技术创新方面要发挥积极作用。针对我国企业目前普遍存在的技术装备落后、产品技术含量低的状况，政府不仅要为企业提供服务，还要在财力上支持国有企业进行技术革新，把转变政府职能和促进国企改革与发展结合起来，通过转变政府职能，推动国有企业改革与发展。

3）根据政府角色的重新定位，改革政府机构。庞大的政府机构和人员数量是造成政府工作效率低下的主要原因之一，这不仅影响了整个宏观经济的运行效率，而且导致了市场资源配置的效率损失。在政府角色重新定位的基础上，必须按照精简、统一、高效的原则，真正解决目前存在的机构臃肿、人浮于事、效率低下等问题。国务院机构改革反映出政府机构改革势在必行，因为它与转变政府职能相辅相成，只有转变政府职能，才能真正有效地进行机构改革；机构精简了，政府才能更好地履行其职能。

4）深化财税、金融等体制改革，完善宏观调控体系。围绕推进基本公共服务均等化和主体功能区建设，完善公共财政体系。深化预算制度改革，强化预算管理和监督，健全中央和地方财力与事权相匹配的体制，加快形成统一、规范、透明的财政转移支付制度，提高一般性转移支付规模和比例，加大公共服务领域投入。完善省以下财政体制，增强基层政府提供公共服务的能力。实行有利于科学发展的财税制度，建立健全资源有偿使用制度和生态环境补偿机制。推进金融体制改革，发展各类金融市场，形成多种所有制和多种经营形式并存、结构合理、功能完善、高效安全的现代金融体系。提高银行业、证券业、保险业竞争力。优化资本市场结构，多渠道提高直接融资比重。加强和改进金融监管，防范和化解金融风险。完善人民币汇率形成机制，逐步实现资本项目可兑换。深化投资体制改革，健全和严格市场准入制度。完善国家规划体系。发挥国家发展规划、计划、产业政策在宏观调控中的导向作用，综合运用财政、货币政策，提高宏观调控水平。①

5）健全、完善市场中介组织，发挥其在政府经济职能转变中的作用。市场中介组织起着沟通政府与市场的作用，市场中介组织的发育和成熟有利于规范、优化市场秩序，促进政府经济职能的转变。但在我国，一方面，政府不愿放权，仍把本来应当由市场中介组织承担的职能揽在自己身上，造成政府机构臃肿，履行职能低效，非常不利于市场经济体制的建立和政府经济职能的转变。另一方面，我国市场中介组织尚处于起步阶段，对政府的依赖意识强烈，自治意识薄弱，同时市场中介组织本身也存在不少问题，如缺乏信誉、责任和社会力量的监督，违背行业准则，甚至违法乱纪等。如何改变市场中介组织的官办性质，使之成为名副其实的社会组织，并促进其健全、完善，是中国政府转变经济职能必须解决的问题。

---

① 参见胡锦涛：《高举中国特色社会主义伟大旗帜　为夺取全面建设小康社会新胜利而奋斗》，北京，人民出版社，2007。

2.2　政府经济管理效能

2.2.1　政府经济管理的有限性与有效性

1. 政府经济管理的有限性

西方经济学者认为，并不存在纯粹的“市场经济”。虽然在任何现代社会，政府都起着重要作用，但是，“政府行为并不是消除自由市场经济的万灵妙丹。政府的干预有可能不仅不会纠正市场的缺陷，恰恰相反，很可能还会导致新的政府失败。因此，在采取任何政府行为之前都必须要慎重考虑，要充分权衡政府的行为成本和行为收益”①。这里的关键在于，相对于市场调节而言，政府经济管理必须是占辅助地位的“有限管理”。

政府经济管理的有限性，实际上是要合理确定政府经济管理的边界，处理好政府和市场的关系。关于这一边界，世界银行在 1991 年以“政府和市场关系”为主题的世界发展报告中提出了“友善于市场”的发展战略。该战略认为，干预只有在市场能产生“友善作用”的情况下才可能是有益的。对市场友善的干预应该遵循三个原则：第一，不做主动干预，除非干预能产生更明显的良好效果，否则就让市场自行运转；第二，把干预持续地置于国际和国内市场的制约之下，确保干预不致造成相关价格的过度扭曲，如果市场显示出干预有误，则应该取消干预；第三，公开干预，使干预简单明了，把干预置于制度的规范约束下，而不是由某些个人、官员的好恶或判断来左右。在一定意义上可以说，有限政府实质上是市场经济的一种政治表达。

具体而言，“有限管理”的内涵包括：

(1) 在政府目的方面，有限政府是保护个人基本权利和经济自由的政府。有限政府是自由主义在政府问题上的基本主张。绝对的自由主义者主张建立一个小政府，“小政府只提供一种公共产品，即，使公民免于强权、偷盗、欺诈的侵害以及督促契约行为的履行”②。不论是古典自由主义还是新自由主义，其理论至少有一个共同点：个人必须保留某些基本权利，国家在任何情况下都不得侵越这些权利。也就是说，国家（政府）的权力必须有其边界，以在任何情况下都不侵越个人保留的基本权利（主要是财产权、生命权与自由权）为其底线。有限政府以个人权利为依归，对有限政府来说，个人所享有的财产权、生命权和自由权是天赋的，是在任何情况下都不可剥夺的，尤其不能以抽象的国家为借口要求人们放弃这些基本权利。

另外，人们要保护自己，要满足自己追求财富的天然渴望，要保证个人不受奴役，就必然要求政府保证经济自由，“经济自由本身是一个目的。其次，经济自由也是达致政治自由的一个不可缺少的手段”③。因此，有限政府一方面重视市场在经济活动中的基本作

---

① David N. Hyman, *The Economics of Governmental Activity*, New York, Holt, Rinehart and Winston, Inc., 1973, p. 20.

② Michael Howard, *Public Sector Economics: For Developing Countries*, Babrbados, University of the West Indies Press, 2001, p. 24.

③ [美] 米尔顿·弗里德曼：《资本主义与自由》，9 页，北京，商务印书馆，1986。

用，另一方面也在现代经济中发挥应有的作用，如为市场经济运行提供公平的法律、稳定的公共秩序，充当公正的裁判者，促进社会公正，提供其他公共产品，克服外部性，等等，以此为实现经济自由提供充分条件。

(2) 在政府职能方面，有限政府是职能限制在公共领域的政府。市场的自由交易行为，基本上可以实现私人领域和私人产品的有效配置。但由于存在外部效应，市场对于公共领域的协调往往会导致失败，这就为政府的存在提供了活动的空间。这里的关键在于明确界定公共领域和私人领域的界限。有限政府将自己的行为严格限定在涉及社会每个成员利益的公共事务及其管理上，而不会肆意侵犯仅涉及私人的、私人能够自主处理的领域，如经济、社会、家庭、人身、文化艺术、宗教、伦理道德、个人嗜好与审美偏好等非公共非政治的领域。

(3) 在政府过程方面，有限政府是实行透明行政的政府。“判断有限政府与无限政府的尺度在于一个政府或者说一个政权，在权力、职能、规模上是否受到来自法律的明文限制，是否公开自愿接受社会的监督与制约。政府的权力和规模在越出其法定疆界时，是否得到及时有效的纠正。”① 有限政府的权力是由下至上、逐级授予的。在有限政府中，掌权者由下至上选举产生，每一级权力都必须对选民负责，否则选民可以并且确实有能力选举新的政府取而代之，这种秩序构建方式被称为“选举社会”的方式。② 有限政府的这种权力组成方式隐含着对政府行政过程的内在要求，即透明行政。封闭的政府权力运作过程，不仅增加了政府决策失误的风险，而且为政府的不负责任和腐败提供了机会。透明行政意味着公民对公共事务享有知情权、监督权乃至参与权。公开政府权力运行过程还有利于市场信息的准确传播，降低交易成本。

(4) 在政府约束方面，有限政府是实行法治的政府。有限政府的治理，是通过制度化、程序化的制约机制，即通过“法治”，实现对政府权力的约束。法治的基本特征是社会秩序和经济秩序均被纳入法律的调整范围，法律具有普遍的约束力和最高的权威性。法治不仅意味着市场行为要依据法律，更意味着政府行为也必须依据法律。政府的权力大小、范围、规模、职能必须由法律和制度予以严格明确的规定，只有当执行法律的政府权力服从于明晰的、非人格化的法律控制时，社会才可能建立起普遍的法律秩序。

2. 政府经济管理的有效性

政府的有效性是指政府作为公共权力的代表者能否有效地履行一般政府都应履行的基本职能。有效政府作为政府的一种价值取向是政府理论演进和政府改革进行的必然结果。自20世纪70年代以来，政府改革风起云涌，在西方发达资本主义国家，对科层制的批评日渐增多，很多人主张建立一个更灵活、更精简、更有效率的政府。而在发展中国家，亟待解决的社会经济问题更使人们对有效政府的期冀与日俱增。政府经济管理的有效性，是政府矫正市场失灵的前提，是政府能力的表现，同时也是政府干预市场的理性要求与客观结果。

---

① 赵汀阳：《学问中国》，73页，南昌，江西教育出版社，1998。

② 参见上书，90页。

对于政府经济管理而言，有限性是实施政府经济管理职能的前提，而有效性则是实施政府经济管理职能的保障。考察政府行为的有效性，实际上也是考察政府社会治理活动的绩效状况。就当代国家与政府的建设而言，判断政府活动的有效性，首先应该是相对于社会经济发展和公共利益需求而言。在这一规定下，可以用政府活动的高效率、强效能和优效益作为判断与衡量政府经济管理效率的标准。因此，有效的政府经济管理具有以下几个特点：

（1）高效率。高效率具体体现为政府组织自身机构运作的有效性。这要求政府组织在其机构配置、人员编制等方面贯彻精简精干的原则。一个高效率的政府应该是尽可能节省成本的廉价政府。政府功能的实现需要充足的公共财政收入，政府规模越大，所要求的财政收入越多，社会赋税负担相应也越重。同时，政府规模的扩大也伴随着政府权限空间的增大，由于公共权力的异化，政府官员可能利用职权设租寻租，而庞大的规模也给监督政府行为带来了很大的困难，造成公共资源的浪费。正因为如此，市场经济所要求的有效政府应该节省成本，保持一定的规模限度，杜绝在政府活动过程中任何形式的盲目支出，避免人、财、物等社会资源的浪费，实现节省行政成本的廉价政府。

（2）强效能。政府经济管理的强效能是指在国家意志与政府目标符合社会公众利益要求的条件下，政府能够以其较强的行为能力，实现其管理目标。强效能的政府既能够保证社会运行的良好秩序，又不侵害公民的基本自由与权利；既为社会生活良性运转建立严格的制度规范，又不抑制社会的活力。反之，政府达成其目标的行为能力较差、适应性低下，则政府是弱效能或低效能的。例如，政府的财政汲取能力低下，则使政府完成其各项公共使命缺乏必要的资源支持；政府的社会规范能力不足，则无法保证社会经济生活井然有序与和谐运作；政府的社会控制能力欠缺，可能会影响社会安全与稳定；政府的社会适应能力不足，则会行为僵化，无法面对内外部的各种挑战而进行恰当的制度创新，或是无法针对新的社会需求与社会问题而进行相应的政策创新。

（3）优效益。有效的政府经济管理要求政府的行为与决策方向符合社会经济发展的要求，并给社会发展带来积极的成果。有效的政府无论是在配置社会资源还是在维护民主秩序等方面，都能为社会的发展带来长期的、全局的积极促进。与之相反，政府行动的低效益或劣效益，例如由于种种原因导致国家行动失误，或者政府活动的结果偏离社会经济发展的需要与公共利益需求，则会对社会经济的发展造成种种损害。

总之，政府活动是否有效、高效或者优效，主要通过经济发展所呈现的实际状况来反映。对政府活动有效性的分析，就要考察在政府的特定作用模式之下，社会经济与社会生产过程所展现出的实际效果如何。在现代市场经济条件下，主要通过市场运行的实际效果来考察特定的政府权力运作模式的绩效，一般认为，“社会福利状况与资源配置效率是反映这一效率的最重要的概念”①。

2.2.2　政府失败的表现与改进

1. 政府失败的表现

在现实的市场经济中，人们期望政府能够办好市场办不好的事，结果却发现政府不仅

---

① 郑秉文：《市场缺陷分析》，67 页，沈阳，辽宁人民出版社，1993。

不能补救市场的失灵，反而降低了社会效益。这种现象被西方经济学家称为“政府失败”。

最早系统地研究“政府失败”的是公共选择理论，其创始人J.M.布坎南教授也因此在1986年被瑞典皇家科学院授予诺贝尔经济学奖。布坎南认为，人们必须破除凡是政府都会一心一意为公众利益服务、都会把公共事务办好的观念，因为政府是由政治家和公务人员等个人组成的群体。第一，他们都是“经济人”，都有自己的私欲，因而都以追求自身利益最大化作为行为的准则，所不同的是，这种追求私利的欲望有时是有意识的，有时则是无意识的。第二，政府中的政治家和公务人员并不是无所不知、无所不能的，相反，他们拥有人类所共有的一些弱点，如知识和智能上的有限性，加上现实社会又是如此复杂，即使有的政治家主观上想把事情办好，也会由于种种局限难以做到，或是出现好心办坏事的现象。所以，政府在行使经济职能以弥补市场缺陷时，往往会出现种种“政府失败”的现象。根据公共选择理论的研究，“政府失败”的表现如下：

(1) 政府的政策偏差。要衡量政府的政策是否存在偏差，首先必须确定判断政策好坏的标准。评定政策的好坏，取决于一项政策对社会的贡献与社会为它所付出的代价之间的差别。所谓好政策，是指这样一种立法或政府行为：一方面，它带给社会中一部分人的额外满足大于那些为了支持这种立法或行为而做出牺牲的人所付出的代价；另一方面，由于一项政策的实施是以放弃若干其他同类政策作为代价的，因此，与其他具有同类特点的政策相比，这种政策所带来的净收益（一部分人的额外收益之和减去另一部分人所付出的代价之和）最大。坏政策的含义刚好与好政策的含义相反。

政府政策之所以会发生偏差，以致出现坏政策，原因主要有两个：一是由于改变某种体制或政策的代价与人们预计从这种改变中得到的好处相比太高了，因而人们不愿或实际上不可能改变这一体制或政策。特别是在那种政策的改变所带来的长期效果比较好，但短期效果不太大而代价却很高时，尤其如此，如我国的价格改革。二是由于某个地方出了毛病，体制或政策的运转没有起到应有的作用，而是变得只有利于某些特殊利益集团。这些集团一方面利用国家机器来寻求自身利益的最大化，损害公众利益；另一方面，还利用其特殊地位，给人们造成一种假象，似乎它们是在为国家、集体谋福利，公众则因为信息不完全而无法识别这种欺骗行为。

(2) 政府政策的低效率。这里所谓的低效率是指所执行的政策不是最好的政策，即这种政策不能确保资源的最优配置。政府政策的选择之所以难以达到最优状态，是由民主决策程序本身所固有的弱点决定的：其一，选民和政治家都是“经济人”。一方面，政治家们会竭力利用他们对相关信息的垄断以及政治家之间的合作，尽可能地提出一些能够体现他们自身利益的提案，然后对选民进行劝说，使提案得以通过。另一方面，选民虽然也有动力去追求自身利益的最大化，但是他们既无途径也无经济实力去获取有关提案的详细内情，因而很难有效地运用其选举权来制约政府。其二，简单多数规则。即使政府提供的政策、方案确实是最好的，但由于选举中较多使用的是简单多数规则，而这种规则最终所体现的只是中间选民的意愿，所以最终的决策结果也难以达到最优。其三，利益集团的影响。选民的意识常受到组织良好的利益集团的影响，有的利益集团可能还拥有不正当的政治权势，它们利用这种权势影响政府的议案与选民的投票选择行为，从而使政府做出不利于公众的决策。其四，主管部门领导人自身利益的驱动。对于由政府主管部门独立地、全权制定与实施的政策来说，由于每个政府部门或公共事业部门所遵循的政策通常都是由该部门领导人根据自己对共同利益的理解来决定的，这些领导人的行为具有相当大的自由度和灵活性，有意或无意地为自身的“经济人”动机所左右和驱动，因而他们对公共利益的理解常常难以真正符合公共利益的要求，也难以为最大限度地增进共同利益而服务。

（3）政府机构工作的低效率。政府机构的官僚作风严重，时间观念淡薄，工作拖拖拉拉，办事效率极低。造成工作低效率的原因有三个：一是政府工作缺乏竞争。从纵向来看，由于采取逐级任命的形式，部门领导不会因为效率低而遭到上级的解雇，因而也就没有压力去高效率地工作。从横向来看，由于约束政治家个人活动的体制不以营利为目的，提供公共服务的各部门之间不存在竞争，因此，政府官员拥有的自由比私人企业经理要大得多，而过多的自由又使他们缺乏提高效率的动力。二是缺乏降低成本的内激励。这有客观和主观的因素。从客观看，由于政府部门的活动大多不计成本，即使计算成本，也难以精确化，这样就有形或无形地促使政府部门对公共产品的供给超出社会财富最优分配时所需要的数量，因而导致社会资源的浪费。从主观看，政府机构的工作大多具有一定的垄断性，一方面，政府可以利用这种垄断地位，在供给公共产品与劳务时尽可能降低服务质量，提高服务价格；另一方面，由于政府部门所承担的任务较为复杂，它们可以利用所处的垄断地位封锁一部分公共产品的生产职能及资源成本等信息，从而使承担制约任务和执行管理预算职能的部门无法了解真正成本，不能准确评价运行效率。三是监督信息不完备。从理论上说，政治家并不能为所欲为，而是必须服从公民代表的政治监督。然而，在现实中，这种监督作用常常由于信息不完备而失去效力，因为提高运行信息的正是被监督部门，监督者反被被监督者所操纵。

（4）政府部门的自我扩张。政府部门的自我扩张包括两个方面，即政府部门组成人员的增加和政府部门支出水平的增长。这两种情况不仅在我国存在，在西方发达国家也普遍存在，尤其是政府支出增长的情况更为普遍。是什么原因导致了政府支出的相对规模迅速增长呢？公共选择理论分析了五种情况的扩张：其一，政府以供给公共产品和消除外部效应为唯一职能时的扩张。其二，政府作为收入与财富的再分配者时的扩张。其三，利益集团存在时的政府扩张。其四，官僚机构与政府扩张。其五，财政幻觉与政府扩张。这里财政幻觉的要点是，假设选民用他们所支付的税款来测量政府规模，这时政府可以采用让选民意识不到税收负担在增加的办法来扩充政府支出。政府支出的扩张会导致财政赤字，而财政赤字又会导致政府部门的扩张。为什么？原因有两个：一是财政赤字可以使社会成员感觉到由此带来的直接利益；二是受自利动机驱动的政治家们，为了迎合选民的意愿，也倾向于支持赤字财政政策。由于这两个原因，当选的政治家往往更乐于将公众的钱花在能够给他的选民带来明显收益的项目上，而不愿意向这些选民征税。而且，只要政府借债支付公共开支所获得的边际投票收益大于通过征税来支付这种公共支出所造成的边际投票损失，政治家就会不断扩大预算规模。也就是说，在多数选举制中，如果大多数人宁愿享受公共服务，而不愿选择纳税来牺牲私人商品的消费，预算规模就会扩大，而扩大的预算规模又只能通过举债来实现。

（5）政府的寻租活动。寻租活动是指人类社会中非生产性的追求经济利益的活动，或者说是指那种维护既得的经济利益或是对既得利益进行再分配的非生产性活动。寻租活动可以采取合法的形式，也可以采取非法的形式。合法的寻租活动如企业向政府争取优惠待遇，利用特殊政策维护本身的独立垄断地位；非法的寻租活动如行贿受贿、走私贩毒。现代社会中最常见的寻租活动，是利用行政手段或法律手段来阻碍生产要素在不同产业之间自由流动、自由竞争，以维护和攫取既得利益。寻租活动会使政府决策和运作受利益集团或个人的摆布。最常见的政府寻租活动有：其一，政府的特许权。特许权指政府对某类商品发放的特别生产许可权或特别销售许可权，获得许可的单位或个人能够凭借其垄断地位寻到租金。其二，政府的关税与进出口配额。政府的关税政策主要是为了保护民族工业的发展，但当国内市场被少数几家企业垄断时，这些企业可能就没有很强的动力去改进技术、提高产品质量，这时关税政策就成为寻租活动的保护伞。当某些产品在国内十分畅销，而一些关键的部件或原材料需要进口时，得到进口配额许可的厂家就有机会获得高利，从而引起寻租活动。其三，政府订货。政府订货并不是每个厂商都能得到的，而且，厂商所承包的工程和生产的产品的质量同时又是由政府工作人员负责验收的，当双方形成某种默契时，厂商就有机会通过虚报成本或降低工程与产品质量等来寻求租金。

上述“政府失败”的种种类型，是公共选择理论的学者根据美国政府的基本情况，通过分析得出来的。它对分析我国政府经济行为具有一定的参考价值，但不能机械照搬，因为两个国家的政治制度极不相同。

2. 政府经济管理低效的内在原因

在现实中，政府的经济管理活动虽然不会完全失效，但往往是高投入低产出。这种高投入低产出的现象，我们称为政府经济管理低效。在某种程度上可以说，这种低效是政府内生的。这里从政府需求和政府供给两个维度进行分析。

(1) 社会对政府的需求往往被夸大和扭曲。导致政府需求被夸大的原因具体包括：其一，公众的市场缺陷意识使之对政府的期望增大。在市场缺陷客观存在的情况下，特殊利益集团和媒体都热衷于夸大市场缺陷，并加以广泛传播。在此情况下，公众往往要求政府运用立法、规制和其他手段来弥补市场缺陷，由此产生了对政府的过度需求。而政府也往往过于自信，相信自己有修正市场缺陷的方法。其二，政府报酬与责任脱节不利于对政府需求的约束。在公共选择理论者看来，政府官员也是个人利益最大化者，政府机构总是倾向于追求“行为空间”的最大化，以谋求更多的私利。在立法过程中，立法者和政府官员热衷于制定解决问题的法令，但并不需要考虑执行这些法令所负的责任，而且其报酬按照资历呈现出经常性增长的势态。报酬与责任的脱节势必不利于对政府需求的约束。其三，政府治理过程的固有近视。由于政治报酬增高和选举官员的短期任职，使官员的时间贴现率高于社会的时间贴现率，其结果通常是官员的短期行为和长远利益之间产生明显脱节。官员往往忽视长期的成本和效益，夸大短期的成本和效益，造成近期政府需求的膨胀。与此同时，“投票者由于并不知晓公共政策的真实效益和消耗的成本，他们往往会反对有益的提案而支持消耗巨大、没有效率的政府投机行为”[①]，这一点也加重了政府预算的超支和

---

① Michael Howard, *Public Sector Economics: For Developing Countries*, Babrbados, University of the West Indies Press, 2001, p. 32.

公众的赋税负担。

(2) 政府供给的特征使政府供给缺乏成本约束。政府供给的特征主要是：其一，政府供给是非市场活动。如果把企业在市场上所从事的生产经营活动称为市场活动的话，那么政府所从事的经济管理行为和活动则是非市场活动。企业在市场活动中，其价格收入和投入成本往往紧密相连。而作为非市场机构，政府经济管理部门的收入来源于税收等，支出则用于公共开支等。因此，政府实际上只是一个中介分配机构，收支状况对政府来说并不是很重要，政府管理部门缺乏像企业那样的硬预算约束和硬市场约束。由于非市场产出和其成本相割裂，资源配置的错误程度大大增加。而且在非市场活动中，当要获得一个给定的产出时，往往会使用更多的资源，或者为了弥补最初的一个市场缺陷而采取更多的非市场行为，结果造成非市场活动的多余成本并导致非市场产出超过其需求。其二，确定和度量政府产出的难度大。政府的产出通常是"中间产品"(权力、执照、规定等)，这些中间产品对最终产品贡献的程度一般而言都难以度量。而对于教育、福利政策等政府活动，由于缺乏有关产出质量的信息，不但难以判定政府产出的质量，而且难以直接测量其产出量，只有用投入量来替代。其三，评价政府供给质量缺乏参照系。政府在立法上是指令性的，在行政上是唯一的，政府提供基础性公共产品和服务一般也是采用垄断方式进行。由于缺乏参照体系和持续的竞争，人们难以评估政府产出的质量。

3. 提高政府经济管理效能的途径

在打破了"市场万能"的神话和"政府万能"[①] 的神话之后，人们面临着这样的两难选择：是市场还是政府？在两者之间简单地做出选择是困难的。"选择越倾向于市场，其体制就会面临更多导致市场缺陷的危险；选择越倾向于非市场，其体制就会面临更多导致非市场缺陷的危险。"[②] 要走出市场与政府的两难选择，必须在确立市场机制对资源配置的主导地位的同时，通过一定的途径来提高政府管理经济的效能，以避免或降低政府在介入、干预社会经济运行中的"失败"程度，达到真正弥补市场失灵的效果。这里所谓的效能，是指政府在履行经济管理职能中表现出来的整体效能，包括政府及其经济管理机构的工作数量、质量、效果、效率和功能等。政府管理经济的效能受多种因素的制约，提高政府经济管理效能，除了不断提高政府领导人及其管理人员的素质外，要着重考虑下面几条途径：

(1) 构建有限政府的法律体系，明确政府经济管理的边界。"一个合理的政府理所当然地只能是有限的政府"[③]。有限政府是有效政府的前提，不是有限的政府，不可能是有效的政府。倡导有限政府的构建，并不仅仅是构建一个有限的政府，其真正的目的在于为有效政府的构建提供前提和基础。要建立一个有限的政府，其主要内涵在于构建一个完善的法律体系，以此为政府的运作提供一个恰当的边界和行动准则。对于这一法律体系而言，首要任务是宪制的确立。诺思认为，经济发展没有国家是万万不行的，但国家又往往成为经济发展的祸害。这就是所谓的"诺思悖论"。解决"诺思悖论"的关键是界定国家与市

---

① 参见郭小聪：《走出"政府万能"的误区》，载《华夏》，1997 (1)。

② [美] 查尔斯·沃尔夫：《市场或政府——权衡两种不完善的选择》，149 页，北京，中国发展出版社，1994。

③ 刘军宁：《法治之下——有限政府与政体改革》，载《粤港信息日报》，1998-05-17。

场的边界，以及如何用一套宪政规则来控制“控制者”即政府权力的问题。政府对宪政规则可信的承诺是经济发展的关键。布坎南针对西方最近二三十年的具体现实，提出了一些立宪改革的建议。就我国而言，首先是确立最基本的宪治观念，也就是说，要真正确立宪法的“法律之法”的崇高地位，具体法以及政府的条例、党派的规章在任何时候都不能超越于宪法。宪制的确立，可以为社会主体的互动提供制度化的行动规制，因此也可以为一个有效政府的构建奠定坚实的规则基础。其次是加强行政法的建设。行政法确立的所有具体的法律制度应当与规范国家与公民关系的宪政框架一脉相承。这是我们讨论行政法建设的起点。行政法最主要的功能体现在对宪法的落实上。“它在宪法确立的有关国家、社会与经济结构的框架内，将宪政制度细则化，详致地规范推行这些制度应当遵循的操作规则。”① 最后是尽快完善行政组织法律制度，制定行政机关组织法、行政职权法等一系列法律、法规，明确规定市场经济条件下政府有哪些职权及行使这些职权的方式、范围和程序，以及政府应负的行政法律责任。

（2）转变经济职能，提高政府管理效果。在计划经济体制下，政府管理宏观经济的效果之所以差，主要原因就在于，政府履行经济职能管理的范围过于宽泛，内容过于庞杂。政府几乎是无所不管，结果管了许多不该管、管不了或管不好的事情；实现职能的方法、方式单一僵硬，完全实行自上而下的垂直的行政管理方法。在社会主义市场经济条件下，要提高政府管理经济的职能，主要是制定和执行宏观调控政策，搞好基础设施建设，创造良好的经济发展环境，同时，要培养市场体系，监督市场运行和维护平等竞争，调节社会分配和组织社会保障，控制人口增长，保护自然资源和生态环境，管理国有资产和监督国有资产经营，实现国家的经济社会发展目标。在实现职能的方式上，政府应该运用经济手段、法律手段和必要的行政手段管理国民经济，不直接干预企业的生产经营活动。政府经济职能从内容和方式上的转变，实质上也是政府职能的转换。一方面，政府把不该管、管不了或管不好的职能转移出去，将该由企业承担的职能转交给企业，该由市场调节的职能转由市场调节，地方政府能管得更好的一些职能则下放给地方；另一方面，政府履行好该承担的和能够承担的职能。这样做既各得其所，有利于调动多方面的积极性，又有利于集中政府的精力，提高政府的管理能力，从而提高管理经济的有效性。

（3）引进法律机制，保证政府决策质量。从某种意义上可以说，社会主义市场经济是一种法制经济。与此相适应，在社会主义市场经济条件下，可以把法律机制引进政府的决策程序，以提高政府决策的科学化、民主化和法制化程度，确保政府的决策质量。法律机制包括立法机制和司法机制。引进立法机制，可以使政府决策做到：其一，符合法律规定的权限。政府只能就法律规定的权限范围内的事项做出决策，不能超越权限做出决策。其二，符合法定程序。政府决策必须依照法定的程序，如该由集体讨论决定的就要由集体讨论决定，应当在某时限内做出决定就不超过这一时限，等等。其三，符合法律规定。政府决策不能与法律规定相冲突，对于法律禁止的事项，政府就不能做出许可的决策；对于法律鼓励的事项，政府就不能做出禁止的决策。其四，承担法律责任。如果政府决策失误，应当依法追究法律责任，包括政府机关领导人的政治责任、政府机关领导人或工作人员的

① 董炯：《权利至上、制度设计及其运作》，载《比较法研究》，1998（3）。

行政责任甚至刑事责任等等。引进司法机制，建立政府决策的准司法制度，可以保证政府决策的公正性和各种利益主体的平等性，以及处理利益冲突程序的确定性。如：第一，决策听证的准司法制度。即政府在进行决策时，邀请利益有关各方代表和有关专家学者出席决策听证会，让他们各抒己见，并展开辩论，最后再做出决策，使决策能最大限度地包含各有关利益主体的意见。当政府就社会公共利益做出决策时，由于涉及许多方面的利益关系，因而特别需要这样的决策听证制度。第二，仲裁、调解的准司法制度。它适应政府就有关经济主体之间的利益冲突做出决策的需要。处理经济主体之间的利益冲突时，只有充分体现当事人的自由意志，才能使问题得到最有效的解决，因此，政府就经济主体的利益冲突进行决策时，应当尽可能采取仲裁、调解制度，尽量避免适用行政裁决制度。第三，接受司法审查的制度。政府工作人员与决策当事人发生利益关系，或者认识发生偏差，从而导致决策失误，损害当事人的利益时，很需要有一种救济程序，即能使不服行政机关决策的当事人参与决策过程的准司法程序，使政府就有关维护社会经济生活秩序的事项做出的决策，接受司法审查，而且一旦行政机关做出错误的决策，给当事人的合法权益造成了损失，还应予以赔偿。行政诉讼制度和国家赔偿制度正是适应这一需要而产生的。在行政决策和行政诉讼之间，还有行政复议制度，这是行政机关借鉴司法制度而建立的、自行处理当事人就行政机关对维护社会经济生活正常秩序的事项所做的决策不服提出申诉的准司法制度。总之，在政府决策的过程中引进法律机制，有利于提高政府决策质量，维护社会公共利益。

（4）建立工作程序，提高政府办事效率。办事效率是政府经济管理效能的一个重要内容。要提高政府的办事效率，必须建立一套科学的政府工作程序。如果政府管理经济的工作程序安排得当、科学，就能节约时间和人力、物力、财力，提高效率。科学的管理工作程序要贯彻如下几条原则：其一，纵向申报原则。凡请示、报告应按照“直接最短”的定律找直接领导。领导下达指令，也应“一竿子插到底”，尽可能减少不必要的环节、层次，简化办事手续。其二，审批就近原则。下放审批权，减少审批层次，尽可能把审批权委让给能够方便基层、方便群众的就近机关，避免层层请示、报告、审批、盖章，杜绝旷日持久的公文旅行。其三，快速经济原则。能面对面解决的问题，不通过“二传手”去解决；能口头传达、布置的工作，不起草公文；能用电话办理的事情，不兴师动众地开会；能一个人决定的事，不牵扯第二个人。总之，处理一切问题时，要在确保质量的前提下，寻找最经济、最简便的方法和方式。其四，落实责任原则。建立严格科学的工作责任制，使分工明确、权限清楚、职能分明，做到人人各司其职、各负其责，增强工作人员的责任心和使命感。

（5）利用市场力量，改善政府管理功能。市场与政府之间，虽有矛盾的一面，但也有相互作用、相互补充的一面。就像政府的干预作用可以弥补市场的失灵一样，市场的力量也可以改善政府的功能。查尔斯·沃尔夫博士对此作过深入研究，并指出：“正如新制定的政府政策以及旧政策的变化可以用来改善市场功能一样，市场变动和动力同样可以用来改善政府——‘非市场’的功能。换句话说，通过在政府管理中注入一些市场因素，可以缩小非市场缺陷的影响范围。”① 那么，有哪些市场因素可以注入政府管理呢？主要有以下几项：第一，政府业务合同出租，即对政府的一些管理业务实行市场招标，竞争获胜者与

① ［美］查尔斯·沃尔夫：《市场或政府——权衡两种不完善的选择》，114 页。

政府主管部门签订合同。第二，建立政府部门与企业之间的伙伴关系，企业在履行了政府所期望的特定职能、提供了特定的社会服务之后，赢得利润。第三，实行公共服务社区化、基层化、小规模化，鼓励各种社团组织公益事业。第四，制定优惠政策，鼓励和吸引私人资本投资过去由政府包揽的事业，如中小学教育、社会保险和保障事业等。第五，有选择地实行社会公共服务使用者付款制度，部分地取消“拨款”。这些做法对改善政府管理功能具有重要意义：一是有利于打破政府公共服务机构的垄断性，给社会公众自由选择服务机构的权力，使外部的竞争压力和内部的激励机制相结合，迫使政府公共服务机构竭力改善工作质量，提高办事效率，以吸引更多的政府公共服务机构及时掌握市场信息，提高信息利用的有效性。二是减轻国家的财政预算压力，降低政府公共服务机构对“拨款”的依赖性，有利于培养政府公共服务机构的成本意识，使其自觉节省开支，提高政府管理效益。[①]

(6) 加强行政监察，规范政府行政行为。在社会主义市场经济条件下，行政管理仍然是政府管理国民经济的重要方法之一。规范政府的行政行为，对提高政府经济管理效能具有十分重要的意义。促进政府高效地履行行政管理职能，是我国行政监察的基本任务和目的之一。要发挥行政监察规范政府行政管理行为的作用，关键是要建立一套系统的、科学的评估政府行政效能的标准，充分体现政府行政管理效能的基本内涵并覆盖其基本外延。基本外延大致有三个方面，即行政效果、行政效率和行政效益。行政效果是行政活动的最初结果，是行政效能的直接反映。这部分侧重于行政质量评估，其评估项目包括：其一，合法标准，即看其效果是否符合宪法、法律、法规以及党的路线、方针、政策。其二，利益标准，即看其效果是维护还是损害国家和社会公众的利益。其三，质量标准，即看其效果是否达到了计划、技术指标、预算和合同等的质量要求。行政效率评估是对行政活动取得正效果的速度和行政数量的评估，其评估项目主要有：其一，数量标准，即在一定时期内所完成的行政工作量标准。其二，时间标准，即看其是否在规定的期限内完成行政任务。其三，速度标准，即看其完成行政任务是否贯彻“最短时间原则”或“最快速度原则”。其四，预算标准，包括人力、物力、财力的预算，即看其是否在规定的预算内完成相应的行政任务或更多的行政任务。行政效益是行政活动的最终结果，是行政效能的间接反映。这部分侧重于对行政活动所带来的实际利益进行评估，其评估项目包括各级政府取得的直接经济效益、间接经济效益以及其他社会效益等。行政效果、行政效率和行政效益，作为行政效能评估体系的三大部分，虽然各有侧重，但它们相互联系、相互补充，在实际评估中要统一起来综合考虑。[②]

(7) 建立公开行政制度，确保政府管理活动的透明度。在相当长一段时间内，我国的政府行政由于体制的原因和“人治”的因素，曾一度处于半封闭的状态。所谓半封闭，指的是政府活动变成了少数人的事。一项重大决策是怎样制定的，政策执行的结果怎么样，执行机关成员的政绩如何，领导者的产生要经过哪些程序，这许多问题对普通的公众来说几乎形同“黑箱”，而与此同时，由于政府活动可能对自己造成利害影响，公众对政府信息的需求量又特别大，在这种情形下，势必会造成信息供需矛盾的日益突出。信息的不对

① 参见郭小聪：《论在政府管理中注入市场因素》，载《地方政府管理》，1997 (10)。
② 参见郭小聪：《以行政监督促高效行政的若干问题》，载《社会科学》，1995 (9)。

称分布会造成公众信息渴望，长期郁积起来又可能进一步转变成人心躁动和满腹牢骚，成为影响社会稳定的潜在因素。更重要的是，行政系统的封闭性增强了决策过程的神秘性，而神秘性则加深了公众对政府的隔膜感，强化了公众对政府的盲从，随之而来的便是决策者自身的专断和随意性。科恩认为，如果民主国家无论是采取间接民主还是直接民主，有治理权的公民都处于一无所知的状态，要治理好这个国家是不可能的。① 这一点，无疑已在现实中得到了验证。因此，构建有效政府，确保政府经济管理活动的透明度是重要的举措。增强政府经济管理活动的透明度意味着公众可以最广泛地观察和了解政府行为的过程。同时，公开政府行为的过程，必定会使人们形成对政府行为的稳定的心理预期。这本身就是政府对公众的承诺，也是对承诺者的一种约束。换言之，提高政府经济管理活动的透明度，其“最终目的在于正义不仅要得到实现，而且要以人们看得见的方式得到实现”②。这一点对于正在努力建立社会主义法治国家的我国来说意义尤为突出。

本章小结

政府经济职能是政府管理经济的方式和方法的总和。本章主要介绍了政府职能与国家职能的关系、政府经济职能的基本概念、我国政府经济职能的转变以及政府经济管理效能的有限性和有效性，在此基础上提出了提高政府经济管理效能的途径。

关键术语

政府职能　　国家职能　　政府经济职能　　政府经济管理效能　　政府失败

复习思考题

1. 简述政府职能与国家职能的关系。
2. 简述政府经济职能的含义与内容。
3. 简述我国政府经济职能转变的内容。
4. 简述政府经济管理有限性和有效性的内涵。
5. 试述政府失败的表现。
6. 结合实际说明如何提高政府经济管理效能。

案例分析

不是菜贱伤农　是权力伤农

近期华北地区青菜滞销，出现了农民自毁菜田等极端现象，芹菜、莴笋、卷心菜、大

① 参见［美］科恩：《论民主》，159 页，北京，商务印书馆，1988。
② J. R. 卢卡斯语，转引自陈瑞华：《程序正义论》，载《中外法学》，1997（2）。

白菜降到了几分钱都没人收购。而在地头烂掉的蔬菜，在城市里却要贵上几倍甚至十几倍。这种怪现象其实并不奇怪，过高的油价、过高的税费和过高的人力成本，都使得蔬菜的流通成本越来越高，菜贱伤农的实质是权力伤农。

蔬菜从田间地头到市民餐桌，一般要经过四五次中转，而每次中转都要缴纳各种各样的税费。成品油价格连涨，使运输成本大增。高速公路收费，也增加了运输成本。铁路提速之后，运输成本也越来越高。城市农贸市场退路进厅之后，摊贩缴纳的各种费用成倍增长。以房价为首的物价高涨，又大幅提高了生活成本。种种因素相加，使得蔬菜在田间与餐桌之间的距离越来越远，价差越来越大。

我们仅仅从北京新发地批发市场的收费来看，就有进场费、卫生费、管理费、露天交易车位费等种种名目的收费，有的市场还有进门费、推车费等各种奇怪的收费。而这还只是批发市场的收费，城市里的农贸市场，同样也有一批收费项目，工商、质监、农业、城管、税务、环卫、建设等众多部门都有权收费或是以罚款的名义进行收费。层层加码，使得蔬菜流通的各个环节都难以赚钱，只有税费在不断增加。

以商务部为首的政府部门一直在努力减少流通环节，减少农民卖菜的成本，但城市管理者的“洁癖”却使得这些努力化为流水。退路进厅虽然使城市更干净了，但菜农进城直接卖菜的渠道却越来越少了。而城市往往将市内蔬菜批发市场迁至郊区，大兴土木建设新的批发市场。建设成本，以及随之而来收取的各种费用，都使得蔬菜流通成本增加。批发市场与城市农贸市场的远离，无形中又增加了运输的成本。

越是为了减少流通环节而采取措施，越是增加了流通的环节与成本，根本原因就在于权力参与流通环节的利润分配中。

小小的蔬菜，却关系到大民生，每个城市的“菜篮子工程”都由市长抓，可见政府的重视程度。但在如此情况下，却仍然出现菜贵伤农，菜贱也伤农的怪象，正是由于政府对流通过程的参与过多，增加了大量的参与分配者，从蔬菜流通中分走了最大的利润份额。

2011年一季度，全国物流总费用高达1.7万亿元，占GDP比重高达17.9%。而物流并不进行生产，物流占GDP比重过高的原因，就在于高涨的油价和税费。农产品虽然在物流总额中的比重不大，但对于那些产量大、单价低的蔬菜来说，也是难以承受之重。

在2008年初，农业部曾经紧急出台政策，将二三月的批发市场和农贸市场鲜活农产品的经营性收费一律减半收取。这种短期措施，只能起到一时的作用，却无法起到根本的作用。想解决菜贱伤农的问题，一是要减少政府在蔬菜流通过程中收取的税费，二是要降低批发市场和农贸市场的不合理费用，三是要降低油价中的附加税费。只有真正做到这三点，才能解决流通环节中权力伤农的问题。

资料来源：韩雷：《不是菜贱伤农　是权力伤农》，载《时代商报》，2011-04-27。

思考题

1. 你同意作者的“不是菜贱伤农　是权力伤农”的观点吗？为什么？
2. 请就“菜篮子工程”问题谈谈你对处理政府与市场关系的看法。

第 2 篇

政府经济管理的机构、方法和政策

第3章

经济体制与政府经济管理机构

重点问题

- 经济体制的含义与内容
- 我国政府经济管理机构的设置
- 我国经济体制改革
- 世界经济体系中新型政府经济管理模式的构建

3.1 经济体制概述

3.1.1 经济体制的概念与合理化标准

1. 经济体制的含义与内容

(1) 经济体制的含义。关于什么是经济体制，人们在直观认识上似乎没有异议，但要用学术语言来表述，则难以有一致的定义。西方学者普遍偏向于撇开“主义”来描述这个词语，他们普遍赞同的是瑞典经济学家阿萨·林德白克的定义：“经济体制是在特定地理区域内进行决策并执行有关生产、收入和消费决策的一组机制和制度”①。然而，事实上，“要为经济体制的特征形成一套不涉及价值观念的定义或表述是极为困难的”②。因为任何经济体制总是存在于充满一定价值观念的经济制度之中的。所以，要给经济体制下一个较为准确的定义，首先要正确把握经济体制和经济制度的关系，它们是既相互联系又有严格

---

① 转引自［美］保罗·R·格雷戈里、罗伯特·C·斯图尔特：《比较经济体制学》，7页，上海，上海三联书店，1988。

② 同上书，5页。

区别的两个范畴。经济体制回答的是怎样进行经济管理的问题，它涉及管理方法、方式、组织结构和管理权限等问题；经济制度回答的是决定社会制度的经济关系的性质问题。只有这样区分，我们才能理解为什么同一经济制度可以容纳不同的经济体制，不同社会制度的国家也可以有相似的经济体制。一个国家在不改变其社会经济制度的前提下可以对其经济体制进行根本性的改革。但是，经济体制与经济制度之间又是密切相连的，前者是后者的具体化。

因此，我们可以这样给经济体制下定义：经济体制是一个国家管理经济的方法、方式和制度的总称，是该国经济制度在经济管理过程中的具体化，包括生产关系的具体化和国家执行经济管理职能的具体形式。

社会主义经济体制是社会主义基本经济制度的具体形式，两者既有联系也有区别。社会主义基本经济制度是指它区别于其他社会经济制度（资本主义经济制度、未来的共产主义经济制度）的基本特征而言的。列宁对社会主义概括了两条：一条是生产资料的公有制；一条是按劳分配。这是所有社会主义国家都具有的共性。至于社会主义经济体制，则是社会主义基本经济制度的各种具体形式，在共同的社会主义生产关系的基础上，可以有不同类型的经济体制，在所有制结构、经济决策权力结构、经济调节体系、经济管理组织以及劳动群众参加管理的方式和程度上都可以各不相同。正因为如此，党的十一届六中全会决议指出，社会主义生产关系的发展并不存在一套固定的模式，我们的任务是要根据我国生产力发展的要求，在每一阶段创造出与之相适应的、便于继续前进的生产关系的具体形式。这里实际上指明了社会主义基本经济制度与社会主义经济体制的区别，同时也指明了社会主义经济体制在不同的社会主义国家或者在同一社会主义国家的不同时期是不一样的，每一个社会主义国家都可以根据本国实际情况建立自己的经济体制，并根据不同历史时期的变化情况进行必要的调整和改革。党的十四大报告指出，“实践的发展和认识的深化，要求我们明确提出，我国经济体制改革的目标是建立社会主义市场经济体制，以利于进一步解放和发展生产力”。

(2) 经济体制的主要内容。经济体制的内容，是区别不同经济体制模式的要素。根据格雷戈里和斯图尔特的观点，区别不同的经济体制，可以从四个方面进行比较：一是决策的组织；二是提供信息及调节的机制：市场和计划；三是财产所有权：控制与收入；四是确立目标及诱导人们行动（激励因素）的机制。[①] 结合我国的实际情况，我们可以从以下五个方面来考察经济体制的内容：

1）所有制结构及其经营方式。是单一的全民所有制或单一的公有制（包括全民所有制和集体所有制），还是以公有制为主体的多种经济形式并存？在全民所有制的经营方式上，是国家所有、国家经营，还是国家所有、企业独立经营？所有制结构及其经营方式的确立，是构成经济体制模式的基础。

2）经济活动决策权限的划分。经济活动的决策体系大体有三个层次：一是关系国民经济全局性的宏观经济决策；二是属于企业日常的生产经营活动，属于供、产、销等方面的微观经济决策；三是个人的和国家的劳动就业和购买日用消费品的决策。这三个层次的

① 参见［美］保罗·R·格雷戈里、罗伯特·C·斯图尔特：《比较经济体制学》，8页。

决策，是都由国家集中起来决策，还是根据经济的不同情况加以分散化？也就是说，是高度集中化的决策，还是分层决策？

3）经济调节和控制机制。对于人、财、物在国民经济各个部门之间的分配，以及企业生产什么、生产多少，是主要靠国家计划调节，还是主要靠市场调节？在计划调节中，是一切都通过行政性的指令性指标直接进行调节，还是主要依靠经济手段间接进行调节？在经济调节体系中，处理好计划与市场的关系，处理好指令性计划、指导性计划和市场调节的关系，对于经济的正常运行是至关重要的。

4）经济利益和经济动力结构。在社会主义条件下，在根本利益一致的前提下，依然存在着国家、集体、个人三者之间利益的矛盾。要想最大限度地把各方面的积极性都调动起来，就需要正确处理这三方面的利益关系。是统收统支、吃大锅饭、搞平均主义，还是认真贯彻按劳分配原则，把个人的劳动技能、劳动贡献同企业的生产经营成果紧密挂起钩来？正是这些经济利益规定性的差别性，决定着经济动力大小强弱的不同。

5）经济管理的组织结构。是用行政组织进行经济管理，还是用经济组织进行经济管理？用行政组织进行经济管理，就是政企合一，一切经济活动都按照国家行政系统，按照条条或者块块来进行管理。用经济组织进行经济管理，就是所有经济单位都是独立的或者相对独立的经济实体，一切经济活动都按照发展商品生产和商品交换的原则，按照专业化协作和经济合理等内在的经济联系来组织管理。这些不同的经济管理办法形成不同的经济组织（管理）结构。

2. 经济体制的核心和合理化标准

（1）经济体制的核心——资源配置方式。在上述经济体制的内容中，核心的问题是资源的配置方式问题，即是市场配置资源，还是计划配置资源的问题。所以，有些学者也以这个核心问题来表述经济体制的含义，如《比较经济体制学》一书的作者认为，“经济体制是由对稀缺资源的配置进行决策并执行决策的各种机制、组织安排和规则所构成”①。这里的资源是指生产要素资源，包括物质资源和人力资源。物质资源除劳动对象和劳动手段外，还包括无形资产，如信息、专利权等。人力资源主要指已达到劳动年龄，又未丧失劳动能力的人口，但也包括潜在的劳动人口，即尚未成年的人口。所谓资源配置，就是生产要素资源在各个领域、各个单位的分布和组合，包括在产业部门之间、经济区域之间与企业之间的分布和组合。

任何资源的配置都要依靠一定的方式。在现代经济的运行中，资源的配置有两种基本方式，即市场方式和计划方式。与此相对应，形成了两种基本的经济体制，即市场经济体制和计划经济体制。

1）市场配置资源的方式。这种配置方式是依靠市场机制来实现资源的分配和组合。市场机制包括供求机制、价格机制和竞争机制三个基本方面，它们相互联系、相互作用。在市场经济条件下，市场机制对资源的配置是通过市场价格信号的变动实现的。价格信号反映了供求关系，是供求机制作用的结果，它通过价格机制的运动而启动了竞争机制，竞

① ［美］保罗·R·格雷戈里、罗伯特·C·斯图尔特：《比较经济体制学》，7页。

争关系的展开就形成了资源配置的过程，并反过来调节供求关系。产出品价格和投入品价格（要素价格）的变动引起同行业企业的竞争，导致了企业间的资源配置；不同产业价格水平的变动引起不同行业企业的竞争，导致了产业间的资源配置。

2）计划配置资源的方式。这种配置方式是以指令性计划体系决定资源的分配和组合，它以传统计划经济体制为基础。在计划经济体制下，资源的配置是通过政府行政指令的贯彻实现的。政府的指令性计划体系，通过行政机构的层层设置和行政指令的逐级下达，决定着社会资源在企业间与产业间的分配和组合，并决定资源配置格局的变化。

3）两种配置方式的利弊。两种资源配置方式各有不同的效果，各有不同的优缺点。市场配置方式的优点是经济效率高，产业结构变动灵活，能够较好地适应不断变化的社会需要，使产业结构合理化；其缺点是高度的竞争可能带来较大的经济波动，也较难保证收入的公平分配。计划配置方式的优点是能使经济运行较稳定，能够集中进行重点建设，保证社会公平；其缺点是经济效率低、缺乏灵活性，导致产业结构难以较好地满足社会需要。

4）两种配置方式的选择与结合。由于两种配置方式都各有优缺点，因而单纯用市场或计划来配置资源，都是行不通的。对经济体制类型的选择，只能根据一个国家的具体条件，搭配两类经济体制中的适用成分。我国经济体制改革的目标是建立社会主义市场经济体制。这种体制并不排斥计划手段，相反，是在确立以市场机制为主导的资源配置方式的同时，通过市场与计划相结合，通过国家以经济手段为主的宏观调控来消除市场配置方式的弊端。

（2）经济体制的合理化标准。衡量经济体制合理化的标准，可以从很多方面列出若干条。例如，要有利于调动中央、地方、劳动者的积极性；有利于合理利用人力、物力、财力等各种资源；有利于宏观统一协调，促进国民经济按比例协调稳定发展；有利于提高经济效益；等等。但集中起来，最根本的一条就是有利于发展生产力。社会主义社会的根本任务就是发展生产力，这是马克思主义的基本观点。马克思主义创始人曾经预言，社会主义在消灭剥削制度的基础上，必然能够使生产力以人们意想不到的速度向前发展。列宁在十月革命胜利后曾指出，“在任何社会主义革命中，当无产阶级夺取政权的任务解决以后，随着剥夺剥夺者及镇压他们反抗的任务大体上和基本上解决，必然要把创造高于资本主义的社会结构的根本任务提到首要地位，这个根本任务就是：提高劳动生产率”[①]。毛泽东在1957年也曾说过：“我们的根本任务已经由解放生产力变为在新的生产关系下面保护和发展生产力。”[②] 党的十二届三中全会通过的《中共中央关于经济体制改革的决定》以及党的十三大和十四大报告都强调了社会主义的根本任务是发展生产力这个马克思主义的基本观点。

社会生产力是马克思主义分析一切社会经济问题的出发点，它是人类开发自然资源、生产物质资料的现实力量，是社会变迁的终极原因。社会生产力有着鲜明的整体性，只有把劳动力、生产工具、劳动对象、技术、财源、信息等生产力诸要素有机地协调起来，组

---

① 《列宁选集》，3版，第3卷，490页，北京，人民出版社，1995。

② 《毛泽东著作选读》（下册），771～772页，北京，人民出版社，1986。

成一个社会经济整体，组成一个有效运转的系统，才能把可能的生产力变成现实的生产力，“使它们从仅仅是可能的使用价值变为现实的和起作用的使用价值”①。随着世界范围内新技术革命的兴起，社会生产力的威力将越来越大，这就更加迫切地要求我们建立合理的国家管理经济的体制，进一步吸收当代世界的最新技术成果，推动技术进步，创造新的生产力。

经济体制作为国家对其社会经济活动的宏观管理方式，就其体制模式而言，包括组织、决策、控制和调节方式。一个国家采取何种经济体制模式，是由该国的经济制度和生产力两方面的因素决定的。经济制度是在国家中属统治地位的生产关系，它决定着经济体制的内容和运转机制的性质；生产力的发展水平和社会形态，则决定经济体制的内容和运转方式及其机制。一个国家的经济体制，只有符合经济制度的性质，才能成立并得到运转；同时它只有符合生产力发展的要求，才能有效地运转，发挥其最优功能，促进社会经济的发展。经济体制偏离了哪个方面的要求，都会造成社会经济活动的动荡。在经济制度、经济体制、生产力三者关系上，生产力是最根本的决定因素，衡量一种经济体制是否优越、合理，是否具有生机和活力，其标志就是看它能否有效地适应和促进生产力的发展，保证社会经济持续稳定增长，保证社会的物质和精神生活水平不断提高。因此，党的十三大和十四大报告提出将是否有利于发展生产力作为检验一切改革得失成败的标准之一，而这也就是衡量合理的政府经济管理体制的标准。

3.1.2　我国经济体制改革

1. 我国原有经济体制形成的原因和特点

（1）原有经济体制形成的原因。

1949 年新中国成立以后，党和政府就着手对旧中国半封建、半殖民地的经济制度进行根本性的改革，为建立新的经济体制创造了前提条件。后来，随着国民经济的恢复以及对生产资料私有制的社会主义改造和第一个五年计划的开展，我国社会主义集中统一的经济体制开始建立和形成。

1）新中国成立初期，我们缺乏管理大工业、大城市经济的经验，在许多方面曾经学习和借鉴了苏联的经验，其中有些经验是对的，如重视对国民经济的宏观管理，注意计划的科学性，对重点建设实行集中统一管理，严格按照基本建设程序办事，等等，但我们也把苏联搞单一的公有制，对地方和企业统得过多、管得过死和否定价值规律对生产的调节作用等一些弊病，带进了我国的经济体制中。

2）在长期革命战争中，各革命根据地和解放区逐步积累了组织和管理财政经济工作的经验，如重视在统一领导下调动各个方面、各个单位的积极性，不仅对取得革命战争的胜利起了积极的作用，也对新中国成立后社会主义经济体制的建立有着有益的影响。但是，革命根据地和解放区因长期处于被分割、被包围的状态所形成的自给自足、各自为政和供给制的传统，对我国经济体制的形成也带来了一定的消极影响。

3）在对生产资料私有制的社会主义改造中，对于开展互助合作和建立合作社经济，对于资本主义工商业的利用、限制、改造，以及在多种经济成分存在的条件下发挥税收、

---

① 《马克思恩格斯全集》，中文 1 版，第 23 卷，208 页，北京，人民出版社，1980。

金融、价格在生产和流通领域中的调节作用等，我国从实际出发，有自己的创造，但是，在改造中采取的统购包销等限制做法也保留在了以后的经济体制中。

4）旧中国经济落后，自给性生产占很大比重，自然经济思想有深厚的基础，自然经济思想由于传统的政治经济学不承认社会主义经济具有商品经济的可能性，不承认社会主义经济必须自觉地依据和运用价值规律的影响而获得进一步强化，对于我国经济体制有深刻的影响。

（2）原有经济体制的主要特点。

1）建立了以国营经济为主体、多种经济成分并存的所有制结构。社会主义三大改造完成以前，我国存在社会主义国营经济、民族资本主义经济、合作经济以及小生产个体农业和手工业经济，到 1956 年，社会主义改造胜利完成，社会主义全民所有制与集体所有制经济在国民经济中占据统治地位，公有制占绝对优势的生产资料所有制结构开始确立，在这种所有制结构的基础上，对国营经济实行“统一计划、分级管理”，对基本建设实行集中统一管理。

2）建立了国民经济管理体制。新中国成立以后，政府就着手建立计划经济管理制度。1952 年底成立了国家计划委员会。1953 年随着第一个五年计划建设的开始，计划管理工作不断加强。这个时期对整个经济实行直接计划和间接计划相结合的计划管理制度，间接计划在一段时间内占了很大比重。社会主义改造完成后，直接计划的范围不断扩大，指令性计划指标不断增加。

3）建立了全国统一的财政体制。1950 年，统一全国财政收支，使国家财政收入的主要部分集中到中央。统一货币发行，实行统一的金融管理，这是与稳定物价同时进行的。1951 年开始实行“划分收支、分级管理”的财政管理体制。国家财政分为中央级、大行政区级和省级三级财政，并据此划分财政收入。大行政区撤销后，全国划分为中央、省（市）和县（市）三级财政，在中央统一领导下，财政体制实行分级管理。

4）建立了以计划流通为主体的流通体制。统一了全国的内外贸易。1953 年起开始在全国范围内实行计划分配制度，重要物资和专用物资由主管部门平衡分配。这个时期的商业实行统一领导、分级管理的体制。对国营商业在一段时间内也作了安排。整个商品流通领域开始了以国营商业为领导、合作社商业为辅助，国家资本主义商业、私人资本主义商业和个体商业等几种经济成分并存的商业结构。到社会主义改造完成时，国营商业和供销合作社商业在全部批发额中占 97%以上。

5）建立了以中央集中管理为主的劳动工资体制。随着生产资料社会主义改造的完成，劳动工资的管理由分散转为集中。劳动管理方面，由“介绍就业与自行就业结合”逐步发展到统包统配，并逐步向所谓“大锅饭”、“铁饭碗”的方向发展。劳动管理权限以地区为主逐步过渡到以中央集权管理为主。工资管理方面，1954 年前，地方可以根据中央统一的方针、政策，自行处理工资中的问题；1954 年后，把权力集中到中央；1956 年在全国范围又统一了国家机关、企业和事业单位的工资制度，比如，在工人中实行 8 级工资制，在机关行政管理人员中实行 25 级工资制。

最初的社会主义经济体制，是以大统一小自由、大集中小分散为原则建立起来的。这在当时我国经济发展水平较低、经济结构比较简单的情况下，基本上适应了生产力发展的需要。某些统得过多过死的弊病，在第一个五年计划末期，就逐渐显露出来了。对此，党中央当时已有所察觉，并提出了某些改革的想法。可惜的是，当时提出的改革方向和原则在以后的实践中并没有贯彻下去，相反，有不少做法还与此背道而驰。1958 年以后的某些改革，都把问题的重点放在中央和地方的关系上，两次大规模下放企业都是着眼于扩大地方权力，而企业作为行政机关附属物的地位并未改变。1978 年党的十一届三中全会以前一个很长的时期中，由于我党社会主义建设经验不足，且长期以来在对社会主义的理解上形成了若干不符合实际情况的观念，特别是由于 1957 年以后党在指导思想上的"左"倾错误的影响，把搞活企业和发展社会主义商品经济的种种正确措施看成"资本主义"，结果使得经济体制上过分集中统一的问题不仅长期没有得到解决，而且发展得越来越突出。有些方面，如经济生活中的单一化、集中化、实物化、封闭化和平均主义，甚至比苏联和东欧各国原来的做法走得更远，始终未能跳出原有的僵化模式和框框。

2. 我国经济体制改革的方向

党的十八届三中全会通过的《中共中央关于全面深化改革若干重大问题的决定》明确指出："经济体制改革是全面深化改革的重点，核心问题是处理好政府和市场的关系，使市场在资源配置中起决定性作用和更好发挥政府作用。"从我国的国情出发，借鉴当今发达资本主义国家管理社会化生产的先进方法，我国经济体制改革的目标应是：进一步增强企业特别是国有大中型企业的活力，使它们真正成为相对独立、自主经营、自负盈亏的社会主义商品生产者和经营者；进一步发展社会主义商品市场，逐步完善市场体系；国家对企业的管理逐步从以直接控制为主转向以间接控制为主，主要运用经济手段和法律手段，并采取必要的行政手段，来调节和控制全国经济运行。

围绕体制改革的目标，要进行一系列的配套改革，其中包括的内容有：

第一，在所有制结构方面，建立以社会主义国有经济为主体，以个体经济、私营经济和其他经济形式为补充的多层次所有制结构，以适应我国人口多、社会生产力发展不平衡的状况。国有企业，一般不适宜再由国家直接经营，实行所有权与经营权分离，把经营权真正交给企业，理顺企业所有者、经营者和生产者的关系。尤其是中小型工业企业、零售商业、饮食服务业、修理业等，则可以根据具体情况分别改为国家所有、集体经营的企业，由职工集体或个人承包经营或租赁经营，或者改为集体所有制企业。逐步推行股份制。此外，应进一步兴办新的集体所有制企业，积极发展各种形式的合作经济。要继续鼓励个体经济和私营经济的发展，发挥个体经济和私营经济在国民经济中的补充作用。

第二，在经济决策体系方面，建立国家、企业和劳动者个体多层次的决策体系，以保证社会经济活动的发展方向和内部的和谐。宏观经济活动，包括整个国民经济发展的战略性问题，如国民经济的增长速度、固定资产投资规模和消费基金的增长、产业结构的变化、必要的价格控制等，由国家集中决策。微观经济活动，包括企业的人、财、物，供、产、销，以及设备更新、自留资金的使用等，在国家统一政策法令的指导下，一般由企业分散决策。扩大劳动者个人在选择职业等经济活动上的自由，允许职工在一定范围内合理流动。

第三，在经济调节体系方面，逐步健全以间接管理为主的宏观经济调节体系，把过去以指令性计划为主、以行政手段为主的经济调节体系，改变为以指导性计划为主，主要运用经济手段，并利用市场机制基础性作用的经济调节体系。大的方面管住管好，小的方面放开放活，建立和健全宏观经济调控制度，保证国民经济协调稳定发展。加强宏观调控和综合平衡，实现社会总需求和社会总供给的基本平衡，使积累和消费保持恰当的比例。进一步发展商品市场，逐步减少以至放弃政府对企业微观经济的直接控制。适应社会主义市场经济的发展，逐步培育和发展社会主义市场体系。进一步缩小指令性计划的范围，扩大指导性计划的范围，将计划工作的重点转到运用经济手段进行间接的、更全面的宏观调控的轨道上来，综合运用各种经济调节手段，充分利用市场机制调节，促进国民经济和社会发展计划的实现。

第四，在利益结构方面，建立国家利益、集体利益和个人利益相互结合、相互促进的利益结构。在利益关系上，正确处理中央和地方，国家、企业和个人的经济利益关系。既要反对过去存在的片面强调国家利益，忽视乃至损害集体、个人利益的倾向，也要反对近年来出现的片面强调集体、个人利益，忽视乃至损害国家利益的倾向。在收入分配上，实行以按劳分配为主体的多种分配方式和正确的分配政策。既要让善于经营的企业和诚实劳动的个人先富起来，合理拉开收入差距，又要防止贫富悬殊，坚持共同富裕的方向，在促进效率提高的前提下体现社会公平。

第五，在组织体制方面，建立适应社会化大生产客观要求、按内在联系组织经济活动的经济组织管理体系。除铁路、邮电、民航等部门以及全国性公司和产销关系涉及全国的少数大型骨干企业仍应由中央有关部门继续管理外，其余大量企业今后要由所在城市负责管理，改变现行的按行政系统、行政区划管理经济的条块分割、城乡分割、流通堵塞、领导多头的组织管理体制，建立政企职责分开、以横向联系为主的纵横交错的网络化经济组织体系。党政分开，建立以厂长负责制和职工民主管理为基础，同时发挥企业党委的监督作用的企业组织管理体系。

3.2 我国政府经济管理机构

政府经济管理机构是政府实现经济管理的组织载体，也是我国社会主义经济体制的重要组成部分。政府经济管理机构涉及政府经济管理各部门的组织形式、管理权限划分、管理机构设置等各方面的内容。

3.2.1 我国政府经济管理机构的设置

1. 我国政府经济管理机构的设置原则与主要机构

(1) 我国政府经济管理机构的设置原则。为了实现政府经济管理部门的科学化，我国政府经济管理机构的设置首先应该遵守如下原则：

1) 政企分开原则。按照发展社会主义市场经济的要求，政企分开是政府经济管理机构设置的基本原则。企业作为市场经济的微观主体，必须是自主经营、自负盈亏的独立商品生产者和经营者，政府不应直接插手干预企业的生产经营活动和内部事务，而是应该通过经济政策、法律等手段，辅之以必要的行政手段对经济进行宏观调控。从这一原则出发，政府职能应当转变，使政府机构能够更有效地行使其规划、指导、监督、调控和服务的职能。

2）精简原则。政府经济管理机构的设置必须贯彻精简原则，即精兵简政。从这一原则出发，必须消除政府机构设置中的机构臃肿、层次重叠、冗员繁多等现象。其基本要求是对经济建设提出的任务和需要作实事求是的具体分析，因时、因事、因地设置机构；同时，管理层次要精简，管理幅度也要适当，正确处理好管理层次和管理幅度的关系。

3）分层、统一原则。作为一个大国，我国的宏观经济管理必须划分层次、统一协调，这也是我国政府经济管理机构设置的一个基本原则。一方面，地区间经济、技术及各方面要素禀赋的差异和经济发展中客观存在的不平衡，要求政府经济管理应划分层次，授予地方政府主要是省一级政府一定的经济管理权限，以调动地方政府的积极性；另一方面，在现代市场经济和社会化大生产的条件下，必须从宏观上保证较高的经济运行效率，提高国际竞争力，为此，中央政府对经济管理的有机协调、统一领导也必不可少。

4）效能原则。效能原则不仅是设置机构的出发点，也是检验机构设置合理性和有效性的基本标准。这里所谓的效能，不仅指一个机构的工作数量、质量、速度、效果，而且指各部门和各单位在实施国家管理经济职能的动态过程中所表现出来的社会整体效能。整体效能越高，意味着机构设置越科学。

5）权责结合的原则。经济权益与责任义务正确结合，是合理设置政府经济管理机构的重要原则。从这一原则出发，必须明确各个机构的权利和义务，使之最大限度地一致。为此，还必须根据管理的功能、职责、权限，合理地确定编制，建立有效的制度和法规，使机构设置逐步做到制度化和规范化。

（2）我国政府经济管理的主要机构。在社会主义市场经济条件下，政府经济管理的机构包括五个基本方面。

1）国民经济和社会发展的规划、指导机构。国民经济和社会发展的规划、指导机构，主要负责行使政府宏观经济管理的规划和决策职能，包括发展与改革委员会等机构。其职责是：制定经济社会发展的战略和长期规划；确定、协调产业发展和市场流通以及对外贸易等方面的经济政策；协调行业、协会进行行业管理，制定行业规划、技术经济标准等；对国有企业进行必要的行政管理及重大投资决策。

2）经济运行的调节控制机构。经济运行的调节控制机构，负责行使政府宏观经济管理的调节控制职能，主要由财政、金融两大系统组成。其职责是：根据经济运行情况，利用税收、利率、汇率、财政支出等经济手段调节社会总需求和总供给，使之保持大体平衡，以熨平经济周期，创造和维护较好的宏观经济环境。

3）经济运行的监督检查机构。经济运行的监督检查机构，负责行使政府宏观经济管理的监督职能，包括工商行政管理、税务、海关、审计、监察、检察等机构。其职责是：依据经济立法和国家经济政策，通过制度性手段，对社会经济生活的各个环节进行监督，保证市场运行的秩序和规范，保证微观经济主体活动的合法性与健康性。

4）信息和咨询机构。信息和咨询机构，负责行使政府宏观经济管理的咨询和服务职能，由统计、信息、咨询研究等部门组成。其职责是：准确、及时、全面地反映国民经济和社会发展情况，并对其进行系统分析和研究，为社会各界提供信息和咨询服务，为国家宏观经济决策提供信息和咨询服务，以保证决策的科学性。

5）国有资产管理机构。国有资产管理机构，负责行使国家作为资产所有者的职能，包括中央、地方各级国有资产管理机构。其职责是：依照国家（地方）有关法律的规定，行使生产资料所有者的资产最终所有权及相应的收益权，实现国有资产在经济运行中的保值、增值，并通过投资公司、控股公司等金融中介，行使生产资料所有者的资产处置权（包括投资）。

2. 我国政府经济管理机构的发展重点

（1）重点加强与充实综合性经济管理机构。综合性经济管理机构包括经济决策机构、综合性经济执行机构、经济调节机构和经济监督机构。加强与充实综合性经济管理机构的目的在于提高国家对经济建设的决策水平，加强国家对宏观经济的调节和控制能力，形成一套将计划与市场、微观搞活与宏观调控有机结合的机制和手段，理顺各种经济关系。

1）建立并加强经济决策机构。我国的经济决策机构一度与执行机构混合在一起，造成决策机构将主要力量放在对日常经济事务的观察和处理中，大大降低了决策的质量。因此，加强经济决策机构的建设，是经济管理机构改革中重要的课题之一。按照经济决策机构的任务，国家的经济系统应该包括两部分：一部分是国务院机构序列之内的经济部门，直接接受国务院总理的领导，为总理的经济决策服务；另一部分是不在国务院机构序列的决策辅助机构，如各种经济的、技术的、法律的研究中心，以及其他必要的经济咨询机构。

2）充实和加强综合性经济执行机构。我国综合性经济执行机构存在的问题是将主要工作集中于年度计划与生产上，包揽了许多专业部门和地方政府的工作。因此，充实与加强综合性经济执行机构，首先要按照其职能要求，让其从包揽专业部门与地方政府的烦琐工作中摆脱出来，转到综合部门应有的管理职能上来；从管理微观经济的烦琐事务中摆脱出来，转到宏观经济的管理上来；从年度计划与生产的烦琐事务中摆脱出来，转到中长期计划与经济管理上来。这些部门通过改革，在摆脱大量烦琐事务以后，其机构仍可以相应地进行精简。

3）加强与完善经济调节机构。经济调节机构包括价格管理部门、税务部门、金融部门，以及协调各经济调节部门工作的，综合运用经济手段的机构。经济调节机构在政府经济管理机构中必须具有相对的独立性和权威性，排除各级政府的行政干预，对经济生活进行有效的调节与控制。经济调节机构的改革，主要是搞好价格部门、税务部门、金融部门的改革。

4）建立和完善经济监督机构。长期以来，由于经济立法不健全，我国的经济监督机构十分薄弱。随着经济体制改革的深化，要采取有效的措施，从各个角度，对社会经济生活的各个方面进行监督，限制那些不符合社会主义原则的，脱离国家宏观控制的，背离法规、政策与规章制度的经济活动，使之符合社会主义制度的各种经济纪律的要求。经济监督机构的改革，就是要适应这个要求，建立与完善经济监督部门，形成一个经济监督系统，并与其他监督系统相辅相成，形成完整的监督网络。

（2）调整与精简专业性经济管理机构。国家专业性经济管理机构，在我国政府经济管理部门中所占的比例一直很大。长期以来，由于专业性经济管理机构直接管理本行业的企业，把企业作为自己的附属物，包揽了许多应由企业管理的日常生产经营活动，从而机构越来越大，结果导致机构臃肿、人浮于事、工作效率很低，因此调整与精简专业性经济管理机构应是经济管理机构改革的重点。调整与精简专业性经济管理机构，首先要转变管理的职能，从直接管理转向间接管理，从管理企业转向管理行业。在此基础上，组织机构应进行逐步调整与精简，减少专业性部门。随着社会主义市场经济的不断发展，企业间的横向经济联系将逐渐加强，企业将进一步冲破现有部门界限，走向企业群体或企业集团，同时，民间行业协会也将为企业提供各种社会化服务，这样，经济管理部门的组织机构还可进一步合并精简。

3.2.2 我国政府经济管理机构的改革

1. 我国政府经济管理机构改革的历程

我国政府经济管理机构的改革与机构改革密切相关，可以说改革开放以来的数次机构改革，主要都是围绕政府经济管理机构改革而展开的。

（1）经济体制改革尚未全面展开的 1982 年改革。党的十一届三中全会提出改革经济管理体制和经营方法的问题。1980 年，邓小平作了《党和国家领导制度的改革》的重要讲话，在党的十一届三中全会和邓小平讲话的思想指导之下，1982 年首次提出了机构改革的概念。这次改革，由于决策层的决心和认识的进步，取得了一定的成绩。在经济管理机构方面，改革的取向是经济管理部门“简政放权”。基于这一点，这次改革着重对经济管理机构进行了再设计，主要是撤销了归口的“委员会”，减少了行政层次；合并了职能相近的部门，消除了机构设置上的混乱状况，如将国家机械工业部、国家能源委员会、国务院财贸小组等 10 个经济综合机构合并，并组建了新的国家经济委员会；根据政企分开的原则，把一些政府经济管理机构改组成专门经济组织，如把第六机械工业部改建为中国船舶工业总公司，中国人民银行成为专门行使中央银行职能的管理金融事业的国家机关，其他专业银行改为经济实体，不再作为政府部门。

1982 年的改革还没有完全摆脱就机构论机构、就编制论编制的老框框。改革遗留的种种问题为 1982 年后的机构和人员再膨胀提供了可能，也为 1988 年的再次改革埋下了伏笔。

（2）以强调政府职能转变为特征的 1988 年改革。根据党中央和七届全国人大一次会议的决定，1988 年在中央一级开展了机构改革工作。这次改革首次提出了“转变职能”的指导思想，并以此作为改革的关键。根据转变职能的要求，各部门都制定了“定职能、定机构、定编制”的“三定”方案，改变了过去单纯撤并机构和增减人员的做法。

在经济管理机构方面，此次改革以经济管理部门为重点，改革主要表现为合并、裁减专业管理部门和综合管理部门内部的专业机构。如将原机械部与电子部合并成为机械电子部，将煤炭部、石油部、电力部、核工业部合并成为一个能源部，将航空部、航天部合并成为航空航天工业部；加强了有关国民经济的决策咨询、调节、监督、审计、信息部门；削弱了绝大部分专业经济管理部门的投资和物资分配权力，组建了物资部和专业投资公司；为了分离政府的社会经济管理职能和国有资产所有者职能，成立了国家国有资产管理局，综合部门的宏观调控功能和财政金融等宏观调控部门的职能也有所加强。

(3) 作为继续和发展的1993年改革。党的十四大报告将机构改革的目标从以往与有计划的商品经济体制相适应的层次，提高到与社会主义市场经济体制相适应的层次，这标志着一次质的飞跃。

八届全国人大一次会议上提出的国务院机构改革方案，在经济管理机构改革方面的主要内容有：强调加强宏观调控和监督部门，强化社会管理职能部门，减少具体审批事务和对企业的直接管理，做到宏观管好，微观放开。中央区别不同情况，将专业经济管理部门的改革分为三类：一类改为经济实体，不承担政府行政管理职能，据此撤销了航空航天工业部，组建了中国航空工业总公司和中国航天工业总公司；一类改为行业总会，作为国务院的直属事业单位，代行政府的行业管理职能，为此撤销了纺织工业部和轻工业部，分别组建中国纺织总会和中国轻工总会；一类属于保留和新设的行政管理机构，它们的职能是规划、协调、监督和服务。这次改革，特别是中国纺织总会和中国轻工总会的设立，为全面改革经济管理体制提供了明确的目标，意义重大。

可以说，1993年的改革取得了一定成效，但即便是决策层也承认这一次改革的过渡性，因此其改革结果还没有完全达到适应社会主义市场经济体制的要求。

(4) 职能定位取得突破的1998年改革。这次机构改革的原则是：按照社会主义市场经济的要求，转变政府职能，实现政企分开；按照精简、统一、效能的原则，调整政府组织结构，实行精兵简政；按照权责一致的原则，调整政府部门的职责权限，明确划分部门之间的职责分工，完善行政运行机制；按照依法治国、依法行政的要求，加强行政体系的法制建设。

这次改革对国务院组成部门进行了大幅度的精简，同时对直属机构、办事机构以及部委管理的国家局进行了相应的调整。同改革开放以来所进行的前三次机构改革相比，1998年的经济管理机构改革在以下几个方面取得了明显的成效：

1) 政企分开取得了突破性进展。首先，撤销机械部、冶金部、化工部、电力部、电子部、轻工总会、纺织总会、石油天然气总公司、石油化工总公司等一批工业经济管理部门和行政性公司、总会，组建由国家经贸委管理的国家局，并明确规定这些国家局不再直接管理企业，不再承担投资项目立项、审查、审批职能，不下达生产和分配计划及盈亏指标，不承担审批公司职责。

2) 国务院组织机构的设置及职能配置更趋于合理。国家发展计划委员会、国家经贸委、财政部和中国人民银行由综合经济部门改为宏观调控部门。宏观调控部门的职能主要是：保持经济总量平衡，抑制通货膨胀，优化经济结构，实现经济持续快速增长，健全宏观调控体系，完善经济、法律手段，改善宏观调控机制。建立与市场经济体制相适应的专业经济管理体制，即保留铁道、交通、建设、农业、水利、外贸六个部门，新组建信息产业部和国防科工委。各专业经济管理部门的主要职责是搞长远规划、搞行业政策、指导企业改革，防止重复建设。

3) 在理顺中央政府与地方政府关系方面有新的进展。将一批原中央政府各部门的政府职能下放给地方政府。国务院将部分审批权和具体事务性工作共100多项职能下放给地方政府。如国内贸易局将商品市场的建设和管理、各专业市场的建设与管理、华侨捐助物资审批、进口商品内销出省准运证及预审定点销售的管理、重要生产资料经营资格审批等职能下放给地方。

1998 年的改革取得了重大的成就，但仍然具有一定的过渡性，有待于进一步深化改革。

（5）具有鲜明时代特色的 2003 年改革。2003 年的机构改革方案，是在党的十六大提出“深化行政管理体制改革”任务的基础上形成的。全面建设小康社会、加快推进社会主义现代化，要求政府继续推进行政管理体制改革。因此，这次改革具有鲜明的时代特色，改革亮点非常突出。

1）强调监管职能。新组建的国资委，定位于“代表国家履行出资人职责”，按照权利、义务和责任“三统一”，管资产和管人、管事“三结合”的要求，对国有资产的保值增值负监管责任，使国有企业的所有者到位。银监会的成立，标志着我国银行、证券、保险分业监管格局的形成，金融监管力度和监管的专业化程度得到加强。组建国家食品药品监督管理局和改变国家安全生产监督管理局的领导体制，从体制和组织上加强了对食品药品和安全生产的监管力度。

2）强调宏观调控。2003 年机构改革方案明确提出了积极推进投融资体制改革、大力减少行政审批和微观管理事务的要求。只有摆脱了大量微观审批事项的政府，才能够研究超前性、深层次的战略性重大问题，才能够集中精力搞好宏观调控。

3）强调更好地适应市场经济。内贸、外贸管理体制的分割是我国流通管理体制中存在的突出问题。成立商务部，内外贸管理相互融合，使我们能够更有效地利用国内国际两个市场和两种资源，顺应形势，水到渠成。

（6）2008 年以来的大部门体制改革。为了进一步深化行政管理体制改革，党的十七大报告提出了大部门体制的改革思路。所谓大部门体制，“是指在政府的部门设置中，按政府综合管理职能，将职能相近、业务范围趋同的事项相对集中、整合，合并至一个政府部门管理，进而组成超级大部的政府组织体制”①。目前，在大部门体制改革的总体思路指导下，从中央到地方都进行了一些有益的尝试，如 2008 年国务院进行了机构改革，将部门减少至 27 个；在地方上，以顺德为代表的大部门体制改革则更是大刀阔斧，将全区原有的 41 个党政机构最终精简为 16 个，精简幅度接近 2/3。大部门体制改革旨在从以下几个方面取得突破：

1）进一步转变政府职能。大部门体制改革的核心仍然是转变政府职能，本次改革要求国家发改委减少微观管理事务和具体审批事项，集中精力抓好宏观调控。国家发改委、财政部、中国人民银行等要建立健全协调机制，形成更加完善的宏观调控系统。强调政府要把自己该管的事情管好，理顺政府与其他主体之间的关系，做到政企分开、政资分开、政事分开和政社分开。

2）按照职能统一的改革思路重新调整各部门。本次改革的重点在于按照政府综合管理的职能，将那些职能相近、业务范围趋同的事项相对集中、整合，合并至一个政府部门进行管理，如组建交通运输部，将原交通部、中国民用航空总局的职责以及建设部指导城市客运的职责，整合划入该部，增设国家民用航空局，并将国家邮政局改由交通运输部管

---

① 参见张创新、崔雪峰：《大部门改革与小政府模式辨析》，载《中国行政管理》，2008（5）。

理，不再保留交通部、中国民用航空总局。

3）坚持权责一致，建设责任政府。大部门体制改革不仅要转变政府职能，推进职能统一的大部门体制改革，还要求政府各部门明确相应的责任，做到权力与责任相一致，在部门权限调整和扩大的同时，部门的责任也要相应地有所提高，避免出现职能交叉、政出多门、权责脱节、推诿扯皮等问题。

4）改革的目标是建设服务型政府。大部制改革的最终目标是建设服务型政府，也就是使政府的职能从管理型走向服务型。本次改革的重点就在于加强整合若干社会管理和公共服务部门，突出以人为本、执政为民的理念，保障和改善民生，实现政府、社会与私人三方的良性互动。

2. 前几次改革的特点和经验教训

在大部门体制改革以前，我国政府经济管理机构改革（尤其是前三次改革）始终走不出“精简—膨胀—再精简—再膨胀”的怪圈，原因是错综复杂的。其中主要原因有以下几项：

（1）没有从本质上触动计划经济管理体制。现行的政府经济管理机构是计划经济体制的产物，已经不适应社会主义市场经济发展的需要，政府经济管理机构改革必须以突破计划经济管理体制为前提。几次经济管理机构改革的一个共同点都是以精简机构和精减人员为主要目标，没有从根本上突破原有计划经济的框架。

（2）没有从根本上转变政府职能。政府经济管理机构改革的关键是政企分开。政企分开意味着要把政府职能转到确立经济发展方向、制定产业发展和城乡建设规划、规范社会经济秩序、发展社会公共事业等关系国计民生和社会经济健康发展的重大问题上。但由于几次改革都没有真正做到转变政府职能，没有冲破政企合一的束缚，其结果是政府必须管好的事情没有管好，而不该管、管不了，也管不好的事情通通大包大揽下来，最后还是要增编制、增机构，精简了又膨胀。

（3）没有进行相应的立法。政府经济管理机构改革得以成功，一个重要的条件是改革结果的制度化，以形成刚性的约束机制。但长期以来我国没有形成机构编制管理的专项法律、法规，只是在有关的组织法中对编制管理做过一些原则性的规定，难以具体操作。一直到 2007 年 2 月 14 日，国务院第 169 次常务会议通过《地方各级人民政府机构设置和编制管理条例》。经济管理机构改革缺乏法律和其他辅助手段来实现组织、职能、编制、工作程序的法定化，加上执法不严，结果是政府行为缺乏法律约束，机构编制缺乏法律控制，改革成果缺乏法律监督，使改革具有很大的主观随意性和短期性，因人设事或因事任意设人、增加机构或随意增加机构人员的现象相当普遍，使实施改革方案处于无序状态。

（4）没有配套改革。政府经济管理机构改革是一项复杂而艰巨的系统工程，政策性强、涉及面广，所以改革不能孤立进行，而要与其他方面改革配套进行。但几次改革的失误之一就是缺乏配套改革措施，要么政府部门动，党的部门不动；要么上动下不动；要么下动上不动。没有配套改革的另一个突出表现是政治体制改革滞后。如果不进行政治体制改革，很难合理地确定政府经济管理机构的职能、工作制度和机构设置。

继 2008 年国务院机构改革之后，2013 年，为贯彻党的十八大关于建立中国特色社会主义行政体制目标的要求，国务院启动了新一轮机构改革。此次国务院机构改革，重点围绕转变职能和理顺职责关系，稳步推进大部门体制改革，实行铁路政企分开，整合加强卫生和计划生育、食品药品、新闻出版和广播电影电视、海洋、能源管理机构。包括组建国家铁路局和中国铁路总公司，组建国家卫生和计划生育委员会，组建国家食品药品监督管理总局，组建国家新闻出版广电总局，组建国家海洋局和国家能源局。本次改革的亮点在于：进一步把职能转变放在更加突出位置，强调以更大力度，在更广范围、更深层次上加快国务院机构职能转变，重在向市场、社会放权，减少对微观事务的干预，同时改善和加强宏观管理，严格事后监管，努力做到不该管的不管不干预，该管的切实管住管好。

3. 政府经济管理机构改革进一步发展的重点

通过几次改革，我国经济管理机构为适应社会主义市场经济体制的需要已经向前迈出了坚实的一步。为了更好地适应社会主义市场经济的需要，今后我国政府经济管理机构改革的基本方向是：进一步转变政府职能，深化行政审批制度改革，加快推进政企分开，减少政府对微观经济活动的干预，加快建设法治政府和服务型政府。继续优化政府结构、行政层级、职能责任，降低行政成本，坚定推进大部门体制改革，在有条件的地方探索省直接管理县（市）的体制。①

（1）合理界定政府职能的边界。职能决定机构的规律说明，在处理职能重塑与机构改革的关系问题时，必须首先合理界定政府职能的边界，客观把握政府职能的性质，确立起与社会主义市场经济体制相适应的政府职能体系。自改革开放以来，我国已经进行的几次重大改革，核心问题都在于转变政府职能，而大部门体制改革也不例外，因此，界定政府职能的边界仍然是首先需要关注的问题。

合理界定政府职能的边界实质上就是要动态地把握政府与企业、政府与市场之间的界限。就政府与企业的关系而言，均衡的政企关系应该是政府职能与企业职能之间的合理分配。政府职能与企业职能的合理分配问题的关键在于政府能否向社会提供一套使社会产出或福利最大化的富有效率的产权制度。这就要求在职能上政府对企业进行适当的控制以防市场失灵，同时逐步界定企业的产权关系，并提供公平竞争的规则体系。政府与市场的关系本质上体现为主张全能型政府的制度安排与主张市场在资源配置中起基础性作用的制度安排之间的利益互动过程。在向社会主义市场经济过渡的过程中，必须始终坚持市场为主的原则，使政府与市场这两种制度安排尽可能产生高效率。

（2）完善抑制政府特殊利益的内部规则。政府的职能边界得到合理的界定后，政府从企业、市场、社会中获得的特殊利益就受到很大程度的制约。要想从根本上抑制政府自身的特殊利益，还必须通过政府内部的制度化建设来保证政府职能重塑和机构改革成效的巩固。内部规则创立的主要目的是通过设计政府组织系统内的符合实际而又科学有效的治理制度，将政府机构、部门及人员实现自身利益最大化的动机尽可能纳入这一制度规定的秩序之中，使其应当并且只有通过这一系列内部规则的途径才能得到实现。这些规则主要包括行政审批制度、行政收费制度、政府采购制度、收入显性制度、政务公开制度等。

大部门体制改革能否有效地遏制部门利益，将是影响大部门体制改革成效的一个很关键的问题，过去各个部门之间经常发生职能交叉、政出多门、推诿扯皮等现象，其原因就在于部门利益在作祟。大部门体制改革尽管可以解决这些问题，但能否对这些新组织的部

① 参见《中华人民共和国国民经济与社会发展第十二个五年规划纲要》，见中央政府门户网站，2011-03-16。

门进行有效的监督仍然是一个值得关注的话题，因为大部门体制改革往往使得各个部门的权力变得更大，所以就更加需要通过政府内部的制度化建设来抑制政府部门的特殊利益。

(3) 从部门管理向行业管理转变。总体而言，我国政府经济管理机构的特点就是政府按照国民经济分类体系设立对应职能部门，对经济活动实行"部门归口管理"。专业管理部门运用行政手段对行业和企业实施全面管理。1978 年以来的改革导致了两大变化：其一，用市场机制逐步取代计划机制，使企业获得了越来越大的自主权；其二，经济主体日趋多元化，非国有经济蓬勃发展，并且占据了越来越大的比重。面对经济机制和所有制结构的革命性变化，政府经济管理机构必须发展出新的管理手段。几次经济管理机构改革实质上都是在不同程度上对政府"部门管理体制"的变革，并将政府经济管理机制最终进一步转变成"行业管理体制"。所谓行业管理体制，实际上是指专业经济管理部门要从具体管理直属企业的生产经营转向搞好全行业管理，制定行业发展规划，研究行业内重大经济技术政策，组织信息交流、技术开发和人才培训工作。尽管经济管理机构改革已经进行了 30 多年，但从部门管理体制向行业管理体制的过渡还远未完成。在部门管理和行业管理这两种经济管理模式之间也存在矛盾，所以从部门管理向行业管理的过渡必将是一场艰巨的革命，而且也是我国以后政府经济管理机构改革的重点。

(4) 强化法治约束手段。深化行政体制改革，实现国家机构组织、职能、编制、工作程序的法定化，既是政府经济管理机构改革成败的重要标准，也是政府依法行政的现实要求。推进大部制改革并巩固其改革成果，同样需要法制保障。因此，要强化法制约束手段，加快行政法制建设步伐，以确保政府职能重塑和机构改革的成效。

在这方面首先是要加快机构编制立法。机构编制立法是促进机构编制管理科学化、规范化、法制化的关键步骤。2007 年，《中共中央办公厅、国务院办公厅关于进一步加强和完善机构编制管理严格控制机构编制的通知》明确提出要"加快机构编制管理法制化规范化建设"。应该尽快修订和完善国务院组织法和地方各级人民政府组织法，制定省、市、县、乡各层级的政府组织法和中央各部委、局的组织法。同时还要实现行政程序的法制化，并加强行政成本的预算控制。

(5) 加快配套改革。政府经济管理机构改革也是一个内外协调、整体推进的系统工程。除了上述各项对策性措施外，还应该进一步加快配套改革。主要包括政治体制改革、干部人事制度改革、事业单位社会化改革以及社会保障制度的完善。通过配套制度的改革，改变机构改革"孤军深入"的局面，为政府经济管理机构改革的推行创造良好的氛围和条件。

3.2.3 世界经济体系下的我国政府经济管理模式

随着市场经济体制的逐步建立，我国将越来越融入世界经济大体系中。尤其是在加入 WTO 之后，这一进程将越来越加快。我国加入 WTO 将对现实经济社会产生全面的影响，其中对政府的影响将最为深刻。WTO 既是一个贸易组织，也是一组贸易规则的集合，加入 WTO 最重要的是要按照它所提供的一系列规则来组织经济运作，这意味着我们将全面转向规则经济。同时，这些通行的规则对政府职能的发挥存在一个规范和替代的问题。在政府起作用的领域，要按照规则来进一步规范政府的行为，而在其他领域，客观上形成了对政府职能的替代。显然，这对政府部门及其经济管理活动的影响是极为深刻的。

市场经济和国家经济体系需要政府部门提供优质高效的经济管理活动，为此，我国政府经济管理部门有必要做一些改变。就当前来说，在明确政府发挥作用基本方向的前提下，应选择若干重要而条件相对成熟的领域加以重点推进。

1. 按照加入 WTO 所作的承诺，全面厘清现行的法律、法规和政策，增强法律法规的统一性和公开性

凡违背 WTO 规则或与承诺不相符的，都应进行修改和完善。具体而言，按照开放市场的承诺，逐步取消非关税贸易壁垒，取消对外资准入领域的限制，取消对外商投资企业在本地含量、出口比例、外汇平衡和技术转让等方面的强制性要求，对外资企业与外国商品实行"国民待遇"等。政府应当依据公开的、统一的法律法规而不是内部文件来行使管理经济的职能，不断完善投资环境。如果说改革开放初期中国不得不主要依靠优惠政策吸引外资的话，现在政府则应当把建立符合国际规范的投资经商环境作为提高对外开放水平的着力点。

2. 以放松或取消进入限制为重点，营造国内各类合法经济主体公平竞争的环境

WTO 最基本的一项规则是非歧视原则，在国内对所有企业实行"国民待遇"。这个原则通常是针对外资企业享受的待遇低于内资企业而言的。但在内资企业之间，特别是国有企业与非国有企业之间存在较明显差别待遇的情况下，对内资企业一视同仁，率先实行"国民待遇"就成为一种很高的呼声。对国内非国有企业的准入限制是一个非常突出的问题。从逻辑上说，对所有内资企业实行"国民待遇"是加入 WTO 后对外资企业实行"国民待遇"的前提。"准备让外资企业进入的，首先应让内资企业进入"，可以说是起码要求。所以，应当以放松和取消进入限制为突破口和重点，在营造国内公平竞争环境方面有一个大的进步。除了为数不多的关系国家安全和有特定要求的行业需要有严格的进入限制外，对其他行业，特别是竞争性行业，原则上都应放开，取消种种基于所有制、地区和部门的或明或暗的限制。即使是具有自然垄断特点的行业，也可通过"特许权经营"拍卖等方式，向有能力的进入者开放。对某些有特殊要求的领域，可以提出相应的资金、技术、信用等方面的进入条件，但这些条件应适用于所有的潜在进入者。

3. 按照建立统一、开放、公平竞争的国内市场的要求，整治市场秩序

建立统一、开放、公平竞争的国内市场，是发挥我国竞争优势的前提条件，也是社会主义市场经济的基本要求。应当在《中华人民共和国宪法》和《中华人民共和国立法法》的基础上，进一步明确划分中央政府和地方政府的立法与行政管理权限，在充分发挥地方政府积极性、主动性和创造性的基础上，加强中央政府权威。可考虑分别在全国人大和国务院设置专门机构，加强中央对地方政府的立法和行政监督，及时发现和撤销地方政府制定的与国家法律、法规相违背的地方性法规、规章和政策，保障国家法制统一和政令畅通。应当遵照《中华人民共和国反垄断法》和《中华人民共和国反不正当竞争法》的规定，以法制手段遏制地方保护主义倾向，保证国内市场的统一与完整。同时，应当将行政机关的抽象行政行为纳入行政诉讼的受案范围，使各级政府行政部门制定的行政规章、规定及其他规范性文件接受法院的合法性审查。对于与国家法律、法规相抵触的政府规章、规定和政策，法院有权宣布其无效。

4. 提高行政管理效率和人员素质，将精干、廉洁、高效有机结合

在政府职能转换的大前提下，行政管理效率的提高至关重要。为了切实提高行政管理效率，首先，政府机构要精干，不能人浮于事。其次，在人员精干的基础上，加强对政府公务人员的激励和约束机制。经过一段适当长的时间，较大幅度地提高政府公务人员的收入，使之与其他职业中同样素养的人的收入水平大体相当，增加公务人员渎职、腐败的风险和成本。提高公务人员收入的做法会增加财政开支，但如果加快住房和其他福利的货币化分配改革，财政增支幅度完全可以限定在较低水平上。最后，在人员精干、收入增加的同时，显著改进政府的办事制度，逐步使政府机构成为全部社会组织中效率较高的组织形式之一。修改和完善国家公务员的考试、录用、任免、培训、晋升、奖惩、退休制度，依照《中华人民共和国公务员法》的规定，建立高效、廉洁、稳定的公务员队伍。通过以上措施，把社会中最优秀人才的一部分吸引到政府机构，使其留得住、起作用，成为提高政府行政效率的人才基础。

本章小结

本章主要介绍了政府经济体制的主要概念和基本内容，分析了我国原有经济体制形成的原因和特点，介绍了我国政府经济管理机构的设置及变革，同时指出，加入 WTO 后我国在融入世界经济体系过程中应该构建新型政府经济管理模式。

关键术语

经济体制　　经济体制改革　　政府经济管理机构　　现代政府经济管理模式

复习思考题

1. 简述经济体制的内涵和合理化标准。
2. 论述我国经济体制改革的原因和方向。
3. 简述我国政府经济管理机构的设置。
4. 分析我国政府经济管理机构的改革历程和推进改革的重点。
5. 试述加入世界经济体系后我国政府经济管理模式的调整。

案例分析

国家发改委调整成品油价格的依据是什么?

2014 年 4 月 24 日，国家发改委发出通知，决定自 24 日 24 时起，将汽柴油价格每吨分别提高 155 元和 145 元。发改委表示，此次成品油价格调整幅度，是按照现行成品油价格形成机制，根据 4 月 24 日前 10 个工作日国际市场原油平均价格变化情况计算，并累加上个调价周期末调价金额确定的。4 月中旬以来，受地缘政治等因素影响，国际市场油价震荡上行，前 10 个工作日平均价格有所上涨。

此次油价上调为国内油价 2014 年第二次上调。2014 年以来，我国油价调整已经历了三次下调、三次搁浅、两次上调（含本次上调）。本轮调价正值“五一”小长假前夕，而自国家推行节日期间高速公路免费政策之后，选择自驾车出游的人也越来越多。本轮成品油上调之后，自驾车出游的出行成本将有所增加。对于物流运输行业而言，以载重50吨的货车，每月平均跑10 000公里左右，百公里油耗38升为例，将增加228元的油耗成本。

国家发改委调整成品油价格的依据是什么？2013年2月，带着同样的疑问，华东政法大学的研二学生赵东海向国家发改委发出一封特快专递，内容是申请国家发改委公开提高成品油价格的法律依据。赵东海说，他也看过国家发改委网站上有关成品油价格调整的解释性文章，但仍然有诸多不明白的地方。比如，国家发改委的解释提到，国内成品油的定价机制是国内油价与三个国际市场原油价格挂钩，连续22个工作日平均价格上涨4%，就进入调整边界，那么，定价机制究竟是与哪三个市场挂钩，为什么是22个工作日，为什么涨幅确定为4%？这些问题是否经过听证？“油价上调，影响每个公民的利益，国家政府部门应该依法行政，但是包括我在内的大部分公众却不知油价上调的依据。”于是，赵东海想申请信息公开。

2013年4月，赵东海收到了国家发改委的来函，对他此前提出的《申请公开国家发改委提高成品油价格的法律依据》做出了回复。这份两页纸的回复主要告知了成品油价格调整的法律依据及其查询方法，其中包括《中华人民共和国价格法》、《国家计委和国务院有关部门定价目录》、《国务院关于实施成品油价格和税费改革的通知》，以及《国家发改委关于印发石油价格管理办法（试行）的通知》。国家发改委的回复还提到，2月油价上调的依据是《石油价格管理办法（试行）》第六条：“当国际市场原油连续22个工作日移动平均价格变化超过4%时，可相应调整国内成品油价格。”

针对国家发改委的回复，赵东海仍然有疑问。国家发改委在提及油价调整依据时，列举了《价格法》以及《石油价格管理办法（试行）》。但赵东海认为，法律条文规定，“国际市场原油连续22个工作日移动平均价格变化超过4%，可相应调整国内成品油价格”。条文使用的是“可”，而非“应当”。赵东海说，在法学用语上，“可”意味着可以调整，也可以不调整。从条文本身理解，国际原油价格出现变化，国内成品油价格不一定必须作出相应变化。另外，他本人提出的公开法律依据还应包括调研报告以及会议纪要等论证本次油价上涨的依据，而不只是已经公布的法律、法规。即使国家发改委调整国内成品油价格，也应当有法定的程序。虽然《石油价格管理办法（试行）》对此没有规定，但《价格法》和《政府制定价格听证办法》对此均有相关规定。成品油价格属于自然垄断经营的商品价格，其价格调整应当经过听证程序，国家发改委作为国家的价格监管部门，应当组织听证，聘请一定的经营者代表、消费者代表、与定价听证项目有关的其他利益相关方，以及相关领域的专家、学者作为听证会参与人参加听证。

赵东海认为，政府定价行为是国家对经济的宏观调控，是用行政手段对经济的干预，不仅应当做到有法可依，还应当受到行政程序的规制。既然我国的《价格法》和《政府制定价格听证办法》均明确规定，成品油价格调整应当经过听证程序，国家发改委作为国家的价格监管部门，就应当组织听证，并聘请一定的经营者代表、消费者代表、与定价听证项目有关的其他利益相关方，以及相关领域的专家、学者作为听证会参与人参加听证。即使目前价格听证存在着各种各样的问题，但这并不意味着行政机关可以“跨过”这一程序，直接作出行政决定，这样做违背了行政法中的“正当程序原则”。

思想题

1. 结合案例材料并联系实际，分析成品油价格调整对公众生活的影响。
2. 你赞同赵东海同学对国家发改委调整油价依据的回复的质疑吗？为什么？

第4章

政府经济管理方式

重点问题

- 宏观调控的基本特点
- 我国宏观调控的现状
- 政府管制的基本理论
- 政府管制失灵与我国政府管制的变革
- 我国行政审批制度改革

4.1 宏观调控

4.1.1 宏观调控概述

1. 宏观调控的含义与内容

（1）宏观调控的含义。政府进行经济管理的方式有三种，即宏观调控、政府管制和微观管理。随着我国市场经济体制改革的深入，大部分政府微观管理活动将被取消，竞争性产业的组织和协调工作将被逐步过渡给市场、企业以及非正式组织或行业组织（协会、商会），而大量行政资源将被用来充实和加强政府的宏观调控和微观管理。

宏观调控一般是指通过财政金融政策、收入分配政策和产业区域政策等对国民经济宏观运行状态进行预期（计划）性或即期性的调节或控制，其目的是要保证经济稳定增长、收入公平分配及产业结构协调均衡。

与由于市场失灵而外在地要求政府干预经济的微观管理不同，宏观调控是市场经济内在机制未能充分发挥作用并导致经济总量严重非均衡而形成的政府安排。动态经济中经济出现周期性波动不可避免，在此情况下即使政府不进行宏观调控，市场机制也能够自动将经济调节至自然的均衡水平，但在经济达到均衡之前可能需要经历较长时期的萧条，这就意味着必须付出总体社会福利损失的严重代价。因此，现代市场经济一般内在地要求政府运用一定的宏观经济政策（主要是财政政策和货币政策）去调控经济总量，以降低市场机制调节时滞产生的高昂成本。作为非常典型的政府制度安排，宏观调控是政府在宏观经济领域的经济职能，也是现代市场经济国家干预经济的特定方式。

（2）宏观调控的核心内容。《中共中央关于建立社会主义市场经济体制若干问题的决定》指出，“宏观调控的主要任务是：保持经济总量的基本平衡，促进经济结构的优化，引导国民经济持续、快速、健康发展，推动社会全面进步”。由此可见，保持经济总量的基本平衡和促进经济结构的优化是宏观调控的核心内容。

1）保持经济总量的基本平衡。这是指保持社会总需求和总供给之间的大体平衡，防止出现“需求不足、生产过剩、市场疲软”或“需求膨胀、经济过热、通货膨胀”这两种不正常状态。这是保证国民经济持续、快速、健康发展的前提条件，又是保证微观企业的生产经营能够有序进行的重要外部条件。

社会总需求一般包括投资需求、消费需求和出口需求。社会总供给则主要是指一国国民生产总量和进口量。使总需求和总供给在价值形态与实物形态上做到大体平衡，是保持国民经济正常运行、避免大起大落的基本条件。如果总需求过大，就有可能引起经济过热和物价上涨过快，甚至出现通货膨胀；反之，如果总需求过小，社会资源就无法得到充分使用，从而出现生产产品过剩，甚至停工停产、失业增多、生产能力闲置的局面。在保持总量平衡方面，宏观经济调控的基本作用是“反经济周期”，即尽量减弱和避免经济运行的周期性震荡。

2）促进经济结构的优化。经济结构优化的实质是要求资源配置合理化，使不同产业和部门通过适当的投入产出，彼此间形成最佳的比例关系，使各种资源相互作用形成合力，创造出最好的经济效益，并通过市场机制的作用转化成价值形式，推动和促进国民经济协调和快速发展。实践证明，一方面，只有通过价格等市场机制普遍、灵活、及时的引导作用，通过充分有效的市场竞争，才能使社会资源在产业间、产业内的配置得到不断优化。另一方面，市场经济的基本矛盾是分散的、各具独立利益的个别企业与社会化大生产之间的矛盾，如果单纯依靠市场机制进行资源配置，某些重要的基础产业就会在相当长的时期内因为投资起点高、利润诱导不足等原因而得不到应有的发展。从长期的经济发展角度出发，制定和实施正确的产业政策，适度倾斜地配置资源，有重点地协调产业结构并给予骨干产业和支柱产业等大力支持以促进其发展，是加快经济发展的一个重要方式。因此，经济结构优化也是市场经济国家实行宏观调控的一个重要内容。

2. 宏观调控的基本特点

（1）在管理形态上，宏观调控以总量管理为主。在市场经济体制下，政府的宏观经济管理是通过市场中介来实现的间接管理。由于市场是一切交换关系的总和，是各个企业相互联系、相互作用的纽带和桥梁，它在一定程度上反映了社会经济运动的总体情况，所以通过市场中介进行的宏观经济管理，实际上就是一种以总量管理为主的管理。政府通过反映总供给和总需求等宏观总量变化的市场中介，向企业发出符合国民经济发展目标要求的市场信号，使企业能够在市场信号的引导下，按照宏观经济管理的要求来安排生产经营活动。

（2）在管理对象上，宏观调控以价值管理为主。充分利用市场机制的宏观调控，其着眼点不是实物运动，而是价值运动，即求得宏观经济总量的价值平衡。因为市场经济是一种货币化经济，市场活动的主要特点在于市场的价值运动，若宏观调控着眼于实物运动，则宏观经济的平衡难以实现。一般而言，价值平衡具体表现为财政收支平衡、信贷收支平衡、外汇收支平衡等多种平衡关系，这些平衡关系基本上不涉及实物量，即使有所涉及，其核心仍然是价值平衡。国家要通过市场调节国民经济运行，首先要控制好各宏观经济总量的价值平衡，为市场运行提供一个大致的框架和顺畅的外部环境，使市场在正常的运行中调节企业的生产经营及投资等活动，最终使企业的经济行为符合国家宏观战略目标的要求。所以，宏观调控要求政府通过价值形态的商品货币运动的平衡来调节市场运行，为市场运行和企业的微观经营活动创造良好的宏观经济环境。

（3）在管理手段上，宏观调控以参数调节为主。宏观调控的管理手段主要是经济性的参数调节，即政府通过改变税率、利率、汇率、价格和工资等经济变量，调节各个经济主体的利益，影响各个经济主体的决策和活动，以达到宏观经济调控的目标。这里讲的参数，是经济杠杆的数量化语言。确切地说，参数是指国家为了使市场输出一个预期目标而向市场输入的可控变量。参数调节是指政府通过经济参数调节市场，使市场输出符合国民经济发展目标的过程。可以说，宏观调控的基本含义就是政府通过参数调控市场，进而通过市场实现对国民经济的间接控制。

（4）在管理方式上，宏观调控具有间接性。宏观调控的间接性主要表现为：政府与经济主体之间通过市场发生联系，政府不再直接控制成千上万的微观企业，而是通过变动市场环境，影响众多分散的微观决策者，从而凭借企业对市场信号变动所做出的反应和对经济行为的调整，保证宏观经济管理目标的实现。这种间接性的管理避免了政府对企业微观经营活动的过细干预，防止了政府对企业的侵权行为；使政府抛弃了过去向企业下达具体任务的僵硬做法，而侧重于对企业的市场引导，使宏观管理更具弹性和可操作性。

（5）在管理过程上，宏观调控呈现出动态性。宏观调控是通过对市场机制的利用来达到管理目标的，其中的关键是政府可根据市场反馈的信息，及时、适当地调整管理目标和调控措施，使宏观管理和微观经济活动相互适应。

宏观调控方式本质上是动态性反馈调节。国家宏观调控在初步确定控制目标（这种控制目标具有很大弹性）和基本控制措施后，除了对经济运行进行严密跟踪监测外，更重要的是根据来自市场的各种信息，对各种调节措施进行适时适度的调整，甚至对不适应国民经济发展的目标进行必要的修改和调整，及时解决调控中出现的问题，使宏观管理和微观经济活动相互作用、相互适应，从而保证国民经济运行方向同宏观控制目标不发生较大的偏离。

4.1.2　宏观调控运用的主要经济杠杆

在宏观调控管理中，经济调节的方法是借助经济杠杆来实现的。经济杠杆系统是宏观调控中实际发生作用的系统。所谓经济杠杆，是有关经济利益关系的经济范畴与一定的具体政策规定相结合，形成的按一定方向调节社会生产、推动经济发展的工具。经济杠杆的作用机制是对微观经济主体进行利益诱导，以调节产业结构和生产要素的配置，促进经济的正常运行，实现国民经济发展的战略目标。经济杠杆有很多，如价格、税收、信贷、财政、汇率、工资等，其中最主要的是价格、税收、信贷。

1. 价格杠杆的宏观调节作用

价格是一种灵敏度高、有效性强的经济杠杆。价格杠杆通过调整和控制价格水平以及各种商品比价、差价的变化来影响交换双方的经济利益和市场供求状况，从而实现其对经济活动的调节作用。其作用主要表现在下列几个方面：

(1) 引导企业生产经营方向，促进生产结构的合理化。在市场经济条件下，企业生产经营方向和扩大再生产投资方向会自发地面向价格有利、盈利水平高的部门、行业和产品，而背向价格不利、盈利水平低的部门、行业和产品。因此，国家可以根据国民经济产业发展的要求，运用价格杠杆，通过调整不同产品之间的比价关系调整各部门、各行业、各类产品的盈利水平，正确引导企业的生产经营方向和扩大再生产的投资方向，促进生产结构的合理化。

(2) 调节产品流向，平衡产品地区间的供求。这一作用是通过合理地规定产品的产地和销地的差价来实现的。如果某种产品在一个地区产大于销，在另一地区短缺，拉开地区差价就可以使产品流向短缺地区，平衡产品在地区间的供求。

(3) 引导消费方向，促进消费结构的合理化。在使用价值相同或相近的情况下，一般地说，产品价格越低，对消费者的吸引力越大；产品价格越高，对消费者的吸引力越小。因此，在同类使用价值中，总的消费方向必然趋向于价格较低的产品，而背离价格较高的产品。因此，国家可以根据一定时期内产品可供量与需求量的关系，运用价格杠杆，适当调高供不应求的短线产品的价格，以限制对短线产品的消费需求，适当调低供过于求的长线产品的价格，以刺激对长线产品的消费需求，正确引导消费方向，促进消费结构的合理化。

(4) 调节部分国民收入分配，协调各种经济利益关系。价格的变动不会增加或减少国民收入，但会改变国民收入在各社会集团、各阶层之间的分配，它在导致参与商品交换的一方增加收入或减少支出的同时，必然导致另一方相应地增加支出或减少收入，从而影响各社会集团、各部门、各阶层的实际收入水平。因此，国家可以在一定范围内通过适当调整某些产品的价格来协调各社会集团、各部门、各阶层之间的经济利益关系。

(5) 促使企业改善生产经营，提高社会经济效益。价格是商品价值的货币表现。商品的价值量取决于生产商品的社会平均必要劳动消耗。在供求大体平衡的条件下，商品的价格大体上符合价值。在这种情况下，生产经营状况好的企业由于个别价值低于由社会平均必要劳动消耗决定的社会价值而获得较多的盈利，而那些生产经营状况差的企业就会由于个别价值接近或高于社会价值而盈利较少甚至亏损。根据这个原理，政府可以运用价格杠杆来鼓励先进企业和鞭策落后企业，促使企业提高生产技术，改善经营管理，降低成本，提高盈利能力，进而全面提高整个社会的经济效益。

(6) 调节外贸进出口，以增加外汇和保护国内产品。这个作用主要是通过产品的内销与外销差价来实现的。例如，对鼓励出口的产品，可以加价收购，增加出口以换外汇，内销部分则低价收购，加价出售；对限制进口的产品，可以提高内销价格，限制消费，节约外汇，保护国内同种产品的生产。同样道理，对限制出口、鼓励进口的产品，也可以通过价格杠杆来调节。

运用价格杠杆的调节作用，最重要的是规定合理的调价幅度。幅度不合理，不仅难以收到预期的效果，而且会带来许多副作用或逆效应，如增加国家财政负担、影响物价稳定等。正确地规定调价幅度，不仅能够解决具体产品的比价、差价问题，而且能够解决物价总水平的控制问题，把价格的结构性调整与合理控制价格总水平统一起来，使价格的变动符合国家的承受能力，有利于实现宏观经济的调控目标。

2. 税收杠杆的宏观调节作用

税收是国家财政收入的重要组成部分，也是调节生产、流通、分配和消费，进行宏观经济管理的一个经济杠杆。税收杠杆的宏观调节作用是通过国家的税收政策来实现的。国家在参与国民收入分配的过程中，通过法律形式，设置不同的税种和税目，规定不同的税率、减免税和纳税环节等，造成对各种经济活动有利或不利的条件，体现国家对各种经济活动的鼓励或限制，从而达到调节商品生产者、经营者的经济活动，以及调节国民经济运行的目的。

与其他经济杠杆相比，税收杠杆具有强制性和无偿性的特点，并兼有经济方法、法律方法和行政方法的作用。税收杠杆的调节作用主要表现在下列几个方面：

(1) 调节国家、企业和个人的利益关系，实现宏观控制与微观搞活的结合。运用税收，通过收入的分配和再分配，调节国家、企业和个人之间的利益关系，既保证国家财政有稳定的收入来源，又通过一定的税负使企业和个人的生产经营符合宏观经济发展的目标和计划；既实现宏观控制的目标，又搞活了企业。

(2) 调节不同部门、行业的留利水平，促进生产结构的合理化。通过规定较低的税率，或给予减税、免税等优惠条件，扶持重点部门、重点产品、短线产品和新产品的发展，通过规定较高的税率等不利条件，控制某些长线产品、陈旧产品的发展，从而正确引导现有企业的生产经营方向和扩大再生产的投资方向，促进生产结构的合理化。

(3) 调节企业之间的不合理差距，促进企业之间的平等竞争。由于资源丰富程度、开发条件、地理位置等外部条件的差异，企业之间的经营成果常常会出现不合理的差距。对此，国家可以针对影响企业经济效益的主要外部条件，设置有关的税种并规定相应的税率，将那些靠优越的外部条件而获得的级差收入收归国家。这样，就可以缩小外部条件给企业经济效益造成的不合理差距，促使企业在机会均等的条件下，依靠改进生产技术、改善经营管理的“真功夫”开展竞争，以调动企业的积极性。

(4) 调节各种所有制经济之间的经济效益，促进它们共同发展。国家可运用税收杠杆，通过对国有企业和集体企业、个体企业征税，使各种经济成分的税收负担趋于合理，防止不同经济成分之间收入差距过分悬殊，从而巩固和发展公有制经济的地位，保护个体经济的合法收益，促进多种经济成分的共同发展。

(5) 调节国内外经济合作与贸易关系，促进对外开放。国家可以运用税收杠杆，在税收方面对中外合资经营、合作经营企业和外商独资企业提供一定的优惠待遇，以吸引外资和引进先进技术装备；对出口产品实行免税，以增强本国商品在国际市场上的竞争能力，为国家增加外汇收入；对某些进口商品实行高关税，限制外国向我国倾销产品，保护民族工业的发展；按照互惠互利的原则，对不同国家和地区实行高低不同的差别税率；等等。

运用税收杠杆调节和控制宏观经济运行，关键是要根据宏观经济发展目标，科学地估算税源分布，正确地设计税种、税目、税率和征收环节。在税负上，既要考虑国家财政收入，又要从实际出发，考虑纳税者的负担能力。过重的税负会窒息企业活力，产生逆调节效果；不适当的减免税会造成国家财政收支的不平衡。

3. 信贷杠杆的宏观调节作用

信贷，特指银行信贷，是指银行将货币暂时贷出，借款人应在一定时期后还本付息的信用活动。银行信贷和财政是我国组织和分配资金的两个渠道。各企业单位的资金，除一部分基本建设投资来自财政拨款外，日常生产经营和扩大再生产所需要的资金都来自银行贷款。与财政拨款相比，银行信贷是以有偿使用、还本付息为特征的，因此，它直接关系到企业的经济利益，企业对此负有更大的经济责任。信贷的这个特点，使它成为一个重要的经济杠杆。信贷杠杆的宏观调节作用是通过银行业务中的贷款投向、贷款额度、偿还期和利率来实现的。信贷杠杆的调节作用主要表现在下列几个方面：

(1) 调节存款利率，广泛筹集闲置资金。把社会上暂时闲置的资金动员筹集起来投入生产建设，是挖掘现有资金潜力的一种重要方法。运用信贷杠杆，对企业单位的存款支付一定的利息，可以作为一种辅助手段促进企业单位更多更快地把闲置的资金存入银行。对于城乡居民储蓄来说，信贷杠杆则会发挥更重要的作用。对活期储蓄和各种定期储蓄实行差别利率，不仅有利于更广泛地动员社会闲置资金，而且有利于稳定存款余额，促使国民经济稳定快速发展。

(2) 调节信贷投向，促进生产结构的合理化。信贷是资金分配的一条渠道，是各部门、各企业生产经营活动所需资金的重要来源。国家银行可以运用信贷杠杆来体现国家对不同部门、不同企业、不同产品的鼓励和限制。如对短线产业、瓶颈产业和支柱产业，可以通过降低贷款利率、放宽贷款条件、增加贷款数量等手段给予支持；相反，对长线产业，则可以通过提高贷款利率、严格控制贷款、减少贷款数量、中止贷款等手段来加以限制。这样，可以有效地调节控制各部门的发展规模和发展速度，促进生产结构的合理化。

(3) 控制货币投放，使货币流通量与商品可供量相适应。信贷资金的投放，必须与商品的可供量相适应。信贷资金不足，必然影响生产和流通，造成产品积压、流通阻塞、生产停滞；信贷资金过量，则会引起需求过旺、供应不足和物价上涨。所以，国家应该运用信贷杠杆，在货币流通量超过商品流通需要时，一方面大力吸收存款，回笼货币，另一方面压缩贷款规模，减少货币投放；在货币流通量不能满足商品流通需要时则应适当扩大贷款规模，增加货币投放。这样，就可以通过控制货币流通量，保证货币流通量与商品可供量相适应，促进国民经济稳定协调发展。

(4) 调节信贷资金使用条件，促进企业合理使用资金。国家银行可以运用信贷杠杆，实行差别利率，控制贷款条件，对企业生产经营正常周转所需的定额流动资金收取低息，对定额之外的信贷资金收取高息；对生产经营状况好、产品适销对路的企业，在贷款上给予支持；对生产经营状况差、产品积压滞销的企业，在贷款上加以限制；等等。这样就能够促使企业合理使用资金，减少资金占用，加快资金周转，提高资金使用效率，提高社会经济效益。

信贷杠杆能否发挥有效的宏观调节作用，取决于两个条件：一是受贷企业是否能真正成为自主经营、自负盈亏的商品生产者和经营者；二是银行是否能真正企业化，有自主经营权，在信贷业务上不受行政部门的干扰。

各种经济杠杆，组成一个调节系统，具有多方面的功能。但每一个作为子系统的经济杠杆，都有自己的主要活动领域或作用范围，都有各自不同的特点和职能。在宏观调控过程中，政府对经济的管理，是对经济杠杆的综合运用，而不是单一杠杆的运用。当然，在经济总量非均衡的情况下，这些经济杠杆的运用如果要达到预期效果，前提是必须有一个健全的市场体系和良好的微观基础。

4.1.3　我国的宏观调控

1. 体制转轨时期宏观调控存在的问题

从传统的计划经济体制过渡到社会主义市场经济体制，是一项艰巨复杂的社会系统工程。其中过渡时期中的宏观经济管理，也必然会经历从体制到方法上的根本转变，必然面临着许多带有中国特色和过渡时期特点的特殊情况与复杂问题。正确揭示和认识体制转轨时期宏观调控中存在的问题，对于建立和完善宏观调控体系至关重要。我国当前宏观调控中存在的主要问题有：

（1）宏观调控不到位，经济秩序混乱。在体制转轨的实践中，一方面直接行政干预手段减弱，另一方面宏观调控体系又未形成，产生了一些计划和行政手段管理不到，市场机制也规范不到的“边缘地带”，致使许多经济活动游离于政府管理之外，处于自发、失控的境地，各种投机乃至犯罪分子乘虚而入，造成了经济秩序的混乱。

（2）宏观调控低效，总量失衡、结构失调矛盾突出。宏观调控的目标是保持社会总供给与社会总需求数量和结构的平衡，但是我国长期存在着供求不平衡、结构性矛盾突出的情况。而总量和结构的失衡，导致了宏观经济运行的紊乱，致使财政收支不平衡加剧，外汇收支和物资都不平衡。社会经济生活中之所以存在这些矛盾和问题，主要原因在于宏观调控失控。

（3）宏观调控实力不足，调控乏力。要使宏观调控有力有效，其中一个重要条件是国家要拥有必要的宏观调控实力，特别是在向市场经济过渡时期，中央政府要发挥经济稳定器的作用，而这种稳定器作用的发挥关键靠中央政府拥有的财政实力。但中央财政实力下降是改革开放以来分配格局中突出的问题。在中央财政收入减少的同时，许多项目的支出，特别是基础设施和基础产业的投入又主要靠中央，而且由中央包揽支出的项目越来越多，造成了连年的中央财政赤字。同时在新旧体制的对峙、摩擦之中，各种不当的行政权力甚至腐败行为对市场发育造成了严重的干扰，也极大地削弱了国家的宏观调控力度。

（4）宏观调控目标分散，调控联动性差。放权让利的改革取向是正确的，它改变了过去中央权力过分集中、企业没有自主性的局面。但是不可否认，由于一些权力下放不当，宏观管理又没有跟上，相应改革措施不配套，调控手段不健全，政策目标分散，造成了经济生活中的混乱。如一年一度的计划会议，往往定了建设计划，却定不了财力情况，解决不了钱从何出的问题，形成“两张皮”。再如，中央政府和地方政府权责不清，缺乏明确合理的分工，行政层次低的地方对经济的导向力和调控能力强，而行政层次高的中央，其导向力和调控力反而弱。这些都极大地削弱了宏观调控的力度。

2. 宏观调控质量的提高

（1）政府宏观调控质量的含义。所谓政府宏观调控质量，是指各级政府组织、指挥、调查、监督社会经济活动的优劣程度。[①] 作为一个有机系统，政府宏观调控质量系统主要包括：其一，信息管理质量。政府信息管理系统一般由社会统计系统、银行信息系统、科学技术情报系统、各专业部门和综合职能部门信息系统、涉外经济情报系统等分系统组成。各级政府经济信息管理的质量、工作效率及加工处理方法，是政府宏观调控质量的重要反映。其二，经济决策质量。决策是政府经济调控活动的核心，政府决策的优质高效化，是政府经济调控科学化的前提和关键。建立和完善政府经济决策质量体系的核心问题是决策权的划分，即哪些决策由哪一级做出最有利。其三，执行行为质量。一个合理、优质、高效的执行系统，是实现政府优质高效决策的组织保证。

调控质量状况，主要通过政府能否及时发现和调整偏离政府调控目标的行动，修正政府决策的失误，保证政府决策正确执行来体现。就当前而言，提高政府宏观调控质量已经成为我国当务之急。

（2）提高宏观调控质量的主要措施。

1）转变政府职能，建立多元化调控体系。在一个规则明确、产权明晰的市场系统内，政府行使任何职能的目的都应是维护和促进市场机制的良好运作。依据这一要求，应该为政府系统设定恰当和完整的职能体系。政府应承担起提供公共产品、进行宏观调控、调节收入分配、维持竞争秩序等职能。各种职能之间既相互独立又相互补充，不交叉，不重叠，更不抵触。在职能明晰界定的基础上，进行合理的机构及人员编配，并且将机构的性质、职权、责任、规模等用法律的形式予以明确规定，形成一个精干的政府。

为此首先应着力培育由企业等利益主体组成的，透明度高、协商余地大的社会团体调控体系，使之能对经济经常进行微调，并形成协调多方利益的调控机制。此方面的基础工作还是要做到政企真正分开。其次要赋予社会团体调控体系更多的民间仲裁权，使政府经济调控能集中用于事关国家安全、社会整体利益和经济运行基本秩序的内容。

2）实行制度化分权，巩固分级调控体系。作为权力分配的不同形式，中央集权和地方分权是分别适应政治上中央控制和经济上地方自由两方面要求的。由于过去这一关系长期没有规范化、法制化，其调整往往偏重于有机的政策和行政命令。而且“当高层领导决定将权力下放给地方当局时，这些决定并不全是基于长期的经济理性考虑，相反，内部权力结构的平衡这一短期考虑影响着决策过程”[②]。这种调整在缺乏周密调查研究和适当职权划分的情况下，在实践中往往陷入“一收一放”的怪圈。

在我国要实行有效的宏观调控，不仅要处理好国家和企业的关系，还要处理好中央与

① 参见章新华：《论政府调控质量》，载《黑龙江财专学报》，1994（4）。

② 沙北岭：《中国经济改革的逻辑与非逻辑——地方主义的发展》，载《中国社会科学季刊》（香港），1996年夏季卷，128页。

地方的关系，坚持集中与分散、统一与分权相结合的原则，致力于建立两级宏观调控体系。其一，中央立法机构运用法律和法令等手段，界定中央政府与地方政府调控权限的边界，同时规定中央政府与地方政府的决策次序。其二，中央政府向地方政府的放权应充分到位，即在下放调控权的同时相应下放责任和利益。通过责、权、利的有机结合形成自我约束的制衡机制。其三，通过多种途径界定中央与地方的产权关系，形成中央与地方两级产权结构。这种切实可行的权利制衡机制将在很大程度上扭转各级政府的不规范行为，从而进一步提高各级政府的能力。

3）健全金融宏观调控体系，实行以货币政策为主的宏观调控政策。在市场经济条件下，货币政策是实行宏观经济调控最重要的手段。在建立新的宏观调控体制的过程中，应建立以货币政策为主要手段的宏观政策手段体系。政府对经济的宏观调控主要是调节货币供应总量，使之形成的社会总需求与社会总供给相适应。要实现以货币政策为主要手段的宏观调控，必须深化金融体制改革和其他配套改革，为宏观调控创造必备条件。就金融体制改革而言，我国的现行金融体制尚不能完全适应建立和完善社会主义市场经济体制的需要，在新的形势下防范金融风险的能力还需要进一步增强。

4）完善宏观调控法律体系，将宏观调控纳入法制化轨道。真正意义上的现代政府是制度规范、法制完备的政府。从市场经济发展趋势来看，法律手段的有效运用程度，往往标志着一个国家市场经济发育的成熟程度和水平。在我国市场经济发展中，如何充分有效地运用法律手段进行宏观调控，是建立和完善宏观调控体系的重要内容。针对我国市场经济发育的现实和法制建设的现状，建立健全我国的宏观调控法律体系应着重做好以下几方面的工作：其一，明确法律手段在宏观调控中的地位。在宏观调控中，各种手段和方法的使用都必须以相应的法律作为准绳和依据。其二，宏观调控必须纳入法制化轨道。政府部门所采取的宏观调控措施应符合法律规定，不得与现行法律的基本原则相抵触，政府部门宏观调控的过程要符合法定程序。其三，确立和完善运用法律进行宏观调控的主要手段，包括立法手段、行政执法手段和监督检查手段。通过这些手段的确立，可以在全社会范围内建立起一个立法、执法、守法相互制衡、相互协调的法律调控手段体系。尤其需要指出，宏观调控的法制化并不意味着只是将具有形式绝对性的普遍规范体系作为目标模型，而必须致力于形成一种具有实质意义的法治秩序。

4.2 政府经济性管制

4.2.1 政府经济性管制概述

1. 政府管制的含义

在管制经济学里，政府管制指的是“由行政机构制定并执行的直接干预市场配置或间接改变企业和消费者供需决策的一般规则或特殊行为”[①]。政府管制包括社会性管制和经济

① 张昕竹主编：《中国规制与竞争：理论和政策》，25 页，北京，社会科学文献出版社，2000。

性管制两大类。

社会性管制是以保障劳动者和消费者的安全、健康、卫生，实施环境保护，防止灾害为目的，针对物品和服务的质量以及伴随着提供它们而产生的各种活动而制定的标准，以及为了禁止、限制特定行为而制定的规则。

社会性管制的方式主要有：禁止特定行为，指直接禁止应取缔的或对社会不良的行为。对营业活动进行限制，指通过批准、认可制度对与提供公共性物品和准公共性物品、非价值性物品有关的事业者及有可能产生外部不经济的事业者进行营业活动的限制。确立资格制度，指从事健康、安全、环境方面的业务，要由国家对其专门知识、经验、技能等进行认定、证明的制度。检查、鉴定制度，指以产品的安全性保证、机械设备的安全运转和操作的确保为目的，规定事业者有各种检查义务的制度。基准、认证制度，指从确保产品的安全性及设备操作、管理的安全性的观点出发，对于产品的结构、强度、爆炸性、可燃性等规定出安全标准的制度，主要通过消费者生活用制品的安全法、工业标准法等多种法律来体现。

经济性管制是指在自然垄断和存在信息偏在的领域，为了利用者的公平利用和防止发生资源配置低效的问题，政府机关用法律权限，通过许可和认可等手段，对企业的进入和退出、价格、服务的数量和质量、投资、财务会计等有关行为进行的管制。

在现实的管制中，有时并不能准确地将经济性管制和社会性管制进行明确的分类和严格区分，本节所介绍的政府管制侧重于经济性管制。

2. 政府经济性管制的主要领域

政府经济性管制起因于它具有纠正市场失灵的功能，如果管制被看作消费者、厂商和管制机构既相互依存又讨价还价的过程，那么这个过程的起点是市场失灵。经验表明，市场失败通常与资源的有限性、紧张性、经济行为的负外部性等相关联。基于此，政府经济性管制的主要领域有：

(1) 对自然垄断行业的进入管制。自然垄断领域，指的是因生产、配送方面的规模经济效益、网络经济效益、范围经济效益、沉淀成本、资源稀缺性等原因，使生产者仅被限定为一家或极少数几家公司的产业。

自然垄断行业具有以下几个特点：一是规模经济非常明显，平均成本和边际成本总是随着产量增加而降低，规模越大，生产成本就越低，因此一般要求独家垄断或寡头垄断，从而使得在一个地区内生产者被限定为一家或少数几家企业，否则将导致规模不经济，造成成本上升和社会资源浪费。二是有大量的沉淀成本，资金一旦投入就很难收回，也难以改作他用，如果多个企业之间竞争，其结果很可能是两败俱伤。三是这些行业中的多数是公众所需要的基本服务，需要保证所提供服务的稳定性、质量的可靠性和可信赖性等。这些行业主要包括电力、煤气、自来水、供热等公益事业以及地区内的电话、广播、铁路等产业。由于垄断或资源稀缺，如果对从事这些产业的企业的市场支配力放任不管，就很难实现资源的有效配置。因此在这些行业中，必须由一家企业或少数企业进行垄断性经营，只有这样才能做到单位产品的平均成本最低；众多企业实行竞争经营将造成单位成本的上升和社会资源的浪费。所以，自然垄断行业要求政府通过许可等行政手段，对企业进入市场进行管制，限制新企业进入，以保证行业内已有企业的独家垄断或寡头垄断地位，从而使生产成本最低并保证服务，以减少在盲目的进入、退出中所造成的沉淀成本损失。

当然，在自然垄断行业中，准入企业可能会利用其垄断地位，肆意抬高价格，损害社会福利，因此政府在实行准入管制的同时，还必须对垄断企业进行定价管制或收益率管制等，以防止垄断企业利用其垄断地位谋取垄断利润，同时使消费者可以用较低的价格购买到更多产品，而从管制中受益。如果将进入管制的消费者剩余减去政府补贴，再减去政府的管制费用，定义为进入管制的社会福利，则只要政府的管制费用是低廉的，只要进入管制所获得的社会福利大于不受管制的自然垄断的社会福利，那么对自然垄断行业的进入管制和价格管制就是必要的。

(2) 对信息不对称行业的准入管制。要通过市场竞争机制达到资源的优化配置，需要存在完善和对称的信息，即买方与卖方对所交易的商品都有完全的了解，而且双方所掌握的信息完全相同。如果这样，则任何商品和服务的质量都很容易判别，而且都可以凝结在价格上，并通过价格得以反映。但是在现实中，由于商品与服务日益复杂（特别是金融、保险、证券等），消费者要了解商品、服务以及企业财务状况相当困难，需要花费很大的代价，而提供商品或服务的卖方却掌握相对充足的信息，很有可能通过欺骗手段，损害买方利益而增加自身利益。在这种情况下，政府应对此类信息严重不对称的行业（金融、保险、证券等）的市场进入实行管制，通过许可、审批等手段对进入者的自身条件进行必要审查，防止条件不合格的企业利用信息的不对称进行欺诈，损害消费者的正当权益，或者较多实力不足的企业倒闭破产，造成社会动荡。

目前市场经济发达国家政府实施进入管制的，主要是上述两类企业，至于一般的竞争性行业的进入与退出，则不必由政府加以干预。

4.2.2 政府经济性管制的主要理论

从根本上讲，管制是对正常的市场运转出了问题后的一种纠正。在一般的市场经济国家，人们的基本理念仍然是怎么去维护市场的公平竞争，怎么使市场更加有效地运转。他们认为自由签约是最重要的，只要交易双方的协议不形成对第三方的损害，管制就没有必要出现。只有在市场运转会形成对他人利益的损害时，才需要有政府管制。应该说，管制理论的各个不同流派基本上都秉承了这一理念。

1. 公共利益理论

有关政府管制的理论最先来自美国政府在其“黄金时代”（golden age）为了制止当时盛行的铁路营建事业的高度投机现象而对铁路公司进行的管制。政府所采取的手段是通过《1887 年州际贸易法》，禁止铁路公司的某些被认为是不正当的活动，例如规定歧视性价格、索取回扣等，同时建立州际商业委员会，以协助执行这些禁令。[①] 由此，弗朗西斯·亚当斯与布兰代斯法官提出了公共利益理论（public interest theory）。他们认为政府管制的目的是防止被管制的企业对价格进行垄断或者对消费者和劳工滥用权力，政府可以代表公众对市场作出一定的理性计算，这一管制符合“帕累托最优”的原则，它不仅在经济上

① 参见［美］伯纳德·施瓦茨：《美国法律史》，157～159 页，北京，中国政法大学出版社，1997。

是富有成效的，而且促进了整个社会的完善。后来，随着政府管制范围的逐步扩大，公共利益理论几乎被用来解释所有政府管制问题。

2. 管制俘获理论

管制俘获理论（regulatory capture theory）与公共利益理论的基本主张相左。该理论认为，确立政府管制的立法机关或政府管制机构仅代表某一特殊利益集团的利益，而非一般公众。“俘获”政府管制也就是说促使政府进行管制的，或者是被管制对象本身（由于它深受市场失灵的影响），或者是其他有可能从管制中获益的人。换言之，政府管制与其说是为了社会公益的目的，毋宁说是特殊的利益集团寻租的结果，也许在某些时候政府管制会给一般公众带来有益的因素，但这并非政府管制实际的初衷，它充其量不过是管制的意外结果而已。①

3. 组织与制度理论

组织与制度理论（organization and institution theory）从研究行政机关发展的本身来解释政府管制。该理论认为，仅仅研究外在于行政机关的政府机构如立法机关和司法机关对行政权的控制是不够的，行政过程和司法、立法程序一样都追求公正与公共福利。作为制度的产物，行政机关处于宪法和成文法所建构的制度框架之内，制度决定了行政机关的机构设置、活动能力以及激励其有效行为的机制。因此，行政机关例行公事的惯例、官僚文化、职业培训以及机构体系对行政机关的管制决策具有决定性影响。从行政机关理性化（bureaucratic rationality）的角度而言，行政机关作出正确管制决策的机会比国会与司法机关更多。

4. 公共选择理论

公共选择理论（public choice theory）的目的在于用尽可能合适的政治市场运转理论来补充物质资料或商业服务的生产和交换理论。当用公共选择理论解释政府管制时，就是把政府管制政策的形成看作一个类似于市场交易的过程，那些需要管制的人（如消费者）与那些被管制的人（如产品的制造商）经过讨价还价达成了协议。在此过程中，还涉及选民、立法机关、行政机构、法院、独立的专家等政治力量，他们都可以参与到讨论中，力图说服对方。但是，商人或产品的制造商们可能占据上风，因为他们在政府管制中所具有的巨大经济动力会比一般的公民或政府机构更多地影响管制决策。

5. 综合管制理论

综合管制理论（integrative regulation theory）试图综合、吸收和借鉴上述理论。综合管制理论认为，将政府对社会、经济领域所进行的管制仅仅与行政机关相联系，主张管制不过是一种专属于行政机关的职能，这是相当片面的观点。实际上政府管制是一个涉及行政机关、立法机关与司法机关相互作用的、十分复杂的政治过程。

具体而言，行政机关对经济与社会的管制权来源于立法机关的授权。立法机关制定内容宽泛的、有关政府管制的法律，并在法律中将较为细致的规章制定权授予行政机关，或者通过专门的授权法案，设立专门的独立管制机构对某一经济领域进行政府管制。由此，行政机关的具体管制行为获得了政治上的合法性与公众的支持。因为国会由公众选举产生

① 参见［美］理查德·波斯纳：《法律的经济分析》，475～476页，北京，中国大百科全书出版社，1997。

的议员组成，所以如果管制失败了，其责任并不完全由行政机关单独承担，尽管它仍将承担执行不力的结果。而法院在其中的作用是当有人对政府管制产生异议时，它将以宪法和法律为依据对政府管制的合宪性与合法性进行审查。于是政府管制就不仅仅是行政机关一家的事了，而是行政机关、立法机关与司法机关共同作用的结果。政府管制的研究者将这三者的相互作用分为三种：政治的影响，即赢得公众支持的立法机关的提议；政策的选择，即由行政机关根据其自身掌握的信息而提出的理性而科学的管制选择；宪法的限制，即司法机关依据宪法而对政府管制所作的基本价值判断。一般而言，只有同时满足上述三种条件，政府的管制才既合理又合法，执行起来障碍也不会太大。

因此，政治的影响、政策的选择与宪法的限制构成了综合管制理论的三个变量，根据三个变量之间关系的不同，政府管制的方法亦有差异。例如，如果某政府管制计划的政策选择因素强一些，则它更多的是一个精密细致、理性计算的过程（而非市场化的公共选择）的结果；同样，如果某政府管制计划的政策理性成分较少，则它更多的是一个利益作用的结果。如果一个政府管制计划既缺乏理性计算，又缺乏公众的响应，同时也缺乏制度支持，那么它是否能被通过，即使通过了是否能被执行，都是存在相当大的疑义的。

总之，综合管制理论是对一个相当复杂的政治行为世界所进行的分析。它没有仅仅停留于行政法的规范与程序，而是深入政府管制行为的整个过程中。学者们运用这一理论对政府管制的许多领域进行了分析，包括汽车安全、环境标准、核能、风险管制、产品安全风险、社会安全与福利、工作场所的健康与安全等等。

4.2.3　政府管制失灵和放松管制

1. 政府管制失灵

尽管对于某些易于形成自然垄断的部门或领域由政府直接管制可取得规模效益的好处，但政府管制本身具有其固有缺陷。

（1）由于政府垄断经营，缺乏竞争性，加之政府产出的价值与其成本相分离，政府为获得既定的产出会过多地使用资源，一方面抑制了技术创新的冲动，另一方面导致政府产品的实际成本大大增加（例如过多的雇员、过多的开销等），造成社会资源的浪费和经济效率的低下。

（2）政府的价格管制既可能降低产品或服务质量，又可能增加市场的交易成本。如果政府强制性地用竞争市场的均衡价格定价，那么处于讨价还价优势的一方将会提供质量较低的产品或服务，或者简化其交易中提供的服务，而给处于劣势的一方带来交易中的不便，提高劣势一方的交易费用。实际上，这方面的损失往往超过因政府干预而节省的成本，更何况政府干预本身也是需要成本的。

（3）公共选择理论认为，担任政府公职的是有理性、自私的人，政府机构本身也具有追求自身利益最大化的动机。其结果，一方面是产生了寻租行为，增加了非生产性成本，造成资源的浪费；另一方面是导致了过多的公共产品供给（即过多的预算花在公共产品供给上）及政府机构和职能的恶性膨胀。这正是帕金森定律所揭示的现象。更为严重的是，政府职能的膨胀、政府作用的强化，意味着特殊利益集团（分利集团）数量的增加，这种特殊利益集团妨碍完全自由的竞争，阻碍发展新技术和经济变革，从而降低经济增长率。

政府管制的缺陷导致了管制失灵。政府管制失灵一般表现在以下几个方面：

其一，价格管制的目的在于创造人为的市场力量，但从实施结果来看，由于边际成本定价会造成企业亏损，最优和次优定价也难以实现，现实中一般倾向于以平均成本定价作为替代物。平均成本定价虽然保证了企业不亏损，但使得由亏损压力造成的正向激励机制失效，使企业不仅对提高效率、降低成本、改善服务不感兴趣，反而会产生各种扭曲行为，如有意使用资本密集度高的技术，人为扩大投资额和经营额比例，人为拉长折旧期，避免风险性技术革新等。

其二，进入管制的本来目的是防止毁灭性的过度竞争，但在实施中往往成为限制正常竞争、保护垄断者既得利益的制度安排。被管制企业无论是在人力、财力、物力还是在其他方面都比管制者当局占有更明显的优势，使管制者当局在与被管制者的博弈中处于不利地位，加上管制者当局与被管制者之间信息的不对称分布，致使管制难以收到预期效果，出现管制无效现象。

2. 放松管制

在西方，由于管制失灵的日益明显和管制成本的不断上升，要求取消和改革管制的呼声越来越大，终于在20世纪70年代唤起了一场声势浩大席卷欧美的放松管制运动。以管制为显著特征的美国率先进行放松管制运动，日本等随之效仿。放松管制有两个层次的含义：一个层次是完全撤销对被管制产业的价格、进入、投资、服务等方面的限制，使企业处于完全自由的竞争状态。另一个层次是部分地取消管制，即有些方面的限制性规定被取消，而有些规定继续保留，或者，原来较为严格、烦琐、苛刻的规则条款变得较为宽松、开明，如在进入管制中，由原来的审批制改为备案制等等。

放松管制运动顺应了西方新自由主义思想的回潮，也与东方中央计划经济体制国家放松计划控制、引进市场机制的改革浪潮遥相呼应。虽然放松管制运动受到了政治及利益集团的反对阻力，甚至一些规则在放松后不久又出现了重新管制的呼声，但实践证明，放松管制的效果是积极的。

为了预防管制失灵，有必要引进激励机制，对现行管制方法进行改良，西方一般的做法是采取激励性管制（incentive regulation)。

所谓激励性管制，就是针对原有的进入、价格管制不利于企业降低成本、提高效率的弊端，向被管制企业引进更多的竞争性激励，促进企业内部效率化的一种管制方式。其主要做法包括特许权投标制（franchise bidding)、价格上限管制（price cap regulation)、时滞管制（regulatory lag）等。

所谓特许权投标制，是指政府通过招标、投标，将垄断权力出卖给优质的投标者。这种做法有以下几个好处：一是通过特许权的公开招标、投标，可以由政府收取垄断租金，避免潜在企业采取种种不正当手段，从事寻租行为；二是在决定特许权的授予时，政府不仅要考虑投标者所报的标价，还要考虑投标者拟对消费者收取的价格，可以迫使投标者对其产品或服务收取低价，提高社会福利；三是在特许权投标制中，特许权的授予不是无限期的，而是有一定的时段性，在一定时间过后再进行竞争招标，将特许权授予那些能够以更低的价格提供更优质产品或服务的企业，这样可以对现有特许企业起到约束、激励的作用。

在特许权投标制的应用中也可能会出现一些问题，从而减弱特许权投标的激励作用。比如存在着投标企业之间妥协、合谋的危险，企业数量越少，这种危险就越大。又比如已经拥有特许权的现有企业，由于存在信息不对称等种种原因，在新一轮特许权投标中往往要比新加入的投标企业具有更大的优势，从而弱化了特许权投标的竞争机制的作用。另外，在一些需求和技术不确定性较大、需要大规模设备投资（因而沉淀成本也较高）的产业，在招投标中被击败企业的庞大的固定资产如何处置，也是必须考虑的。

现代管制理论回答了市场经济中要不要政府对经济尤其是微观经济进行直接干预的问题。在市场经济中，由于市场失灵的存在，不仅需要政府对宏观经济进行间接干预，也需要政府对微观经济进行直接干预。但正如市场运行是有成本的并会出现市场失灵一样，政府干预也是有成本的并会出现管制失灵。因此，政府管制既不是越多越好，也不是越少越好，而有一个最优问题。管制还是不管制取决于成本效益的分析比较。现代管制理论为我们建立社会主义市场经济体制提供了许多有益的启示，可帮助我们澄清对市场经济望文生义或想当然的理解所造成的思想混乱。

4.2.4 我国政府的经济性管制

1. 我国政府经济性管制的主要内容

我国政府的经济性管制，主要是指在自然垄断和存在信息偏在的领域，为了利用者的公平利用和防止发生资源配置低效的问题，政府机关用法律权限，通过许可和认可等手段，对企业的进入和退出、价格、服务的数量和质量、投资、财务会计等有关行为进行的管制。我国公用事业中的电力、城市供水、城市管道燃气、地下铁路，邮电广播事业中的电话，以及交通运输产业中的管道运输等都是现代技术经济条件下的自然垄断产业。金融业和建筑业是最具代表性的信息偏在产业。因此，对自然垄断产业和信息偏在产业实行政府管制是十分必要的。我国实施经济性管制的主要内容表现在以下几个方面①：

（1）对公用事业的管制。公用事业主要包括电力、城市供水、城市燃气和热力、城市公共汽车和地铁等。其中，对电力管制的主要法律依据是《中华人民共和国电力法》，管制的方式为实行供电营业许可证、营业执照等进入管制和核准价格的价格管制；对城市供水依据《中华人民共和国城市供水条例》进行管制，在进入管制方面实行资质审查、工商登记，在价格管制方面由地方政府定价；对城市燃气和热力、城市公共汽车和地铁的管制，实行由地方政府垄断的进入管制和由地方政府定价的价格管制。

（2）对邮电、广播事业的管制。管制对象主要包括邮政、电信、广播电视。其中，对邮政实行国家垄断的进入管制和法定价格的价格管制；对电信业中的国际长途和国内长途实行国家垄断的进入管制和法定价格的价格管制，地区通信实行国家垄断、地方政府定价的进入管制和价格管制，无线移动电话实行国家双头垄断、法定价格的管制方式，无线寻呼实行许可证和地方定价的管制方式；对于广播电视实行审批、许可的进入管制和放开或由地方政府定价的价格管制。

（3）对交通运输产业的管制。交通运输产业包括铁路运输、航空运输、水路运输、公

---

① 参见安福仁：《规制理论与中国政府管制》，载《东北财经大学学报》，1999（1）。

路运输和管道运输等。其中，对铁路运输中的国家铁路实行国家垄断的进入管制和法定价格的价格管制，而对地方铁路运输和专用铁路运输实行审批的进入管制，其价格管制分别为地方政府定价和价格放开；对航空运输依据航空法实施许可、营业执照等进入管制和法定价格的价格管制；对水路运输依据《中华人民共和国水路运输管理条例》进行管制，在进入管制方面实行许可和营业执照，在价格管制方面实行行业指导价；对公路运输实行营业执照的进入管制和行业指导价的价格管制；对管道运输实行特许方式的进入管制，不实行价格管制。

（4）对金融业的管制。管制对象主要包括商业银行、非银行金融机构、证券、保险等。其中，对商业银行根据商业银行法进行管制，其具体的管制方式为许可和营业执照的进入管制及法定指导利率的价格管制；对非银行金融机构包括信托投资公司等的管制，实行许可和营业执照的进入管制及法定指导利率的价格管制；对证券的管制，其管制对象包括股票、期货、债券、证券投资基金，其管制方式主要是审批制度的进入管制；对保险实行政府管制，主要根据《中华人民共和国保险法》的规定，实行审批和营业执照的进入管制及法定费率的价格管制。

（5）对建筑业的管制。依据《中华人民共和国建筑法》的规定，中国政府对建筑业实施施工许可证和营业执照的进入管制。

（6）对盐业的管制。根据《盐业管理条例》和《食盐专营办法》的规定，中国政府对盐业实施特许专营的进入管制和地方政府定价的价格管制。

（7）对烟草业的管制。根据《中华人民共和国烟草专卖法》和《中华人民共和国烟草专卖法实施条例》的规定，中国政府对烟草业实行专卖制度，即政府仅对烟草业实行产销许可证的进入管制。

（8）对价格的一般性管制。1997 年 12 月 29 日由八届全国人大常委会第二十九次会议通过的《中华人民共和国价格法》于 1998 年 5 月 1 日起施行，至此，我国建立了政府对价格进行一般性管制的法律依据。《价格法》对规范价格行为，创造价格合理形成的公平竞争环境，发挥价格优化资源配置的作用，增强政府宏观调控能力，稳定市场价格总水平，保护经营者和消费者的合法权益，保障社会主义市场经济的健康发展，都具有十分重要的意义。《价格法》规定下列行为均属价格违法行为：不执行政府指导价、政府定价以及法定的价格干预措施、紧急措施的行为；经营者在市场价格竞争中的价格垄断、价格倾销、哄抬价格、价格欺诈、价格歧视、变相涨价和变相降价、牟取暴利等行为；不按规定明码标价的行为；经营者被责令暂停相关营业而不停止的，或者转移、隐匿、销毁依法应登记保存的财务的行为；拒绝按照规定提供监督检查所需资料或者提供虚假资料的行为；等等。

（9）对不正当竞争的管制。我国根据 1993 年出台的《中华人民共和国反不正当竞争法》，对不正当竞争行为进行管制，管制的对象主要包括：混淆商品或服务的来源；以夸大等方式进行欺骗，使人对所提供的商品或服务产生误解；贬毁竞争对手；侵犯商业秘密；不合理地利用他人已有的、已被消费者承认的成果；以对比方式做广告；有奖销售行为；倾销；回扣等贿赂推销方式；串通投标等非法联合方式；利用行政权力、特许垄断地位采取威胁、强迫等手段从事交易；地区封锁、地方保护主义；等等。管制的方式为授权工商行政管理部门行使调整询问权、查询复制权、检查财物权、强制措施权及行政处罚权。

2. 我国政府管制制度的效果及问题分析

我国政府管制的成效是肯定的。特别是进入 20 世纪 90 年代以来，某些特殊产业的行政法体系建设的进程加快，已经初步形成了经济性管制的框架。在受管制产业的市场上，政府、企业及消费者之间的权利义务关系从法律上得到了新的界定。尽管如此，我国的政府管制仍然存在诸多不完善的地方。

在经济性管制方面，管制不到位和管制越位的情况仍很严重。主要问题有以下几个：

（1）垄断权力滥用。某些自然垄断产业凭借垄断地位优势，超越国家规定加码收费，提供质量低劣的服务，行霸作风严重，这不仅是对行业风气的严重损害，同时由于其提供的产品或服务价高质次，直接降低消费者剩余，侵害消费者权益。

（2）进入管制过严。对于建立在行政垄断基础上的某些产业的进入管制过于严格，这不仅限制了竞争，限制了瓶颈产业的发展，同时也给垄断权力的滥用提供了物质基础。

（3）对竞争性行业的管制不到位。虽然管制排斥竞争，但市场竞争不可以没有管制。一般说来，政府对竞争性产业的进入和价格不实行管制措施，但对竞争性产业所提供的产品及服务的质量必须进行管制。我国许多竞争性产业提供的产品及服务质量低劣，股票和期货等市场秩序混乱，这些情况都说明中国对竞争性产业的管制不到位。

（4）竞争不正当。一些竞争性产业，并不是凭企业的产品和服务的上乘质量及公平的价格参与竞争，而是采取假广告、假商标、以次充好、以假乱真、有奖销售、强制销售、销售回扣等欺诈行为和不公平竞争行为，严重损害消费者的利益，政府对不正当竞争行为的管制效果并不令人十分满意。

3. 关于我国政府管制改革的思考

我国政府管制制度尚有许多不完善之处，要解决这些问题，更好地发挥政府管制的效用，必须从以下几个方面寻求改革思路：

（1）实行政企分开的管制体制。政企分开是政府管制体制改革的关键，只有实行政企分开，企业才能产生新的经营机制，政府才能产生新的管制职能。目前我国基础设施产业的经营主体仍受政府的直接控制，基本上属于政企高度合一的特殊国有企业，在一定范围内政府拥有行政垄断权。这种状况不改变，必然导致政府管制失效，其理由是：第一，政府的有关部门在实施政府管制过程中，产生管制主体和被管制主体的重合，即自己管制自己，因而很难实现管制目标；第二，政府在管制过程中，容易把公共利益看作执政党的利益，因而容易导致在管制过程中的政治干预；第三，政府对基础设施产业的垄断权，使企业缺乏竞争活力和经营决策权，影响企业的生产效率，同时，企业的价格形成首先服从于政府的意志，这种非经营性价格形成机制不能向企业提供成本效益刺激；第四，政府对基础设施产业的垄断经营，不仅形成单一地由政府财政承担投资项目的体制，同时还会产生由于投资主体单一化而形成的基础设施产业投资不足和供给短缺的问题。解决上述问题的唯一途径，是实行政企分开的政府管制体制。实行政企分开后，政府管制体制所具有的新职能是：制定有关政府管制的法规；实行市场进入管制；实行产品及服务的质量监督和价格管制；市场秩序管制，维护公平竞争。

（2）按照经济原理制定管制价格。政府对具有自然垄断性特征的企业进行价格管制时，必须按经济原理确定管制目标：一是政府制定管制价格必须有利于促进社会分配效率；二是价格管制功能不仅仅是制定最高管制价格，还要刺激企业优化生产要素组合，努力创新，实现最大生产效率；三是对沉淀成本大、投资回收期长的产业的价格管制，应有利于发挥企业的发展潜力；四是提高市场供给能力。为实现上述政府管制目标，在制定价格管制措施时，应注意以下几点：一是价格管制不仅要因产业而异，还要因同一产业的不同业务性质而异；二是运用区域间比较竞争管制价格，促进各地区企业之间的竞争，以提高生产效率，降低经营成本；三是要确定一个适当的管制价格调整周期，这一方面有利于克服政府管制的滞后效应，另一方面便于政府根据产业变化重新制定最高限价模型以激励生产效率的提高。

（3）以有效竞争为导向制定政府管制策略。政府管制相对于自然垄断性产业来说，应以价格管制和进入管制为主，对非自然垄断性产业的管制，应以监督企业提供的产品和服务的质量及维护公众利益为主。集中一点，应以有效竞争为导向制定政府管制策略。具体应注意以下几点：对自然垄断性业务与非自然垄断性业务应实行相区别的管理政策；对地区性垄断企业应有效利用地区间比较竞争的管制方式，促进各地区垄断企业开展间接竞争；对新进入的企业，政府应提供一定的政策优惠措施，以减少新企业因相对原有企业竞争能力不对称而产生的进入市场和占领市场的难度；随着科学技术的进步和产业的发展，各产业的技术经济特征也会发生变化，因此，政府的产业管制政策应具有动态性，促使产业不断处于有效竞争的状态；管制主体应不断提高自身素质，建立自我约束机制，防止滥用管制权力，避免由于人为因素所导致的管制失效及对有效竞争所产生的不良影响。

（4）加强和推进社会性管制体制改革。目前，我国在环境保护、安全及消费者健康等方面问题比较突出。这些由市场失灵引起的问题，仅靠市场自身无法解决，客观上要求政府采取强制措施，实施严格社会性管制，规范经济秩序，促进和谐社会建设。政府社会性管制职能需要一定的前提条件，包括管制立法、科学界定政府社会性管制职能和合理设置管制机构等。为此，加强和推进社会性管制体制改革，需要：第一，借鉴发达国家在社会性管制方面的立法经验，结合我国国情，建立符合当前经济发展水平的社会性管制法规及其配套标准体系；第二，在政府体制改革过程中，以有利于加强政府社会管制能力为导向，适时对管制机构设置及职能划分进行科学调整，同时加快依法治国进程，把政府管制纳入法制化轨道，确保政府在弥补市场失灵的同时，最大限度地减少自身失灵；第三，在具体管制环节上，改变传统的被动检查工作模式，坚持主动预防、关口前移的原则，逐步实现从源头开始的全过程监控，尽可能地避免危害结果的发生。①

4.3 政府审批制度

4.3.1 行政审批制度的含义

长期以来，我国政府对市场进入管制，主要采取行政审批的形式。

---

① 参见曾国安、李明：《发达国家社会性管制的发展新趋势》，载《经济纵横》，2007（9）。

行政审批是政府行政机关依据当事人的申请，依法准予其从事某项事务或活动的行政行为。行政机关的审批、许可、批准、登记、核准、特许、同意、推荐、认可、认定、确认、证明和初审等外部行政行为都可视为行政审批。行政审批主要包括处理申请类审批、确定义务类审批、行政处分和监督类审批。处理申请类审批主要涉及根据一定的标准对公民和企业的申请进行行政处理的事项；处理申请类审批直接与确定申请人的权利有关，因而此类审批行为也可以说是确定申请人权利的处理行为。确定义务类审批是行政机关直接对行政相对人授以作为或不作为义务的事项，其中包括报告义务、登记义务、雇佣义务、通知义务等。行政处分和监督类审批直接与行政机关履行行政义务相关，因而此类审批可以说是确保行政机关履行行政义务的处分行为，其中包括命令采取纠正和改善措施、进行指导和管理、进行行政处罚等处分行为。

行政审批制度包括行政审批的设定权限、设定范围、实施机关、实施程序、监督和审批责任等内容。

4.3.2　我国行政审批制度的现状及问题

随着我国市场经济的纵深发展，计划经济时代形成的行政审批制度，其环节过多，效率低下，审批行为不规范、不透明等许多弊端日益暴露，越来越成为影响市场经济发展的桎梏。

1. 行政审批为腐败行为和权力寻租提供了土壤

审批既是一种权力，更是一种资源。审批权越大，越容易产生寻租机会。据国务院重大项目稽查办公室对所稽查的 16 个水利项目和 48 个公路项目的反馈情况分析，项目审批在管理、机制、体制上都有发生腐败的条件。其中投资决策体制不完善、缺乏项目审批责任制、承办人自由裁量权过宽、项目审批存在随意性、审批程序没有用法律程序固定下来、审批行为不规范等问题，是诱发腐败行为的主要因素。行政审批太多，一方面导致企业经营的“政治成本”太高，阻碍资源的有效配置，抑制经济主体的创新行为；另一方面因为政府垄断资源，致使一些官员以权谋私、钱权交易的腐败行为屡禁不止。

2. 审批助长垄断

计划经济条件下，计划是配置资源的主要手段，而计划配置的主要方式就是审批，强调的是政府对经济资源的集权与控制。近年来，一些带有地方保护主义色彩、在市场准入方面实行的种种不合理的限制和垄断，大部分是通过审批行为实施的。随着市场经济制度的引入，这种管理方式已经与市场经济制度最基本的要求，即充分发挥市场对资源配置的基础性作用，按照效率优先的原则配置资源的要求不相适应。同时由于传统行政审批程序繁杂，也严重影响了市场效率。

3. 审批太多，造成政府越位

政府工作没到位的根本原因是，政府在行政管理上存在越位、缺位和错位。越位，就是市场能够干的事情，政府干了；缺位，就是政府有些应该做的事情，比如服务功能、监管功能做得不够；错位，就是一些投资活动本来应该由民间进行，结果却由政府来承担。解决这三个问题的出路，就是政府要让位，要减少审批项目，凡是市场能干、能决定的事情，都要让位给市场，政府则集中精力把自己该干的事干好。

综上所述，改革行政审批制度，就是要从制度上减少寻租行为发生的可能性，促进经济资源高效配置和政府部门高效运作。

4.3.3 我国行政审批制度的改革

泛滥成灾的行政审批权限及其滥用败坏了行政许可制度的效能和声誉，人们对现行行政许可制度是否符合经济学解释提出了疑问，对庞杂的行政审批权限是否符合正当利益标准提出了质疑。经济学家不相信政府运作的审批权力有能力合理构造市场结构，人们更直观地感受到了行政审批制度造成的行政领域和经济领域的长期低效、公共资源的流失和浪费。人们对过多过繁的行政审批制造的额外负担和不公正深恶痛绝，行政部门却我行我素，多头审批、重复审批，这无非是部门利益使然。有无经济学上的合理解释，是否符合正当利益标准，现行行政许可（审批）制度需要认真检视和深刻反思。[①]

反思和改革行政审批制度，不是被迫地适应市场经济发展的要求，也不是被动地回应加入世贸组织的需要，而是基于合理的经济学分析与正当的利益标准，对行政法制度进行革新的一个准确定位。对涉及公共安全的枪械的管制，对影响公共秩序和社会稳定的行为的管制，对关系公民健康的医药、食品生产和经营的管制，对关系人们精神生活质量的文化经营的管制，对影响经济和社会持续发展的生产和经营的管制，等等，所有维护和实现公共利益以及不伤害自由、不扼杀市场主体的创业热情和经济活力的政府许可，因其合理正当而具有合法存在的根据，需要进一步规范化、制度化，而不合理、非正当的行政审批制度必须予以彻底改造。

改革行政审批制度，就是要通过建立科学的审批制度、废除不必要的审批项目来确保宪法和法律所规定的公民基本权利的实现。审批制度作为管制手段，其改革的基本方向是放松经济性和社会性管制，同时强化对某些需要加强管制的空白领域和薄弱领域的管制。

1. 行政审批制度改革的原则

行政审批制度改革涉及权力结构与利益格局的重新调整，因此，它将面临的阻力和挑战是多方面的。目前阶段的改革难点应该是确定什么事项应该设定审批，什么事项不应该设定审批，或者说设定审批应该有一些基本的原则和标准。只有明确审批设定的基本原则和标准，才能有效地改革现行的审批制度，废止各种不适应市场经济发展要求的审批，并防止其可能出现的反弹。

针对行政审批制度改革中出现的问题，推进我国行政审批制度改革应坚持以下几个大的方向和原则：

一是合法原则。根据宪法和其他法律的规定，不同的国家机关有不同的立法权，因此，审批设定必须有法可依，不能任何部门都可以根据需要随意设定审批事项。法律、法规、规章可以设定审批，但其程度要有所区别，有些特许事项只能由法律、法规设定，规章不得设定，而涉及公民基本权利的事项则只能由法律设定。

二是合理原则。凡市场和技术手段能够解决的，应该由市场和技术手段解决，政府不要设定审批；凡社会自律能够解决的，应该通过社会自律的方式，包括行业协会管理的方式解决；凡非强制性方式能够解决的，应该通过诸如信息发布、行政指导、行政合同等方

① 参见肖金明：《行政许可制度的反思和改革》，载《中国行政管理》，2001（6）。

式解决；凡事后机制能够解决的，应该尽量通过反垄断、民事救济、严格侵权归责原则等方式解决；凡合作制方式能够解决的，应该尽量通过行政机关与当事人之间的合作方式解决。

三是成本效益分析原则。传统上行政审批主要适用于市场失灵的领域，诸如自然垄断、信息不对称、过度竞争、外部性等等。然而，近年来的研究表明，即使在这些领域，政府管制也并非一定合理。在这种情况下，各国普遍开始采用成本效益分析原则来对审批的合理性进行衡量，并要求审批的设定必须能够为社会带来净收益。这种转变不但使立法过程具有更多的可操作性和科学标准，而且也极大地降低了立法和审批的社会成本。

此外，行政审批制度改革中应坚持的还有责任原则、程序原则、监督原则等。

2. 当前我国行政审批制度改革的难点

从总体情况看，目前各地对行政审批制度改革都十分重视，成立了专门的清理行政审批权的领导机构，经过思想发动、自查自清、制定方案、组织实施等几个环节，有序地推进了行政审批制度改革工作。通过改革，合并了一些政府部门的相关职能，提高了政府机关的工作效率，企业和群众曾经反映强烈的“门难进、脸难看、话难听、事难办”的现象大为改观，也抑制了一些以权谋私的不正之风和腐败现象。但是，审批改革中也反映出一些问题。

（1）审批事项依然过多，已经取消或调整的审批事项未得到完全落实。多年来形成的计划经济的观念，是任何事情都要经过政府批准才能做，政府不认可、不批准的事情就不能做，从而导致政府审批的事项过多。由于利益的驱动，虽然许多审批事项已经取消或调整，但实际上却并没有得到完全的执行。例如，一些地方目前保留的审批项目大都与收费有关，而取消的审批项目大部分是一些不收费的项目，甚至出现一边改革一边蔓延的反常现象。

（2）审批与监管相脱节。一些政府部门在审批过后，很少对审批项目的实施过程进行管理，致使有的行业处于无序运营状态，如广告、娱乐、印刷等行业。在许多政府官员看来，审批就是监管，一方面，不审批就不知道如何来管；另一方面，则只注重搞行政审批，批完一走了之，后面执行与否就不再管了，审批与监管相脱节，变成了走过场。

（3）对审批权的制约监督机制还不完善，审批行为还不够规范。目前，我国尚未建立起完善的对行政审批权的监督和制约机制，审批行为也不够规范，导致了行政审批权大量被滥用、错用。

（4）法律法规不完善，使行政审批制度改革找不到适当的法律依据。我国现行的法律法规大多是由部门起草，各部门法律之间互相矛盾之处肯定不可避免，而且造成层层审批、越批越多的现象。

3. 行政审批制度改革的基本思路

（1）行政审批事项和范围要由法律规定。行政审批不仅是行政机关的外部行政行为，而且是法律行为。巩固行政审批制度改革的成果，不仅要求政府对现有的含有审批内容的法律法规以及地方性规章等规范性文件进行清理，取消设定不合理、不充分的法律法规以及不规范的文件，同时，还要根据经济和社会发展的需要，建立行政许可法律制度，对行政机关不可为的行为加以立法规范，适时地调整或废止不合时宜的法规规章，将行政审批纳入法制化轨道。

具体来说，政府部门要做好以下工作：根据行政审批权应由行政机关行使的原则，对行使行政审批权的主体资格进行清理，未经法律、法规授权的企事业单位不得行使行政审批权。根据职权法定原则，按照审批依据进行清理，凡有法律、法规、规章依据的，予以保留；没有的，一般予以取消。根据行政审批依据确定的具体内容进行清理，凡是法律、法规、规章明确规定需要行政审批的，予以保留；如果依据的法律、法规、规章只规定了一般行政管理行为而未明确为行政审批的，不予保留。根据分级管理和属地管理相结合的原则进行清理，凡是法律、法规、规章规定可以由下级人民政府审批的事项，上级部门不再保留，应下放到下级。根据责权一致的原则进行清理，凡是行政审批职能交叉、重复的，只要不涉及法律、法规的修改，原则上只能确定给予职级最相近的一个部门行使。按照不断改革和完善的精神，对虽有法律、法规、规章依据，但与社会经济发展不相适应的审批事项一般予以取消。

(2) 审批制度改革要注重市场规则。政府管理职能的改革是朝着市场化方向进行的，因此行政审批制度的改革方向是重视发挥市场的作用。在清理行政审批事项时，除对涉及经济发展、社会安全长远规划和合理布局的公益性项目及基础设施项目继续保留由政府审批外，其他审批事项该取消的要坚决取消，凡是能由市场调节的、能由中介组织提供服务的、能由企业自主决定的事项，政府要坚决退出。

具体地说，政府部门要做好以下工作：1) 对有限资源的配置、应由政府提供公共产品的生产许可以及应由政府作为市场主体行使的市场行为，各地各部门在审批中应采取市场机制的办法，向社会公开招标投标。如土地经营使用权的出让、产权交易、基础设施、公用事业及使用固有资金投资和国家融资的重要工程建设项目、政府采购等都应按照向社会招标、投标的办法进行，并且要使之依法规范、依法审批。2) 对关系国家安全和国计民生或按照法律法规和规章的规定应该审批的重大事项，要采取权力分解的办法，对审批权进行适当分解。如稀有矿产开发利用、教育卫生文化事业建设、城市规划设计、环境保护、国有资产管理及公共财政支出等，应由集体讨论决定，并建立项目审批岗位干部轮岗交流制度，避免“暗箱操作”和少数人或个人说了算。3) 对市场准入的一般性项目，要采取公开审批的办法。如房地产开发建设、新办企业注册、外商投资等的许可、资格资质认证等，应公开审批政务，有条件的可以建立办事大厅，集中办理，在规定的期限内办结，并直接接受群众监督。4) 本着简化程序、提高办事效率、优化政府行政行为的原则，对行政审批实行严格的监督管理。对审批方式和管理手段要进行改革、调整，充分听证，减少环节，建立项目审批责任制和报批、决策验收标准。

(3) 行政审批制度的改革要适应 WTO 的规则和要求。我国已经加入 WTO，改革行政审批制度，不仅是深化经济体制改革提出的客观需要，而且是加入 WTO 履行承诺应尽的义务。我国政府既要严格履行 WTO 框架下的义务，又要善于利用 WTO 的规则发展自己、保护自己。这就要求我们认真研究 WTO 的规则，区别缓急，有重点、分步骤地制定、修改或废止有关法律、行政法规和部门规章，使之适应 WTO“法典”的要求。

(4) 加强对行政审批权的监督。要规范行政审批权，离不开对其进行的有效监督，监督不力会使得一些部门在利益的驱动下，大量滥用行政审批权，因此，规范行政审批权就需要建立有效的监督机制。一方面，政府要建立内部管理机制来对其公职人员进行约束；另一方面，还要建立起外部监督机制，接受社会的监督。

(5) 加大行政审批改革制度创新的力度。比如，可将审批制度改为备案制度或者用登记制度或注册制度替代审批制度，凡能依法核准的就无须报政府审批。有学者预言，如果将现行的审批制改为注册制，中国的国民生产总值（GNP）至少可以提高 30%，寻租现象可以减少 50%。在减少审批环节、简化审批程序、缩短审批期限等方面，可建立联合审批制度和定期会签制度，将已经外化为行政许可程序的大量程序性规定内化、复原为政府内部的批准、核准或会签程序，并严格规定审批期限，避免相互推诿制造麻烦和降低效率；参考国外经验，建立许可证拍卖制度、项目招标制度。

2008 年 10 月，国务院办公厅转发了监察部等部门《关于深入推进行政审批制度改革的意见》，进一步深化行政审批制度改革。根据这一通知，深入推进行政审批制度改革的总体目标是：行政审批事项进一步减少，审批行为实现公开透明、规范运作，行政审批相关制度和制约监督机制较为健全，利用审批权谋取私利、乱收费等现象得到有效遏制，人民的满意度有新的提高。具体说就是：第一，继续取消和调整行政审批事项。适时组织开展行政审批事项集中清理工作，按照合法、合理、效能、责任、监督的原则和该取消的一律取消、该调整的必须调整的要求，结合各地区实际情况，认真组织实施行政审批事项的清理、取消和调整工作。第二，落实已取消、调整和保留的行政审批事项。各地区、各部门要认真落实国务院关于取消和调整行政审批事项的决定，对保留的行政审批事项，要明确实施条件、审批程序和时限要求，完善各环节工作流程和管理规范，不得随意扩大或缩小审批权限。国务院各部门要加强对本系统的指导和监督，确保取消和调整的每一项审批事项落到实处。第三，加强对行政审批事项的监督和管理。各有关部门要切实履行监管职能，对取消审批后仍需加强监管的事项，建立健全后续监管制度，制定配套措施，加强事中检查和事后稽查，防止行政审批事项取消后出现监管职能“缺位”或“不到位”的现象。充分运用现代信息网络技术，对行政审批事项的受理、承办、批准、办结和告知等环节实行网上审批、网络全程监控，及时发现和纠正违规审批行为。总结推广各地区、各部门实行网上审批和电子监察系统的经验和做法，研究制定规范网上审批和电子监察系统的指导性意见。加强行政审批服务中心管理，完善“一门受理、统筹协调、规范审批、限时办结”的运作方式。第四，建立健全行政审批相关制度。建立健全新设行政审批事项严格审核论证机制；研究建立专家咨询和民意征集机制；完善各种制度，如相对集中行政许可权制度、重大行政许可决定备案制度、行政许可决定公示制度等；严格规范行政审批收费行为；加强对咨询机构的管理，规范其服务行为，禁止把指定机构的咨询作为审批的必要条件。

总之，行政审批制度改革是一项复杂的系统工程，要搞好综合配套，整体推进。此外还有必要强调一点，行政审批制度改革，其动机不能单纯局限于改善投资环境、提高办事效率等角度，只有在认识上将行政审批制度与公民权利和自由紧密关联，才可以使宪政理念和人权精神有效作用于行政审批制度的确立和运作，使行政审批方面的立法更为开明、宽容。

本章小结

为了完善市场配置功能，现代市场经济国家在市场基础上日益衍生出了其他一些非市场形式的政府制度安排。这种政府制度安排从总体的内容层次上可以区分为针对市场经济总量非均衡而由政府运用一定的宏观经济政策进行的宏观经济调控、针对市场失灵而由政府进行的微观经济管制以及政府直接参与经济管理三类。与政府的这三种经济管理职能相适应，政府进行经济管理的方式也有三种，即宏观调控、政府管制和微观管理。本章主要介绍了宏观调控和政府管制，同时特别介绍了我国政府对市场进入实行管制的主要手段——行政审批制度。在学习过程中，主要是要掌握宏观调控的基本内容、政府管制的基本理论以及我国政府宏观调控、政府管制和行政审批制度的现状及改革。

关键术语

宏观调控　　政府管制　　政府管制失灵　　行政审批

复习思考题

1. 简述宏观调控的中心内容。
2. 试述我国宏观调控存在的问题。
3. 简述政府经济性管制的基本内容。
4. 简述政府社会性管制的基本方式。
5. 什么是管制失灵？结合实际谈谈你的看法。
6. 结合实际谈谈我国行政审批制度改革。

案例分析

行政审批“万里长征图”真的“缩短”了吗？

2013 年 1 月，在广州市“两会”政协第十一组讨论会上，身为广州市政协委员的曹志伟展示了一张行政审批“万里长征图”：长 4.4 米，经过 20 个委、办、局，53 个处、室、中心，100 个审批环节，盖 108 个章，缴 36 项行政收费，需 799 个审批工作日。无独有偶，在 2014 年 2 月海南省“两会”期间，同样有人大代表展示了一份海南行政审批“长征图”：长达 5 页纸，30 多项审批，盖上百个章，一个投资项目从获得土地到办完手续，全程最少需 272 个审批日。

海南省人大代表“晒”审批“长征图”的报道引起了各界关注。针对代表反映的问题，海南省政务服务中心回应称，已到企业进行专门调研。海南省政务服务中心有关负责人表示，海南部分城市已试行投资建设项目行政审批流程整合，整合为“项目立项、用地审批、规划报建、施工许可、竣工验收”5 个阶段，审批时限为 37 个工作日，加上审批前期工作、专家咨询、技术评审、公示、公告等时间，总的审批时间不超过 145 个工作日。2014 年将扩大试点范围，争取年底向全省推广。

在广州，“万里长征图”引发的改革动作更为彻底。广州市政协委员曹志伟的《关于大幅缩短广州投资项目建设审批时间的建议》作为市政协主席会议建议案报送广州市市委、市政府。此后，广州市法制办、发改委、规划局等十几个部门进行了数轮研讨，提出建设工程项目优化审批流程试行方案，将流程明确为 5 个阶段，从递交项目申请受理开始，政府部门单纯的审批时限也缩短为 37 个工作日。

2013 年全国“两会”闭幕后的中外记者见面会上，李克强总理承诺：现在国务院各部门行政审批事项还有 1 700 多项，本届政府下决心要再削减 1/3 以上。自此，新一轮行政审批制度改革拉开序幕。一年来，中央部委及各级地方政府都大力推进改革，破除层层阻力精简“审批权”，正出现明显变化。然而，在一些地方，也有办事人和企业对此感受还不够深。那么，那些“精简的项目到底哪儿去了”?

在武汉“市民之家”政务服务中心，某房地产企业工作人员王先生，手里拎着一大堆材料，来回奔波在几个部门窗口之间，他正在为公司办理建筑规划方面的审批证件。临近中午，他已忙得满头大汗，还顾不上吃午饭。王先生说，房地产投资项目从立项到审批，整个流程需要经过十多个部门，地震、人防等部门也不能漏下，要盖近百个红章，历时大半年才能开工。项目土地已经拍下大半年了，但是手续一直没办下来，现在公司所有人员都在跑“审批”办证。现在办理审批手续速度确实比以前快多了，不过，总听新闻里说的各地精简了多少项目，报了一大堆数字，却不知道具体精简了哪些项目，我们还是想快些再快些。

与王先生一样，许多办事人都发现一个新现象：以前在政府部门办理的很多项目，现在都转移到研究院所、检测机构甚至行业协会中。虽然行政审批的项目少了，但需前置评估的项目却多了，涉及发改、经信、住建、国土、规划等部门，都需要中介机构提供评估、鉴定、认证及检测等服务，而这些中介服务的结果是职能部门受理审批的前提。但这些中介业务却耗时长、态度差、收费贵，许多项目的服务时限为 2 个月以上。据测算，中介服务时间占项目全部审批服务时间的 60%～70%。

行政审批项目的持续减少，一度让公众看到了打破制度壁垒、释放市场活力的前景。然而最新消息显示，有增无减、日益繁复的“前置评估”，以及寄生其上的中介机构，正蚕食着行政审批改革的红利。承接业务的中介机构多与政府部门有着千丝万缕的联系，竞争不充分，收费比市场标准要高，企业自主选择余地较小，容易滋生出新的腐败问题。更有甚者，因专家、设备有限，竟导致众多企业排队干等……凡此种种，与精简行政审批项目的初衷，早已背道而驰。从前苦等审批，如今干耗“中介”，俨然一切未变。2014 年全国“两会”期间，九三学社中央向全国政协提交的提案批评一些地方和部门将审批权下放给下属事业单位或社团组织，形成了利益共同体。全国工商联也提出了类似提案，要求规范中介组织的管理并建议尽快打破垄断。

行政审批制度改革是党的十八届三中全会确定的全面深化改革部署的一个关键。国家行政学院教授汪玉凯说，过多的行政审批不但干预市场阻碍改革，同时也是滋生腐败的温床。“行政审批制度改革越到后来难度越大，目前改革已经进行到了‘割肉’阶段，调整、协调部门之间的利益关系不仅非常困难，而且还会引起抵触，需要政府以极大的勇气和决心去推进。”国家行政学院教授许正中认为，行政审批制度改革最大的难点在于如何撼动既得利益。他建议，在精简行政审批项目的同时，还要建立完善的审批备案制，对市场活动采取事后监管，理顺政府和市场的关系，变“授权”为“监管”，更好地落实相关管理职责。“各级各部门要将改革后‘权力家底’拿出来晒一晒，接受社会和纪检部门的监督，真正管住‘多余的手’，彻底激活社会潜力，最大化地释放改革的红利。”

思考题

1. 结合案例材料，你认为行政审批“万里长征图”真的“缩短”了吗?
2. 分析行政审批“前置评估”与“中介服务”现象背后的原因。
3. 如何真正地“缩短”行政审批“万里长征图”? 谈一下你的认识。

第5章 政府管理经济的政策

重点问题

- 财政政策的含义、特点、功能及选择
- 货币政策的含义、特点、功能及选择
- 产业政策的含义、特点、功能及选择
- 收入分配政策的含义、特点及选择

5.1 财政政策

5.1.1 财政政策概述

1. 财政政策的含义与特点

所谓财政政策，就是国家为了调节总需求变动及总需求与总供给的关系，而调整财政收入与财政支出的基本原则和方针的总称，具体来说，就是国家利用财政收入与财政支出同总需求波动、总需求与总供给关系的内在联系，调整财政收入与财政支出，使财政收入与财政支出形成一定的对比关系，通过这种对比关系调节总需求变动及总需求与总供给的平衡。①

财政政策是国家经济政策体系的重要组成部分，同时它自身也是一个独立的政策体系，因此，财政政策调节国民经济运行具有两个明显的特点：一是直接性。财政政策是由国家直接掌握和控制的，国家可以通过它直接干预和调节社会经济生活和各种活动，这是

① 参见魏杰：《宏观经济政策学通论》，206页，北京，中国金融出版社，1990。

价格政策、货币政策所不能相比的。二是强制性。财政政策一般是通过立法形式制定和颁布实施的，具有法律效力，一旦制定，各单位和个人都必须贯彻执行，否则就要受到法律的制裁。

2. 社会主义市场经济条件下财政政策的特点

随着社会主义市场经济体制的确立，我国的国民收入以及财政的职能已经发生了某些变化，因而财政政策内容和方式也出现了新的特点。

(1) 在调控内容上，从对国民收入的整个分配过程的调控转到以国民收入的再分配为调控重点。在计划经济体制下，国家对国民收入的调控以直接分配为主，因而财政政策的运用直接寓于财政分配之中，能够直接调控微观企业的国民收入分配。但在社会主义市场经济体制下，国民收入的初次分配基本上由市场机制进行调节，财政政策不直接控制企业的初次分配；财政政策的调控重点是国民收入的再分配，即通过财政政策的导向作用来影响国民收入初次分配的格局，使其按照宏观经济管理目标进行重新组合，形成有利于资源配置和宏观经济总量平衡以及体现效率与公平相统一的国民收入格局。

(2) 在调控方式上，从以通过行政手段发挥作用为主转到以通过法律手段、经济手段发挥作用为主。在计划经济体制下政策主要是通过行政手段来发挥作用的。但在社会主义市场经济条件下，政企分开的要求使得政府不宜过多地用行政手段进行宏观调控。因此在运用财政政策时，也要求其调控方式从主要使用行政手段向更多地使用法律手段和经济手段转变。具体地说，要适应三个要求：一是要尽可能地把中长期的财政政策用法规的形式固定下来，提高财政政策的稳定性和严肃性；二是要充分运用经济手段来贯彻财政政策，以便灵活、有效地引导微观经济主体优化资源配置；三是在运用财政政策手段及其管理制度时，尽可能使之法制化，减少人治因素。

3. 财政政策的调控作用

在现代社会，财政从来就是政府的财政，是政府行政的物质基础。所以财政的职能取决于政府的职能，即一定时期、一定条件下国家财政要干些什么，取决于这一时期政府职能的定位。明确这一点，是讨论我国社会主义市场经济条件下财政职能和财政政策的基本前提。

西方工业国家的经济发展历史表明，随着市场经济的发展，政府职能的作用不断扩大，同时，财政分配范围也在不断拓展，财政政策在政府宏观调控中的地位愈加重要。中国正处于体制转轨时期，政府面临着市场化、工业化的艰巨任务。政府的职能和任务就是财政的职能和任务。因此，未来中长期财政政策调控的目标就是依据国家宏观经济政策和远景发展纲要，正确处理财政分配关系，为政府实施有效的宏观调控提供财力保障。① 从理论上分析，我国转轨时期的财政政策发挥了以下几方面的作用：

(1) 调节资源合理配置。对一个发展中国家来说，宏观调控首要的目标是保持尽可能快的经济增长，与此同时，实现经济结构的转换和升级。为此，如何把有限的资源进行最优的配置，就成为问题的关键。健全市场体系是实现资源合理配置的一个重要条件。但

---

① 参见苏明：《财政政策与政府宏观调控》，载《湖北财税》，1999 (9)。

是，市场并不是完美无缺的，单靠市场运行机制并非在任何情况下都能实现资源的合理配置，还需要国家从全社会的利益出发，对资源进行调节。在社会主义市场经济条件下，人力资源和物力资源的配置取决于财力资源的配置，即取决于资金分配这一枢纽。因此，作为能够左右资金分配的财政政策，对于资源的合理配置就具有重要作用。

在社会主义市场经济条件下，政府财政是十分重要的资源配置机制，而不仅仅是跟在市场调节后面的“拾遗补阙”者。对于社会共同需要的公共产品诸如国防、外交、文化、教育、卫生以及公共工程建设项目等，完全或主要由政府财政来提供，这是财政最基本的职责所在。但在我国，财政配置资源的任务绝不仅限于此。在社会主义市场经济条件下，国家财政客观上还具有经济建设职能，需要参与经济领域的调控，这是未来我国政府财政配置资源的一个重要政策取向，也是提高宏观经济效益、加快我国现代化建设进程的一个必要条件。

（2）调节收入公平分配。收入公平分配是一个重大的社会问题，也是一个世界性的难题。一般而言，当经济发展水平达到一定程度之后，社会公平和经济效率就变成一种反向关系，即分配不公平会妨碍经济效率的提高。收入的公平分配，主要是指确定合理的税收负担问题。而税收的负担是否合理，又是资源能否合理配置的必要条件。财政收入的组织过程就是一部分资源从企业、个人手中流向国家手中的过程，因此，税负的轻重会直接影响经济活动主体获得经济利益的大小。税负过重，会窒息经济活动主体的积极性；税负过轻，会使国家缺少必要的财力，影响宏观调控能力。税收负担不合理，就会导致经济活动主体行为的非合理化，引起资源使用的不合理。因此，如何贯彻税负合理的原则，是制定财政政策时要考虑的重要问题。另外，在社会主义市场经济体制中，由于国民收入初次分配基本上由市场机制来调节，因而必然出现地区间、部门间以及社会各阶层间的收入差距，调节这些收入差距也是财政政策的功能。在西方国家，财政政策对调节收入差距起着十分重要的作用。政府运用个人所得税和社会保障制度调节个人收入差距，运用预算体制调节地区间的收入差距。我国财政政策在这方面的作用还适应不了社会主义市场经济的要求。

（3）调节供求总量平衡。经济的稳定增长，主要表现为总供给和总需求的平衡。实现经济的稳定健康增长，要求做到社会总供给与总需求的平衡，合理配置资源，提高科学技术和经营管理水平等，财政政策在这些方面都发挥了重要作用。

财政政策的稳定功能，主要指通过调整税率、关税率、政府公共支出以及税种来影响物价水平、就业水平和经济增长，这些实际上构成了财政政策的主要内容。通过财政来调节总供给和总需求的平衡，实质上就是通过有目的、有计划的集中性财政收支分配来矫正无数微观经济主体的分散收支活动所形成的不利结果，或者说是用一种着眼于宏观经济的收支活动来调节无数着眼于微观经济的收支活动。为此要求摆脱单纯财政的观念，不要就财政平衡来搞平衡，而应着眼于全社会的总量平衡。在社会主义市场经济条件下，财政政策对于促进社会和市场的总供求平衡有着举足轻重的作用。这是因为财政性分配在国民收入分配中占有较大比例，它在社会财力资源配置中占有较大的份额。

（4）调节货币流通状况。这个功能是与银行的信贷活动及其货币政策的运用联系在一起的，主要有两方面的表现：其一，财政政策与银行信贷活动的间接制约关系可以调节银行信贷资金收支平衡，如：财政政策通过规定银行的纳税率及收益比例的方式参与银行收益的分配，从而调节银行的自有资金和获利程度；通过规定银行贴现国库券的数量和财政向银行借贷的额度，调节银行信贷收支规模与结构的变动；通过对货币发行量进行某种程度的间接调节，制约银行信贷收支规模及结构。其二，财政政策可以联合货币政策以弥补财政赤字。在我国，由于财政赤字全部用发行国债来弥补，所以，国债市场以及中央银行对资金市场的公开操作，将成为财政政策与货币政策联合运作的关节点。财政政策将通过发行国债的数量、种类和时间与中央银行的货币政策相配合，对金融市场和货币流通状况实施宏观控制。

5.1.2 财政政策手段及其功能

财政政策的作用是通过财政政策手段实现的。所谓财政政策手段，就是全部财政调节参数的总和。具体来说，财政政策手段主要包括国家预算、税收、国债、财政补贴、转移支付等。这些财政政策手段既可以单独使用，也可以相互配合协调使用。

1. 国家预算

国家预算是财政政策的主要手段。国家预算的调控功能主要表现在以下两个方面：

（1）国家预算收支的规模及其平衡状态可以有效地调节社会供求的平衡关系。当社会总需求大于社会总供给时，可以通过实行国家预算收入大于支出的结余政策进行调节；当社会总供给大于社会总需求时，可以实行国家预算支出大于收入的赤字政策进行调节；当社会供需总量大体平衡时，国家预算应实行收支平衡的中性政策与之相配合。

（2）国家预算的支出结构可以调节国民经济中的各种比例关系和经济结构。因为国家预算支出的是资金，增加对某个部门资金的供应能促进该部门的发展，而减少对某个部门资金的供应就能限制该部门的发展。因此，调整国家预算支出结构就能够起到调节国民经济的各种比例关系和调节经济结构的作用。国家预算支出结构的内容主要有：积累性支出与消费性支出的比例关系，用于国民经济各部门支出的比例关系，等等。调整国家预算支出中的这些比例关系和结构，会影响国民经济中的有关比例关系和结构。国家预算手段的调控功能的大小，与财政收入占国民收入的比重关系极大。比重越高，国家预算调控的力度就越大；比重越低，国家预算调控的力度就越小。另外，国家预算的编制方式也会影响其作用发挥。例如，将单式预算改为复式预算，分别编制经费预算和经济建设预算，使各自的资金来源和支出反映清晰，有利于实行不同的财政政策。对经费预算，应压缩支出，以达到收支平衡并有结余；对经济建设预算，应根据社会经济发展状况适时地恰当地筹措资金和进行合理调节，使经济建设预算与社会发展计划相吻合。为了使两者有机地结合起来，要尽快改进和规范复式预算制度，建立政府公共预算和国有资产经营预算，并可以根据需要建立社会保障预算和其他预算。

2. 税收

税收是国家凭借政治权力参与社会产品分配的重要形式。它具有强制性、无偿性、固定性等特征。税收具有广泛的调节功能，就其作为财政政策的一个手段来说，具有如下功能：

（1）调节社会总供求的平衡。社会总需求是由消费需求和投资需求构成的，税收在这两个方面都可以发挥一定的调节作用。如：通过征收奖金税和工资调节税，可以控制企业单位的奖金发放和工资基金的过快增长；通过向个人征收个人所得税和个人收入调节税，可以进一步调节居民个人收入；通过征收建筑税、土地税，有利于控制投资规模的膨胀。从调节供给方面来说，主要涉及税负政策问题。税负过重，使企业支配的税后留利过低，会影响投资和生产的发展，从而减少供给；降低税负，增加企业的可支配收入，则有利于刺激投资和增加供给。因此，从原则上说，为了增加社会供给，应采取减税的政策。但这需要有一定的条件，首先是要有刺激企业投资的机制。

（2）调节产业结构和产品结构的平衡。产业结构和产品结构的发展取决于该产业和产品的盈利水平。而税收水平对盈利水平有重要影响。在价格不变的条件下，增加税收会减少利润，从而限制某种产业和产品的发展；相反，减少税收会增加利润，从而鼓励某种产业和产品的发展。就消费结构看，当某种产品供求不平衡的时候，既可以通过调整产业结构和产品结构，也可以通过调整税收结构来实现平衡。例如，通过征收特种消费行为税，可以限制对某种产品的需求，从而调节消费结构；适时开征遗产税和赠与税，可以限制对某些商品的需求，促进消费结构的合理化并缩小由于少数人收入畸高形成的两极分化。目前我国税收的这种结构，主要是靠产品税和增值税来实施的。实施《中华人民共和国消费税暂行条例》，也是促进结构平衡和限制两极分化的手段之一。

（3）调节各种收入分配。国家征收的各种所得税是对企业和居民收入的直接的、最终的调节。通过制定适当的税率，一方面，要使收入分配体现按劳分配的原则，拉开一定差距，以提高效率；另一方面，收入分配上的差别又不能过大，要体现社会公平的原则，防止贫富悬殊，分配不公。税收的这种调节作用，是任何其他手段所不能代替的。

要正确运用税收手段，实现我国预定的政策目标，必须按照《中共中央关于建立社会主义市场经济体制若干问题的决定》中“统一税法、公平税负、简化税制和合理分权”的原则，完善税收制度。推行以增值税为主体的流转税制度，对少数商品征收消费税，对大部分非商品经营继续征收营业税。在降低国有企业所得税率，取消能源交通重点建设基金和预算调节基金的基础上，鼓励企业依法纳税，理顺国家和国有企业的利润分配关系。统一企业所得税和个人所得税，规范税率，扩大税基。开征和调整某些税种，清理税收减免，严格税收征管，堵塞税收流失。

3. 国债

国债是国家按照信用、有偿的原则筹集财政资金的一种形式，同时也是实现宏观调控和财政政策的一个重要手段。国债的调节功能主要表现在以下三个方面：

（1）调节国民收入的使用结构。国民收入从最终使用来看，可分为积累基金和消费基金两部分。国债可以在调节积累和消费的比例关系方面发挥一定的作用。例如国家向居民发行公债，是在不改变所有权的条件下，将居民尚未使用的消费基金转化成积累基金，用于生产建设的需要。

（2）调节产业结构。企业投资和银行投资更多地注重投资项目的微观效益和偿还能力，这往往同宏观经济目标发生矛盾，而国家通过财政信用形式筹集的资金可以投到那些微观效益较低但社会效益和宏观经济效益较高的项目上。例如，将国债用于农业、能源、交通和原材料等国民经济的薄弱部门和基础产业的发展，就能够调节投资结构，促进国民经济结构的合理化。

(3) 调节资金供求和货币流通。在发达国家中,国债是调节金融市场的重要手段,通过增加或减少国债的发行,以及调节国债的利率和贴现率,有效地调节资金供求和货币流通量。这是货币政策手段中公开市场业务的主要内容。

正确发挥国债调节作用的条件是,合理确定国债发行量,使之与社会应债能力和财政偿债能力相适应;合理安排国债偿付期,避免出现偿债高峰;改革和完善国债发行制度,按经济原则确定合理利率,提高国债信誉,开拓和健全国债流通转让的市场;等等。

4. 财政补贴

财政补贴是国家为了某种特定需要,提取一部分财政资金无偿补助给企业或居民的一种再分配形式。它是配合价格政策和工资政策发挥调节作用的一个政策手段。财政补贴大都与价格政策有关。我国的财政补贴主要包括价格补贴、企业亏损补贴、财政贴息、房租补贴、职工生活补贴和外贸补贴等。财政补贴的功能有:

(1) 配合价格政策以稳定价格。在一定时期,财政政策可以配合价格政策,通过转移性支付,调节个人收入,以稳定价格,避免社会震荡。

(2) 促进外贸收支平衡。可以通过对出口商品实行补贴,扶持出口商的生产发展,促进对外贸易收支的平衡。

(3) 调节社会总供求的平衡。增加财政补贴,可以刺激总需求,同时也可以刺激生产,达到增加总供给的目的;减少财政补贴则可以抑制生产和减少供给。

正确运用财政补贴手段以使其发挥调节作用的条件是:补贴要适当,要合理规定补贴的范围和数额;补贴要灵活,要适应经济改革和发展变化的情况,有升有降,有增有减,不能把补贴凝固化;要改革补贴的方式,尽可能改暗补为明补,提高补贴效应,为经济发展创造良好的宏观环境。

5. 转移支付

财政的转移支付,原意是指财政资金的转移,它是财政支出体系的一个重要组成部分。从世界各国情况来看,转移支付主要包括中央政府对地方政府拨付的各项补助、政府对企业的补贴以及政府向个人提供的社会保障资金。我国的转移支付是指中央财政将集中的一部分财政资金,按照一定的标准拨付给地方财政的一项制度。它也是实施财政政策的一个重要手段。

转移支付的功能主要是调节中央政府与地方政府间的财政纵向不平衡和地区间的财政横向不平衡。财政的纵向不平衡是指不同层次政府的收入与它们各自承担的事权所需要的支出不相等;财政的横向不平衡是指不同地区的同级政府之间在收入能力和支出规模方面存在差异。我国地区间经济文化发展很不平衡,从各地区财政收支状况看,东部地区是收入大于支出,向中央上缴收入;中部地区是收支基本平衡,收入略大于支出或支出略大于收入;西部地区是支出大于收入,由中央给予一定的财政补助。这种地区间的收入差距,往往需要由中央财政通过转移支付制度实施调节,将高收入地区的一部分财力转移支付给低收入地区,以支持落后地区的经济发展。转移支付也包括中央财政对经济发达地区和中等发达地区的某项特定事业的专项补助。

5.1.3　财政政策类型及其运作

1. 财政政策的类型及其效应

财政政策的类型有很多，可以按照不同的标准来进行划分，按财政政策调节的对象分类，可以分为总量财政政策和个量财政政策；按调节方式分类，可分为自动调节财政政策和相机抉择财政政策；按调节客体分类，可分为存量财政政策和增量财政政策；按财政调节手段分类，可分为税收政策、国债政策、财政支出政策、财政投资政策、财政补贴政策、固定资产折旧政策、国有资产管理政策等；按财政政策作用的期限分类，可分为长期财政政策、中期财政政策和短期财政政策。

可见，财政政策类型划分的角度比较多。但从宏观经济管理的角度来看，我们重点是要掌握总量财政政策的类型及其效应。根据财政政策对国民经济总量所具有的不同调节功能，可以将总量财政政策进一步划分为松性财政政策、紧性财政政策和中性财政政策。不同的总量财政政策对社会总供求会产生完全不同的影响，但政策的基本目标都是一致的，即不同政策的共同目标是维持社会总需求和总供给的基本平衡，保证国民经济持续、高速、健康发展。

（1）松性财政政策，也叫膨胀性或赤字性或扩张性财政政策，是指增加和刺激社会总需求的政策。其具体措施和效应是：

1）采用减少税收、降低税率、扩大减免税范围等措施，可以收到增加微观经济主体的收入、刺激微观经济主体的投资需求和扩大社会总供给的效应。

2）采用扩大财政支出和增加财政赤字的措施，可以收到扩大社会总需求，从而刺激投资和扩大就业的效应。

3）通过公开市场业务、买入国债和投放货币，可以收到扩大流通中的货币量和扩大社会总需求、刺激生产的效应。

4）通过财政补贴使财政支出扩大和财政赤字增多，可以收到扩大社会总需求和刺激供给增加的效应。

（2）紧性财政政策，也叫紧缩性或盈余性财政政策，是指减少或抑制社会总需求的财政政策，其具体措施大致与松性财政政策的措施相反。

1）增加税收、提高税率和缩小减免税范围，其效应是减少微观经济主体的收入，抑制其投资需求，从而减少供给。

2）压缩财政支出、减少财政赤字，其效应是缩小社会总需求，抑制经济过热。

3）在公开市场业务中，政府卖出国债、吸收货币，其效应是减少流通中的货币量，压缩社会总需求以降低经济过快过高的发展速度。

4）减少财政补贴，使财政支出得到控制、财政赤字减少，其效应是减少社会总需求，抑制经济的过热增长。

（3）中性财政政策。一般认为，中性财政政策是对社会需求保持中立的财政政策，这种财政政策对社会总需求既不产生扩张效应，也不产生紧缩性的后果。按这一政策，在每一财政年度，财政支出根据财政收入的具体情况来加以安排，收支之间保持基本平衡。

2. 财政政策的运作

财政政策的运作，分为短期目标和中长期目标的运作。从短期来说，财政政策的目标是通过调节总需求来实现社会总供求的基本平衡，以实现经济的稳定增长。要实现这个目标，财政政策的运作必须发挥“相机抉择”的作用，即政府根据宏观经济运行状况来选择相应的财政政策。主要有以下几种情况：

当社会总需求不足时，单纯使用松性财政政策，通过扩大支出、增加赤字，以扩大社会总需求，也可以采取扩大税收减免范围、增加财政补贴等措施，刺激微观经济主体的投资需求。

当社会总供给不足时，单纯使用紧性财政政策，通过增加公开市场上国债的出售数量和减少财政补贴，压缩社会总需求。

当社会总供给大于社会总需求时，可以搭配运用“松”、“紧”政策，一方面通过增加赤字、扩大支出等政策来刺激总需求增长，另一方面采取扩大税收、调高税率等措施来抑制微观经济主体的供给。

当社会总供给小于社会总需求时，也可以搭配使用“紧”、“松”财政政策，一方面通过压缩支出、减少赤字等政策缩小社会总需求，另一方面采取扩大税收减免、减少税收等措施来刺激微观经济主体增加供给。

财政政策的中长期目标是实现资源的合理配置和收入的公平分配。要实现这一目标，财政政策的运作主要是调整财政支出结构和调整、改革税制。具体有四个方面的内容：其一是按照国家产业政策和产业结构调整的要求，在预算中优先安排国家鼓励发展的产业投资；其二是运用财政贴息、财政信用支出以及国家政策性金融机构提供投资或者担保等手段，支持高新技术产业和农业的发展；其三是通过合理确定国债规模，吸纳部分社会资金，列入中央预算，转作政府的集中性投资，用于能源、交通的重点建设；其四是调整和改革整个税制体系，或者调整部分主要税制，以实现对收入分配的调节。

作为担负宏观经济调控任务的主要工具，财政政策的经济目的当然是解决宏观经济问题。就中长期而论，目前各国普遍将实施宏观调控的基本经济目的置于抵御经济波动、实现并维持经济的稳定增长方面。然而经济的周期性波动又是市场经济条件下的客观经济现象，国家的经济干预也只是尽可能降低波动频率或压缩波动幅度。因此，宏观经济的短期调控措施，仍需依据当时本国经济所处的周期灵活实施。

5.2 货币政策

5.2.1 货币政策概述

1. 货币政策的含义

货币政策有狭义和广义之分。狭义的货币政策是指中央银行根据一定时期的经济和金融形势，对货币、信贷总量与结构进行控制与调节的一般行为过程。广义的货币政策，不仅包括中央银行对货币、信贷控制与调节的行为准则，还包括中央银行对货币、信贷控制与调节的一般行为过程：货币政策的长期目标、货币政策的中介指标或监测指标的选择，货币政策工具的运用，货币政策行为的传递，货币政策与宏观经济政策的协调，等等。

要理解货币政策的概念，必须把握下面三层含义：

（1）货币政策的调节对象是货币供应量。货币供应量与社会总需求之间有必然联系。货币政策通过变动货币供应量来调节总供给与总需求的相互关系，其调节属于需求调节。由于货币政策是总供求偏差的主要矫正者，因而它是市场经济环境下最重要的宏观经济政策之一。

（2）货币政策的制定和实施主体是中央银行。由于货币涉及国民经济的各个方面，在贯彻实施过程中，中央政府只有与政府其他部门，特别是财政部门密切配合，才能使货币政策和财政政策不致发生摩擦，从而使货币政策达到预期效果。

（3）货币政策是经济理论或货币信用理论在宏观货币、信贷管理中的具体实践。一定的货币政策总是代表着某一经济流派的理论观点和政策主张，因此，货币政策的变动既受到现实经济形势的制约，又受到经济理论的影响。货币政策及其措施带有明显的理论倾向性。

2. 货币政策的目标

货币政策的目标是指通过货币政策的制定和实施所期望达到的最终目的。在西方发达国家，货币政策的目标一般有四个，即稳定币值（或稳定物价）、充分就业、经济增长和国际收支平衡。货币政策的不同目标之间关系十分复杂，有的比较协调，如充分就业与经济增长；有的存在矛盾，如稳定物价与充分就业；有的关系复杂，如稳定物价与经济增长、稳定物价与国际收支平衡、经济增长与国际收支平衡；有的相对独立，如充分就业与国际收支平衡；等等。这就要求货币政策应在四个目标之间进行权衡，并根据当时的经济环境有所侧重，解决主要矛盾。

在我国，货币政策的目标同样离不开上述四个方面，但其侧重点在经济增长和稳定币值。把经济增长和稳定币值确定为我国货币政策的重点目标，是符合我国实际的。因为我国作为一个发展中国家，只有保持较快的经济增长速度，才能彻底改变经济落后的面貌，实现现代化战略任务，充分显示出社会主义制度的内在优越性。同时，货币政策作为调节货币和控制货币供应量的一种政策，按照货币流通规律的要求，必须使货币供应量与货币需要量相适应。换言之，要以稳定币值为目标。经济增长与稳定币值，从根本上说是统一的、相辅相成的。经济增长，市场可供应的商品不断增加，这是稳定币值的物质基础。但是，经济增长又要求一个稳定的经济环境，其中币值稳定是一个重要因素。币值稳定的意义在于：可以提供一个相对稳定的价值尺度和换算手段，使企业精确地计算成本和盈亏，有利于国家测算和确定主要经济比例，促进经济协调、高效益地增长；为商品交易提供一个稳定的流通手段，促进城乡和地区间商品的顺畅流通；提供一个有效的支付手段，以便组织国民收入再分配，正确处理国家、集体和个人三者的利益关系，保证人民生活水平的逐步提高。如果币值本身不稳定，自然要打乱正常的生产、流通和分配秩序，影响经济发展的进程，同时带来社会不安定的因素。

3. 货币政策的中介指标

由于货币政策目标本身不能直接操作、计量和控制，所以要实现货币政策的目标，中央银行还必须借助一些可操作、可计量、可监控的中介指标。只有通过对中介指标的控制和调节，才能最终实现既定的政策目标。所谓货币政策的中介指标，就是中央银行为实现货币政策目标而选定的可操作、可计量、可监控的金融变量。货币政策中介指标的选择标准一般有五条，即可控性、可测性、相关性、抗干扰性和适应性。可控性是指被选取的指标与货币政策工具之间有密切的、稳定的和统计数量上的联系，便于中央银行通过政策工具对其进行调节和控制。可测性是指该项指标要有比较明确的定义和范围，中央银行能够及时获取该项指标的准确数据以便观察、分析和监测。相关性是指中介指标与货币政策目标之间有密切的相关关系，中介指标的变动对于实现货币政策目标直接有效。抗干扰性是指中介指标受外来因素或非政策因素的干扰程度较低，便于通过政策工具操作和传导机制作用直接达到最终目标。适应性是指中介指标的选择必须与国家经济体制、金融体制相适应。

根据上述条件，在市场经济比较发达的国家，中介指标一般选择利率、货币供应量、超额准备金、汇率和基础货币等金融变量。在我国，根据国务院关于金融体制改革的决定，中国人民银行即中央银行的货币政策的中介指标有货币供应量、同业拆借利率和银行备付金率。

4. 货币政策的作用

货币政策的效果大小如何体现？这要从货币政策的性质来考察。首先，货币政策是一项总需求管理政策，其政策效果主要用总需求指标以及受总需求影响的总产出指标来衡量；其次，货币政策是一项逆周期政策，其效果评价要看其反周期作用的大小及熨平周期的程度，即在经济运行的高涨期抑制需求、平抑物价的作用大小，以及在萧条期扩大需求、防止通缩作用的大小；再次，货币政策是一项宏观经济政策，因此不可完全以微观经济运行状况来评价其效果，特别是不可以结构指标和效益指标来衡量货币政策的效果；最后，货币政策工具并不直接作用于最终目标，凯恩斯主义认为货币政策工具主要通过利率对产出发生作用，货币主义则认为是通过货币供应量发生作用，但二者都认为货币政策通过一个中间变量的传导来作用于产出，因此，货币政策的中间传导效果，即政策发挥作用的时滞和时间长短是衡量货币政策效果的一个极其重要的方面。经过西方发达国家近百年的理论与实践的探索与检验，货币政策的理论与实践都日趋成熟。一般而言，以美英为代表的西方国家货币当局都是以公开市场业务、再贴现率、法定存款准备金率作为主要的政策工具，以货币供应量或市场利率为中介指标，而最终政策目标则是稳定币值、经济增长、充分就业及国际收支平衡等，由于这些目标相互之间不能兼容，各国在实践中或采取单一目标，或采取双重目标、多重目标。

货币政策对经济的调控是总体上和全方位的，货币政策的调控作用突出表现在以下几个方面：

(1) 通过调控货币供应总量保持社会总供给与总需求的平衡。在现代经济社会中，社会总需求总是表现为货币的总需求，没有货币供给总量的增加，社会总需求的增长不可能实现。货币政策可通过调控货币供应量达到对社会总需求和总供给两方面的调节，使经济达到均衡。当总需求膨胀导致供求失衡时，可通过控制货币量达到对总需求的抑制；当总需求不足时，可通过增加货币供应量，提高社会总需求，使经济继续发展。同时，货币供给的增加有利于贷款利率的降低，可减少投资成本，刺激投资增长和生产扩大；反之亦然。

（2）通过调控利率和货币供应总量控制通货膨胀，保持物价总水平的稳定。无论通货膨胀形成的原因多么复杂，从总量上看，都表现为流通中的货币超过社会在不变价格下所能提供的商品和劳务总量。提高利率可使现有货币购买力推迟，减少即期社会需求，同时也使银行贷款需求减少；降低利率的作用则相反。中央银行还可通过金融市场直接调控货币供应量。

（3）调节国民收入中消费与储蓄的比重。货币政策通过对利率的调节能够影响人们的消费倾向和储蓄倾向。低利率鼓励消费，高利率有利于储蓄。

（4）引导储蓄向投资的转化并实现资源的合理配置。储蓄是投资的来源，但储蓄不能自动转化为投资，储蓄向投资的转化依赖于一定的市场条件。货币政策可以通过利率的变化影响投资成本和投资的边际效率，提高储蓄转化的比重，并通过金融市场的有效运作实现资源的合理配置。

5.2.2　货币政策手段

货币政策手段又称货币政策工具，是指中央银行为调控中介指标以实现货币政策目标所要用的政策手段。货币政策的意图一般是通过货币政策手段实现的。货币政策手段从广义上说，应该包括全部金融手段，但从严格意义上说，货币政策手段只限于中央银行的调节手段。根据国务院关于金融体制改革的决定，中国人民银行今后使用的货币政策工具主要有法定存款准备金率、中央银行贷款、再贴现率、公开市场业务、中央银行外汇操作、贷款限额、中央银行存贷款利率等。中国人民银行根据宏观经济形势，灵活地、有选择地运用上述政策工具，调控货币量。

1. 法定存款准备金率

存款准备金（deposit reserve）是指金融机构为保证客户提取存款和资金清算需要而准备的在中央银行的存款，中央银行要求的存款准备金占其存款总额的比例就是存款准备金率（deposit-reserve ratio）。法定存款准备金率作为政策手段，是建立在实行法定存款准备金制度的基础之上的。将商业银行等金融机构的存款准备金集中于中央银行，最初始于英国，但以法律形式将此种做法确定为制度，则始于 1913 年美国的《联邦储备法》。在市场经济条件下，商业银行吸收存款后，总要保留一部分存款准备金不再贷出，用于满足正常经营的需要。这些准备金或由商业银行自己直接持有，或者存入中央银行。按照现代货币理论，在市场货币供应量中，如果中央银行扩大（或缩小）货币供应量，商业银行的资金来源就扩大（或缩小），对工商企业的贷款也就增加（或减少），从而刺激经济扩张（或收缩）。在这种传导过程中，中央银行没有必要控制货币供应量的全部，只需控制一部分，就能发挥调控经济的作用，原因就在于货币乘数效应。根据这个效应，存款准备金率与货币乘数呈反比关系，存款准备金率越高，货币乘数越小，商业银行派生存款（即扩张信用）的能力也就越小。派生存款的计算可用如下公式表示：

$$派生存款=原始存款\times\left(\frac{1}{法定存款准备金率}-1\right)。$$

根据该公式，存款准备金率越小，存款扩大的倍数越大，反之则越小。

中央银行正是根据上述原理，运用法定存款准备金率这一货币政策手段对经济进行调节的：在经济滑坡时期，中央银行可以降低法定存款准备金率，使商业银行上交中央银行的准备金减少，扩大商业银行信用并增大货币供应量，使投资增加，促进经济复苏。当出现信用膨胀时，中央银行则可以提高法定存款准备金率，相应起到减少商业银行信贷供给、提高市场利率的作用，以抑制总需求，从而维持市场的供求平衡。

我国从 1984 年开始实行法定存款准备金制度。开始时对不同性质的存款分别规定上交存款准备金率，企业存款为 20%，储蓄存款为 40%，农村存款为 25%。其后实行统一的存款准备金率，并下调上交比率。存款准备金制度的实行，强化了我国中央银行的作用。

法定存款准备金率的作用效果十分明显。一方面，它在很大程度上限制了商业银行体系创造派生存款的能力，而且其他政策工具也都是以此为基础的，因此提高法定存款准备金率，就等于冻结了一部分商业银行的超额准备；另一方面，法定存款准备金率对商业银行的资金总量影响巨大，因为它对应数额庞大的存款总量，并通过货币乘数的作用，对货币供给总量产生更大的影响。人们通常认为这一政策工具效果过分猛烈，它的调整会在很大程度上影响整个经济和社会心理预期，一般对此工具的使用都持谨慎态度。中国人民银行行使中央银行职权后，我国决定采用存款准备金制度。

2. 再贴现政策

再贴现政策，是指中央银行对商业银行用持未到期票据向中央银行融资所作的政策规定，一般包括再贴现率的确定和申请再贴现资格条件的确定两部分。

(1) 再贴现率的确定。它主要着眼于短期。中央银行根据市场资金状况调整再贴现率，能够影响商业银行借入资金的成本，进而影响商业银行对社会的信用量，从而调节货币供给总量。同时，再贴现率的调整在一定程度上反映了中央银行的政策意向，提高意味着紧缩，降低则意味着扩张。在传导机制上，中央银行提高再贴现率以后，由于商业银行必须以较高的代价才能够从中央银行获得贷款，因而商业银行也会提高对客户的贴现率或提高放款利率，结果必然使信用量收缩、货币供给量减少。反之，中央银行降低再贴现率，则会引起货币供给量的增加。

(2) 申请再贴现资格条件的确定。它包括对贴现票据的规定和对申请机构的规定，主要着眼于长期。中央银行对申请再贴现资格条件的确定和调整，可以起到抑制或扶持的作用，并能改变资本流向。再贴现政策作为一种手段，其效果比较明显。但其使用的主动性并非只在中央银行。因为商业银行是否贴现取决于商业银行自己的行为，由商业银行自主判断、选择。如果商业银行通过其他途径筹措资金，而不依赖于向中央银行再贴现，则中央银行运用这个政策手段就达不到理想的效果。

3. 公开市场业务

公开市场业务指中央银行在金融市场上买卖各种有价证券，以调节货币供应量的一种行为。这种手段是中央银行控制信用货币最常用的手段，主要依靠市场力量进行调节。当经济萧条时，中央银行可以通过买进政府债券，以增加商业银行存款，从而促使商业银行增加放款，并通过派生存款的作用，进一步增加市场上的货币流通量；同时，中央银行买进政府债券，也将导致债券价格上升、银行利率相对下降；市场货币流通量的增加也会改变货币供求关系，迫使利息下降，减轻投资者借款的利息负担，刺激投资意愿上升。在资金来源扩大、投资意愿上升的双重作用下，投资规模趋于扩大，社会总需求就会相应扩张。而当经济过快增长和通货膨胀时，中央银行则可以卖出政府债券，收回货币，使市场出现与上述情况完全相反的效果，从而达到抑制社会总需求的目的。

与前两种手段相比，公开市场业务有两个明显的优越性：一是主动性。由于中央银行的业务操作目标是控制货币量，而不是营利，所以它可以不计证券交易的价格，完全掌握交易的主动权。二是缓和性。由于公开市场业务是以交易行为出现的，不带强制性，加之操作灵活，所以对社会经济和金融机构的影响比较缓和。由于这样的优越性，公开市场业务在西方国家得到相当广泛的运用，对平抑经济的周期性波动起到了良好的作用。

4. 其他手段

以上三大手段主要是对国民经济总量进行调节，即对货币供应总量和利率总水平产生直接影响。至于对经济结构的调节，则主要依靠以下几种货币政策手段来实现：其一，道义上的劝告。所谓劝告，是指中央银行对商业银行在放款、投资等方面应采取的手段和行为给予指导或劝告，希望商业银行与中央银行在货币政策方面相互配合。这种手段虽然对商业银行没有法律上的约束，但也能收到一定的效果。其二，中央银行直接向所要支持的产业和地区提供贷款。其三，提供优惠的利率。这主要是指对国家重点发展的产业和地区规定较低的贴现率或放款利率，以促进这些产业和地区的投资。其四，直接信用管制。这主要是指中央银行以行政命令方式直接对商业银行和其他金融机构存放款的数量进行控制。此外，还包括各种信用管制规则、消费信贷管制、不动产信贷管制等，这些手段可以放松或抽紧银根，保证货币供应量和需求量的平衡。

5.2.3　货币政策的运作

1. 货币政策的种类

货币政策一般分为三类，即扩张性货币政策、紧缩性货币政策和均衡性货币政策。三种货币政策在不同的经济环境下，会有不同的效应。

（1）扩张性货币政策。它是指货币供应量较大地超过了货币需要量的政策。由于货币供应量同社会总需求联系在一起，而货币需要量则同社会总供给联系在一起，因而扩张性货币政策的主要功能是刺激社会总需求的增长，使社会总需求较大地超过社会总供给。

扩张性货币政策对于不同的经济状况具有不同的调节效应：

1）在有效需求不足，社会总需求严重落后于社会总供给的状况下，扩张性货币政策会刺激有效需求的增加，促使社会总需求与总供给趋于平衡。

2）在有效需求开始出现过猛的增长趋势，社会总需求已明显超过社会总供给，但社会生产能力还没有充分发挥出来的状况下，扩张性货币政策会刺激有效需求进一步增加。但如果社会生产能力并不是由于有效需求拉动力不够，而是由于其他原因没有充分发挥出来，那么，扩张性货币政策就不可能调动出剩余生产能力，其结果只能是加剧已经出现的社会总需求超过总供给的状况，引起市场机制运行紊乱。

3）在供不应求与过剩积压同时并存，超负荷运转与生产开工不足同时并存，即结构性总需求膨胀存在的状况下，扩张性货币政策会在一定程度上减弱总需求膨胀的压力，有利于促使供求趋于平衡。因为扩张性货币政策会使单位货币在供不应求的市场上和供过于求的市场上的购买收益差距拉大，从而使人们选择到供过于求的收益较大的市场购买，最终促使整个供求达到平衡。

4）在总需求与总供给大体平衡的状况下，扩张性货币政策会刺激总需求增加，打破现有的平衡。如果现有的总需求与总供给的平衡，是在生产潜力还未能够充分发挥的条件下形成的，那么扩张性货币政策就会通过刺激有效需求而促进总供给增加，使剩余生产能力充分发挥出来，从而形成更高层次的平衡。如果现有的总需求与总供给的平衡，是建立在生产能力已经充分发挥的基础上的，那么扩张性货币政策就会带来总需求膨胀，最终引发通货膨胀，打乱整个国民经济的正常运转，给整个国民经济带来一系列的严重后果。

（2）紧缩性货币政策。它是指货币供应量过分小于货币需要量的政策。在这种情况下，货币供应量所形成的总需求，必然小于货币需要量所代表的总供给，即总需求相对小于总供给。这就表明，紧缩性货币政策的主要功能是抑制总需求的增长，使社会总需求的增长落后于总供给的增长。

紧缩性货币政策的调节功能，在不同的经济状况下的效应是不同的，主要有以下几种效应：

1）当货币发行过量，形成总需求膨胀，社会总需求严重超过总供给时，紧缩性货币政策会使货币供应量小于货币需要量，从而使货币供应量所代表的总需求减少，最终会有效地抑制总需求的过猛增长，使社会总需求与总供给趋于平衡。

2）当货币发行适度，从而社会总需求与总供给大体平衡时，紧缩性货币政策会使货币供应量小于货币需要量，这就使总需求的正常增长被抑制，进而会打破原有的平衡，使社会总需求的增长低于总供给的增长，其结果必然是使有些产品的价值实现发生困难，最终造成经济停滞和资源的严重浪费，给国民经济带来损失。

3）在货币供应量少，从而有效需求不足，社会总需求过分地小于总供给的条件下，紧缩性货币政策会使货币供应量相对于货币需要量显得更少，使总需求更少，进一步抑制总需求，造成有效需求极度疲软，使产品价值实现的困难更为严重，其结果是生产受到需求的强烈约束，最终会造成生产能力的大量闲置和资源的极大浪费。可见紧缩性货币政策只有在总需求严重膨胀时使用，才有利于经济的运行；在社会总需求与总供给大体平衡和有效需求不足的条件下，一般不宜使用。

（3）均衡性货币政策。它是指货币供应量大体上等于货币需要量的政策。在这种对等的情况下，货币供应量所形成的社会总需求和货币需要量所代表的社会总供给，大体上是平衡的。由于均衡性货币政策是按照社会总产值或国民收入增长率来控制货币供应量的，所以，其调节功能主要是促进或保持社会总需求与总供给的平衡。

均衡性货币政策的调节功能，在不同的经济状况下的效应是不同的，主要有以下几种效应：

1）在社会总需求膨胀，总供给严重落后于社会总需求的条件下，中央银行依据均衡性货币政策，按照社会总产值或者国民收入增长率控制货币供应量，对于过度的市场需求可以起到抑制作用，从而能够有效地促使社会总需求与总供给趋于平衡。

2）在有效需求不足，社会总供给严重超过总需求的条件下，中央银行依据均衡性货币政策，可以扩张自己的资金业务规模，增加货币供应量，并可借助于乘数放大效应机制的媒介，通过专业银行资金业务规模调整的传递，多倍地增加货币供应量。这样，就可以使流通中保持足够的货币量，改变货币供应量不足而导致需求萎缩的状况，使得社会总需求与总供给达到平衡。

3）在社会总需求与总供给大体平衡的条件下，中央银行依据均衡性货币政策，按照社会总产值或国民收入增长率控制货币供应量，会起到继续维持社会总需求与总供给平衡的作用。

2. 货币政策的选择

上面所讲的三种货币政策及其运用，只是一种抽象的分析。现实经济生活则要复杂得多。对于上述三种货币政策，究竟选择哪一种政策较适宜，要根据政策使用的具体要求，并结合社会总需求与总供给的实际情况而定，不能盲目地固定实施某一货币政策。从我国国民经济发展的总趋势来看，一般应选择均衡性货币政策，尽量少用紧缩性货币政策，绝对不能实施扩张性货币政策，否则会引起通货膨胀，给国民经济发展造成损失，给社会带来不安定的因素。在具体的选择中，必须注意如下几点：

（1）准确分析与了解经济运行状况。中央银行应该采取什么样的货币政策，以及如何运用货币政策，取决于中央银行对一定时期客观经济形势的正确判断。一定时期的经济运行状况，集中反映在社会总需求与总供给的均衡上，而社会的总供求关系与货币的供求关系之间存在着十分密切的联系。在短期内，由于受资源和生产能力等因素的制约，社会总供给是相对稳定的，社会总供给出现不均衡，主要原因在于总需求方面。所以，保持社会总供给基本均衡的关键，是调控货币供应量以达到调控社会总需求的目的。但是，中央银行要正确地调控货币供应量，必须分析和把握预期经济增长率、预期物价指数以及货币增长率与经济增长率的比例。经济状况如果表现为产品销售不畅、资金短缺、资产闲置、经济运转困难等，说明总需求小于总供给，就可以扩大货币供应量以刺激总需求；如果表现为物价上涨、通货膨胀明显，说明总需求大于总供给，则必须紧缩货币供应量以抑制总需求。可见，对一定时期的客观经济运行状况的正确判断，是中央银行正确选择和运作货币政策的前提。

（2）综合运用各种货币政策手段。各种货币政策手段各有优缺点，需要配套使用。例如，中央银行运用公开市场业务手段难以令人了解其调节方向，如果同时使用调整贴现率手段，就能够比较明确地表明自己的调节意向。再如，中央银行在实行紧的再贴现率手段的同时，采用公开市场业务手段，在市场上买进有价证券，就可以防止因紧的再贴现率手段对各种专业银行及其他金融机构冲击过猛而引起金融活动和经济增长萎缩的弊端。这种紧的再贴现率手段和松的公开市场业务的配合使用，是一种极其有效的松紧搭配调节，紧是为了抽紧银根，松是为了防止银根过紧而带来过大的副作用。总之，中央银行在调节货币供应量的过程中，应该充分注意对各种货币政策手段的协调使用，综合治理，既要保证宏观调控目标的实现，又要避免使经济运行的波动太大，以促进国民经济正常运行。

（3）把握好货币政策的松紧度。一般来说，经济衰退、总需求不足时，宜采取松的货币政策；经济扩张、总需求过大时，宜采取紧的货币政策。但是，确定松的或紧的货币政策，仅仅是为货币政策的运行规定了方向而已。松的货币政策究竟要松到什么程度，紧的货币政策又要紧到何等程度，这是更为重要和现实的问题。对此，中央银行必须在控制力度上作出科学的决策，并通过确定恰当的中介指标的目标值来体现其控制力度。这个工作是最为困难的，也是最为关键的，力度不能过强，也不能过弱，否则即使货币政策的方向正确，也会偏离调控目标。

(4) 建立严密的货币政策运作过程的监测系统。从发达国家的情况来看，中央银行一般都拥有一个完善的调查统计系统，严密监测货币政策运作的传导过程，及时发现并提出问题。同时，该系统还广泛搜集货币政策运作后的各种反应和信息，然后进行整理、分析，对其当前的运作效果是否达到预期目标作出判断，或对其偏离预期目标的情况作出测算，并对未来的经济形势和金融发展态势进行分析和推断，以利于货币政策的继续运作，也为未来的货币政策提供科学依据。

5.3 产业政策

5.3.1 产业政策概述

1. 产业政策的含义

所谓产业政策，是指政府依照国民经济发展中资源配置结构变化的客观规律，根据本国的国情及其经济发展在不同阶段的需要，对资源配置结构进行调整的经济政策。

产业政策是在市场经济条件下政府为实现某种经济和社会目标而制定的，旨在弥补或修正市场机制缺陷，带有特定指向的产业发展政策的总和。简言之，产业政策就是由政府制定的产业发展政策。

从最完整、最广义的定义来说，产业政策包括产业结构政策、产业组织政策和产业布局政策。①

(1) 产业结构政策。产业结构政策是指有关调整产业结构的政策。产业结构是指各产业部门之间以及产业内部的构成之间的比例关系，也就是一个国家所拥有的劳动力、固定资产和其他资产在产业部门之间的分配及各产业产值的比重构成。产业结构政策是最狭义的产业政策，也是产业政策的核心部分。因为产业结构是经济结构的主要内容，产业结构是否合理，对整个社会生产的发展和经济效益的提高具有重大的推动或制约作用。产业部门之间如果比例合理，经济运行就能实现良性循环，取得较好的经济效益；反之，则会影响经济效益的提高和国民经济的增长。

(2) 产业组织政策。产业组织政策实质上也是产业结构政策，但它是关于产业内部资源配置结构的政策。在产业政策中，有关调控产业内部的资源配置结构的部分就是产业组织政策。“产业组织”这个概念译自 industrial organization，一般将其称为“产业组织结构”。产业结构是有关“产业间”的结构问题，而产业组织则是有关“产业内”的结构问题，它们是相互联系着的两个层次。所以，对产业政策的最普遍的解释是它是产业结构政

① 参见国家计委培训中心、《宏观经济管理》编辑部编：《宏观经济调控》，157 页，北京，中国计划出版社，1995。

策和产业组织政策的合称。

（3）产业布局政策。产业布局政策也叫产业区位政策。“产业区位”这个概念译自 industrial location，它是指地理空间中的资源配置结构。在产业政策中，有关调控产业区位的政策就是产业布局政策。产业布局政策以国民经济和社会的整体利益为出发点，观察和处理资源在不同空间的配置格局。产业布局政策与其他两种产业政策之间是密不可分的，在实施的过程中不能不相互涉及。

2. 产业政策的特征

产业政策与其他经济政策相比，具有以下明显的特征：

（1）更深层的干预色彩。其他的经济政策，如收入分配政策、货币政策、财政政策等，主要是通过分配过程（包括国民收入的初次分配和再分配）来调节宏观经济运行的，而产业政策则更加深入地干预了社会再生产过程，干预了产业部门之间和产业内部的资源分配过程。其目标是通过调整产业结构，改善供给结构，使社会总供给与总需求的结构达到平衡。

（2）更强烈的赶超意识。产业政策比其他经济政策更多地凝聚着一个国家的强烈的赶超意识，其宗旨就在于优化产业结构，加速经济发展。对于本国的战略产业实行优惠政策，在资金、技术、原材料等方面予以保证，积极鼓励发展战略产业，使其达到世界领先水平。相反，对于长线产业，就要调整、压缩，通过取长补短、重点发展的政策，优化产业结构，实现经济高速增长。

（3）更着重于调节供给。当供给和需求在总量和结构上失衡的时候，政府既可以通过调整需求的总量和结构来实现平衡，也可以通过调整供给的总量和结构来实现平衡。产业政策主要是通过对供给的源泉和基础即产业活动的调节，而使供给在总量和结构上都能够满足需求，实现供求在总量和结构上的平衡。因此，人们一般都把产业政策看作主要是调节供给的宏观经济政策，而把收入分配政策和货币政策看作主要是调节需求的宏观经济政策。

（4）更长的调节时间。产业政策比注重调节需求的其他宏观经济政策的调节时间跨度更长。由于产业政策的调节目标着眼于产业的结构、组织形式和空间布局，通过优化资源的分配和使用，来扩大将来的供给能力和完善将来的供给结构，从而实现供求在总量和结构上的平衡。因此，产业政策发挥作用的时间跨度是中长期的。它不仅可以影响宏观经济的短期平衡，更主要的是它涉及经济发展的长期平衡，要改变它，必须作出长期的努力。

5.3.2　产业政策的功能及其合理化

1. 产业政策的功能

产业政策主要具有四大功能。

（1）对企业行为的规范功能。产业政策是衔接国家计划与市场机制的中介，其基本作用是指导市场机制的作用方向，规范企业行为，为产业结构的协调发展提供必要的促进条件和约束条件。产业政策连同与其相适应的利益机制会促使企业基于经济利益的考虑，趋利避害，选择有利于自身发展的生产经营决策，使企业行为纳入产业政策总体目标。这样，产业政策的实施就能够发挥规范企业行为的作用，避免由于企业盲目发展造成的结构失调。

（2）对资源配置结构的导向功能。资源配置结构的市场导向机制是有缺陷的，因为在动态的经济发展中，市场调节的资源配置功能是以市场运行的后果作为价格信号的信息源的，所以，市场的结构导向只能对现时点的产业间的比较效益做出反应，而不能对未来的产业结构做出主动的引导。而产业政策的一个主要内容，是中、长期的产业结构规划和向主导产业以及重点产业的资源倾斜配置措施，因而它具有超前的导向功能，即根据产业结构演进的客观规律，对产业间不等速增长的动态产业结构变化做出准确、及时、适度的超前导向，既能在事前防止不均衡，确保结构均衡效益，又能主动争取结构升级的层次效益。

（3）对国民经济运行的协调功能。产业政策除了经济发展的规划功能和中、长期资源配置的结构导向功能之外，还具有国民经济运行的协调功能。产业政策主要是发展政策，但它同时又是调整经济运行状态的有效工具。产业政策的短期目标和措施，可以调整经济的波动。因为国民经济的总量波动，其负效应总是突出地表现在激化结构矛盾上。这时，经济降温的措施不仅体现在紧缩总量上，还体现在加强结构调整的力度上。只有把及时、适度的总量调控和调整倾斜力度的结构调控结合起来，才是保证国民经济持续、快速、健康发展的最有效手段。

（4）对经济运行机制的组合功能。计划和市场是国民经济进行资源配置的两种手段、两种机制。产业政策是有关调控资源配置结构的经济政策，其目标是依靠计划机制和市场机制的结合来实现的。计划与市场的有机联系就体现在产业政策的实施手段体系之中。所以，产业政策具有经济运行机制的组合功能。不同的产业对市场导向反应的灵敏度有相当的差异，因而在实施产业振兴计划或调整产业政策时，计划和市场两种手段的组合方式有相当的差别。例如，属于基础结构、基础设施的产业部门，对市场导向的敏感性比较差，因而计划的资源配置手段应居于主导地位；对于工业来说，从整体上看，对市场导向最敏感，所以，工业的资源配置原则上要由市场来解决，不宜由政府直接配置。

2. 产业政策的合理化要求

上述产业政策功能的正常发挥，是以产业政策的合理化为前提的，而产业政策的合理化，必须满足一定的基本要求。其基本要求有以下几个：

（1）符合产业结构演变的趋势和规律。世界产业结构演变呈现出两大趋势：一是第二、第三产业在国民生产总值中所占比重的演变，由以第一产业为主过渡到以第二产业为主，再过渡到第三产业充分发展的阶段。目前世界发达国家第三产业在国民生产总值中的比重已上升到70%左右，中等发达国家也已上升到50%左右。第三产业的持续发展成为一种不可逆转的趋势。二是从资源结构演变过程来看，产业结构已从劳动密集型发展到资金密集型，进而向技术密集型发展。技术密集型产业的进一步发展是产业发展演变的大势所趋。产业政策的制定和实施，必须符合上述产业结构演变的历史趋势，适应业已呈现出来的发展规律，加速发展第三产业和技术密集型产业，把我国的产业结构向高级化的程度引导。与此同时，产业政策的制定和实施，还必须符合产业结构自身演进的规律。产业结构的调整和演进，应当遵循国民经济各部门有秩序、按比例协调发展的规律。违反规律的产业政策将是无效的。

（2）从本国国情和经济发展水平出发。制定产业政策、调整产业结构可以而且应当借鉴别国的成功经验，但由于各国的国情和经济发展水平不一样，所以不能简单照搬，而要从国情出发扬长避短，发挥自己的优势。影响和制约产业结构调整的主要因素是资源状况和经济发展水平。资源包括自然资源和社会资源，诸如人力、物力、科技、文化、信息等。经济发展水平包括生产力发展水平、人均国民生产总值水平、消费水平、综合国力等。只有从国情出发，充分了解和把握本国在资源和经济方面的优势与劣势，把产业政策建立在实事求是的基础上，才能真正做到扬其所长、避其所短，使产业政策收到实效。不符合国情的产业政策是徒劳无益的。

（3）有利于参与国际分工。世界经济一体化是当今世界经济发展的历史潮流。产业政策在立足国情的同时，还必须瞄准世界市场，引导本国经济投入世界经济之中，积极参与国际分工。发展中国家参与国际分工，产业政策向出口导向发展战略倾斜，是一项成功的选择。出口导向发展战略，就是指以本国生产的工业制成品的出口来代替原来的初级产品出口，通过加强出口产品的生产，带动其他经济部门发展的战略。第三次科技革命之后，发达国家利用其技术优势，集中发展新兴工业，把一些劳动密集型的传统工业转移到发展中国家，这给发展中国家参与国际分工、进入国际市场提供了契机。我国应当抓住机遇，积极发展技术密集型的新兴工业，争取在国际市场中占有一席之地。参与国际分工、进入和占有国际市场，是产业政策谋求的目标之一。

（4）遵循市场经济的运行要求。产业政策绝不等于行政手段，而是一种把宏观经济指导与微观经济行为通过市场机制联结起来的宏观调控方式。宏观经济指导通过市场机制转化为引导企业行为的经济信号，这种经济信号一方面体现宏观指导意图，另一方面又指示企业生产经营的决策方向。整个产业政策的实施过程，都是在市场运作的范围内，通过市场机制的功能实现的。当然，在尊重市场机制的前提下，实施产业政策需要借助一定的立法手段，乃至必要的行政手段，但就整体而言，产业政策是通过市场机制实现的。离开了这一点，把产业政策变成单纯的行政指令，就无法收到预期的效果。

合理的产业政策是推进经济结构调整、转变经济发展方式的重要手段之一。根据党的十八大报告关于优化产业结构的战略部署，今后一个时期我国产业政策调整的重点包括：一是牢牢把握发展实体经济这一坚实基础，实行更加有利于实体经济发展的政策措施，强化需求导向，推动战略性新兴产业、先进制造业健康发展，加快传统产业转型升级，推动服务业特别是现代服务业发展壮大，合理布局建设基础设施和基础产业；二是建设下一代信息基础设施，发展现代信息技术产业体系，健全信息安全保障体系，推进信息网络技术广泛运用；三是提高大中型企业核心竞争力，支持小微企业特别是科技型小微企业发展。

5.3.3 产业政策的选择[①]

产业政策与政府的其他经济政策一样，都是对市场经济的干预。政府通过这种事先或事后的干预，来保证市场经济运行的外部环境，弥补或校正市场机制的局限性或缺陷。产业政策的这两个基本作用是以“市场失效”说和“后发优势”说为其理论依据的。按照有

① 参见陈其林：《企业、市场与政府：中国经济问题》，载《产业政策》，1999（3）。

的学者的看法，“后发优势”说“其实也是从市场失效”问题引出的，只不过针对经济发展相对落后这种特定状况，更多地强调其中的某些方面[①]，如产业政策干预经济发展的必要性、强度和力度等问题。从理论的逻辑思路看，情况确实如此。但是应当看到，这两个理论的产生却是以两种不同类型的国家，即先行国家和后发国家不同的经济发展水平和不同的经济发展条件为现实背景的。因而，它们或多或少地体现或反映了不同国家不同时期运用产业政策的基本态度、干预经济的力度和范围以及具体目标。这种差别实际上表现为政府在制定政策时如何看待和协调产业政策与市场的关系。

一般而言，对于先行国家，由于它们在国际分工体系的竞争中占有十分明显的领先优势，比如因技术进步优势、规模经济优势所形成的产业进入壁垒，使得它们能相对稳定地保持其“先行者利益”，因而其产业政策的指向往往集中在调整竞争关系与防止垄断方面，如美国的产业政策研究在很长时期内就主要集中在产业组织政策方面。政府在制定政策时，只是把产业政策当作弥补或修正市场机制可能造成的失误所采取的必要手段。换言之，政府是在充分尊重市场作用的前提下来参与和干预经济活动的。基于这种认识，一些国家的政府在制定和推行产业政策时，往往采取了较为现实的灵活态度，从而有了一个较大的活动空间。因此，我们就不难理解面对 20 世纪 90 年代后半期席卷西方世界的一浪高过一浪的，从通信、广播、航空部门到胶片、汽车、石油、金融等产业的兼并热潮，为什么它们的政府采取了睁一只眼闭一只眼或者干脆熟视无睹的暧昧态度了。

对于后发国家而言，实际情况则明显不同。这些国家一般都是处在市场经济尚欠发展的阶段，市场机制不够健全、市场体系尚未完善是一种客观存在的事实。政府面临着双重的现实问题：不仅需要运用政策去弥补或修正市场在资源配置中的固有缺陷，更要运用各种政策去调节不完善的市场所带来的资源配置的不合理状况。也就是说，这些国家的政府不仅苦于市场经济的发展，而且苦于市场经济的不发展。问题在于，人们往往把这种欠发展的市场失败也当作市场失败来认识。在强烈的赶超意识的支配下，政府和理论界往往都把产业政策当作为了实现经济发展过程的优化而进行的主动干预的手段，相信通过产业政策解决问题的成本比通过市场机制解决问题更低。因此，在强调产业政策的干预力度和干预范围时，往往忽视了产业政策本身具有的局限性以及它的时效性问题。这样，在推行产业政策的过程中，政府的选择空间反而显得相对狭窄，从而极有可能带来双重的后果：一方面，社会为此付出了高昂的成本；另一方面，阻碍了市场机制正常的形成过程。比如，政府在利用产业政策促进一部分产业较快发展的同时，很可能使企业产生对政府优惠政策的依赖性，感受不到或很少感受到竞争的压力，缺乏改进绩效、提高效率的动力。我国的电信、电力等行业就是典型的例子。又如，为了使企业能够达到一定的规模，取得规模经济效益，并具有竞争力，由政府出面，用“拉郎配”的方式来组织企业集团，不仅没有达到预期的目的，反而抑制了竞争机制在企业规模形成中的正常作用。

因此，这里必然涉及认识产业政策作用问题的另一方面，即产业政策的局限性或缺陷问题。对于我国这样一个发展中国家而言，在推动经济发展过程中，产业政策仍然是政府用来弥补或修正市场机制，实现经济赶超战略的一个必不可少的手段。但问题的关键在

---

① 参见江小涓：《经济转轨时期的产业政策》，25 页，上海，上海三联书店、上海人民出版社，1996。

于，在强调产业政策的积极效应的同时，应当充分注意它的负面效应，并在此基础上，采取各种行之有效的改进措施，以尽可能地降低产业政策的实施成本。在我国加入 WTO 后，为适应 WTO 基本规则和协议的要求，适应市场经济充分发展的要求，政府部门的产业管理工作将发生明显的变化，例如，强化宏观综合调控与提供全方位的服务将成为政府产业管理的重点；对各种所有制企业一视同仁，鼓励公平竞争并支持中小企业发展，将成为政府管理部门制定产业政策的基本指导思想；对国内产业的保护也将由以“后期保护”为重点的宽泛的保护转变为以“前期支持”为重点的有选择、有限度的保护。

5.4　收入分配政策

5.4.1　收入分配政策的基本概念

收入分配政策，是国家为实现宏观经济调控总目标和总任务在收入分配领域制定的原则与方针。具体地说，它是研究如何确定国民收入分配中各大比例关系，如何对国民收入分配进行宏观管理的经济政策。要准确地理解收入分配政策的含义，必须掌握如下几个基本概念：

1. 国民收入

国民收入是反映一国国民经济发展水平的重要综合指标之一。国民收入有广义和狭义之分，广义的国民收入泛指国民生产总值、国民生产净值等国民经济核算的各个总量指标。狭义的国民收入是物质生产部门劳动者一年创造的新价值。从实物形态看，它是社会总产品（包括生产资料和消费资料）扣除其耗费掉的生产资料后所剩下的物质产品。从国民收入的含义我们可以看到，国民收入构成可以从价值、实物、使用和部门等方面进行考察。国民收入的价值构成是从价值形态来考察国民收入的组成情况，它反映的是国家、集体、个人在经济利益上的分配关系。只有当国民收入的实物构成与国民收入的价值分配相吻合时，才能从宏观上达到供需平衡。国民收入的实物构成是从物质形态考察国民收入的组成情况，它反映物质生产部门生产的物质产品。创造国民收入的物质生产部门包括农业、工业、建筑业和作为生产过程在流通过程内继续的运输业、邮电业及商业等。国民收入的使用构成是从最终用途上考察国民收入的组成情况，它反映出生产建设和人民生活，即人民的长远利益与眼前利益的关系，把国民收入的实物构成与使用构成结合起来进行对比分析，就可看出社会再生产中价值补偿是否衔接。国民收入的部门构成则是从创造国民收入的部门角度考察国民收入的组成情况，通过对国民收入的部门构成的分析研究，可以考察各部门生产发展之间的比例关系是否协调以及各部门生产发展中经济效益的变化情况等。

2. 国民收入初次分配

国民收入初次分配，是指国民收入在与物质生产有直接联系的各社会集团和成员之间的分配。国民收入分配的性质，是由生产资料的所有制性质决定的。在资本主义社会里，国民收入的大部分为资产阶级所占有。初次分配的过程是，首先产业资本家占有全部国民收入（v+m），然后把其中相当于劳动力价值即可变资本（v）的部分作为工资支付给工人，把相当于剩余价值（m）的部分在资产阶级各集团之间进行分配，形成产业资本家的利润、商业资本家的利润、借贷资本家的利息和土地所有者的地租。社会主义国民收入的初次分配是在物质生产领域中进行的。在我国，国有企业创造的国民收入，经过初次分配，形成职工的个人收入和企业纯收入两大部分。国有企业纯收入是生产者为社会劳动所创造的产品，除支付银行贷款利息和保险费外，它的大部分以税金、上缴利润和资金留用形式分配。集体所有制经济中国民收入的初次分配与全民所有制经济有所不同。我国集体经济中的主要部分——农村集体经济的收入，经过初次分配，形成劳动者个人的劳动报酬和集体的纯收入。集体的纯收入，一部分以税金的形式上缴国家，一部分作为集体的公积金、公益金和各种合作事业基金。由于社会纯收入的大部分集中于国家财政，因而财政收入的规模直接制约着生产劳动者个人收入和企业可支配的纯收入的数额。反之，个人收入和企业可支配的纯收入如果增长过快，国家集中的纯收入必然相对减少，从而也就影响了财政收入的增长。所以，对于国民收入的初次分配，必须统筹兼顾。

3. 国民收入再分配

国民收入再分配，是指国民收入在初次分配基础上的进一步分配。这种分配是在全社会范围内进行的，主要通过国家预算与服务行业的收费来实现。价格、利息等经济杠杆，也是调节国民收入再分配的重要手段。此外，各种劳务付费、居民之间的馈赠、生产单位直接举办各种集体福利事业等，也可对国民收入再分配产生影响。国民收入经过再分配，最后形成生产单位、非生产单位和居民的最终收入。按其用途，可以分为积累基金和消费基金两部分。积累基金用于扩大再生产、非生产性基本建设和建立社会后备基金；消费基金一部分用作社会消费，如国家行政管理费、文教卫生支出与社会保障基金，另一部分用作个人消费，一般指劳动者的收入。正确处理积累基金与消费基金的比例关系是国民收入分配中的一个关键问题。

5.4.2 收入分配政策的功能

收入分配政策对于国民收入的循环与平衡具有十分重要的作用，它不仅可以直接决定社会总需求的形成，而且能够间接地对总供给产生影响。具体地说，收入分配政策具有三大功能。

1. 调节社会总供给与总需求矛盾的功能

这是收入分配政策的首要功能，它通过直接调节总需求和间接调节总供给来实现。总需求是通过国民收入分配过程而形成的，其形成过程直接同货币形态的国民收入分配量及实物形态的国民收入分配量有关。货币形态的国民收入分配量形成总需求，而实物形态的国民收入分配量则形成总供给，因而货币形态的国民收入分配量的确定及其同实物形态的国民收入分配量的相互关系，直接影响总需求的增长状况。因此，国家可以通过制定和实施收入分配政策，控制总需求的变动。收入分配政策对于总供给的调节不同于对总需求的调节，它对总供给只产生间接影响，主要有三条影响途径：一是通过调节社会总需求来影响社会总供给。如果最终分配量减少，总需求就必然会对总供给起到约束作用；如果最终分配量增加，总需求就会相应增加，这种增长了的总需求对于总供给必然会产生极强的拉力，从而促进供给增加。二是通过贯彻正确的个人收入分配政策调动职工的生产积极性，增加有效劳动的供给，以促进供给增加。三是通过资金积累增加供给能力。在国民收入总量不变的条件下，用于积累的部分越多，用于消费的部分就越少，这样会影响劳动者的眼前利益及生产积极性。因此，增加有效供给能力，处理好积累资金与消费基金的关系，至关重要。

2. 调节供给结构与需求结构矛盾的功能

从短期来看，收入分配政策对需求结构起调节作用，使其适应供给结构的要求。这种作用主要通过两条途径来实现：一是通过调节收入变动影响需求结构的变化。例如，随着收入的增加，人们会在满足基本需要之后，把增加的收入用于高层次的需要。通过收入分配政策的影响，可以促使需求结构同供给结构在更高水平上相协调。二是利用差别价格调节需求结构。差别价格是人们在考虑购买什么、购买多少时所依据的客观条件，它的变化使消费者考虑替代产品，这对需求结构的形成与变革起到很大作用。国家利用差别价格这个再分配机制进行调节，促使需求结构与供给结构的要求相适应。从长期来看，收入分配政策会对供给结构起调节作用，即使供给结构适应需求结构的要求。这种作用的实现同样有两条途径：其一，变动用于投资的国民收入在各个部门的分配比例。利用投资分配机制调节供给结构的最重要途径，是在调整新增投资的同时，通过资产增量来带动资产存量的重新组合与更新，使供给结构的变动趋向于需求结构。其二，利用差别利率、税率、工资、价格等分配机制，调节资产、劳动力和技术诸要素的产业配置结构，使它们从那些产品供过于求的部门转向供不应求的部门，以适应需求结构的变化。

3. 调节经济利益矛盾的功能

在建立社会主义市场经济的过程中，市场机制作用的加强必然会给国民收入分配带来两个后果：一是收入差距扩大；二是非劳动收入和非取决于主观劳动条件的级差收入增加。这两个后果的存在有其必要性，并具有积极作用。收入差距的适当拉开会刺激经济效益的提高，增加社会供给能力；有些非劳动收入和非取决于主观劳动条件的级差收入的增加会对生产产生积极的影响，如利息和股息的增加会促进储蓄和社会集资活动，有利于增加建设资金。但也要看到，收入差距过分悬殊，会引起社会矛盾，加剧社会震荡，不利于经济的发展，而且，某些非劳动收入和非取决于主观劳动条件的级差收入，对于经济发展不仅不会起到促进作用，反而会起到消极作用，这是同社会主义社会的按劳分配和共同富裕原则相矛盾的。为了实现经济利益关系的合理化，必须通过分配政策进行必要的调节。调节的目标是：在允许收入拉开一定档次的同时，防止差别过大的倾向出现；在允许非劳动收入适当增加的同时，消除不利于经济建设的收入的过分扩张。这样的调节目标，主要是依靠收入分配政策的贯彻来实现的，对分配从政策上加以某种规范，并通过累进的所得税等手段加以实现。

5.4.3 收入分配政策的类型与选择

1. 收入分配政策的类型

国家运用收入分配政策调节社会总供给和总需求，也就是国家变更货币形态的国民收入最终分配量，使之同实际的国民收入形成大于、等于或小于的数量关系，以符合总供给的要求。按照总量相互对应关系，收入分配政策有以下三种类型：

（1）超分配性收入分配政策。它是货币形态的国民收入分配量大于实物形态的国民收入生产量，即出现货币形态的国民收入超分配。这种收入分配政策使货币形态的国民收入分配量所形成的社会总需求大于一定时期的社会总供给，并且也有可能大于历年积累起来的总供给，超出社会总供给的实际增长能力。

超分配性收入分配政策是一种需求刺激性宏观经济政策，其主要功能是扩张总需求。这种功能在不同的经济状况下会产生不同效应。

1）在社会总需求不足，总供给过分大于总需求的状况下，它会刺激总需求的有效增长，使总需求接近于总供给，实现社会总需求与总供给的平衡。

2）在社会总需求与总供给相平衡的状况下，它会打破总需求与总供给之间的平衡状况，使物资供给出现缺口，导致价格非正常上涨。

3）在社会总需求大于总供给，并且已超出了社会总供给的实际增长能力的状况下，它会引起严重的总需求膨胀，造成总供给与总需求的极度不平衡，使生产资料供应的缺口愈加增大，并使财政更加紧张，通货膨胀的压力日益加剧，导致生产设备来不及更新而超期服役的现象更加普遍，最终的结果是社会生产的正常秩序被打乱，技术进步受到阻碍，生产力遭到破坏。可见，超分配性收入分配政策作为需求刺激性政策，虽然在社会总需求不足或萎缩的状况下，会有效刺激总需求的增长，最终使总需求接近于总供给，对经济发展起到促进作用，但是在社会总需求增长适度或总需求膨胀的状况下，会使适度的总需求盲目扩张，甚至使本来就已膨胀的总需求更加膨胀，把经济生活推入无序的困境之中。因此，在后两种情况下，一般不宜采用超分配性收入分配政策。

（2）平衡性收入分配政策。它是指货币形态的国民收入分配量大体上等于实物形态的国民收入生产量，以保证社会总需求与总供给的平衡。平衡性收入分配政策，虽然可以使货币形态的国民收入分配量所形成的社会总需求大体等于社会总供给，但并不是说它在任何经济状况下都能保证社会总需求与总供给的平衡。实际上，这种收入分配政策在不同经济状况下的效应是不同的。在社会总需求与总供给大体平衡的状况下，这种政策可以保持社会总需求与总供给的继续平衡。但是，在社会总需求严重大于或严重小于总供给的状况下，这种收入分配政策则不可能促使社会总需求与总供给趋于平衡，而只能是延续甚至加重原来的不平衡，因为这种收入分配政策对于已形成的社会总需求与总供给的失衡，几乎没有任何调节能力。也就是说，平衡性收入分配政策只有保持社会总需求与总供给平衡的效应，而没有调节社会总需求与总供给失衡的作用。

（3）紧缩性收入分配政策。它是指货币形态的国民收入分配量小于实物形态的国民收入生产量。这种收入分配政策所形成的社会总需求，往往小于社会总供给，因而其功能是抑制社会总需求。它的这种功能在不同的经济状况下会产生极不相同的效应。

1）在社会总需求严重超过总供给，存在总需求膨胀的状况下，这种国民收入分配政策可以使社会总需求受到抑制，迫使社会总需求趋向于总供给。

2）在社会总需求大体上与总供给相平衡的状况下，这种国民收入分配政策会使货币形态的国民收入分配形成的社会总需求小于总供给，造成社会总需求与总供给的失衡。

3）在社会总需求过分小于总供给，存在有效需求不足的状况下，这种国民收入分配政策会进一步抑制社会总需求，拉大社会总需求与总供给的差距，从而加剧原有的不平衡。

因此，我们在使用紧缩性收入分配政策时，必须分析当时所处的经济形势。当社会总需求增长过猛，超过了社会总供给的增长速度，特别是超过了社会总供给的实际增长能力，出现了严重的总需求膨胀时，应该采取紧缩性收入分配政策，以收缩社会总需求，协调社会总需求与总供给的关系。但当社会总需求不足和社会总需求与总供给平衡时，就不能使用紧缩性收入分配政策。

2. 收入分配政策的选择

上述分析表明，不同的收入分配政策，对于总需求的形成及社会总需求与总供给的关系，具有极为不同的效应。选择收入分配政策，也是一个动态的相机抉择的过程，因此应该根据我国的具体情况来选择相应的收入分配政策。在收入分配政策的选择上，我们不仅要考虑国民收入分配对总需求的作用，而且要充分注意收入分配政策对于总供给的作用。国家可以利用国民收入分配同总供给形成的间接关系，通过收入分配政策影响供给，进而通过供给变动而协调社会总需求与总供给的关系。所以，我们不能把收入分配政策仅仅看成需求控制政策，而应当同时看成影响供给的宏观经济政策。

我国目前的收入分配体系尚不完善，党的十八大报告提出了新的改革任务，即深化收入分配制度改革，努力实现居民收入增长和经济发展同步、劳动报酬增长和劳动生产率提高同步，提高居民收入在国民收入分配中的比重，提高劳动报酬在初次分配中的比重。初次分配和再分配都要兼顾效率和公平，再分配更加注重公平。完善劳动、资本、技术、管理等要素按贡献参与分配的初次分配机制，加快健全以税收、社会保障、转移支付为主要手段的再分配调节机制。深化企业和机关事业单位工资制度改革，推行企业工资集体协商制度，保护劳动所得。多渠道增加居民财产性收入。规范收入分配秩序，保护合法收入，增加低收入者收入，调节过高收入，取缔非法收入。

以上阐述了政府宏观调控的基本政策，在此需要指出的是，宏观调控政策的传导还需要相应有效的市场传导条件或机制。在中国，由于市场结构并不完全，特别是资本市场和货币市场在相当大的程度上仍属管制市场，缺乏有效的市场传导机制使宏观调控成为一种外生于市场条件的政府安排。因此，宏观调控政策能否发挥作用已不仅仅是政策本身的问题。

本章小结

宏观经济政策是政府为了达到一定的经济目的，对经济事务进行的有意识的干预，因此任何一项宏观经济政策的制定都是根据一定的经济目标而进行的。本章介绍了财政政策、货币政策、产业政策和收入分配政策的基本知识，主要阐述了每项政策的特点、功能及在实践中的政策选择。

关键术语

财政政策　　货币政策　　产业政策　　收入分配政策　　相机抉择

复习思考题

1. 简述财政政策的功能。

2. 结合实际说明如何选择适宜的财政政策。
3. 简述货币政策的功能。
4. 结合实际说明如何选择适宜的货币政策。
5. 简述我国产业政策的特征及功能。
6. 结合实际说明如何选择适宜的产业政策。
7. 结合实际说明如何选择适宜的收入分配政策。

阅读材料

三项刺激政策出台　保增长力度略嫌不足

2014年2月经济超预期下行，供需同降。从需求面来看，城镇固定资产投资累计同比增长17.9%，比2013年全年下降1.7个百分点；社会消费品零售累计同比增长11.8%，比2013年全年下降1.3个百分点；出口同比下降18.1%。从供给面来看，规模以上工业增加值累计同比增长8.6%，比2013年全年下降1.1个百分点。

3月延续经济运行下行趋势。从已经发布的制造业采购经理指数（PMI）来看，仅为50.3，未能延续往年的季节性反弹幅度，只比2月增加0.1；汇丰PMI走出持续的下降趋势，比2月下降0.5，是近18个月的最低点。从分项PMI数据来看，也没有亮点。3月经济延续1—2月下行趋势已成定局。预计一季度GDP增速将回落到7.1%，低于全年7.5%的增长目标。各机构纷纷调低全年经济预测，7.5%的增长目标似乎已然成为空中楼阁。

在经济下行的背景下，2014年4月2日，李克强总理主持召开国务院常务会议，"研究扩大小微企业所得税优惠政策实施范围，部署进一步发挥开发性金融对棚户区改造的支持作用，确定深化铁路投融资体制改革、加快铁路建设的政策措施"。财政政策终"亮剑"，小微企业税收优惠、棚户区改造、铁路建设成为三把"微刺激"利剑。2014年4月3日，中国人民银行货币政策委员会2014年第一季度例会召开。但从会议结果来看，相比2013年，货币政策并没有实质改变，"继续实施稳健的货币政策，保持适度流动性，实现货币信贷及社会融资规模合理增长"。货币政策松动无望，财政政策成为唯一的救命稻草。财政政策的实施效果成为二季度至四季度经济能否企稳回升的关键。

财政政策的效果取决于财政政策的作用机制和影响周期。按照作用机制划分，财政政策可以有直接效应和间接效应。从直接效应来看，取决于刺激的力度和资金投放的节奏，刺激的力度越大，投放的节奏越快，越能起到立竿见影的作用，经济企稳回升的可能性也越大；从间接效应来看，取决于财政刺激产业对于国民经济的拉动力，一个产业对国民经济的拉动力主要取决于其产业关联程度，产业关联程度越高，对国民经济的拉动力越大，而每个产业的投入产出结构不同，有着不同的产业关联程度。按照影响周期长短划分，可以划分为短期作用和长期作用，如果一项财政政策既影响需求面又影响供给面，那么对于经济的刺激既有短期作用，也有长期作用；如果一项财政政策只影响需求面，不影响供给面，只会产生短期效果，难有长期的经济刺激作用。此外，财政政策的边际作用也影响到其执行效果，根据边际效用递减和资本边际效率递减规律，不论是刺激消费，还是刺激投资，如果边际效率下降，那么财政政策的整体效果也会下降。

那么中央出台的三项"微刺激"措施会力挽狂澜吗？先从铁路建设来看，2014年，国家铁路安排固定资产投资6 300亿元，投产新线6 600公里以上，虽然投产新线有所增加，但是固定资产投资安排比2013年减少600亿元，降幅达到8.7个百分点。这意味着铁路建设不会给予经济增长新的动力。

从棚户区改造来看，根据住建部消息，2014年全年计划改造470万户以上，比2013年新增166万户，预计完成投资将超过1万亿元。如果假设2014年和2013年棚户区改造成本相同，按照总投资额1万亿元计算，那么2014年新增166万户棚户区改造带来的新增投资额将达到3 532亿元。

笔者采用投入产出技术分析了铁路建设和棚户区改造对国民经济的拉动作用。根据《国民经济行业分类》国家标准（GB/T 4754-2011），铁路建设属于建筑业的子行业——铁路工程建筑，棚户区改造属于建筑业的子行业——房屋建筑业，建筑业的后项联系系数2.48，铁路建设投资额减少600亿元，棚户区改造增加3 532亿元，可以带来建筑业新增投资2 932亿元，考虑到建筑业的产业关联效应，可以拉动总产出增长8 760亿元。可以说，这两项微刺激措施可以对其他产业起到很大的拉动作用。这是此轮微刺激措施的亮点所在。

笔者也测算了这两项刺激措施对GDP的拉动作用，全年可拉动GDP增长0.3%～0.4%，如果投放及时，是有可能使经济增长速度重新回到7.5%左右。从全年来看，我们保持一个乐观的看法，如果配合其他刺激政策，在其他经济增长因素不发生大的变化的情况下，是可以让经济实现7.5%左右的增长速度的，实现经济增长目标有望。全年来讲，我们保持前低后高的增长趋势看法。

从小微企业税后优惠政策来看，国务院常务会议将提高小微企业减半征收企业所得税优惠政策实施范围的上限，由年应纳税所得额6万元进一步提高，并将政策截止期限延长至2016年底。这项措施可以有效降低小微企业的经营成本，增加利润，提高小微企业的活力，为2014年城镇新增就业1 000万人以上奠定基础。但是，从作用周期来看，减税对经济的刺激作用并不会立竿见影，而是有一定的滞后性，这项政策恐怕意不在增长，而在保就业。

此外，这轮刺激措施也存在一些不足。铁路建设作为一项基础设施建设，将有助于提高全要素生产率，会提高中国经济的供给能力，不仅能刺激短期经济增长，还会给长期经济增长带来动力；棚户区改造投资仅仅是一项房屋投资，仅仅作用于经济的需求面，刺激周期短，不会形成对经济持续的刺激作用。而且，由于投资的边际效率递减规律作用，任何一项投资的长期增加其边际效率都会递减，尤其对于基础设施建设来讲，因此，未来财政政策操作的难度将进一步增大。

如果要实现二季度经济起底回升，这三项“微刺激”措施还需要加快实施节奏，即调整铁路建设和棚户区改造投资全年的投放时间，适当加快审批速度，抓紧落实资金来源。但是，为了保证全年7.5%以上的增长目标，当前的刺激力度还略嫌不足，财政政策上还应出台一些新的微刺激措施，加大财政刺激力度。

资料来源：王宇鹏：《三项刺激政策出台　保增长力度略嫌不足》，载《证券时报》，2014-04-09。

第 3 篇

政府支出理论与应用

第6章

公共产品

重点问题

- 公共领域的理论分析
- 公共产品与私人产品的含义和特点
- 公共产品的分类
- 公共产品的有效供给
- 公共产品的生产
- 我国的公共产品供给

6.1 公共产品概述

公共产品理论是政府经济学的核心理论之一。在现实经济生活中，由于存在“市场失灵”现象，市场无法有效供给公共产品，政府由此介入经济生活领域，向全社会提供公共产品。

6.1.1 公共领域分析

要探讨公共产品及作为其供给主体的公共部门，必须首先对二者共同的存在基础即公共领域进行分析。

1. 公共领域的历史追溯

在历史上，公共领域是与私人领域相对而言的，对二者的考察可以追溯到古希腊的城邦和家庭。城邦和家庭的区分也分别对应于政治领域与家庭领域的区分。而至少从古代城邦时期以来，政治领域与家庭领域一直是作为两个不同的、分离的领域而存在的。[①] 这二

① 参见汪晖、陈燕谷：《文化与公共性》，62页，北京，三联书店，1998。

者的连接在于众多家庭按照一定规则集合起来组成的一个社会的城邦。人们“之所以要建立城邦，是因为我们每个人都不能依靠自己的力量达到自足，我们需要许多东西”，“因此，我们每个人为了各种需要，招来各种各样的人，由于需要许多东西，我们邀集许多人住在一起，作为伙伴和助手，这个公共住宅区，我们叫它做城邦”[①]。因此可以看出，使人生活在一起的推动力是生活领域的多种需求，这一点使公共的状态成为可能。

在柏拉图和亚里士多德看来，作为公共形态的城邦生活与作为私人领域的家庭生活之间总是存在一条鸿沟，个人只有越过以不平等为基本特征的家庭进入以自由为特征的城邦，才能够充分享有公共性的福祉。[②] 与希腊人不同的是，罗马人从来不为公共领域而牺牲私人领域，他们认为这两个领域只能相互依赖、彼此共存。到了近代，随着“家务”或经济活动进入公共领域，一切以前与家庭私人领域相关的活动都变成了一桩“集体”的事情。私人性与公共性之间的界限基本模糊了。

2. 公共领域的理论探讨

在理论上，致力于恢复共和主义传统的汉娜·阿伦特最早涉足公共领域的探讨。阿伦特将人的活动分为三种：劳动、工作、行动。她认为，劳动是相对于人体的生理过程而言的，每个人的自然成长、新陈代谢及最终的死亡，都受到劳动的制约，劳动控制着人的整个生命历程。工作不是一种自然的活动，也不是天赋的。工作营造了一个与自然界截然不同的“人工”世界。个人生命被囿于该界域内，但这个世界本身却意味着对所有个人生命的突破和超越。行动则是唯一不需要借助任何中介所进行的人的活动，是指人们而不是人类生存的群体条件。[③]

在阿伦特看来，劳动和工作都是人类在自然环境中采取的活动模式。而行动实际上是人类之间的互动关系。劳动和工作基本属于私人领域，而行动则基本属于公共领域。[④] 但是，工作虽然是一种私人活动，甚至可以认为是一个孤独工作的人的活动，但它所创造的东西都不是私人的，而是公共的，它创造出人类居住的共同世界。所以工作在私人领域和公共领域之间架起了一座桥梁。

阿伦特在区分私人生活领域和政治生活领域时，还认为存在第三个领域——社会领域。阿伦特将“社会”称为一个特殊的“存在于政治生活和私人生活之间的雌雄同体的领域”。这一领域的特征是，人们彼此聚合在一起，这种聚合有各种可能，要么是职业上的，要么是收入上的，要么是人种血缘上的。组织、团体和集体就这样形成了，差别也产生了，这种差别是合理的，不可能也不应该通过法律手段消除。

阿伦特认为社会歧视出现在社会领域是可以接受的，只要将它限制在具有合法性的社会的范畴之内，然而一旦这种歧视蔓延到政治范畴和私人生活范围，那就是灾难性的。阿伦特明确阐述了在不同的领域应适用不同的规则，可以说这是她给当代学术界留下的一大资源。

在此基础上，哈贝马斯在其《公共领域的结构转型》一书中，讨论了资产阶级公共领

---

① ［古希腊］柏拉图：《理想国》，58 页，北京，商务印书馆，1986。

② 参见［古希腊］亚里士多德：《政治学》，48 页，北京，商务印书馆，1983。

③ 参见［美］汉娜·阿伦特：《人的条件》，1 页，上海，上海人民出版社，1999。

④ 当然，“工作”的一些方面也属于公共领域。“行动”在一定程度上也会进入私人领域。私人领域也不是完全等同于家庭。

域发展的一般过程，为当代自由主义国家提供了一种理论范式或批判的模式。哈贝马斯首先探讨了资产阶级公共领域的形成问题。他指出，17 世纪以后的重商主义政策深刻地影响了资本主义私有企业的兴衰，这就导致市民逐步意识到自己是公共权力的对立面，是正在形成的资产阶级公共领域中的公众。于是围绕具有公共权力的商业政策，形成了以市民阶级为主体对公共权力进行讨论和批判的公众。哈贝马斯认为这一批判空间即资产阶级公共领域。[①]

资产阶级公共领域的特征在于：首先，它是公共权力领域与私人领域之间的一块中间地带。对公共领域进行批判的依据来源于私人领域，旨在摆脱公共权力控制的私人领域是资产阶级公共领域得以成立的根本。而且，公共领域也不同于私人领域：它一方面明确划定一片私人领域不受公共权力管辖，另一方面在生活过程中又跨越个人和家庭的局限，留心公共事务。因此，公共领域是私人领域中关注公共事务的那一部分。其次，公共领域反映了某种紧张的关系。由于公共领域主要代表资本主义私人关系来检验公共事务，所以公共管理与私人自律就形成了紧张关系。这种紧张关系和由此产生的批判精神是公共领域得以存在的社会心理根据。最后，公共领域由其批判性形成了个人之间的理性交往过程。公共领域是以批判性为其精髓的。人们以批判为目的，形成公认的可以作为讨论依据的理性尺度，并形成真诚坦率展开商讨的交往氛围，由此对公共事务作出独立于公共权力领域之外的理性判断。

公共领域与私人领域的分化是社会现代化的前提与标志。而“公共领域的生长从某种更深层的含义看恰恰是私人领域的内在推演和制度保障”[②]。公共领域本身也是结构性的，特别是作为政治公共领域的国家从一般性公共领域中分化出来的过程，具体体现就是社会与国家的二分过程。这一过程的趋势大体上可以界定为国家作为统治性工具的公共性的逐渐萎缩和作为自治域的社会公共性的积极扩张，因此国家和社会的合理界定就成了现代社会所应该关注的一个问题。正是在这一意义上，我们有必要展开对公共产品的深入分析。撇开以上这些抽象的探讨，在现实层面，公共领域的存在范围与价值最直接地体现为具体的公共产品。

6.1.2　公共产品与私人产品

1. 私人产品

公共领域与私人领域相对，公共产品也是相对于私人产品而言的。研究公共产品，必须先要明白什么是私人产品以及私人产品有哪些特性。

所谓私人产品，是指在消费上具有竞争性和排他性的产品或服务。经济学家认为，对于纯粹的私人产品而言，某一商品的总量等于每一个消费者所拥有或消费的该商品数量的总和，这意味着私人产品是可以在消费者之间分割的。

私人产品的特性主要有以下两点：

第一，私人产品具有竞争性。竞争性是指对于任意给定的私人产品的产出水平，增加

---

① 参见［德］哈贝马斯：《公共领域的结构转型》，上海，学林出版社，1999。

② 李文星、白冰主编：《公共部门经济学引论》，81 页，成都，四川人民出版社，2001。

额外的个人消费，必然带来该产品成本的增加，即消费者人数的增加所引起的产品边际成本大于零。也就是说，每增加一个单位的私人产品的供给，就会增加生产一个单位私人产品所需要的成本。

第二，私人产品在消费上具有排他性。在现实中，私人产品的排他性是显而易见的。比如某人从书店里买了一本书，店老板就不能再把这本书卖给其他人，而且未经该顾客的同意，其他人也无权享用这本书。也就是说，该顾客拥有了对这本书的排他性消费权。对于一个社会来说，书的消费总量就是整个社会的人所享用的书的算术加总。

私人产品的这两个特性，使私人产品的消费和生产是可分的，也就是说我们有可能界定私人产品的产权，从而为市场竞争提供财产权的条件。这时，只要市场是充分竞争的，市场经济就能充分地使有限的资源实现最优配置，促使人们节约使用有限的资源，并开发新的资源。

当然，在制度经济学家看来，市场经济要有效地提供私人产品，还需要一个条件，即私人产品的享用者和生产者界定产权所需付出的交易成本应该比较低，不至于发生私人无力承担交易成本的情况。

2. 公共产品

(1) 公共产品的特点。所谓公共产品，是指那些在消费上具有非竞争性和非排他性的产品和服务。经济学家认为，就纯粹的公共产品而言，对任何一个消费者来说，他为了消费而实际可支配的公共产品的数量就是该公共产品的总量，这意味着公共产品在消费者之间具有不可分割性。

相对于私人产品而言，公共产品具有以下特征①：

1) 非排他性。公共产品的非排他性是指为了满足社会需要而提供的公共产品，可以无差别地由应当享用的每个社会成员共同享用。一个或一些社会成员享用这种公共产品，并不排斥其他社会成员享用。

2) 其消费具有非竞争性。对一般私人产品来说，一个人消费了这一产品，别人就无法再消费了。公共产品则不同，公共产品一旦提供出来，任何消费者对公共产品的消费都不会影响其他消费者的利益，也不会影响整个社会的利益。例如国防，一般说来对于每个公民的保护程度是相同的。增加一个人并不要求增加国防供给量的边际成本，即每增加一个单位的消费量其边际成本为零。反过来，减少一个人的消费量，也并不导致其边际成本的减少。公共产品的范围广泛，包括政府执行其职能以及执行某些社会职能的产品。诸如行政、国防、文化教育、卫生保健、生态环境保护等产品以及基础设施、基础产业、支柱产业和风险产业的投资。广义上，公共产品还包括为调节市场经济运行而采取的各种措施和各项政策提供的服务等。

具体而言，非竞争性包含两方面含义②：

第一，边际生产成本为零。这里所说的边际生产成本，是指增加一个消费者对供

① 除了非排他性和非竞争性这两个最重要的特征以外，也有人认为公共产品还存在消费中的外部经济性——公共产品时时刻刻给人们带来积极的正效应，例如美丽的公园，以及生产中的规模性和自然垄断性。参见孙良媛、商春荣：《现代微观经济学》，太原，山西经济出版社，2001。

② 参见乔林碧、王耀才编著：《政府经济学》，71～73页。

给者带来的边际成本，并不是微观经济学中经常分析的产量增加导致的边际成本。对公共产品而言，消费者增加和产量增加导致的边际生产成本并不一致。例如，海上灯塔是较典型的公共产品，增加一艘船经过邻近海域得到指引并不需追加任何生产成本，但若再造一座灯塔，则边际生产成本显然并不为零。我们讨论公共产品的非竞争性时强调的是消费者增加带来的边际生产成本。

第二，边际拥挤成本为零。每个消费者的消费都不影响其他消费者的消费数量和质量，这种产品不但是共同消费的，而且不存在消费中的拥挤现象。[①]

公共产品的这两个特征，使公共产品的消费具有不可分性，也就是说它不可能界定产权，从而也就不可能为市场竞争提供财产权的条件。这时，只要市场是充分竞争的，不存在任何垄断，市场经济就不能充分地使有限的资源实现最优配置，也不能促使人们节约使用有限的资源，更不能促使人们去开发新的资源。

（2）公共产品的分类。[②] 不同公共产品所具有的非竞争性和非排他性的程度也不同。根据非竞争性与非排他性的程度，一般将公共产品分为纯公共产品与准公共产品。

1）纯公共产品。纯公共产品严格满足非竞争性和非排他性两个条件，或者说，具有完全的非竞争性和完全的非排他性。较典型的例子是国防。此外，外交、法律、法规、收入分配等也具有类似的特征。

2）准公共产品。准公共产品，即不纯粹的公共产品，包括俱乐部产品（club goods）和共同资源（common resources）两种类型，其共同特点是没有严格地满足非竞争性和非排他性两个特征条件。

俱乐部产品，它的特点是在消费上具有非竞争性，但是却可以轻易地做到排他。可以收费的公路桥以及公共游泳池、电影院、图书馆等都是这方面产品的例子。正是由于这些产品的使用者数量总是一定的，而这在人们的印象中是和俱乐部中的产品消费一样，所以人们形象地称之为俱乐部产品。保证该种产品具有非竞争性和排他性的条件在于：第一，当消费成员超过一定的数量时就发生拥挤现象，从而破坏了其非竞争性特征，所以必须限制其使用者数量，也正是在这个意义上，人们认为“一项俱乐部产品是可以排除其他人消费的一种拥挤性质的公共产品”[③]；第二，由于该产品具有排他性，因此可以采取措施限制使用者数量。

共同资源，它的特点是在消费上具有竞争性，但是却无法有效地排他。也就是说，对于这种产品，不付费者不能被排除在消费之外，例如公共渔场、公用牧场等就是如此。将这些产品归入准公共产品的原因在于：第一，与纯公共产品一样，共同资源的总量既定，具有向任何人开放的非排他性。这就意味着在共同资源的消费中也会出现不合作的问题，即由于每个参与者个体按照自己的理性行事，却导致了集体的非理性。在纯公共产品那里，将导致其提供的不足；在共同资源的例子里，将导致过多地提供公共劣等品（public bads）。所有这些所显示的是与私人产品不同的特征，而和公共产品相似。第二，共同资

---

① 参见潘勇明、杜莉：《公共经济学》，48 页，上海，复旦大学出版社，2001。

② 参见黄恒学：《公共经济学》，62～63 页，北京，北京大学出版社，2002；刘宇飞：《当代西方财政学》，98～100 页，北京，北京大学出版社，2000。

③ ［美］鲍德威、威迪逊：《公共部门经济学》，67 页。

源的竞争性意味着个体消费的增加会给其他人带来负的外部效应。也就是说，在对共同资源的消费超过了一定的限度之后，也会出现拥挤问题。拥挤问题和负外部性的区别在于，带来拥挤问题的使用者本身也要承担其行为的成本，而在负外部性中，带来这种结果的使用者本身却不承担其行为的成本。

上述对社会产品的分类，可以通过表 6—1 直观地体现出来。

表 6—1　　社会产品分类

		排他性	
		有	无
竞争性	有	私人产品	共同资源
	无	俱乐部产品	纯公共产品

6.2　公共产品的有效供给

6.2.1　公共产品有效供给的条件①

1. 私人产品的有效供给

根据均衡分析理论，任何一种产品的市场均衡产量、价格，都由其供给曲线和需求曲线的交点决定。需求曲线应与该产品消费方的边际效用曲线相一致，供给曲线应与该产品生产方的边际成本曲线相一致，这样，社会边际效益等于社会边际成本，帕累托最优得以实现。在按照这一思路来推导公共产品有效供给的实现条件之前，先要回顾一下私人产品的帕累托最优供给量的决定。

假定社会上只有 A、B 两个人。图 6—1 中，D_a 线与 D_b 线分别代表个人 A 与个人 B 对某私人产品的需求。A、B 两人需求曲线的差异主要是由于两人收入水平的不同造成的。对这一产品在不同价格下的市场需求量，可通过加总在各个价格水平下 A、B 两人各自的需求量得到，这样市场需求曲线 DD 就是 A、B 两人需求曲线的水平相加，即 $DD=D_a+D_b$。DD 线之所以会在 G 点出现拐折，是因为当价格上升为 P_1 时，A 的需求将为零，这时只有 B 有需求。在 P_1 价格以上，$DD=D_b$。

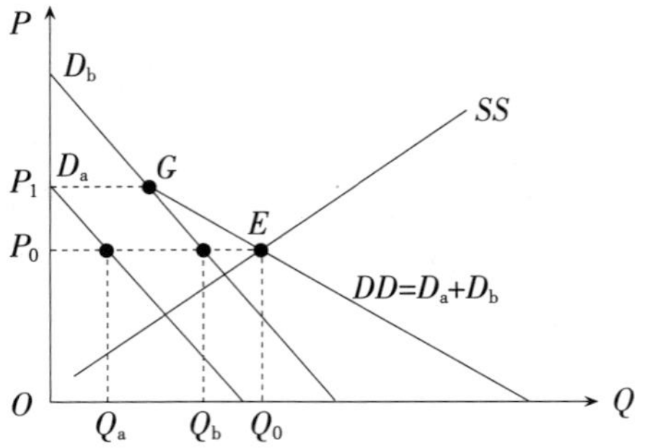

图 6—1　私人产品的有效供给

① 参见潘勇明、杜莉：《公共经济学》，52～57 页。

如果生产者边际成本决定的该产品的供给曲线为 SS，则市场均衡点为 DD 线与 SS 线的交点 E，均衡价格为 P_0，均衡产量为 Q_0，它是所有消费者消费量的总和，其中 Q_a 为 A 的消费量，Q_b 为 B 的消费量，$Q_a+Q_b=Q_0$。在 P_0 这一价格下，两个消费者的最终消费量由于收入水平的不同而有所差别，但他们的边际效用相同，都等于市场价格。在私人产品的条件下，由于没有外部性现象，消费者个人从某一产品消费中获得的边际效用也就是这一产品的社会边际效用，这样，在 E 点，社会边际成本等于社会边际收益，实现了帕累托最优。

2. 公共产品的有效供给

公共产品的非排他性和非竞争性充分表明，公共产品的有效供给与私人产品有很大区别。如图 6—2 所示，D_a 与 D_b 分别是个人 A 和个人 B 对某公共产品的供求曲线，这是与他们消费公共产品所得到的满足（边际效用）相一致的，萨缪尔森称其为“虚假的需求曲线”。因为在实际生活中，人们一般不会明确表示他们消费一定量的公共产品的边际效用是多少、愿意出多少价钱。但是借助于这种需求曲线有助于我们对问题的分析。

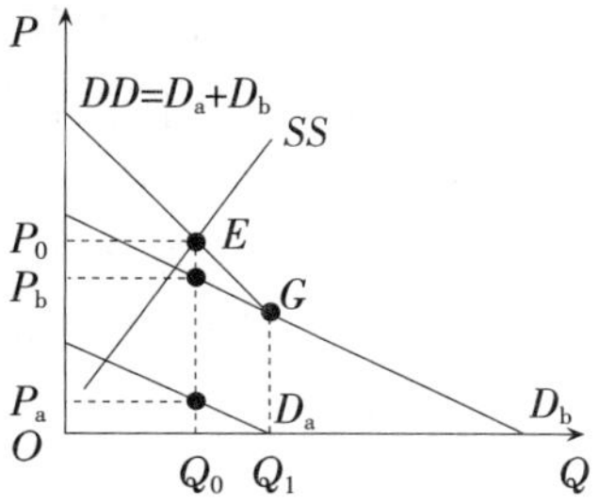

图 6—2　公共产品的有效供给

在私人产品的情况下，消费者面对的是相同的价格，他们可以通过调整消费量来使自己的边际效用等于既定的市场价格。公共产品则不同，它一旦被提供出来，任何人都可以消费它，不管是否出于本人的愿望，每个消费者的消费量都是相同的。但不同的个人从公共产品中获得的满意程度即边际效用却不会相同，这意味着每个人愿意支付的价格是不同的，一般来说收入较高的人会对公共产品有较高的评价，从而愿意对一定的公共产品支付较高的价格。全社会对一定数量的公共产品愿意支付的价格（税收）应由不同个人愿意支付的价格加总得到。这样，公共产品的市场需求曲线 DD 就应是每个人的需求曲线的垂直相加，即 $DD=D_a+D_b$。DD 线之所以会在 G 点出现拐折，是因为当供给量在 Q_1 以上时，A 不愿意付出任何价钱，只有 B 愿意出价。在 Q_1 供给量以上，$DD=D_b$。如果与公共产品的边际成本相一致的供给曲线为 SS，则 DD 线与 SS 线的交点决定公共产品的均衡产量 Q_0，这是任何消费者都必须接受的消费量。公共产品的均衡价格 P_0 是所有社会成员愿意为 Q_0 单位的公共产品所支付的价格的总和，其中 P_a 为 A 的出价，P_b 为 B 的出价，$P_a+P_b=P_0$。

因为消费者的出价与其消费公共产品所获得的边际效用相一致，所以所有消费者出价的总和就是其边际效用的总和，即社会边际收益。这样，在 E 点，社会边际成本等于社会边际收益，实现了帕累托最优。

公共产品的价格事实上就是税收，关于公共产品有效供给的分析基本上是假定以个人缴纳的税收来负担公共产品的生产成本，税收应由个人的受益程度决定，实行差别的税收，也就是实行税收的受益原则。

6.2.2 公共产品均衡机制

1. 林达尔均衡

以上主要从规范分析的角度给出了衡量公共产品是否实现有效供给的标准，那么，公共产品均衡的机制应该是怎样的呢？第一种解释从公共产品局部均衡分析的模型引申出来，认为虽然公共产品不能由市场统一定价，但如果人们都能够自觉按照自己从公共产品中获得的边际收益相应承担公共产品成本，则自然会实现公共产品的有效供给。第二种解释是瑞典经济学家林达尔于1919年提出的“自愿交换模型”——林达尔均衡模型。林达尔均衡模型试图找出民主国家选定公共产品的合理水平和决定人们之间税负合理分布所需的原则与决策标准。

这里具体介绍一下“林达尔均衡模型”。假定社会中有两个人A与B，他们可分别被看作选举时的两个政党的代表，每个政党的内部成员的偏好是一致的。图6—3表示两人通过讨价还价来决定各自应负担公共产品成本的比例的情况，公共产品的成本即为税价。A的行为由以O_a为原点的坐标系来描述，B的行为由以O_b为原点的坐标系来描述，将两个坐标系合在一起，则形成了一个长方形。图中纵轴表示个人A、B负担的公共产品成本的比例，其长度为1。如果A负担的比例为h，则B负担的比例应为$1-h$。横轴代表公共产品供给的数量，也可认为是公共支出的规模。

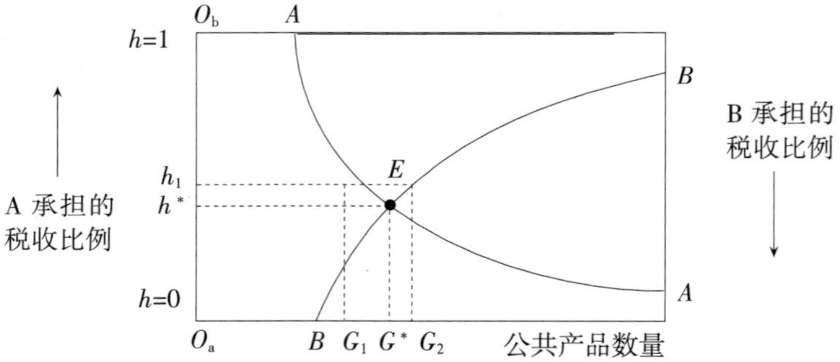

图6—3 林达尔均衡

AA曲线代表个人A对公共产品的需求，BB曲线代表个人B对公共产品的需求。从A的角度看，BB线相当于他面对的供给曲线，因为这条线上的各点反映，如果他承担不同比例的公共产品成本，则他可以得到相应数量的公共产品；同理，B也把AA线看作他的供给曲线。在AA线与BB线的交点E，A、B两人经过讨价还价，双方愿意承担的成本的比例加起来等于1，这时公共产品的产量为G^*。

这一过程可以进一步叙述如下：在纵轴上任意取一点h_1，这代表个人A要负担h_1的税收比例，于是A只愿意要G_1的公共产品数量，即只会同意G_1规模的公共开支，而在h_1点，B要承担$1-h_1$的税收比例，这种税负使B愿意要G_2的公共产品数量，也就是会同意G_2规模的公共开支，A与B两人没有达成一致，这时实力较强的那个人就会取胜。为了解决这种不确定性，维克塞尔和林达尔假定两个人势均力敌，这样双方就会较量下去，直到税负分配处于 h^* 点。在 h^* 点，双方都同意公共支出的规模为 G^*，由 AA 线、BB 线的交点 E 所决定的均衡状态被称为林达尔均衡。

2. 公共产品均衡的阻碍

根据以上分析我们看到，只要消费者愿意支付一定的价格，根据自己的需求和支付能力，为公共产品支付一定的费用，就能够实现公共产品的最优供给。这说明公共产品的局部均衡是可能的。既然局部均衡是可能的，显然一般均衡也并非难事。但是由于存在诸多原因，公共产品的一般均衡往往难以实现。

首先，消费者的需求曲线是虚拟的。在公共产品均衡格局中，消费者的需求曲线是虚拟的，而消费者如果没有现成的市场价格体系作为参照系，实际上很难准确描述出自己真实的需求曲线。这是公共产品难以达到一般均衡的第一个阻碍。

其次，消费者即使知道自己真实的需求曲线，也很可能隐瞒自己的真实需求。因为公共产品的供给量是不可分的，它不能在不同的消费者之间进行分配，人们不管付费与否，所能消费的公共产品量总是相同的。如果消费者所承担的公共产品成本，取决于自己申报的从公共产品中获益的情况，这时，那些不在乎公共利益的消费者就会有意识地虚报自己的真实需求，把需求压低，或者干脆报告说自己没有需求，不在乎国防是否安全、治安是否良好、路灯是否存在、道路是否平坦，因为他知道，即使自己不出费用，如果有其他人出资提供公共产品，自己也同样能够享用等量的公共产品。消费者这种“搭便车”行为的结果是公共产品的实际供给水平远低于最优水平。反过来，如果当要求每个人陈述他的偏好时，事先交代清楚满足这些偏好的代价与他们所陈述的需求状况无关，他们的陈述只与公共产品的数量有联系，那么就会诱发夸大需求的现象，结果导致过度供给。而如果有消费者非常自觉，很关心公共利益，他也很可能虚报自己的真实需求，把需求提高，愿意出较多的资金提供公共产品，这样就会导致两个结果：一是这一制度格局实际上奖励了不道德的人，而惩罚了有道德的人，长此以往，不利于道德风气的改善；二是由于人都是倾向于自私的，都有实现利益最大化的愿望，在私人领域如此，在公共领域更会如此，这就会使得有道德的人一般少于不怎么讲道德但按最大化原则行事的人，其结果就是公共产品的低水平供给。这里提到的“搭便车”问题，是公共产品难以均衡的最为重要的原因。

再次，即使消费者非常自觉，坚决不“搭便车”，能够自觉地表达自己的真实需求，但是当公共产品涉及众多的消费者，并且某些公共产品，如国防甚至需要部分消费者付出生命的代价时，要消费者达成协议是不可能的。这有两个原因，一是很难进行总量计算，二是消费者要就难以计算的公共产品总量以及难以计数的加总过程达成协议也非常困难。

最后，政府可以解决消费者因交易成本过高而无法达成协议的问题，并且可以利用强制力进行征税来解决“搭便车”的问题。但是，政府依然无法解决如何了解消费者的真实偏好的问题，自然也更加难以确定均衡分析和一般均衡所需要的公共产品供给量以及税收在不同消费者身上的配置。

公共产品的特性表明，消费者在公共产品上“搭便车”是必然的。在“搭便车”存在的条件下，公共产品的供给就会出现低效率。

在理论层面，哈丁的公共事物悲剧、“囚徒困境”博弈以及奥尔森的集体行动的逻辑，都是公共产品低效率的模型化分析。

公共事物悲剧最早可以追溯到古希腊哲人亚里士多德的断言："凡是属于最多数人的公共事物常常是最少受人照顾的事物，人们关怀着自己的所有，而忽视公共的事物；对于公共的一切，他至多只留心到其中对他个人多少有些相关的事物。"具体分析这一断言并使之成为公共选择分析模型的是加雷特·哈丁（Garrett Hardin），哈丁为了说明带有普遍性的人口过度膨胀问题，提出了著名的"公用地悲剧"理论。在此理论中，他设想了一个向一切人开放的牧场，其中每个牧羊人的直接利益的大小取决于他所畜牧的牲畜数量的多少。当存在过度放牧问题时，每个牧羊人只承担公用地退化成本的一部分，这时就会出现所有人都追求各自的最大利益的现象。这就是悲剧所在。每个人都被局限在一个迫使他在有限范围内无节制地增加牲畜的制度中。在信奉公共事物自由的社会中，每个人均追求自己的最大利益，公共事物中的自由给所有人带来毁灭性的灾难。

"囚徒困境"博弈模型是由众多的经济学家研究得出的。这一理论最通俗的描述就是：被警察抓住的两个囚徒有四种可供选择的策略，第一个选择是双方都不交代作案事实，警察会由于证据不足而只能对双方都处以轻微的处罚，这一方案在整体上是最优的方案，但对个体而言则是次优的选择，因为囚徒可以通过出卖对方而获得最优的结果；接下来的选择是一方交代、一方不交代，根据抗拒从严、坦白从宽的原则，交代者可能只是得到非常轻微的处罚，而不交代者则是加重处罚，这一方案对交代者非常有利，但对不交代者则是最差的方案；最后一个方案则是大家都交代，这样两人都会处以一定的惩罚，但会比不交代的处罚重，不存在优惠的问题，这个从整体上看来是最坏的选择（见表6—2）。

表6—2　　"囚徒困境"博弈

		囚徒2	
		不承认	承认
囚徒1	不承认	各1年	囚徒1：10年 囚徒2：3个月
	承认	囚徒1：3个月 囚徒2：10年	各8年

在这四组策略中，最稳定的策略组是博弈双方的不合作，它的均衡点是对博弈个体最理性的选择但对全体来说是最不理性的选择，这个均衡点又叫纳什均衡点，因为这个均衡点是数学家纳什找到的。这一模型被概括为一种所有对局的人都拥有完全信息的非合作博弈。它包含了这样的含义：公共事务需要有关当事人精诚合作，但由于在完成过程中，存在着个体成本和个体收益不对称的问题，在这种利益格局下，有关当事人的博弈结果就是大家都不精诚合作，最后导致公共事务无法解决。

奥尔森在他所著的《集体行动的逻辑》一书中，以任何一个人追求他们个人的福利为参照，对促使个人追求他们共同福利的困难性作了一个与"囚徒困境"博弈密切相关的考察。他认为，集体行动的逻辑就是个人理性不是实现集体理性的充分条件，其原因是理性的个人在实现集体目标时往往有"搭便车"的倾向。集体行动的可能性只有在特定的条件下才存在，即组成集团的人数足够少，并且集团内存在着迫使或诱使集体利益的选择性刺激机制，在这种条件下"搭便车"倾向会得到遏制。一个国家的兴衰，往往取决于分利集团的情况，分利集团的天然倾向是宁可牺牲国家兴旺的前途而为自己牟取利益，因此分利集团势力越强，国家就越容易衰落。

公共产品供给低效的难题，对于消费者以及政府都构成了实质性的挑战。而要解决这些难题，只靠消费者的自觉，靠政府的强制力和分析问题、解决问题的能力，显然是不够的。有人认为，通过建立民主制度，以政治市场的竞争来体现消费者对公共产品的需求，是让消费者显示真实偏好的重要途径；将有关公共产品的决策权下放到最低决策单位，实行地方和社区分权，建立地方自治和社区自治，充分发挥地方的积极性，给消费者以更多的选择权，是改善公共产品供给效率的重要途径。通过这一系列的途径，虽然也不能够完全实现公共产品的局部均衡乃至一般均衡，但至少可以改善公共产品供给的低效率问题。①

6.3 公共产品的生产

由于公共产品的特性，供给公共产品成为政府不可推卸的责任，在这一点上，政府决不能够因为市场可以解决问题而放手。但政府供给公共产品和政府生产公共产品是两个不同的概念。政府供给公共产品的方式可以有多种，政府亲自生产只是其中的一种。所以政府供给公共产品一方面可以是政府建立企业直接生产公共产品，另一方面政府也可以通过预算安排或政策安排等某种适当方式将公共产品委托给私人部门进行生产。

6.3.1 政府直接生产公共产品

西方市场经济中政府直接生产公共产品的形式归纳起来大致有三种：中央政府直接经营、地方政府直接经营、地方公共团体经营。②

1. 中央政府直接经营

从总体上说，在西方国家，造币厂和中央银行是由中央直接经营的（有极少数例外）。除此之外，各国之间的差异较大。例如，美国在公共产品生产方面更多地偏向于由私人提供，但联邦政府却直接经营着“田纳西流域管理局”（TVA）。还有一些国家的中央政府直接生产军工、医院、学校、图书馆、自来水、煤气等产品（尤其是北欧国家）。与造币厂和中央银行的情况所不同的是，上述这些准公共产品的中央政府直接经营在某些国家是在其私营亏损或破产时由政府予以国有化而实现的。

2. 地方政府直接经营

这里所说的地方政府泛指二级以下的各级政府。在欧洲大多数国家，地方政府直接经营一些保健事业、医院、自然资源保护、实践法律条款的司法工作、街道、住宅、警察、防火、供水、下水道、煤气、供电、图书馆、博物馆等等（在美国则通常委托私人提供）。欧洲（尤其是北欧）各国地方政府在许多优效物品（准公共产品）供给方面表现出直接经

① 参见毛寿龙、李梅：《有限政府的经济分析》，166～167页。

② 参见余永定等：《西方经济学》，281页，北京，经济科学出版社，1995。

营的一些特点，而在美国则较多地通过私人企业予以间接经营，日本和法国等就另有一种特点，主要由地方公共团体经营。

3. 地方公共团体经营

日本的国有企业在日本经济中起着重要作用。随着第一产业向第二产业的转移，基础设施显得越来越重要，基础设施不完备就必然影响投资效益。但基础设施远不如重化工业利润多，因此私人很少愿意投资，而只能由国家以国有企业的形式来承担基础设施投资。因此，日本的自然垄断性公共产品几乎全部是由国有企业来提供的，而日本的国有企业是由地方公共团体来经营的。地方公共团体经营的这些企业可以从事有利于地方居民福利的任何事业，其“法定事业”有七项：自来水、工业水、铁路、汽车运输、地方铁路、电气、煤气。

6.3.2 公共产品的私人部门生产

1. 私人部门生产公共产品的必要性

因为政府直接生产公共产品并非政府供给公共产品的唯一途径，所以寻求其他途径就成了公共产品高效生产的必然。而在当今世界中，私人部门提供公共产品已不是什么新鲜的话题，如美国的航空、能源、银行、电信、教育等公共产品的供给已全部向私人开放。在我国，随着改革的深入，私人部门已经开始涉足公共产品的供给领域。

公共产品私人供给的必要性在于现实世界中的“政府失败”。政府作为一种制度安排，如同市场制度一样，同样是内生变量，其自身的运行以及向公众提供公共服务和公共产品同样存在交易成本问题。由于政府系统缺乏明确的绩效评估制度，其成本和效率较私人部门难以测量。再者，官员也是理性的“经济人”，因此，政府提供公共产品某种程度是一个政治过程，其交易成本甚至比在市场制度下昂贵。在这种情况下，政府作为公共产品的唯一供给者就失去了合法性的依据。因此，我们应该探讨公共产品供给的多种可能形式。

2. 私人部门生产公共产品的可能性

私人部门若想成功地提供公共产品，其可能性如何呢？对此有许多经济学家都提出了自己的看法。戈尔丁认为，在公共产品的消费上存在着“平等进入”（equal access）和“选择性进入”（selective access）。[①]“平等进入”指公共产品可由任何人来消费，如公园中的露天音乐会。“选择性进入”指消费者只有在满足一定的约束条件例如付费后，才可以进行消费，如在音乐厅中举办的音乐会等。一般认为，可以“平等进入”的公共产品一般是纯公共产品，如国防等。而只能“选择性进入”的公共产品一般是俱乐部产品，如高尔夫球场、音乐厅等。戈尔丁认为没有什么产品或服务是由其内在性质决定它是或不是公共产品，存在的只是供给产品或服务的不同方式，即“平等进入”和“选择性进入”。产品和服务采取何种供给方式取决于排他性技术和个人偏好的多样化。若公共产品不能通过市场手段被充分地提供给消费者，那是因为把不付费者排除在外的技术还没有产生或者在经

① Goldin, Equal Access VS Selective Access: A Critique of Public Goods Theory, *Public Choice*, 29 (spring), 1979, pp. 53-71.

济上不可行。戈尔丁的分析尤其是他提出的“选择性进入”方式为探讨公共产品的私人部门生产问题指明了方向。

继戈尔丁之后，德姆塞茨在《公共产品的私人生产》一文中指出，在能够排除不付费者的情况下，私人企业能够有效地生产公共产品。他进一步认为，若一个产品是公共产品，那么对同一产品付不同价格是满足竞争性均衡条件的。由于不同的消费者对同一公共产品有不同的偏好，因此可以通过价格歧视的方法来对不同的消费者收费。[①] 可以说，德姆塞茨的论点是对戈尔丁论点的发展，二者都从技术的角度讨论了私人提供公共产品的可能性，即如果存在排他性技术，则私人可以很好地供给某些公共产品。其他学者如布鲁贝克尔认为，公共产品消费上的“搭便车”问题缺乏经验方面的科学根据，它忽视了现实中许多影响人们表明自己对公共产品需求的重要因素。例如，社区中某一成员虽然因为“搭便车”享受了短期利益，但他会失去社区成员的信任而有损于自己的长期利益。出于这一考虑，社区成员“搭便车”的动机就会大大减弱。[②]

上述学者是从理论角度论证了私人生产公共产品的可能性，而科斯则是从经验的角度论证了这种可能性。众所周知，灯塔作为一种公共产品，长期以来一直被认为只能由政府提供。科斯在《经济学上的灯塔》一文中认为，从 17 世纪开始，在英国，灯塔一直是由私人提供的，并且不存在不充分供给的情况，政府的作用仅限于灯塔产权的确定与行使方面。管理灯塔的机构是领港公会——一个对公众负责的私人组织。具体来说，私人从国王那里获得修建灯塔的专利权。国王允许私人向船只收费，费用通过港口代理者（通常是海关关员）来收取。在 1820 年，英格兰和威尔士共有 46 座灯塔，其中 34 座由私人建造。虽然后来英国政府规定由领港公会收购所有私人灯塔，但领港公会实际上仍是一个私人组织，而不是政府部门。因此，英国历史上的灯塔基本上是由私人供给的。科斯的研究表明，一向认为必须由政府经营的公共产品也是可以由私人经营的。

综合以上观点我们看到，私人部门如果要成功地生产某些公共产品，需要具备以下条件：

（1）私人部门生产的一般是准公共产品。由于纯公共产品一般具有规模大、成本高的特点，政府可利用其规模经济和“暴力潜能”优势来较为经济地提供。而私人部门提供纯公共产品不是交易成本太大就是不具有合法性。如产权、收入分配政策等制度安排就不能由私人提供。所以私人部门生产的公共产品一般是准公共产品。

（2）准公共产品的规模和范围一般较小，涉及的消费者数量有限。这一点容易使消费者根据一致性同意原则，订立契约，自主地通过市场方式来提供。由于消费者数量有限，因此达成契约的交易成本较小，从而有利于公共产品的供给。例如社区兴建娱乐场所。

（3）在公共产品的消费上必须存在排他性技术。纯公共产品如国防等，由于同时具有非排他性和消费的非竞争性，因此很难排除“搭便车”等外部性问题。共同资源如公共渔场、牧场等也存在这个问题。而俱乐部产品，由于存在着“选择性进入”方式即排他性技

① Demsetz, The Private Production of Public Goods, *Journal of Law and Economics*, 13 (October), 1970, pp. 293-306.

② Brubaker, Farl, Free Ride, Free Revelation, or Golden Rule, *Journal of Law and Economics*, 18 (April), 1975, pp. 147-161.

术（如音乐厅的门票），可以有效地将“搭便车”者排除在外，因此可以大幅度地降低私人部门提供产品的交易成本，从而激励私人部门生产某些公共产品。相反，如果缺乏某种排他性技术，则私人部门生产的公共产品难免会陷入“公用地悲剧”。技术性和机构性创新为具有竞争性的私人企业参与迄今为止仅限于公共部门的活动提供了新的机会。

（4）必须要有一系列制度条件来保障。私人部门若想成功地生产公共产品必须要有一系列制度条件来保障，这一系列制度条件中最重要的制度安排是产权。产权的一个特点是其强制性，只有强制性的产权才能使产权所有者形成对产权的良好预期，从而有足够的激励来行使产权。因此，只有界定私人部门对某一公共产品的产权，并且有一系列制度安排来保护产权的行使，这样私人部门才有动力来提供某一公共产品。以科斯的灯塔为例，私人从国王那里取得修建灯塔的专利权，即是从法律上获得了对灯塔的产权，由此以法律手段保障了自己修建灯塔的权益。

3. 公共产品私人供给的形式

公共产品私人供给的形式总体而言包括三种：一是私人的完全供给，二是私人与政府的联合供给，三是私人与社区的联合供给。

私人的完全供给指公共产品的投资、生产以及修缮由私人单独完成，私人通过收费的方式向消费者收取费用。如一些电视节目设置了加密频道，只有付费的观众方可收看等等。

私人与政府的联合供给指在公共产品的生产和提供过程中私人和政府形成了某种联合。如政府对私人提供公共产品给予一定的补贴和优惠政策（如政府补贴私人治理沙漠等）；再如政府和私人签订合同，私人负责生产，政府进行采购后再提供给公众，这样公共产品的生产和提供就分开了（如私人生产某些国防产品，政府进行订购）；等等。

私人与社区的联合供给指私人与社区通过有条件的联合来提供公共产品。社区可给予私人一些优惠政策如提供场地等，这样私人可以以较低的价格来提供社区公共产品；社区从私人那里购买一定量的公共产品，再提供给社区成员；等等。

4. 私人部门生产公共产品中政府的作用

某些公共产品由私人供给绝不意味着要完全脱离政府，相反，政府在公共产品的私人部门生产中起着非常重要的作用。政府的作用主要集中在以下方面：

（1）政府要为公共产品的私人生产者提供制度激励。这包括对公共产品产权的界定以及给予某些激励措施等，从而为私人部门生产公共产品创造良好的制度环境。产权作为一种强制性的制度安排，私人无法进行界定，只能由具有“暴力潜能”的政府来界定。而且，由于某些公共产品具有高成本、非营利性等特点，政府可对公共产品的私人生产者给予补贴或实行其他优惠性政策。以私人承包高速公路为例，政府规定，若私人投资某路段高速公路的建设，则他可享有20年的收益权。那么，在这20年中，该路段高速公路的部分产权包括使用权、收益权则归投资者所有。政府则要保护其产权，除特殊情况外（如战时状态），其他任何部门、组织和个人不得侵犯其产权。

（2）私人部门生产公共产品可能会出现某些负外部性问题，对此政府要进行必要的规制。具体来说，正如政府生产公共产品会产生垄断等负外部性问题一样，私人部门生产公共产品也可能产生垄断等负外部性问题。私人部门取得某一公共产品的产权后，可形成某种垄断优势。私人部门凭借这种垄断优势，可能会提高此公共产品消费的准入价格，如提高高速公路的收费等；还有可能不对消费者提供完全信息，从而欺骗消费者；此公共产品在使用过程中还可能产生环境污染等负外部性。针对上述问题，政府有责任对公共产品的私人生产者进行必要的规制，以切实保护消费者的权益。

（3）在私人部门生产公共产品的过程中，政府有必要给予公共产品的消费者某种支持。因为公共产品的消费者一般是分散的，而且同样由于理性“经济人”的原因，消费者容易陷入集体行动的困境，不太可能形成强有力的集体行动同公共产品的私人生产者讨价还价。在这种情况下，政府有必要为消费者提供信息以及其他必要的支持。如组织消费者成立关于该种公共产品的协会等，以采取有效的集体行动，加大同公共产品私人生产者博弈的筹码，促使私人部门提高其所生产的公共产品的品质。

政府在公共产品私人部门生产供给中的作用表明，在公共产品供给上不存在市场和政府的完全分野，实际上，二者的作用是互补的。

公共产品的私人供给对政府的治理结构产生了重要影响。它意味着政府并不是公共产品的唯一供给者，在政府供给之外还存在其他成功的公共产品的供给形式。这意味着随着经济领域和社会领域自组织力量的发展，政府作为公共领域垄断者的单中心治理模式已经发生改变。公共领域的治理已出现了某种多中心倾向。公共领域的多中心治理体制否认了政府作为单中心治理者的合理性，认为政府的作用是有限度的，主张建立政府、市场和社会三维框架下的多中心治理模式。①

6.4 我国的公共产品供给

6.4.1 农村公共产品供给

1. 农村公共产品供给体制的现状

总体而言，现行农村公共产品供给体制是在继承人民公社时期制度框架的基础上建立起来的。

在人民公社体制下，基本生产资料归集体所有，公共产品的供给和使用都由集体统一组织、安排，农民只是集体经济组织内的劳动者。由于通过税收等制度内财政手段筹集到的公共资源极为有限，而且仅限于公社本级，因而制度内公共产品供给不足，人民公社正常运转所需的公共产品不得不主要依靠制度外供给，实际中采用的则是以劳动力代替资本的方法，由政府以行政命令的方式动员并组织劳动力承担土壤改良、水利建设、道路修建等劳动密集型投资项目。家庭经营的普遍推行导致了人民公社制度的最终瓦解。从1982年起开始撤销人民公社，到1985年，全国农村已经建立了9.2万多个乡（镇）政府（包括民族乡镇），82万多个村民委员会，并相应建立了乡财政，继人民公社之后的“乡政村治”模式基本形成，农民的身份也随之发生了很大变化，他们已不再纯粹是集体经济组织

---

① 关于这一点，可以参见［美］迈克尔·麦金尼斯：《多中心体制与地方公共经济》，上海，上海三联书店，2000。

内的生产者，而是相对独立于乡政府和村委会的农业生产经营者，有自己独立的生产经营权、劳动自主权和剩余索取权。

农业基本经营单位和核算单位的变化带来了农村公共分配秩序和分配关系的变革，进而要求对农村公共产品的供给体制做出相应的调整。然而，由于家庭经营的制度变迁发生在我国社会产生重大转折的历史时期，既缺乏系统的理论准备和制度设计，也不是自上而下有组织、有计划地实施的，这就决定了制度本身的不完善和发展变迁的长期性：家庭经营自下而上的诱致性制度变迁并未能给诸如农业基础设施、农业技术推广以及农村公益事业等公共产品的供给提供有效的制度安排，现行“乡政村治”模式下的农村公共产品供给体制仍然只是人民公社时期供给体制的继承。其特点是：

（1）以制度外财政为主的公共资源筹集制度。改革后的乡镇政府作为一级行政机构，拥有相应的财权，承担着社区内公共产品供给的责任。乡级政权的职能是领导本乡的经济、文化和各项社会建设，做好公安、民政、司法、文教卫生和计划生育等工作，其职责范围几乎涵盖了农村社会生活的各个方面。与其庞大的职责相比，乡镇制度内财政筹集公共资源显然力不从心。事实上，随着国家经济重心的转移，农业经济的比较优势逐渐丧失，农业税收的调节机制进一步弱化，农村的财政力量已大为衰减。1994 年的分税制改革更加剧了基层财政的这种窘迫局面。部分县市成为“吃饭财政”的单位，根本没有余力顾及公共产品的生产。在这种情况下，乡镇企业上缴的利润、管理费，国家明令收取的乡统筹费以及各种集资、摊派、捐款、收费、罚没收入等制度外的财政收入便成了弥补地方公共财政萎缩的一种体制上的“创新”。

自上而下的制度外公共产品供给决策机制也是问题的一个方面。在现行公共产品供给体制下，公共资源的筹集采用的是一事一收费的形式，每项收费都有特定的用途，这相当于在实践中默许了基层政府为一项新的公共产品的供给向农民收取费用的合理性。由于基层政府所追求的目标与农民的要求并不总是完全一致，因此，为了达到基层政府的目标，农村社区制度外公共产品的供给就主要不是由乡、村社区内部的需求决定，而是由社区外部的指令决定，例如乡及乡以上政府和部门下达的各种收费任务、布置的各项达标、升级活动等，而由此产生的供给成本则可通过向农民集资、摊派以及收取各种费用的形式取得。

（2）生产性公共产品供给不足，影响了农业生产的持续稳定发展。改革以后，中央财政的事权向地方财政转移，大量过去由中央政府包下来的事情现在要由县、乡政府承担。但是，由于基层政府制度内财政资金不足，而制度外资金的投放又缺乏有效的激励①，造成农村生产性公共产品供给不足。同时国家投资的减少也并没有为基层政府投资所弥补。在现行体制下，不仅新的生产性公共产品供给不足，而且原有的供给水平也遭到了相当程度的破坏，水利设施淤塞、农田道路失修，导致农业抗灾能力薄弱，影响了农业生产的持续稳定发展。

（3）非生产性公共产品供给膨胀，超过了农民的负担能力。与生产性大型公共产品的供给不同，基层政府一般对非生产性公共产品的供给有着较强的动力。这些产品主要为：

---

① 相对于非生产性公共产品的供给来说，投资于生产性公共产品并不能较快地给地方领导带来更大的“政绩”。

关系农民生产生活的各项服务，如县属职能部门和事业单位在乡镇的诸多派出机构，即所谓的“七站八所”等事业、企业单位提供的各项服务、咨询；上级政府所要求的各项达标升级活动；以筹集资金为目的向农民提供的各项低质量甚至是虚假的公共产品。农村公共产品供给的强制性和公共资源筹集的随意性，造成了非生产性公共产品供给的恶性膨胀并最终成为农民负担沉重的主要因素。

（4）供给渠道单一，无法满足农民对公共产品供给多样性的要求。在现行体制下，私人投资由于受政府政策和产权界定的影响，难以大规模进入农村公共产品供给领域，政府仍是单一的供给主体。但是受到决策目标和资金的限制，政府提供的公共产品数量有限、质量不高，难以满足农民对公共产品多样性、高质量的要求，这既影响了农村经济的发展，也造成了农民对政府的不满和抵触。

（5）机构膨胀，“吃饭财政”的现象日益严重，进一步加重了农民负担。强制性的公共产品供给方式，必然要求有一套完整的、自上而下的公共产品供给的执行机构——公共组织自身，从而带来乡镇机构膨胀、人员队伍庞大等现象，并消耗大量的公共资源用于机构运行和人头费开支。而公共资源筹集的随意性又为这种膨胀在资金上提供了可能，最终形成“养人收费，收费养人”的恶性循环，既降低了工作效率，又加重了农民负担。

2. 新型农村公共产品供给体制的构建

由以上分析可以看出，尽管当前的制度环境较人民公社时期已经有了很大改变，但从公共产品供给决策的政府主导性、供给的强制性、公共资源使用的随意性以及筹集的制度外特征来看，现行体制仍然只是人民公社时期的继承与延续。相对于农民需求的变化，农村改革明显滞后于经济发展的要求，必须积极进行创新体制的研究。

（1）完善农村公共产品的供给决策机制，充分体现农民的意愿。引入村民自治的最初诱因，是要将农民重新组织起来，解决农村公共产品供给不足的问题。但由于乡镇政府职能向村级组织的渗透，村民委员会部分地失去了应有的自治色彩，变成了农村公共产品自上而下供给决策的执行机构，扭曲了农民的意愿。要彻底改变这种局面，应该做到：其一，明确划分不同层级政府和农村社区村民自治组织供给公共产品的责任。各层级政府作为政府公共权力的化身，负有供给公共产品的不可推卸的责任；村民委员会作为村民自治组织，其主要职能不是供给公共产品，而是在国家有关法律范围内，通过村民公约等方式对社区加以管理。其二，充分发挥村民大会和村民代表大会的作用。村民大会作为农村社区的最高权力机构，对社区事务享有最终表决权。社区公共资源的筹集和公共产品的供给须经村民大会或村民代表大会表决同意，凡未经投票表决而擅自动用本社区筹集到的公共资源的行为都是违法的。对于公共资源的使用，村民大会和村民代表大会也依法拥有监督权。其三，县乡社区内的大型公共产品供给应在广泛听取群众意见的基础上，由本级人民代表大会投票表决，常规性的公共产品供给也应接受人民代表大会的监督检查。

（2）积极引进私人投资，构建多层次的公共产品供给结构。前文提到，社会产品可以分成纯公共产品、准公共产品和私人产品。一般说来，纯公共产品可以由政府统一提供；准公共产品可以通过政府补贴的方式，由政府和私人混合提供；私人产品则主要通过市场来供给。借鉴这一理论，我们可以将农村社会产品进行大致分类，从而确定其相应的提供方式。其一，农村纯公共产品由政府统一提供。大型骨干水利工程、农业基础科学研究、气象、农业区划、种子培育、全国性的水土保持工程、农村道路建设以及全国性的农业病虫害防治等，适合由政府统一提供。但由政府提供并不等于这些产品一定要由政府部门生产。政府可以通过合同的形式引进私人投资或直接交由私人生产，然后再由政府购买。其二，农村准公共产品应该按照政府补贴和私人投资相结合的方式由政府和农民个人混合提供，例如，地区性的农业病虫害防治、中小型水利工程、农业科技教育、农技推广和农业机械推广、农村电力、节水农业等。这些产品通常既有社会受益，又有生产者个人受益的特点，属于准公共产品的范畴，可以在政府补贴的基础上，按照“谁受益，谁负担”和“量力而行”的原则，由农民按照受益程度的大小进行集资生产。其三，小范围受益的低级公共产品，可以考虑将农民组织起来，通过俱乐部的方式提供。灌溉，治虫，湖泊的渔业资源利用，种植、养殖的供产销联合体，乡村道路，农产品的加工和流通等，由于其外溢较小，且受益群体相对固定，属于俱乐部产品的范畴。对于这类产品，由政府提供显然是不合理的，而对农民个人来说，由于外部性的存在，由私人提供也容易造成效率损失，因而理想的方式是将农民组织起来，成立农业合作社，通过合作社将外部收益内在化，提高供给效率。其四，确保农民私人产品的生产不受政府干预。农业耕作、种植养殖、施肥、收获、销售等，是纯粹的私人产品，应当由农民自主进行，避免政府的直接行政干预，但政府可以给予适当的指导。

(3) 积极推进农村税费制度改革，理顺公共分配关系。现行体制下制度内农村公共资源不足，要靠制度外再筹集的做法，已经到了非改革不可的地步。既要防止制度外财政的过度膨胀，又要在农村筹集到足够的公共资源以确保农村公共产品的供给，从当前来看，唯有进行农村税费制度改革，通过提高现有农村地方税税率，把现行制度外财政中具有税收性质的部分转化为制度内征收，其余部分在清理的基础上作为税收的附加一并征收，然后再按其用途返还，才能从根本上解决问题。这一方面可以通过税收的权威性确保公共资源的筹集，另一方面也可以从根本上杜绝乱收费的情况发生。同时，农村税费制度改革作为一项系统工程也必须与农村教育体制、乡镇行政管理体制以及农村基层民主制度等配套改革措施协调进行。

(4) 加强对公共资源使用的监督、检查，坚决杜绝权力腐败行为。主要应做到：实行村务公开、政务公开，定期向群众公布收支情况，增加公共资源使用的透明度；积极发挥各级人民代表大会的监督、检查作用，确保公共资源的合理使用；强化社会审计监督作用，及时查处各项违规、违纪行为，将公共资源的使用置于严格的社会监督之下。

6.4.2 城市公共产品供给

1. 城市公共产品供给存在的问题

我国城市公共产品运营是在特定的背景下进行的，其投资方式、价格确定及经营管理等都不同程度地存在问题。

(1) 投资渠道单一，以指令性计划确定价格。我国经济体制转型以来，为了增强企业自我积累和自我发展的机会、提高居民生活水平，政府在进行收入分配时逐渐向企业和居民倾斜，导致城市财政收入总体增长幅度较小。依据国际经验，在经济起飞过程中，城市交通、电力和电信业投资的增长应快于加工工业投资的增长，没有这些部门的超前发展，就不可能有经济的成功起飞。在我国特定体制背景下，公共产品的投资基本依靠政府进行，而政府财力又难以全部满足投资需要，从而使城市公共产品的供给严重滞后于加工工业发展。

另外，受长期计划经济体制影响，城市水、电、气、热、公交等公共产品的商品属性被忽视，基本上被看作无偿的福利性物品。城市公共产品供给被低收费和严格的价格管制所束缚，而政府却以财政补贴方式来维持其低效率运营。由此，公共产品建设的量越大，政府背的包袱就越重，形成“建设越多，亏损越大；投资越多，黑洞越深”的恶性循环。转型以来，虽然价格已进行了一些调整，但仍未达到可以维持简单再生产的成本价格水平。这在政府财力不足、补贴不能全额到位的情况下，加剧了公共企业的经营困难。价格的管制，一方面使市场经济条件下应有的价格调节机制失灵，另一方面对经营公共产品的企业又无吸引力，加之管理部门缺乏资产经营意识，不能将现有的存量资产盘活，依靠政府实现扩大再生产成为不得已的选择。

（2）公共部门垄断经营。我国城市公共产品实行的是条块分割的行政管理模式，水、电、气、热、通信、道路分属不同的行政管理部门。邮电、通信、电力等实行条条管理模式，以中央政府的一级调控管理为主，地方政府基本上没有管理权；水、气、热、道路等以地方的块块管理为主，立项、计划权等集中在城市建设行政主管部门。政府作为垄断经营者，把公共产品的生产任务指令性地分配给其他行政附属物——国有企业。因此，在公路、桥梁、路灯、公园等公共领域几乎都有一个自上而下、上下对口的庞大行政机构，这些行政机构统一下辖各自领域里众多的专业性国有企业，并垄断了整个行业的经营活动，这也为设租、寻租培育了气候和土壤。在现行“建管一体、养管一体、管修一体”的管理模式下，管理部门也容易依靠行政管理权垄断设计及施工等，排斥市场竞争。缺乏竞争又必然导致国有企业低效率，结果是国有企业整体运营成本高、质量水平低、经营管理的效率低。

（3）规模效益差，资金使用不能形成整体合力。城市公共产品建设资金除由城市财政筹集和向世界银行贷款外，还以各种“收费”形式来筹集，分散由各部门管理。这就使中央政府用于公共产品投资的资金分散，预算约束不强，预算外资金不能最大限度地发挥作用，也难以形成资金统一使用和规模经济的合力。

2. 城市公共产品供给体制改革

从国际上看，发达国家已成功地探索了引进市场机制来建设公共产品的经验，而且至今仍在探索公共产品投融资、经营和管理等各环节的运营体制改革路径。从国内来看，党的十五大确定的经济体制改革目标和经济发展战略，为城市公共产品的市场化运营改革提供了前提条件。所以，应树立公共产品的市场化运营观念，使人们破除公共设施“福利型”、“供给型”的旧观念，破除公用事业只能由国家独家垄断投资和经营的观念，鼓励其他经济成分参与经营，推行公共产品的有期、有偿使用。

（1）引进竞争机制。公共产品经营企业之间的竞争是提高其运营效率的先决条件。斯蒂格勒在新加坡和加拿大作过实证研究，认为无论是公共企业还是私营企业，提高效率的普遍原则是激励机制和竞争机制。无论是自然垄断性物品生产，还是优效性物品生产，没有竞争的生产将严重缺乏效率。所以，增强激励机制，吸引政府以外的各种企业从事生产活动，使它们与政府公共企业一起在竞争中生存，这是公共产品运营管理体制改革的第一步。

（2）改革城市公共产品投资体制。稳定、多渠道的投资资金供给，是公共产品生产的根本保障，要获得稳定的资金来源，就应介入多元投资主体、开辟多种投资渠道。这主要包括：

1）中央和地方（城市）政府的财政投资。城市公共产品中有相当一部分是纯公共产品，具有完全的非竞争性和非排他性，它们必须由政府来投资，这是市场经济中政府职能的一个重要方面。随着金融制度的创新和资本市场的发展，政府可加以利用的财政融资手段逐步增加，比如政府具有一般企业所没有信用优势，可以政府信用作为担保，发行公债，筹集财政资金从事投资活动。

2）公共产品经营企业的经营收入再投资。城市公共产品中有很大比例的准公共产品，它们应该实行企业化经营，通过对这些产品的经营，企业不仅可以为社会创造外部效应，也可以为自身带来经济效益，从而保证企业自我积累、自我发展的生命力。从这个意义上说，公共产品，尤其是基础设施的投入不仅是社会经济行为，而且包含着市场经济行为。就后者来说，有投资就应有回报，投资主体多元化要与受益主体多元化相统一。应该运用市场机制，盘活存量资产，实行资产化经营。

3）政府和银行的低息贷款及发行债券筹资。政府财政贷款及争取世界银行、亚洲开发银行等的低息贷款，对于约束公共企业经营和管理，具有一定的积极意义。1980 年，日本公共基础设施建设的投资来源中，财政投资贷款占 24%，市场发行债券占 18%。我国近年发行的电力建设和自来水建设债券都有力地支持了公共企业投资建设。

4）大力引进外资。引进外资建设城市是目前我国公共产品建设重要的资金来源渠道。近年来从国外流入我国的私人资本急剧增加，尤其是外资开始进入公共产品投资领域，而且作用不断增大。改革开放初期，外商对我国的投资主要集中在周期短、见效快、风险小的加工工业和第三产业，其投资带有明显的试探性。随着我国投资环境的逐步改善，大中型跨国公司的投资比重不断增加。

5）设立公共投资专业性基金。近年来，储蓄总额呈现出稳定增长的势头。储蓄总额的增长，为公共产品投资资金面的拓宽和资金量的递增提供了条件，也为投资基金制度的实施提供了可能。投资基金制度是把大众投资分散的资金汇集起来，委托专门的投资机构进行投资，借以分散投资风险，使投资者按其投资比例享受较为稳定收益的一种投资制度。为了拓宽城市公共产品投资渠道，可以允许设立公共投资专业性基金，政府可以予以税收减免优惠并提供保底收益率。基金管理人可以自主选择以哪些政府公共项目为其投资对象。如果基金管理人在政府规定范围内不能选择到合意项目，则可以把资金贷给政府，并由政府按规定的保底收益率支付利息，保底收益率可以高于银行存款利率。在欧美等发达国家，为了促进城市公共开发项目的实施，经常利用证券投资机制寻求资金来源，这些国家的政府将证券发行所得的利息以及部分资产售出所得归还给投资者，以获得比其他融资方式更充足的资金来源。

(3) 改革城市公共产品经营体制。国外的经验证明，对于公共产品经营可以采取直接公营的形式，也可以采取其他经营形式。

目前，我国已经有很多城市允许私人企业（私立学校）经营中小学教育，并以此取得较高的经济和社会效益。但总体上说，我国公共产品的经营体制还没有得到彻底改革，需要进一步加大改革力度。

1）改革政府的干预行为。将政府直接生产并经营公共产品的传统方式，改变为以补贴和管制方式来干预公共产品经营。对企业进行某些补贴，是为了弥补公共产品经营的巨大固定成本；对居民进行某种补贴，是为了使其"选票"能够表达对公共产品的需求信息。采用管制方式，可以监督、审查公共部门的实际成本与价格状况，保证公共资源的优化配置。

2）进行市场化改革。随着科技的进步，一些公共产品经营部门已丧失了其自然垄断性，顺应这一变化，应将不具备自然垄断性的公共部门果断推向市场。

3）明确划分公共产品经营职能。公共产品经营中引进市场竞争机制已势在必行。政府可以将某些城市道路、桥梁、港口等基础设施的专门经营权拍卖给私人、法人团体和外商，由它们来经营；将一部分垄断性行业的现有国有企业资产或将要建成投入使用的资产出售；实行股份制改造，由股份制企业或私营企业来经营，政府可以尽快收回投资。对于不能出售和股份化的企业，政府可以采用租赁、托管和公司化等方法实行商业化经营，从而缩小政府直接经营的范围。

(4) 改革价格体制。对于公共产品定价的意义远远超出了经济理论范畴，因而确定合理的价格水平是极其困难和复杂的，也正因为如此，价格体制改革才具有重要的意义。价格体制改革的主旨是：确定社会边际成本定价准则，使城市公共产品经营在总体上保持一定的"收益"水平；通过价格调整存量结构以减轻公共产品的运营压力，实现"以城养城"。主要措施包括：

1）总体上调公共产品的定价水平。我国城市公共产品供给不足是一种常态，为缓解供求矛盾、保障社会整体福利最大化，应该按照有偿使用原则，提高自来水费、电费、电话费、煤气费、公共交通费、养路费等。这些费用长期低于成本，国家财政要给予生产经营企业巨额暗补。若将这些产品不同程度地加价，使生产经营企业能够基本上做到收支平衡以至略有盈利，则既能减轻财政负担，又能促使其增长速度适度超过加工工业增长速度。

2）基础价格体现公共福利性特点。公共产品价格与城市居民生活密切相关，保持合理的基础价格对保障居民生活的"必需性"具有重要意义。应以土地低价批租甚至无偿提供土地、限制进入企业数量和减免税收等方式刺激企业投资，降低企业成本，做到既提高企业利润率，又不会造成物价过快上涨。

3）依靠其他价格形式实现公共产品生产企业"自我积累、自我发展"的经营原则。对超额享用公共产品的人，根据产品价值、服务质量等因素的差别来制定浮动价格，拉开价格差别。

本章小结

市场规律对公共产品供给的调节作用甚微，这是市场失灵的重要表现之一。因此一般而言，政府是公共产品供给的主体。本章以此为出发点，从私人产品与公共产品的比较出发，介绍了公共产品的特点、分类，公共产品有效供给的条件及障碍，同时分析了政府部门和私人部门生产公共产品的方式以及我国公共产品的供给状况。

关键术语

私人产品　　公共产品　　公共产品有效供给　　林达尔均衡

复习思考题

1. 简述私人产品与公共产品的含义和特点。
2. 简述公共产品的主要分类。
3. 结合实际对公共产品的有效供给进行分析。
4. 结合实际分析私人部门生产公共产品的必要性和可能性。
5. 结合所学理论分析我国目前农村公共产品供给的问题及其解决对策。

案例分析

北京再迎新一轮水价调整

2014 年 4 月 2 日，北京市发改委正式公布了北京居民用水价格调整方案，拟将居民基本水价在现行的每立方米 4 元基础上，上调 0.95 元或 1 元，并按用水量的不同执行阶梯水价。4 月 17 日，包括消费者、市人大代表、市政协委员、社会组织、专家学者、经营企业、政府部门的 25 名代表参加了此次北京阶梯水价调整听证会。听证会应到 25 人，实到 24 人（1 人因故不能参会，向听证会提交了书面意见）。25 位听证代表全部同意上调居民用水价格，其中 17 位同意第二方案，即第一阶梯户年用水量不超过 180 立方米，每立方米 5 元，占听证代表总数的 68%；6 位同意第一方案；还有 2 位提出了新的方案，其中 1 人建议细化分档，另 1 人建议按人口计算。可以看出，无论最终选择哪种方案，水费上涨已是北京居民未来必须面对的现实。而此轮上调后，北京也或将成为全国居民水价最贵的城市。

可以说，北京为此次水价调整做足了功课。除公布北京水价调整方案外，北京市发改委同步发布了《关于北京市市属供水成本监审报告》，这是北京首次在听证会前公布成本监审报告。同时，还公开了北京市自来水集团职工工资，压低了自来水集团呈报的成本，算是打破惯例。根据报告，现行水价一直低于成本。按照居民现行水价，若不算政府补贴，北京目前每立方米水亏损超过 2 元。

北京现行居民用水价格于2009年制定，5年之后，北京再次选择上调水价，源于供水成本压力和水资源稀缺之困。在供水成本方面，目前北京居民用水价格标准为每立方米4元，其中：自来水费为每立方米1.7元，水资源费为每立方米1.26元，污水处理费为每立方米1.04元。但是根据北京市自来水集团及21家下属供水单位的监审报告，其供水成本已达到每立方米3.08元。北京市发改委成本调查队队长柯似解释称："这就意味着，按照企业每吨水3.08元的供水成本计算，居民使用1吨水，支付水费1.7元，企业要亏损1.38元。"

其实，除了成本压力，北京上调水价更重要的原因在于，对于北京这座2 000多万人口的庞大城市，水已是极度稀缺资源。从1999年开始北京市接连干旱，目前人均水资源量已经降到100立方米左右，是全国平均水平的1/20，而且也是世界人均水平的1/80。在2013年夏季，北京市区最高日供水量达到298万立方米，这个数字已经接近市区318万立方米的日供水能力极限。作为全国水资源最紧缺的特大型城市之一，通过价格杠杆促进水资源合理利用势在必行。

"各位听证参加人着眼城市可持续发展的大局，全部赞同调整居民水价，表达了对北京市水资源价格改革势在必行的认同，达成了利用价格杠杆引导全社会节约用水的共识。"北京市发改委副主任刘印春会后这样说道。北京市发改委委员李素芳表示，北京调整水价主要是促进水资源的节约与合理利用，体现多用水、多付费的原则。

到底自来水供应当中成本压力有多大呢？清华大学水业政策研究中心主任傅涛以北京为例，作了一个简单的说明。傅涛说："我们说的水价是指自来水公司把水抽出来净化完以后，送到老百姓家里的这部分，叫供水费用，原来的自来水只收这部分费用，这部分费用实际上没有太大的提高，北京原来就是1块多钱，现在最多也就是2块多钱。水价之所以一直在提高，是因为水质标准在提高，另外增加了污水处理费。原来污水是不处理的，基本上用完以后就直接排掉了。而北京市的标准不是一般城市的一级A或一级B，而是非常高的标准，除了个别指标以外，大部分都达到四类水体的标准，这个标准之下的处理成本比外地高很多。"

但傅涛认为，成本并不是自来水价格调整的最主要因素，而只是原因之一。"供水是公共服务，就是政府向老百姓提供的一种服务，这种公共服务理论上是可以不要付费的，但政府必须补贴。""北京市供水一年是10亿元，交通补贴一年都过百亿元，水价不是取决于成本，而是取决于公共政策的选择，这些标准都是由政府定的，成本只是做起价的一个参考。如果水价低了，只能透支城市的血液，因为耗水工具都到城市来了，大家都浪费水，最后产品又卖到外地去了。所以国家都不会选择把水作为低价进行处理。水的问题表面上看是成本决定的，实际上是当地的经济政策和公共政策决定的。"

思考题

1. 结合案例材料，总结城市自来水的供给成本。
2. 你赞同"水价不是取决于成本，而是取决于公共政策的选择"这一观点吗？
3. 根据公共产品理论，分析并评价全国掀起的新一波自来水涨价潮。

第 7 章

公共选择理论

重点问题

- 非市场决策与公共选择
- 公共选择的规则
- 公共选择中选民的行为
- 公共选择中政治家的行为
- 公共选择中利益集团的行为
- 公共选择中官僚的行为及官僚问题的解决

7.1 公共选择理论概述

7.1.1 私人选择与公共选择

1. 私人选择

在现实生活中，人们总是要做出这样或那样的选择来实现自己的目标。有一些选择，例如是否要在家里添购电冰箱等，是可以由个人单独做出的，人们根据自己是否需要、自己的收入预算、商品的价格等信息自主地做出购买决策，并且通过自愿的市场交换实现购买，决策者直接地承担决策后果。同时，这种决策行为通过市场交换的媒介作用会影响到商品的生产商和供应商，促使它们相应地调整产量，以满足市场需求，实现自身利益最大化。而这样通过自愿的市场交换实现的选择其最终结果是实现了社会资源的有效配置和产品的有效生产，或者说是实现了帕累托最优。这类选择的对象通常是一些私人产品，产品交换时的利益边界比较清晰，因此这类选择可以被称为私人选择，其特点是通过自愿的市场交换，可以形成一个完全反映消费者偏好的市场价格，并且在这样一个价格水平下产品能够被有效率地、足量地生产出来。

由于私人选择基本上是通过自愿的市场交换自主地完成的，因此进行私人选择的决策行为又被称为市场决策。

2. 公共选择

公共选择是与私人选择相区别的集体选择，是指人们通过民主政治过程来决定公共产品的需求、供给与产量，是把个人或私人选择转化为集体选择的一种过程或机制，是对资源配置的非市场决策。

公共选择实际上是一种政治过程。作为一种政治过程，公共选择有着不同的方面，要经过立宪、立法或议会、行政和司法三个阶段。在这三个阶段，公共选择的内容体现出层次上的不同：其一，在立宪阶段，公共选择要决定公共产品的决定规则，即偏好加总或税收负担的决定规则的确立，是全体一致还是少数服从多数，是直接决定即全民公决还是间接决定即由议会或立法机构决定等。其二，在立法或议会阶段，公共选择的主要内容是，通过立法程序，讨论表决各种议案，决定社会所需求的和政府将提供的公共产品数量。其三，在行政和司法阶段，公共选择的内容是将立法机构通过的法案付诸实施，由政府行政机构组织生产和提供公共产品。

3. 私人选择与公共选择的区别

私人选择与公共选择基本上概括了个人的全部选择，前者概括了个人在市场中的个人活动，后者概括了个人在政治中的集体活动。显然，两种选择有着不同的特点。

（1）私人选择是要通过市场过程选择资源在私人产品间的配置。在市场过程中，消费者根据自己的偏好和收入状况，按市场程序用货币选票决定自己所需的私人产品产量。公共选择则是通过政治过程决定资源在公共产品间的配置。在政治过程中，作为投票人和选民的消费者，按政治程序投票决定公共产品的产量。

（2）私人选择基本上遵从自愿交换的原则，消费者所消费的产品数量恰好是他所需要的。公共选择则带有一定的强制性，消费者或投票人要遵从少数服从多数的原则，可能要接受他不喜欢的公共产品、支付他不情愿支付的税收，大家一致地消费等量的公共产品，个人所消费的公共产品与其需要相比可能过多或过少。

（3）在私人选择中，消费者支出价格来决定所需私人产品的产量，并以此弥补商品的生产费用，存在一一对应的消费—支出关系；个人选择行为与结果有直接联系，选择直接影响个人效用而不是他人效用。在公共选择中，公共产品的产量通过投票决定，生产费用由投票人缴纳税收弥补，个人税收支付与单个公共产品的消费不存在一一对应的关系；个人选择行为与结果没有直接联系，不能直接影响个人与他人效用，而是与他人的选择一起组成公共选择来共同决定结果，这里存在的是总税收与总公共开支即一揽子公共产品间的整体联系。

（4）在私人选择中，居民为需求方，厂商为供给方，各经济单位之间存在竞争，竞争与市场机制促使厂商去满足消费者，实现社会利益；在自由竞争的条件下，厂商和消费者基本上拥有同等的决策权力来改变市场行为，而且这一影响过程是比较迅速和及时的。在公共选择中，需求方为包括居民和厂商在内的投票人，供给方则是政府机构，各方由类似竞争的民主联系在一起，民主中的竞选促使政府努力服务于投票人，但是，相对于社会民众，政府可能拥有更多的影响决策的权力；由于民主过程的巨大成本，政府决策或非市场决策行为的调整过程往往是缓慢的。

私人选择与公共选择的不同特点如表 7—1 所示。

表 7—1　　私人选择与公共选择的不同特点

	私人选择（市场决策）	公共选择（非市场决策/集体决策）
决策涉及的资源配置领域	私人产品	公共产品
决策过程/程序	市场过程/市场程序	政治过程/民主政治程序
决策的工具	货币选票	政治选票
决策的原则特点	自愿原则	带有一定的强制性
个人消费需求的满足程度	消费量＝需求量	消费量与需求量可能不相等
个人选择行为与结果的关系	有直接联系	没有直接联系
个人消费—支出关系的特点	存在一一对应的消费—支出关系	不存在一一对应的消费—支出关系，只存在总税收与总公共开支间的整体联系
供求双方的决策影响力	供给方：厂商 需求方：消费者 双方基本上拥有同等的决策权力	供给方：政府机构 需求方：投票人 供给方（政府机构）可能拥有更多的影响决策的权力
决策的调整过程	迅速、及时	较缓慢

7.1.2　公共选择理论简介

公共选择理论是最近 40 年来在西方经济学界逐渐兴起的一个新研究领域。公共选择理论可以定义为对非市场决策的经济学研究，或者说是对政府决策过程的经济分析。公共选择理论涉及立宪、立法或议会、行政和司法等政治过程的各个方面，主要研究集体决策或政治决策的决策过程和结构，重点是研究经济政策的制定过程，从中探索政治经济问题的深层次原因。

公共选择理论的突出特点是以经济学分析方法研究政治问题，运用标准经济学研究方法，即新古典的微观经济分析方法——个人主义和理性主义，“根据交易范例来观察政治和政治过程”①，解释个人偏好与政府公共选择的关系，研究作为投票人的消费者如何对公共产品的供给决定表达意愿。个人主义、理性原理、交换政治和政治过程是公共选择理论基本研究方法的四个构成要素。

公共选择理论认为，政治决策的参与者，无论是政治家、官僚还是选民，都同私人经济中的个人一样是理性的“经济人”，追求个人利益最大化，而政治活动不过是追求个人利益最大化的一种途径，政治活动形成的集体决策是个人决策的某种方式的加总，公共选择不过是个人选择的结果；有效率的集体决策应该能够尽可能真实全面地反映个人的偏好，因此集体活动的理想状态是实现全体一致，在这种情况下，就只存在自愿交换，没有

---

① ［美］布坎南：《自由、市场与国家》，31 页，上海，上海三联书店，1989。

任何强制，从而政治活动也就等同于市场交换，维护了个人自由。在具体决策中实现全体一致往往是困难的，但是可以首先全体一致地通过并构建一个好的政治机制或政治活动的规则，然后依靠这种制度约束来保障实现具体公共决策的效率。

公共选择理论将政治交换比作市场交换：市场交换和政治交换的目的都是追求个人利益的最大化；市场交换的供求双方是厂商和消费者，而政治交换的供求双方为政府与投票人（选民）；市场交换表现为消费者支付价格以换取厂商生产并出售的私人产品，而政治交换表现为投票人缴纳税收以换取政府提供的公共产品；市场交换中消费者通过货币选票显示其个人偏好，而政治交换中投票人通过政治选票显示其个人偏好；市场交换中存在竞争和垄断，而政治交换中政治家之间存在竞争，官僚机构类似垄断组织，利益集团类似卡特尔。

公共选择理论在研究政治活动时注重于政治交换类似于市场交换的特点，将经济学研究拓展到政治研究领域，弥补了传统经济学将制度看作外生变量的缺陷。同时，公共选择理论突破了标准政治学将政治家或政府看作大公无私的公共目标或全民利益的代表者的理想假设，注重效率而不要求有价值判断，主张按照明确产权、个人利益驱动、价格导向、自愿交换、分权决策、相互竞争等市场过程的特点去改革和塑造政治过程，丰富了政治学研究的思路。因此，可以说，公共选择理论是经济学与政治学之间的一座桥梁。简而言之，公共选择理论揭示了如何进行公共产品的供给和分配这一政治决策过程。

7.2 公共选择的规则

通过公共选择或集体选择进行有关公共问题的决策，在不同的政治制度下有不同的决策程序。[①] 在直接民主制下，公共决策由选民直接投票决定，所有选民每人一票，每个人的决策能力相等，这种决策方式又被称为直接投票决策。在代议民主制下，全体选民通过投票选举出一定数量的代表（如议员），再由这些代表代替选民作出公共决策，这种决策方式又被称为间接投票决策。不管是直接投票决策，还是间接投票决策，不管是针对具体的公共政策方案投票，还是针对人（代表）投票，都涉及投票的规则问题，主要的投票规则有两大类：全体一致同意规则与多数通过规则。[②]

7.2.1 全体一致同意规则

所谓“全体一致同意规则”（unanimity rule），就是通常提及的全票通过原则，是指

---

① 除了直接投票决策和间接投票决策两种基本的决策形式外，有的文献还列举出第三种形式——集中决策。集中决策是指一个人或者一个人数很少的集体代替公众独立地作出政府决策。在集中决策体制中，当权者依据自己的边际成本和边际效益进行决策。在战争时期或军队中，集中决策是很常见的，也是非常必要的。严格说来，集中决策不属于公共选择理论讨论的范围，因为在这种体制中，社会公众的选择转变为个人或少数人的选择，它依据单一的偏好系统作出判断，因而不会产生民主决策制条件下的决策困境。参见丛树海主编：《公共支出分析》，44～45页，上海，上海财经大学出版社，1999。

② 从理论分析的角度，本节介绍的两类公共选择的投票规则，在公共选择教科书里一般列为直接民主制中的公共选择，而代议民主制中的公共选择问题将在下一节中进行介绍。

一项公共决策或集体行动方案，只有在全体当事人一致同意，或者至少没有一个人反对的前提下才能被通过和实现。在这种规则下，每一个当事人都对将要达成的集体决策享有否决权。

全体一致同意规则的优点表现为：第一，被通过的决议案可以照顾到每一个投票者的利益，不会有任何人的利益遭到侵犯，不会使任何一人受损而使至少一人受益，从而达到帕累托最优的理想境界。全体一致同意规则还可以保证任何一项总收益超过成本的议案都得以通过，即使其中某些成员会受损，但受益较多的成员可以主动提供补偿而使每一成员的收益都超过成本，从而一致支持该议案。第二，在全体一致同意规则下，可以避免“搭便车”行为的发生。因为，每个投票者都享有否决权，个人选择对集体选择至关重要，每个投票者都会清楚地意识到，自己的行为不仅会影响与此相关的其他成员的行为，而且还直接关系到集体方案能否推行的问题，并且所有投票者的权利能够绝对平等地得到保障，个人意愿也可以获得体现，每个个体都有很强的动力去表达真正的个人意愿。

不过，全体一致同意规则也有不足的地方。首先，由于最后通过的议案必须照顾到所有投票者的利益，议案往往要经过多次反复的讨论、修改和表决过程，不断的讨价还价会耗费大量的人力、物力和财力，同时可能延误决策时间，决策成本高、效率低。在当事人众多或存在利害冲突的情况下，意见往往难以一致，从而出现议而不决的情况。其次，全体一致同意规则忽略了投票者的策略行为，假定所有人都诚实地投票，这不完全符合现实。每个投票人都希望自己的处境变得更好，因而会为得到最有利于自己的投票结果而采取策略行动。例如，投票者可能会隐瞒自己的真实偏好，反对任何于己稍次一些而于他人稍好一些的议案，妨碍有效率的协议的达成。又如，少数投票者为了实现自己的利益，可能会威胁说若不满足他们的某些要求就将行使否决权，这意味着为了满足少数人的利益可能会牺牲大多数人的利益，出现“少数人对多数人的暴政”。最后，从公共产品有效配置的理论标准来看，公共产品的供给规模只有在满足“边际成本＝边际效益”时才符合产品组合效率的要求。全体一致同意规则在很大程度上过多地考虑了少数人的利益，而在一般情况下，低位投票者所满意的规模水平会与产品组合效率所规定的规模水平有较大的差异，这意味着全体一致同意规则所产生出的决策结果可能较大程度地偏离产品组合效率。只有在偶然的特殊情况下，即既定的成本分担方案恰好使得各投票者的边际成本等于各自的边际效益时，全体一致同意规则才可以产生一个满足产品组合效率要求的结果。因此，全体一致同意规则有时候难以产生结果。

7.2.2 多数通过规则

前面已经指出，在人数众多的团体中，在投票者的偏好差异很大时，在面临重大利益冲突的情况下，要统一团体中所有人的意愿是一件十分费事和困难的事情，甚至是不可能的。因此，在现实中更常用的是多数通过规则，只要赞成票占多数，议案即获通过。在实际运用中，多数通过规则要根据备选方案的重要程度以及更具体的成本和收益的对比分析来决定是采用 3/4 多数通过规则、2/3 多数通过规则、1/2 多数通过规则抑或是小于 1/2 的相对多数规则。通常情况下，重要的方案须取得至少 2/3 多数选民的支持。

相对多数规则（plurality rule）是指，只要某备选方案获得的票数比其他备选方案多就可以胜出，赞同的票数可以不过半数。这一规则下，投票的结果可能是低效率的，甚至没有确定的结果。

其一，相对多数规则可能使两个彼此对立的提案都获得通过。缪勒曾经举出这样一个例子：一项要求学校增加开支 10%的建议可能以 40%的比例首先赢得取胜多数，而一个要求削减开支 5%的相反建议也可能得到相对多数人的同意，从而使决策陷入僵局。① 其二，相对多数规则下产生的决策结果可能不符合多数人的偏好。比如，有 A、B、C、D 四个备选方案，40%的投票者偏好方案 A，其余 60%的投票者不赞同方案 A，而是分别支持其余三个备选方案，使 B、C、D 三个方案分别获得 20%的支持率，结果是 60%多数的投票者不偏好的方案 A 胜出。其三，相对多数规则下投票可能没有结果。例如，等额选举积极分子时，如果每个人都投自己一票，那么投票选举就不会有结果。

考虑到成本和效率，最为基本和常用的多数通过规则是简单多数规则。所谓简单多数规则（simple majority rule），又称为过半数规则，是指每人一票对提案进行赞成或反对的投票，若有一半以上的人投票赞成，提案即获得通过。

简单多数规则下，如果有多个备选方案参与角逐，就将这些方案两两加以比较，并按照传递性公理得出最后的结论。所谓传递性公理，是指不需证明人们就会赞同的一种情形，即若 X 被认为好于 Y，Y 被认为好于 Z，那么可以认为 X 好于 Z。

简单多数规则下，如果备选提案只有一项或两项，就一定能够得出确定的投票结果。而如果备选提案的数目为三项或更多，投票的结果就不一定是唯一的，而是取决于所有投票人的偏好特点。如果所有投票人的偏好都是单峰偏好，就必定能够决出一个唯一的结果；相反，如果至少一个投票人的偏好是双峰偏好，就不能产生唯一的结果，而会导致循环，按照不同的投票程序将有不同的结果。

所谓单峰偏好，是指投票人按照假设能有唯一的最优行事方式，做出的选择距离他们的最优选择越远，他们获得的福利水平就越低。或者说，在诸备选提案中，存在一项投票人最偏爱的提案，离开该提案移向其他任何提案时，偏好程度都会持续下降，从而该投票人对各提案的偏好顺序在几何图形上表现为单峰特点。可以举个例子来说明：假定 A、B、C 三人就教育拨款问题进行表决投票，X 提案建议拨款额度为 10 万元，Y 提案建议拨款额度为 20 万元，Z 提案建议拨款额度为 30 万元；对于这三项提案，投票人 A 的偏好顺序为 X>Y>Z，投票人 B 的偏好顺序为 Z>Y>X，投票人 C 的偏好顺序为 Y>Z>X。表 7—2 给出了上述信息。图 7—1 描绘出三个投票人对三个备选方案的偏好顺序，可以看出，三个人的偏好都只有一个峰值，均属于单峰值偏好组合。表 7—3 给出了依据简单多数规则投票的结果：在提案 X 与提案 Z 之间进行投票，Z 优于 X；在提案 Z 与提案 Y 之间进行投票，Y 优于 Z；据传递性公理可以推出 Y 优于 X，而在提案 Y 与 X 提案之间进行投票的结果也恰好是 Y 优于 X。因此，投票结果显示出三个提案的优先次序为：X<Z<Y。如果变换投票的顺序，比如，先比较提案 X 与提案 Y，接着比较提案 Y 与提案 Z，最后比较提案 Z 与提案 X，同样可以得出 X<Z<Y。结果确定。

---

① 参见［美］丹尼斯·C·缪勒：《公共选择理论》，70 页，北京，中国社会科学出版社，1999。

表 7—2　　投票人的单峰偏好

偏好　提案 投票人	提案 X 拨款 10 万元	提案 Y 拨款 20 万元	提案 Z 拨款 30 万元
投票人 A	第 1 选择	第 2 选择	第 3 选择
投票人 B	第 3 选择	第 2 选择	第 1 选择
投票人 C	第 3 选择	第 1 选择	第 2 选择

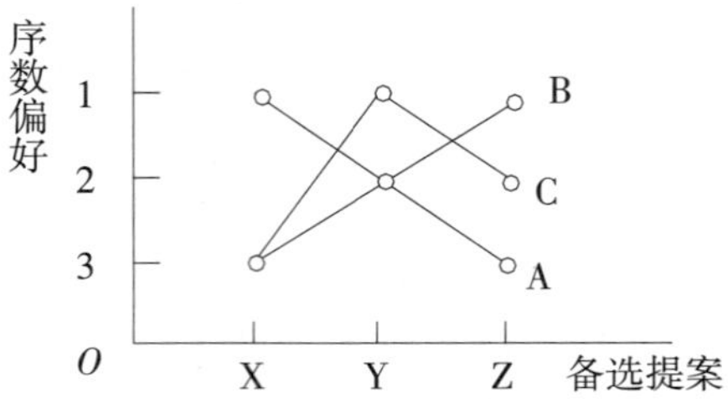

图 7—1　投票人的单峰偏好

表 7—3　　单峰偏好的投票结果

选择	胜出方案
提案 X 与提案 Y	提案 Y（投票人 B 和投票人 C 的偏好）
提案 Y 与提案 Z	提案 Y（投票人 A 和投票人 C 的偏好）
提案 Z 与提案 X	提案 Z（投票人 B 和投票人 C 的偏好）

在表 7—2 和表 7—3 描述的例子中，我们还可以得出这样一个结论：在所有投票人的偏好都是单峰偏好，并且投票人数为奇数的情况下，投票的最后结果必然是中间投票人所偏好的结果。所谓中间投票人（median voter），简言之，就是对提案或公共产品需求规模持中间立场的投票人，他正好把其余偶数个投票人划分为人数相等、兴趣相反的两组。假定个人投票时遵循的原则是，如果不能选择使其效用最大化的备选方案，那么，退而求其次，他将选择满足程度离该方案最近的方案。就表 7—2 中的例子而言，投票人 A 最偏好的是提案 X，投票人 B 最偏好的是提案 Z，投票人 C 最偏好的是提案 Y，支持中等支出规模提案 Y 的投票人 C 为中间投票人。C 的态度起着决定性作用。在提案 X 和提案 Y 之间进行投票选择时，投票人 A 将选择能够实现效用最大化的提案 X，投票人 C 将选择能够实现效用最大化的提案 Y，使投票人 B 实现效用最大化的是提案 Z，这时，投票人 B 不得不退而求其次，选择提案 Y，按照简单多数规则，中间投票人 C 所偏好的提案 Y 胜出，为社会偏好的提案；在提案 Y 和提案 Z 之间进行投票选择时，投票人 B 将选择能够实现效用最大化的提案 Z，投票人 C 将选择能够实现效用最大化的提案 Y，使投票人 A 实现效用最大化的是提案 X，这时，投票人 A 不得不退而求其次，选择提案 Y，按照简单多数规则，又是中间投票人 C 所偏好的提案 Y 胜出，为社会偏好的提案；在提案 X 和提案 Z 之间进行投票选择时，投票人 A 将选择能够实现

效用最大化的提案 X，投票人 B 将选择能够实现效用最大化的提案 Z，投票人 C 无法选择能够使其实现效用最大化的提案 Y，只能退而求其次，选择提案 Z，按照简单多数规则，提案 Z 胜出，为社会偏好的提案，可以看出，这时候中间投票人 C 的选择仍然起着决定性的作用。

由于中间投票人所持偏好中庸，他理想中的备选方案总能够在投票过程中击败其他方案，脱颖而出，决定投票的最后结果。这就是所谓的“中间投票人定理”(见图 7—2)。

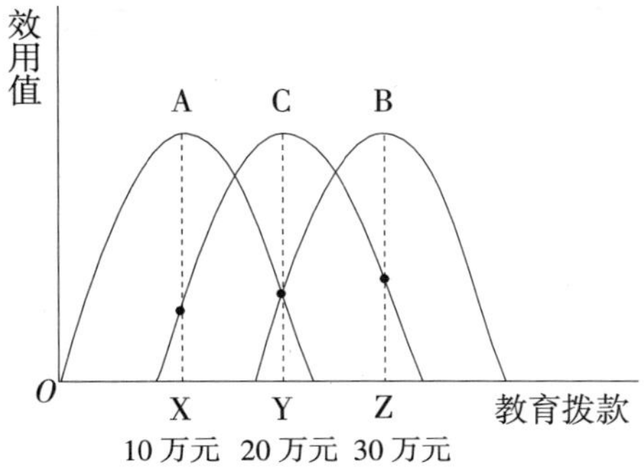

图 7—2　中间投票人定理

简单多数规则的一个突出弱点是可能出现投票循环。这时，按照不同的次序进行投票将产生不同的投票结果。因此，政客可以通过操纵投票程序来控制投票结果。

前文已经提到，如果至少一个投票人的偏好是双峰偏好，就可能出现投票循环。所谓双峰偏好是指，当投票人偏离他最满意的那个提案选择其他提案时，开始时福利水平会恶化，但是当沿着同一方向持续移动下去时，其福利水平最终会得到改善。换句话说，就是存在一个最低偏好提案，其附近任何一个方向的邻近提案得到的偏好程度都高于该提案。因此，该投票人对各提案的偏好顺序在几何图形上表现为双峰特点。为了解释得更清楚些，我们将上面的例子稍作修改：将投票人 B 的偏好顺序改为 Z>X>Y。表 7—4 给出了三个人的偏好顺序信息。图 7—3 描绘出三个投票人对三种备选方案的偏好顺序，可以看出，投票人 A 和投票人 C 的偏好都只有一个峰值，均属于单峰值偏好组合；投票人 B 此时的偏好有两个峰值(提案 X 和提案 Z)，属于双峰值偏好组合。表 7—5 给出了依据简单多数规则投票的结果：在提案 X 与提案 Y 之间进行投票，X 优于 Y；在提案 Y 与提案 Z 之间进行投票，Y 优于 Z；据传递性公理可以推出 X 优于 Z，但是在提案 X 与提案 Z 之间进行投票的结果却是 Z 优于 X，与传递性公理的结果相矛盾。简单多数规则与传递性公理发生矛盾被称为集体的非传递性(collective intransitivity)。当这种情形出现时，将导致投票循环(vote cycling)，多数表决制无法得出最终结果，这就是所谓的“投票悖论”。在本例中，就出现了 X>Y>Z>X 的循环，投票结果不确定。此外，在这种情况下，投票程序决定着投票结果：如果先在提案 X 与提案 Y 之间取舍，获胜者 X 再与提案 Z 角逐，结果提案 Z 将胜出；如果变换投票程序，先在提案 X 与提案 Z 之间取舍，获胜者 Z 再与提案 Y 角逐，结果提案 Y 将胜出；如果先在提案 Y 与提案 Z 之间取舍，获胜者 Y 再与提案 X 角逐，结果提案 X 将胜出。因此，投票活动的主持人可以通过操纵议事程序来使投票结果有利于自己。

表 7—4　投票人的双峰偏好

偏好＼提案＼投票人	提案 X 拨款 10 万元	提案 Y 拨款 20 万元	提案 Z 拨款 30 万元
投票人 A	第 1 选择	第 2 选择	第 3 选择
投票人 B	第 2 选择	第 3 选择	第 1 选择
投票人 C	第 3 选择	第 1 选择	第 2 选择

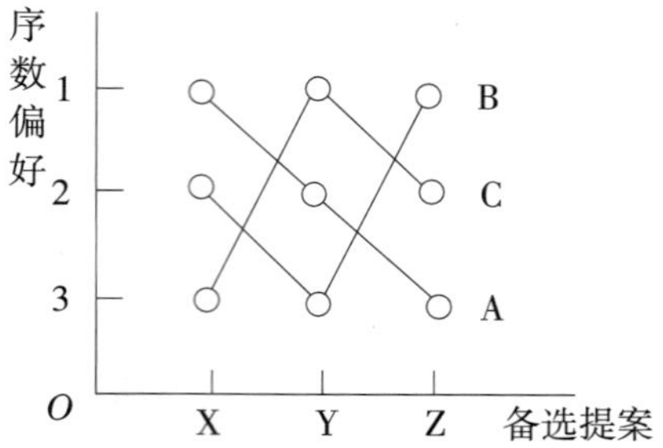

图 7—3　投票人的双峰偏好

表 7—5　双峰偏好与投票悖论

选择	胜出方案
提案 X 与提案 Y	提案 X（投票人 A 和投票人 B 的偏好）
提案 Y 与提案 Z	提案 Y（投票人 A 和投票人 C 的偏好）
提案 Z 与提案 X	提案 Z（投票人 B 和投票人 C 的偏好）

除了上述情况外，按照简单多数规则，在对多维议案进行投票表决时，即使所有投票人的偏好都是单峰的，也存在投票循环的可能性。①

前文举出的提案都是单维议案。所谓单维议案，是指每次只投票决定一项公共产品的供给规模或一种类型的议题。例如，或者投票决定教育支出问题，或者投票决定国防支出问题，等等。所谓多维议案，则是指每次投票要同时决定两个或更多的公共产品的供给规模，是决定总开支规模及其在不同的公共产品上的分配比例问题，或者简言之，就是包含一揽子不同类型项目的议案。例如，一个将教育支出规模问题和国防支出规模问题组合在一起的议案就是多维议案。有时候，一个问题会有多个维度的影响，决策时要同时考虑到各方面的影响，这种情况下，议案表面上是单维议案，实际上却属于多维议案。例如，越战期间，美国就是否从越南撤军的问题进行决策，由于该议案不仅要顾及在海外的美国军队的态度，同时也要顾及有关战争会造成死亡和破坏的人道主义，于是就会相应地出现两种对立的结果倾向：一种倾向于继续扩大军费支出以达到全部的胜利，另一种则倾向于立即完全撤军。② 再如，在人们可以自由选择将子女送到公立学校或是私立学校接受教育的

---

① 具体分析参见［美］丹尼斯·C·缪勒：《公共选择理论》，83～90 页；文建东：《公共选择学派》，41～44 页，武汉，武汉出版社，1996。

② 参见［美］丹尼斯·C·缪勒：《公共选择理论》，84 页。

制度下，就公立学校的教师数量规模进行表决，也是一个多维议案。①

除了可能出现投票循环外，简单多数规则的另一个弱点是，可能产生无效率的投票结果。

我们来看下面这个例子（见表 7—6）：假定某一社区仅由 A、B、C 三人组成，现要就是否建设社区街心花园进行投票表决，花园的建设成本为 900 元，由社区成员平均分摊，也就是说，如果提案获得通过，三个人每人要支付 300 元的税款。由于三个社区成员对花园的效用评价不同，依据个人边际成本等于个人边际效益的决策原则，A 对花园的评价最高，愿意为此支付 700 元，B 愿意支付 250 元，C 则只愿意支付 200 元。显而易见，就提案本身而言，花园给社区成员带来的总效用（收益）为 1 150 元（700 元＋250 元＋200 元），大于 900 元的建设成本，建设花园可以增进社区福利。那么，依据简单多数规则投票的结果又会如何呢？花园给 A 带来的净效用（收益）为 400 元（700 元－300 元），给 B 带来的净效用（收益）为－50 元（250 元－300 元），给 C 带来的净效用（收益）为－100 元（200 元－300 元）。由于 B 和 C 获得的净效用为负值，利益受损，不可能投赞成票，只有净效用为正值的 A 可能投赞成票，所以在简单多数规则下该提案将被否决。

我们再来看一个例子（见表 7—7）：同样假定某一社区仅由 A、B、C 三人组成，现要就是否建设社区游泳池进行投票表决，游泳池的建设成本为 900 元，如果提案获得通过，三个人平均分摊成本，每人要支付 300 元的税款；根据对游泳池的效用评价，A 愿意支付 100 元，B 和 C 愿意支付 350 元。显而易见，就提案本身而言，游泳池给社区成员带来的总效用（收益）为 800 元（100 元＋350 元＋350 元），小于 900 元的建设成本，投资建设游泳池是不可取的。那么，依据简单多数规则投票的结果又会如何呢？游泳池给 A 带来的净效用（收益）为－200 元（100 元－300 元），给 B 和 C 带来的净效用（收益）为 50 元（350 元－300 元）。由于 B 和 C 获得的净效用为正值，可能投赞成票，只有净效用为负值的 A 可能投反对票，所以在简单多数规则下该提案将获得通过，社会资源被错误地分配给了该公共产品。

表 7—6　　无效率的投票：是否建设社区街心花园　　单位：元

投票人	个人税收付出	个人效用	净效用	投票结果
A	300	700	＋400	赞成
B	300	250	－50	反对
C	300	200	－100	反对
整体效应	900	1 150	＋250	不通过

表 7—7　　无效率的投票：是否建设社区游泳池　　单位：元

投票人	个人税收付出	个人效用	净效用	投票结果
A	300	100	－200	反对
B	300	350	＋50	赞成
C	300	350	＋50	赞成
整体效应	900	800	－100	通过

① 参见［美］尼尔·布鲁斯：《公共财政与美国经济》，135～137 页，北京，中国财政经济出版社，2005。

上述事例说明，在公共选择过程中，投票人通过选票揭示自己的偏好，在简单多数规则下，少数派的利益会被忽视，特定公共产品的生产可能过度或不足，导致资源配置的低效率。也就是说，一方面，政府能够通过提供市场所不能提供的公共产品来提高经济效率，增进社会福利；另一方面，政府也有可能在未能提供经济上有效率的公共产品的同时，错误地提供了一些经济上无效率的其他公共产品。

简单多数规则的第三个弱点是可能存在选票交易。

简单多数规则下，少数派的强烈偏好可能不受重视，但是少数派可能通过选票交易行为来控制投票结果。选票交易主要有两种形式：买卖选票和互投赞成票。买卖选票是指，在一人一票的制度下，向其他投票者购买选票以扩张自己的发言权、提升自己控制投票结果的能力的行为；换言之，是指投票者在得到足够的补偿或接受贿赂之后投票赞成于己不利的议案或对自己来说无所谓的议案。买卖选票是非法的，因而现实生活中极其少见。互投赞成票倒是经常发生，尤其是在议会立法中。互投赞成票，即相互捧场，是指投票者在投票赞成自己强烈偏好的议案的同时，也赞成于己无关紧要甚至略有损害而对另一投票者至为重要的议案，以换取另一投票者对自己偏好的议案的支持。

上面我们举出的例子提到，一般情况下，由于社区成员 B 和成员 C 的利益会受到损害，成员 A 强烈偏好的提案——建设社区街心花园——无法获得通过。我们再举出一个类似的例子（见表 7—8），这次是就是否建设社区图书馆进行投票。假定由于成员 A 的净效用为－30元，成员 C 的净效用为－50 元，A 和 C 两人都会反对该项提案，只有获得 300 元净效用的成员 B 对提案具有强烈偏好会投赞成票，因此，这个净效用（收益）为 220 元、能增进社区福利的好提案同样没能获得通过。不过，如果成员 A 和成员 B 互投赞成票，A 作出让步投票支持建设社区图书馆，B 也作出让步投票支持建设社区街心花园，那么，这两个好提案都可以获得多数票支持而被通过。不过，互投赞成票不一定总能够提高经济效率、增进社会福利，有时候反而可能降低经济效率。例如，即使建设社区街心花园和社区图书馆两个提案的总成本均高于相应的总收益，它们仍然有可能因投票人互投赞成票而获得通过，只要成员 A 和成员 B 各自认为能够通过互投赞成票得到净收益。当然，互投赞成票也面临一些问题：比如，由于互投赞成票给交易的双方 A 和 B 都带来了效用的改善，但是给非交易者 C 造成外部不经济性，带来效用的损失，那么 C 也可能采取类似的选票交易行为，从而可能导致循环，除非推行全体一致同意规则；再如，由于互投赞成票的交易往往是在非正式协议下进行的，交易的双方可能采取策略行为，在达成协议时隐瞒偏好，并在达成协议后违约，从而，最终决策结果就不能确定，并且会出现“囚徒困境”式的结果。

表 7—8　　互投赞成票

投票人	建设社区街心花园		建设社区图书馆		互投赞成票	
	净效用（元）	投票结果	净效用（元）	投票结果	街心花园	图书馆
A	＋400	赞成	－30	反对	赞成	赞成
B	－50	反对	＋300	赞成	赞成	赞成
C	－100	反对	－50	反对	反对	反对
整体效应	＋250	不通过	＋220	不通过	通过	通过

综上所述，与全体一致同意规则相比较，多数通过规则的优点在于能够节省时间成本，提高决策效率。

同时，多数通过规则也存在弱点，主要表现在以下几个方面：

第一，一项决策能否通过，取决于能否得到多数人的支持，这看起来很民主、很合理，能代表多数人的意见，但是少数派的利益往往被忽略，当真理掌握在少数人手里时，可能导致无效率或低效率的决策结果，尤其是在收入分配不平等而税收比率不累进的情况下。

第二，多数通过规则下，多数派对少数派实行强制，少数派的利益往往不被重视，单个参与者的选择行为在多数通过规则下具有可忽略性，无形之中助长了选民不重视选举权的行为。

第三，当许多人都不重视选举权时，便会出现选举结果为利益集团所控制的危险倾向。利益集团有可能通过一定的代价，收买或说服那些不重视选举权而打算弃权的选民，让他们按利益集团的意愿投票，从而使利益集团拥有更强的能力显示自己的偏好。

第四，可能出现投票循环。在多峰偏好和多维议案下，投票结果带有任意性，不确定、不均衡。

第五，可能出现通过操纵议程控制决策结果的情况。当决策结果本身出现循环时，操纵议程的效果是显而易见的。即使是在单峰偏好、决策结果确定的情况下，也能通过操纵议程而改变结果。在单维议案下，操纵者要想通过有利于自己的，但在一般情况下得不到过半数票的非中间议案，就可设计这样一种程序：另提一议案与前一议案一起付诸表决，如新提议案未获过半数票则前一议案自动通过。在多维议案下，每一议案包括预算规模和预算比例两个方面，要通过有利于自己的议案，操纵者可预先决定预算比例，而后将预算规模付诸表决。

第六，投票人可能采取策略投票行为。所谓策略投票行为是指投票人投票时并不真实反映自己的偏好，而是在考虑到别人投票和通盘权衡各种可能性后采取一种最佳投票方式，以使结果最大限度地接近自己的偏好。诚实投票的结果不一定最有利，当所有投票人都进行策略投票时，结果就变得更加扑朔迷离，更不确定。

第七，可能出现多数极权。当过半数投票人偏好一致时，就会形成一个自然联盟，在决定公共产品的需求时压制非联盟的少数成员。

7.3　公共选择的政治行为分析

西方通行的是代议民主制，即选民不直接投票决定具体的公共决策，而是先通过投票选出自己的代表，再由当选的代表来进行公共决策。与直接民主制相比，代议民主制可以降低公共决策的成本，更能适应较大范围内进行公共选择的需要。直接民主制中投票规则的分析适用于代议民主制。这一节的重心将放在代议民主制公共选择过程的主要参与者的行为分析。代议民主制下，公共选择这一复杂政治过程的基础和核心参与者是选民与政治家，选民通过投票表达对公共产品和立法的需求，选民的利益和偏好在公共选择中是第一位的；选民推选出来的政治家代表可以被看作一种中间人，与私人市场上存在的各类中间人相似，起着降低交易费用的作用。除了选民和政治家外，公共产品的需求决策还要涉及厂商和利益集团，而公共决策的供给方面，任命的官僚不仅是公共决策最重要的执行者，而且对公共决策结果有着不可低估的影响。本节主要分析选民和政治家的行为，适当涉及厂商和利益集团的行为分析。至于官僚的行为则放在下一节单独进行分析。

7.3.1 选民的行为

在民主社会里，政府（政治家与官僚）的权力是选民所赋予的，选民的行为对决策过程具有重要影响。然而，公共决策本身就是一项公共产品，公共决策一经作出，它的受益对象是社会全体成员，不论一个人是否参加投票，他都可以像其他人一样享受到公共决策所带来的好处，因而选民会出现“搭便车”的行为。

唐斯（Downs）在其经典著作《民主的一种经济理论》（1957）中建立的“理性无知”模型最早系统分析了选民会在多大程度上参与投票。该模型认为，选民是否参加投票，主要取决于两个方面的因素：一是参加投票的效益和成本；二是其投票对公共选择结果产生影响的可能性或影响程度。选民在权衡成本效益后的理性行为可能导致无知的后果——不去参加投票。

唐斯的模型保留了经济学中对个人行为的理性假定，选民在投票中同样追求自身利益的最大化，只会投票支持能够给他带来最大净利益的政治家或政党。遗憾的是，由于存在不确定性，最终投票结果不一定就是选民所偏好的结果，选民无法追求效用的最大化，而只能斟酌其投票对最终结果可能产生的影响，追求预期效用的最大化。与此同时，选民出门投票要耗费时间和精力，选民还要花费大量的时间和精力去收集候选人的信息，以判断哪个候选人会提供最接近自己偏好的公共产品组合。对比预期收益和成本，不难看出，只有在净收益不为负数的情况下选民才有动力参加投票。具体来说，如果参加投票的成本过高，尤其是收集候选人信息比较困难，选民将不参加投票；如果选民发现没有一个政治家或政党能令自己满意，无论谁当选，给他带来的预期效用都相当低，理性选民将不会参加投票；如果一个人的投票对结果的影响是微乎其微的，甚至根本不会产生影响，这样，个人的边际效用就为零，理性选民将采取“事不关己，高高挂起”的态度，不去参加投票。随着选民人数的增加，个人对投票结果的影响将越来越不重要；随着候选人的增加，充分了解相关信息的成本也可能超出选民愿意负担的限度。这些因素都可能降低选民参与投票的积极性。

唐斯的“理性无知”模型被认为未能完全地解释现实中人们的投票行为：现实中，有时候人们明明知道自己投票不能起什么决定性作用却还是要去投票，有时候对任何一个候选人都不满意却也乐于参加投票……为此，唐斯对上述模型进行了一些修正：（1）选民可以通过了解候选人所在政党的意识形态来甄别候选人的信息，投票支持在意识形态方面与自己最为接近的政党的候选人，这样可以使投票成本大大下降，从而增加选民参加投票的可能性。（2）选民所接受的教育使其认为自己有义务、有责任参加投票，或者选民偏爱参与投票活动，选民认为自己可以通过投票行为本身得到某种心理上的满足感（这也是一种收益），也就是说，选民可能并不特别在乎自己投票对投票结果会有怎样的影响。（3）由于投票的结果不确定，选民可能会依据不确定条件下的最小最大遗憾策略原则进行决策，决定参加投票，以免日后后悔。（4）选民在追求效用最大化的过程中，不完全是利己主义的，有时候可能是利他主义的，选民除了关心自己的效用水平外，也在一定程度上关心其他人的福利水平是否能够提高，出于关心社会大局利益和长远前途，选民会去参加投票。

麦克莱恩（McLean）应用马戈利斯（Margolis）的"善行利他主义"和"参与利他主义"观点，进一步解释了上述唐斯力图证明的命题。[①]

奥尔森、赖克（Riker）、托利森（Tollison）等人也在唐斯模型的基础上对选民行为作了进一步的分析，得出了一些类似而更为详尽的结论：（1）选民越多，投票率越低。（2）选民越一边倒，投票率越低。（3）选举越不重要，投票率越低。（4）候选人观点越相近，投票率越低。（5）信息越容易得到，投票率越高。（6）选民越有参与感和责任心，投票率越高。

依据上述理论，可以认为现代西方政治中投票率低的原因主要在于：（1）一票难以定局，投票获益的可能性太小。（2）候选人不可能在所有问题上完全代表选民的意愿，也难以在当选后恪守竞选中许下的诺言。（3）获取相关信息比较困难或成本太高。

除了投票率问题外，选民行为的另一特点表现为：选民对不同公共决策的态度往往是自相矛盾的。例如，在公共收入政策方面，选民们总倾向于少纳税，反对增加税收；在公共支出决策方面，选民们又希望政府能够免费提供更多的产品或服务。在公共决策中，公共收入决策和公共支出决策往往被分割成两个相互独立的投票过程，选民这种"少付多得"的投票心理在一定程度上推动着公共支出扩张。又如，选民一方面希望控制政府规模，使得更多的钱可以留在自己的口袋里由自己支配；另一方面，他们又竭力主张扩大与自己切身利益有比较密切关系的公共项目规模。每一个公共项目都有一批既得利益者，要满足各类人群的要求就会使公共部门的总体规模失去控制。

此外，利益集团也在相当程度上影响着集团内的选民行为，从而在公共决策中发挥重要作用。

7.3.2　政治家和政党的行为

公共选择中的政治家是指经选民投票选举产生的议员、总统等从政者。代议民主制下，政治家代表广大选民就具体的公共产品的供给和需求问题作出决策，他们的政治行为通常在一定程度上可以左右决策并最终达成实际的政治均衡。为了节省向选民提供信息的成本，迅捷地推销自己，政治家往往不会孤军作战，而是会理性地把自己与某个政党联系在一起，成为某个政党的一员，因为，选民习惯于根据政治家所归属的党派的意识形态倾向和政策观点倾向作出基本的判断。因此，公共选择中，政治家的行为和政治家所属政党的行为是相互联系的。这方面的主要分析仍是从唐斯开始的。此外，两党制和多党制是西方政治社会中较普遍存在的两种政治体制形式，下文将分别就两党制和多党制的不同情况对政治家和政党的行为进行分析。

1. 政治家和政党的行为目标

公共选择理论将政治家和政党区分为两个基本的类别[②]：一类有着明确的价值取向或

---

① 参见文建东：《公共选择学派》，69～71 页。

② 另外，斯蒂文斯总结出"完美仙女模型"（good fairy model）、"次完美仙女模型"（semigood fairy model）、"当选供给者一般模型"（general model of elected suppliers）、"邪恶女巫模型"（wicked witch model）四种公共决策的供给模型，描述不同类型的公共决策的供给者——政治家。完美仙女模型和次完美仙女模型描述的政治家是一心为公、努力增进社会福利的好人；当选供给者一般模型描述的政治家是出发点良好，但会好心办坏事的普通人；邪恶女巫模型描述的政治家则是一心只想当选，不择手段迎合选民的投机者。参见刘宇飞：《当代西方财政学》，190 页。

意识形态目标；另一类其价值取向是易变的，其一切行为都以当选执政为最高目的。唐斯提出的理性政治人假说认为，无论是哪种类型的政治家和政党，都是追求自身利益最大化的行为主体，其最大的利益就是当选执政，即其目标函数是使自己获得最大化的政治势力或政治支持，力争在政治竞选中当选以及再次当选（连任）。[①] 只不过，前一种类型的政治家或政党是为了制定和实施政策、实现理想而希望当选，至少从出发点上来说，其政纲力图反映公共利益；后一种类型的政治家或政党则是为了赢得选举而去迎合选民的口味来制定政策，这是所谓纯粹的政治家。

将政治家和政党假定为理性的“经济人”，基本的理由有两个：(1) 从逻辑上讲，个人的行为应该是始终一致的或一贯的，不可能作为消费者是一个追求自身利益最大化的“经济人”，作为政治家却变成了大公无私的公共利益的代言人。因此，政治家的目标也应该是理性的，是从其自身利益出发追求当选和连任。(2) 从代议民主制的现实来看，没有哪一个政党能永远执政，即使是一心为公的政党，也必须首先争取赢得选举，将当选作为首要目标，否则，它根本无法推行其理想中的政策。

2. 两党制下政党的行为特点

两党制下政党的行为，由于选民的偏好分布和候选人观点的维度的不同而呈现不同的特点。

如果候选人的观点是一维的，即两个政党仅就某一个问题表态，那么，政党的行为特征将取决于选民的偏好分布，具体来说有下面几种情况：

(1) 在选民的偏好呈单峰正态对称分布的情况下，两党竞选的结果符合中间投票人定理，观点与中间投票人一致的候选人将胜出。因此，政治家会极力使自己的观点符合中间投票人的偏好。如图 7—4 (a) 所示，在上述条件下，点 M 既为中数，代表中间投票人的立场，又为众数，是大多数投票人支持的立场。假定政党 A 的政见偏左，位于点 L 的位置，政党 B 的政见偏右，位于点 R 的位置，点 X 为 LR 的中点。同时再假定所有选民都参加投票，由于选民只投票支持政见与自己最接近的候选人，可以推知，政党 A 可以赢得点 X 左边的选票，政党 B 可以赢得点 X 右边的选票，显然，政见较接近点 M 的政党 B 获得的选票较多；为了吸引更多的选票支持，政党 A 会向点 M 靠拢，点 X 亦向点 M 接近；两党竞争的结果是两党候选人都倾向于选择中间投票人的观点作为自己的观点，两党政见的差异缩小，最终的结果是稳定的。即使放松假定，选民可以弃权，不参加投票，根据阿瑟·史密斯的理论，当两党候选人的政见差异很小的时候，选民很可能会弃权，这将对两个候选人的得票产生一种对称的影响，竞选结果仍然均衡；当候选人的政见远离投票人的偏好时，投票人也会选择弃权，这将推动候选人的政见向众数靠拢，放弃两端的少数选票以争取中间的大多数人的支持，在选民的众数与中数重合的情况下，中间投票人定理依然成立。[②]

---

① 有的文献将政治家和政党的行为目标定义为“追求选票极大化”，这种表述不尽准确，因为，大多数时候只要获得比对手多的选票就能够当选，争取更多的额外选票支持将增加竞选成本，实际上是不理性的。参见王传纶、高培勇：《当代西方财政经济理论》（上册），106 页，北京，商务印书馆，1998；刘宇飞：《当代西方财政学》，192 页。

② 具体分析可以参见［美］丹尼斯·C·缪勒：《公共选择理论》，224 页；文建东：《公共选择学派》，60～62 页。

(2) 如果选民的偏好呈单峰，但分布不对称，呈偏态分布，如图 7—4（b）所示，这时选民的中数（点 M）与众数（点 Z）不再重合，由于离众数较近的候选人将获得多数票，候选人的立场将极力向选民的众数靠拢。如图 7—4（b）所示，如果候选人与选民的立场相差太远，选民会弃权，因此，如果候选人的立场处于中间选民的位置（点 M 处），就只能获得 LR 之间的选票；如果候选人的立场偏离选民的中数向选民的众数靠拢，比如移到点 L 的位置，那么，会因选民弃权而损失 MR 之间的选票，同时又将获得 ZL 之间的选民的支持，所得大于所失。

(3) 如果选民的偏好为多峰偏好，且呈双众数对称分布，如图 7—4（c）所示，则候选人所表现出来的立场具有不确定性。例如，如果左翼党 A 离开原来的立场点 L 向中间投票人立场点 M 靠拢，那么，点 L 左边的部分选民将因该党过分偏离自己的偏好而弃权，所得将小于所失，从而制约了 A 党迎合中间投票人的举动。[①] 只有在选民不可能弃权或弃权的倾向很小的情况下，候选人立场向选民的中数靠拢才可能获得更多的选票，才可能吸引候选人迎合中间选民的偏好。

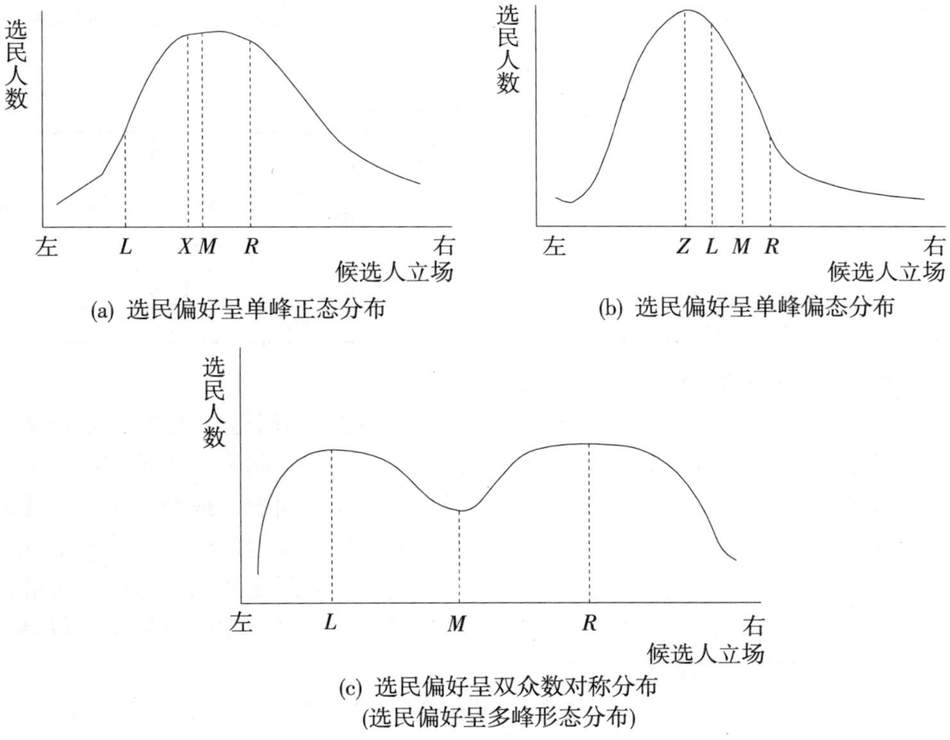

(a) 选民偏好呈单峰正态分布

(b) 选民偏好呈单峰偏态分布

(c) 选民偏好呈双众数对称分布
(选民偏好呈多峰形态分布)

图 7—4　两党竞争条件下的政党行为

① 这里暗含一个推论：选民的偏好分布具有几个峰值，客观上就可能有几个政党存在。比如，选民的偏好分布有三个峰值，对应地，就有可能存在三个政党。

现实中，更多的情况下候选人的观点不是一维的而是多维的，即两个政党要针对多个问题发表见解、表示立场，不能把各种政策都用意识形态标尺简单化地加以衡量，每个阶层都只考虑一些对自己来说是关键性的议题，以此来决定支持哪一位候选人，因而任何一群选民都可能联合起来支持同一个候选人，竞选的结果将变得错综复杂，互投赞成票和投票循环会经常出现。如表 7—9 所示，如果分别、单独地就国防开支或教育开支问题进行决策，则有关国防开支的 A 议案以及有关教育开支的 C 议案将胜出。如果将国防开支和教育开支结成一个二维议案同时决策，则会出现互投赞成票的局面：选民甲会支持有关教育开支的 D 议案以换取选民乙支持有关国防开支的 B 议案，即甲和乙会共同支持政纲为 B 和 D 的候选人；由于甲和乙联盟使选民丙的利益受损，丙又会说服乙共同支持政纲为 A 和 D 的候选人，从而击败政纲为 B 和 D 的候选人。依此类推，政纲为 A 和 D 的候选人又会被政纲为 A 和 C 的候选人击败，政纲为 A 和 C 的候选人又会被政纲为 B 和 D 的候选人击败，出现投票循环。这就是说，每一个候选人或政党都不可能制定一个能击败所有其他政纲的多维度政纲。一般来说，竞争中的两党，谁先采取行动选定政纲谁将处于劣势，因为另一方有可能后发制人。当然，前文已经指出过，投票循环不可能出现在一次性选举中，而只会出现在多届选举中，否则，候选人或政党就会采取策略行为。

表 7—9　　多维立场下的政党行为

议案 / 净效用 / 选民	国防开支		教育开支		政纲			
	A 议案	B 议案	C 议案	D 议案	B 和 D	A 和 D	A 和 C	B 和 C
选民甲	10	90	60	40	130	50	70	150
选民乙	60	40	10	90	130	150	70	50
选民丙	80	20	60	40	60	120	140	80

3. 多党制下政党的行为特点

如前所述，在两党制下，如果政党的立场是单维的，同时选民的偏好分布又是单峰的，那么，两个政党的政策取向就有趋同的可能。不过，多党制下一般不存在各党政策取向趋同的可能。因为，当某个政党放弃原来的极端立场向中间选民或众数选民靠拢时，该党可以获得新的选票，同时也会失去部分远端选民的支持，其他政党就会乘虚而入，占据该党原来的位置，从而对该党形成牵制作用。多党制下，党派之间的竞争还有可能诱致产生新的政党，尤其是在选民的偏好呈多峰分布的情况下。这些新党的目标不见得是要获得执政地位，更多的时候是起着上述的牵制作用。

多党制下，处于少数派地位的政党要想在竞选中获胜，一般会与其他政党结成联盟，以构建多数派地位。党派间结盟的对象，一般首选意识形态或政见与自己最为接近的政党。由于“获胜带来的利益必须出自失势者的口袋”，联盟的规模则以刚好能获胜为最佳，即最优的策略是让对手的联盟尽可能大，同时，自己维持一个最小取胜联盟。①

① 参见［美］丹尼斯·C·缪勒：《公共选择理论》，273～274 页。

由于多党制下少数派政党一般借助联盟的力量在选举中获胜，为了谋求连任，当选的政党可能去寻找新的盟友，并且会相应地调整自己的政策以迎合新盟友的偏好。这种随机应变的做法，一方面体现出政党政策立场具有非连贯性的特征，另一方面也会使部分选民的利益遭受损害，从而影响到选民的投票积极性。如图7—5所示，假定A、B、C三个政党分别持左中右三个不同的政策立场，选民甲投票选择了与自己偏好最接近的政党B；后来，政党B为了和政党C结成联盟，将自己的政策主张调整到点M的位置；如果早知如此，选民甲就不会投票给政党B，而会投票给政党A，因为，与政策立场M相比较，目前政党A的政策立场更加接近选民甲的偏好。

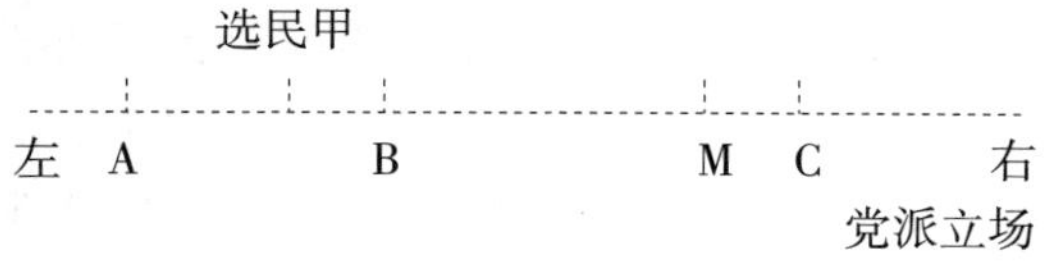

图7—5　多党制下政党立场的非连贯性

综上所述，政治家及政党的目标是当选或连任，要争取尽可能多的选民来投自己的票，就需要按大多数选民的意愿提出方案或作出公共决策。然而，只有在公共项目种类及其成本分担方式既定的情况下，选民才可以在公共项目规模决策上得出均衡的结果，政治家才能够了解选民的明确意愿。在选民的意愿不十分明确的情况下，政治家要实现当选或连任的目的，将迎合选民“少付多得”的普遍心理：在收入政策方面，政治家将更多地倾向于用发行公债来代替税收，以减少公共决策的阻力，因为，发行公债并不需要强制性地减少选民个人的当期收入，即使还债最终还是依靠税收，但是这一负担将由未来的选民来承担；在支出政策方面，政治家将倾向于扩大公共支出的规模，以尽可能地满足各利益阶层的公共需求，扩大支持面。如果上述政治家行为成为事实的话，那么在实践中将表现为政府支出对公债的依赖不断上升。每一届政府都想少收税、多花钱，把还债的问题留给下一届政府去解决，而下一届政府不仅不情愿用自己的收入去为上届政府还债，还希望进一步扩大支出和债务，以便能有更多的资本去满足当前公共项目的需要。这种趋势的发展将会引发诸如宏观失控、通货膨胀、经济运行效率下降等许多问题。

7.3.3　利益集团的行为

利益集团是具有共同利益的个人（自然人和法人）以某种方式组织起来，并采取行动维护自己利益的团体。公共选择理论强调，利益集团是由少数有共同利益，特别是有共同政治经济利益的投票人组成的，力图影响公共决策的组织。[①] 利益集团的活动主要是进行政治游说，力争通过有利于自己的立法或政策。

利益集团的力量很大，它们往往能够左右政治表决，使有利于自己的议案得以通过。利益集团还可以与当选议员（政治家）、官僚形成一个“铁三角”——议员批准项目、官

---

① 奥尔森曾指出，规模很大的集团只能是一种潜在的集团，而不是公共选择意义上的利益集团；社会大多数人的利益，或者说公共利益，往往无法通过形成统一的集团加以捍卫。参见文建东：《公共选择学派》，74～76页。

僚实施项目、利益集团从中得益，从而使广大分散的选民在公共决策中处于劣势地位。利益集团之所以能对决策过程产生影响，主要是因为它们能够降低本集团成员了解信息、对政治家进行游说、贿赂等投票成本，此外，集团成员的特殊社会地位及其影响也起着不可忽视的作用。利益集团主要通过以下方式影响公共决策过程：(1) 为缺乏信息的选民免费提供信息，竭力鼓动选民支持自己；(2) 向政治家或议员们提供他们所缺乏的专业技术信息，对他们进行游说；(3) 向议员们提供政治资助，鼓动他们通过有利于利益集团的议案[①]；(4) 与其他利益集团相互捧场，互投赞成票。

至于如何评价利益集团的影响力，是不能一概而论的。如果利益集团关心的是自己的私利，尤其是物质经济方面的私利，那么，利益集团可能会起到消极的作用。典型的例子如由某些生产者组织而成的利益集团，其游说活动的特点就是为维护其既得利益而寻租，而寻租活动会导致低效率。相反，如果利益集团关心的利益是利他主义的，那么，利益集团的影响就可能是积极的，将有助于民意的表达或者说有助于社会成员在更深层次上参与民主过程。例如，环境保护协会、野生动物保护协会等利益集团进行的公益性游说活动所产生的影响就是积极的。此外，也存在许多制衡因素约束利益集团，比如多元利益的冲突和相互制衡、社会道德规范和法律的约束、潜在利益集团转变为现实利益集团后的牵制作用等，从而使利益集团不可能无限制地追求私利。

7.3.4 厂商的行为

对于厂商在公共决策中的影响，唐斯的模型基本上是忽视的。其实，由于厂商具有强大的经济实力，它在公共决策过程中也能发挥特殊的作用。厂商可以影响甚至可能控制雇员的投票行为。厂商能够为候选人或政党提供竞选赞助，作为回报，候选人当选后，在制定政策时会考虑赞助厂商的利益要求。

厂商试图通过影响政府决策来维持自己的既得利益或争取更多利益的行为是一种寻租行为。众所周知，在完全竞争的市场中，由于不断有新的竞争者进入，没有哪个厂商能够永久地获取超额利润，这种机制将推动厂商不断改进技术和管理。然而，厂商发现，自己不一定要费力去改进技术和管理，只要能说服政府支持自己继续维持生产垄断权，就同样可以获取超额利润，并且可以利用政府的权威轻而易举地将潜在竞争者拒之门外。因此，厂商有很强的动力进行寻租。但是，对社会来说，寻租的过程中并没有任何价值(财富)被创造出来，反而导致大量的资源被耗费。根据塔洛克等人的分析归纳，寻租行为首先在消费者剩余转化为厂商垄断利润的过程中造成了社会福利的损失，有一部分财富利益白白流失了，既没有由消费者获得，也没有转移到厂商的手中；其次，厂商为了争夺和维持垄断地位，将耗费不少资源游说政府，而这些资源没有给社会创造任何财富；最后，厂商的寻租活动给政府官员带来利益，又促使政府官员为了获取和维持这种利益也进行寻租活动，从而造成政府的低效率和更多的社会资源被非生产性地耗费掉。

---

① 为了不引起选民们的强烈反感，这些有利于利益集团的政策往往与其他政策捆绑在一起，包装成一个一揽子政策议案。参见［美］坎贝尔·麦克康耐尔、斯坦利·布鲁伊:《经济学：原理、问题和政策》，14版，824页，北京，北京大学出版社，香港，科文出版有限公司，2000。

7.4　官僚理论

在公共选择的政治过程中，立法决策过程确定的是公共产品的需求，至于公共产品的供给，则是由各级政府行政机构来具体组织的。公共选择理论将政府行政机构及其内部的公务人员统称为官僚。

官僚的职责是接受政治家的指令，贯彻执行既定的方针政策。但是，官僚又具有一定的独立性：首先，官僚在政治上处于中立地位，官僚队伍不会由于党派之争而出现“一朝天子一朝臣”的更迭现象，比较稳定，这一特点被认为有助于长远的公共利益被关注和实现；其次，尽管官僚的职责是执行指令，但一项指令不可能规定实施过程中的所有细节，官僚总是在不同程度上拥有自行决策的权力；最后，官僚负责直接组织公共产品的供给，掌握着供给成本方面的详细信息，这些信息能够帮助和影响政治家的决策。因此，官僚对公共决策也有着不可低估的影响。

官僚理论揭示了政治市场的供给行为，把官僚机构作为生产者纳入公共选择理论的供给模型之中进行分析，把官僚看成是理性的“经济人”，追求个人利益如薪金、地位、权限、预算、晋升等等，认为官僚行为遵循着制度约束下的刺激反应模式。官僚理论基本上是用微观经济学的均衡范例来分析的。下文将主要介绍具有代表性的垄断官僚行为理论和竞争官僚行为理论。

7.4.1　垄断官僚行为理论

尼斯坎南（Niskanen）在《官僚与代议制政府》一书中集中分析了双边垄断环境下的官僚行为。

在尼斯坎南看来，官僚的目标不是公共利益，也不是效率，而是个人效用最大化。他指出：“官僚可能追求以下目标：薪金、职务、津贴、公共声誉、权力、任免权、机构的产出、作出改变的自由自在感和管理该部门的自豪感。除最后两个以外，其他变量都是官僚在任职期间总预算规模的一个单调正相关函数。”[①] 这就是说，官僚的个人效用主要取决于其获得的权力、声望、报酬、提拔、特权等，而这些因素又都与其所在部门的预算规模密切相关，因此，官僚行为的目标取向是追求预算规模的最大化。至于效率，由于官僚无法从追求效率中获得效用满足，因此官僚往往缺乏改进效率的内在动力。

尼斯坎南认为，官僚是非营利性组织，其预算资金主要来源于主管人的财政拨款，最终来源于税收，而不是来源于公共产出的销售收入。尼斯坎南所指的主管人，在美国是行政机构与立法机构的混合物，通常通过广泛的选举产生，其主要职能包括评审各官僚机构的预算活动、批准预算、任命行政长官、对官僚机构进行监督和检查等。主管人实际上是政治家。在尼斯坎南模型中，官僚与主管人分别代表公共产品的供求双方，两者的关系表现为一种双边垄断关系：官僚作为“卖方”垄断者，是具体组织提供公共产品的唯一单

① 转引自文建东：《公共选择学派》，126 页。

位；主管人则代表全体选民作为“买方”垄断者，是官僚获得预算拨款的唯一来源。官僚每年从主管人那里获得一次性财政预算拨款，同时允诺提供一定量的产出作为交换。与私人市场上的交换不同，由于官僚提供的公共产出往往具有不可分性，并且可能是无形的，市场上又不存在替代品，所以，官僚与主管人之间的这种交换并不依据产出的单位价格，双方更为关注的是总预算拨款。

官僚获得的预算拨款是由主管人（政治家）确定的。政治家在批准给官僚的预算拨款额度时，主要考虑选民的需求偏好和对官僚提供的产出量的预期。只要不引起选民的反感，随着官僚的产出增加，政治家的预算拨款将相应增加。官僚每增加一单位产出，政治家愿意对应增加的预算拨款，称作政治家对官僚提供的产出价值的边际评价。政治家的边际评价与官僚的产出水平成反比，官僚的产出越低，政治家对产出的边际评价就越高；官僚的产出越高，政治家对产出的边际评价就越低。亦即，政治家对官僚产出的边际评价服从边际收益递减规律，这与社会成员消费公共产品的边际效用递减规律相对应。这样，政治家对官僚的预算拨款行为形成了公共产品的需求曲线（见图 7—6 中的 B'曲线）。

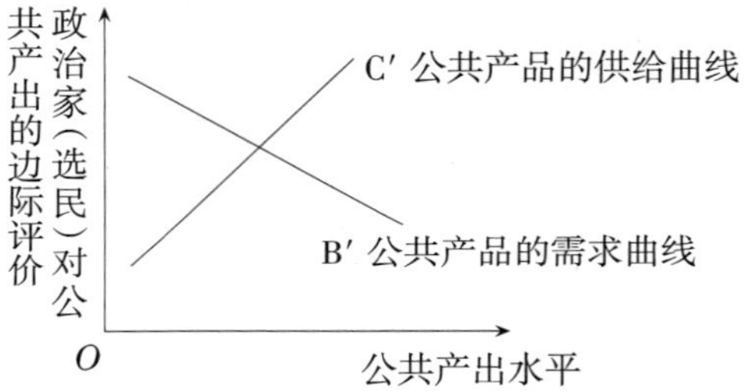

图 7—6　双边垄断环境下公共产品的供求曲线

官僚的目标是谋求预算规模最大化，因此，对于官僚而言，预算规模最大时的产出水平即为均衡产出。在不考虑成本因素的情况下，官僚会力图将产出确定在使政治家对产出的边际评价为零的水平上。不过，官僚的均衡产出水平同时要受到成本开支的约束，必须满足预算资金大于或等于最低成本开支的条件。也就是说，官僚的最优产出水平取决于预算拨款和成本开支两个因素。同私人产品一样，公共产品的生产成本和边际生产成本将随产出的增加而增加，受预算拨款制约的边际成本变化规律构成了公共产品的供给曲线（见图 7—6 中的 C'曲线）。

官僚的均衡产出的决定过程为：（1）如图 7—7 所示，如果官僚可以争取到的最大预算拨款大于或等于总成本，即 B'曲线以下的面积大于或等于 C'曲线以下的面积，则官僚就不会考虑成本约束，只会考虑政治家的意愿，竭力使预算拨款最大化，官僚的均衡产出为能使预算规模最大的产出水平，即 $B'=0$ 时的公共产出水平 Q^*，此时官僚部门会出现财政预算节余，产出受到需求约束，尼斯坎南称之为“需求约束的均衡”。（2）如图 7—8 所示，相反，如果官僚可以争取到的最大预算拨款小于总成本，即 B'曲线以下的面积小于 C'曲线以下的面积，则官僚将均衡产出减少到成本支出与预算拨款相等的水平，即图 7—8 中三角形 E 与三角形 F 面积相等时的公共产出水平 Q^*，此时官僚部门不存在财政预算节余，均衡产出受到成本约束，尼斯坎南称之为“预算约束的均衡”。

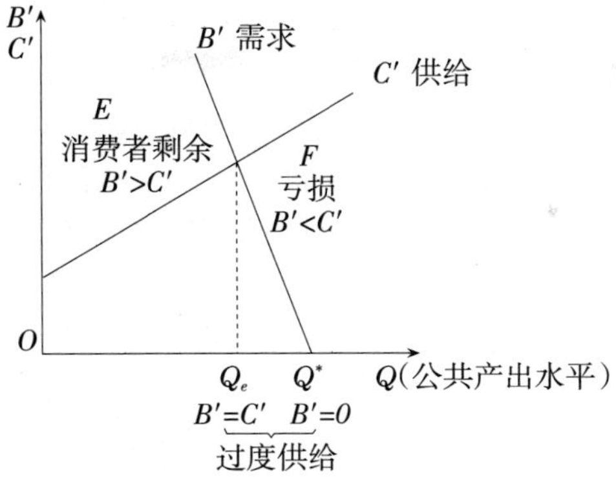

图 7—7　需求约束的均衡

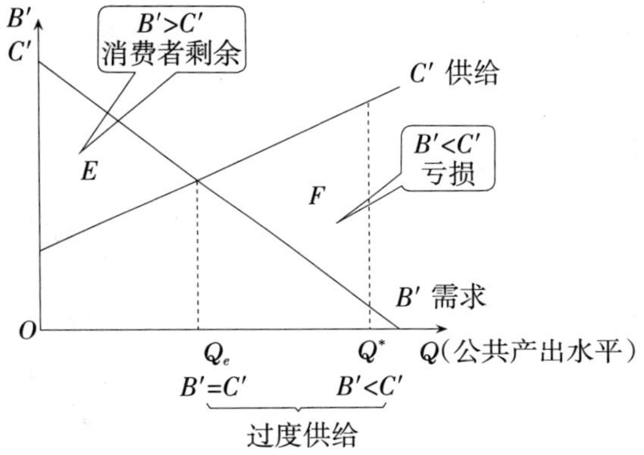

图 7—8　预算约束的均衡

在均衡分析的基础上，尼斯坎南对垄断环境下官僚行为的效率作了进一步分析。首先，官僚的均衡产出决定原则是预算拨款等于成本开支，这种情况下，政治家对公共产出的边际评价小于官僚的边际生产成本（$B'<C'$），不符合公共产品供给的边际效益（即政治家或选民对公共产出的边际评价）等于边际成本（$B'=C'$）这一资源最优配置的要求，从而，官僚提供的公共产出将超出社会的需求水平，出现公共产品的过度供给，官僚部门运行缺乏资源配置效率。其次，官僚扩大产出直至总预算拨款与总成本开支相等的过程，是用边际效益（边际评价）大于边际成本（$B'>C'$）时的产出所产生的消费者剩余弥补了边际效益（边际评价）小于边际成本（$B'<C'$）时的产出所导致的亏损，消费者剩余被浪费在生产中，政治家、选民（消费者）和官僚（生产者）都没有从中获益，造成了资源浪费。最后，在官僚生产出现财政预算节余的情况下，由于官僚不能将盈余据为己有，所以，他们将把它挥霍性或者浪费性地使用掉，例如添置办公设备、扩招雇员、提高薪金水平等，或是用它提供更多的非必需的公共产品。这种情况下，除了前述有部分消费者剩余被用于弥补亏损外，还有一部分消费者剩余则以经济租的形式被官僚挪用。因此，官僚部门的运行缺乏内部生产效率。

尼斯坎南还强调，在官僚与政治家构成的双边垄断关系中，双方的权力地位不是对等的，官僚比政治家具有更明显的信息优势。一方面，官僚清楚地知道政治家的需求曲线，即了解政治家为购买一定的公共产出而愿意支付的最高预算拨款；另一方面，政治家却不清楚官僚的成本状况，因为，官僚会竭力保守这一秘密，并且由于卖方垄断的关系，政治家也无从比较成本的大小，再加上政治家更为关注的是选票问题，对官僚进行监督的内在动力不足。于是，在这种买卖双方信息不对称的条件下，官僚在同政治家协商预算拨款额度时就处于相对有利的地位，官僚可以争取到政治家愿意拨出的最大款额，以实现其预算最大化的目标。这相当于采取完全的价格歧视政策以获得全部消费者剩余。因此，即使官僚部门不存在财政预算节余，由于拨款机构缺乏足够信息进行监测，最终官僚部门的生产成本也将高于最低成本。

综上所述，尼斯坎南的垄断官僚理论认为，官僚要从最大化的预算规模中获取效用，官僚与上级拨款单位之间是一种双边垄断关系，并且存在信息不对称，因而官僚具有更大的自主权与垄断力，其结果将产生三个问题：公共产品的过度生产、资源配置缺乏效率、生产资本的过度投入而造成大量设备闲置。这从理论上解释了官僚部门长期缺乏效率的原因。

7.4.2 竞争官僚行为理论

除了讨论双边垄断环境下官僚的行为外，尼斯坎南在《官僚与代议制政府》一书中还就官僚在竞争环境中的行为进行了分析。尼斯坎南指出，各官僚部门之间可以存在竞争，不同级别的官僚部门面临不同程度的竞争。地方级的官僚部门面临的竞争主要来自居民，如果官僚部门不能为本地区的居民提供令人满意的公共服务—税收组合，居民就会选择迁离该地区到其他地方居住，居民这种近似于“以足投票”的退出机制，将促使地方官僚部门努力在接近最低成本的水平上提供接近最优水平的产出。不过，居民的退出机制对于中央一级的官僚部门来说意义不大，因为，居民要从一个国家迁往另一个国家是不太容易的。在中央一级，负责预算拨款的主管人（立法机构）会组织一个由具有较高公共产出需求的代表组成的评议委员会，对提供相同公共产出的不同官僚部门的供给方案进行对比、评审和投票表决，从中选择最优方案。在这种评议机制下，竞争结果取决于官僚部门受到的约束的性质：如果官僚的产出受预算（成本）约束，那么，评议委员会的选择结果与垄断环境下官僚的行为结果一致，官僚间的竞争既没有提高供给效率，也没有减少过度供给；如果官僚的产出受需求约束，那么，由于存在竞争，作为需求代理人的预算拨款机构对官僚产出的需求弹性会上升，同时，评议委员会的比较和择优选择机制也迫使各个官僚部门减少成本开支和预算拨款要求，这样，由于总支出减少了，官僚的供给效率得以略微提高，但是官僚的产出不变，仍然不能减少过度供给。

在尼斯坎南之后，研究竞争环境下官僚行为的代表性成果当数布雷顿（A. Breton）与温特罗布（R. Wontrobe）提出的交易官僚行为理论。[①] 这一理论强调官僚之间的交易和竞争。

布雷顿与温特罗布认为，官僚部门内部存在等级关系，这种等级关系表现为上下级关系，主管人（即尼斯坎南所指的拨款给官僚的机构）是最上层。在官僚部门中，除了最上层

① 需要指出的是，在布雷顿与温特罗布的理论中，采用的是广义的官僚含义，官僚指那些严格按照一定规章运行的组织，既包括政府行政机关，也包括私人公司。

与最底层外，任何一位官僚都既是上级又是下级，具有双重身份。在上下级关系中，引导官僚行为的主要因素不是权力关系而是交换关系。官僚的基本行为是选择，官僚可以选择严格遵循规章条例办事，提供规范的劳务供给，相对应的成本称为规范成本；官僚可以选择服从上级的指令，同上级合作实现上级的目标；官僚也可以选择违背上级的指令，不与上级合作，而是努力去实现自己的目标。在后两种选择中，官僚提供的是不规范的劳务供给，相对应的成本称为实际成本。由于规章条例可能会限制官僚的创造性和冒险精神，因此照章办事，提供规范劳务供给并不一定意味着最高效率。如果实际成本高于规范成本，那么官僚选择不照章办事是低效率的，相反则是高效率的。如果官僚选择服从上级指令，那么这是一种有效行为，因为上级会在一定时期以某种形式支付报酬给下属，并且，这是一种交易或交换，上级是买者而下属是卖者。如果官僚选择不服从上级指令，那么这是一种无效行为，因为上级不会支付报酬给下属，下属是由于实现了自己的目标而从中获得好处，选择无效行为不是交易。

官僚之间存在交易关系，而任何一种交易都必须以产权的存在为前提。由于官僚网络中交易的对象往往是抽象的、无形的，并且交换时交货时间与付款时间是错开的，所以，在官僚网络中，产权不能建立在法律契约的基础上，而只能通过信任来维护。官僚之间是通过不断的交易来产生和积累相互之间的信任的。官僚是选择提供有效的规范劳务，还是选择提供无效的不规范劳务，是通过比较不同选择可能给自己带来的收益来决定的，这主要取决于三个因素：上下级之间的信任程度、下属之间的信任程度、上级对下级的监控程度。如果上下级之间的信任是不完全的，并且低于下属之间的信任程度，同时上级对下级的监控又不是很强，那么，下属官僚通常会选择提供无效的不规范劳务；相反，增强上下级之间的信任程度，或者加强上级对下级的监控，就有可能诱使下属官僚听从指挥提供有效的规范劳务；如果严格按照既定的规章制度对官僚进行严密监控，那么，官僚将不会提供任何形式的不规范劳务，而只会提供规范劳务。此外，由于针对不同的政策指令，上下级之间的监控程度和信任程度往往不同，所以，不能简单地认定官僚在一个项目上选择了有效行为就会在所有的项目上都选择有效行为。

布雷顿与温特罗布强调官僚内部存在竞争：官僚会在官僚部门内部流动，为了职位而展开竞争，以获取较高的报酬或租金；不同的官僚部门之间会为了资源与权限的分配而竞争。如前所述，官僚之间会在相互信任的基础上进行自愿的交易，这种信任关系形成了所谓的信任网络，官僚部门内由于不同的交易关系而存在多个不同的信任网络。官僚或局外人要从某个信任网络的外部流动到网络内部，必须首先对信任进行投资，让别人认为自己是信得过的，因此，只有在两个职位的报酬差异大于流动成本的情况下，才可能吸引官僚在不同信任网络间流动。另外，网络内部的官僚也可能会拒绝外人进入，以免自己的租金（报酬）因此减少。所以，不同信任网络间官僚的竞争可能是不完全的。相反地，官僚在同一个信任网络中流动，不需再对信任进行投资，流动的成本相对较低，流动和竞争是完全的。然而，不管流动竞争是发生在网络内还是发生在网络间，只要存在竞争，就会给官僚造成压力，促使他们争取做得更好。结果，竞争会影响官僚的成本，促使实际成本接近规范成本，但是竞争不会消除官僚的选择行为，不过，竞争会导致官僚的租金减少，并且，完全的竞争能够促使官僚的报酬均等化，从而使官僚的租金消失。至于不同的官僚部门之间对资源与权限的竞争，则会影响到资源在不同官僚部门的配置，进而影响到官僚部门的相对规模。这种竞争使得资源配置达到均衡，即主管人将资源在各官僚部门间进行分配，结果导致各官僚部门带给主管人的边际效益相等；各官僚部门的边际选择能力相等，或者说不同官僚部门提供的不规范劳务的价格相等，各官僚部门分配到的资源则与其边际选择能力成比例。竞争并不减弱官僚的选择能力，相反，官僚的选择能力加强了其竞争资源的能力。

综上所述，布雷顿与温特罗布的分析结论是：公共产品的供给最终取决于官僚间的交换；官僚间的竞争并未消除选择行为，因此有必要依靠监督、重组与管制来消除官僚对无效行为的选择。

7.4.3 官僚问题的解决思路

官僚部门运行的低效率和浪费是各官僚理论都承认的不争事实。官僚部门的低效率具体表现为社会资源配置的低效率和组织内部存在 X－非效率。出现资源配置的低效率，一方面与官僚部门的产出供给具有垄断性质有关，另一方面也与公共选择政治过程的内在缺陷[①]导致需求偏好显示不完全有关。官僚组织内部存在 X－非效率则主要和官僚部门的目标特点相联系。第一，公共产品往往不经过市场就直接进入消费过程，因而很难对其价值进行准确评价，也就无从对其进行科学的投入产出分析，所以，从供给方面来看，官僚部门的终极目标很笼统、很抽象，官僚部门在实际运转过程中所参考的具有操作性的实际目标只是终极目标的近似替代，是次优目标而不是最优目标。第二，作为消费者的选民的偏好各不相同，又从需求方面让官僚面临多重目标要求，这些目标往往也是抽象含糊的，而且目标之间难免会有冲突和重叠，以至于官僚无所适从。第三，较高的交易成本、低效率的信息传递等可能影响到官僚内部行为的监控、管理、调整和协调，这也是导致 X－非效率的一个重要原因。官僚问题的另一个突出表现是官僚部门的过度扩张。这固然是官僚的自利动机驱使的结果，同时也是现代西方民主制度缺陷的产物。针对官僚部门存在的这些低效率问题，公共选择理论从不同的角度提供了改革思路。

第一，公共选择理论和组织理论、公共管理理论等其他理论一样指出，改进官僚部门的最基本方法是强化官僚部门的解说责任与外在控制。所谓解说责任即官僚有义务向其主管人以及选民公众提供信息，公开自己的行为。这种做法虽然不能确保官僚行为有效率，但至少能证实官僚行为的合法性，同时也便于对官僚进行监督。外在控制则要求主管人对官僚提供的产出的数量、质量、供给方式等进行有效的监督和控制，并且要重视和随时留意社会需求偏好的变化。

第二，尼斯坎南提出要引进竞争，改进官僚部门的运行方式与组织形式。具体设想主要包括以下三方面措施：

其一，在官僚体系内部建立竞争结构，以打破官僚对公共产出供给的垄断和对公共产

---

① 如前所述，公共产品的供给决定过程中，由于单个个体的需求与供给不是一一对应的，公共产品的总需求只能由众多的个人需求依政治过程综合而成，结果，最终显示的总需求往往只能反映中间投票人的偏好，当产出为一揽子公共产品时，甚至连中间投票人的偏好也不反映。更为糟糕的是，分散的选民的力量有时候是相对微弱的，还经常有“搭便车”的习惯，相反，利益集团、官僚和政治家却会组成一个“铁三角”，强有力地影响着公共决策。这些进一步地影响到社会偏好的完全反映。

品生产成本信息的垄断，扭转因垄断而造成的低效率。他建议负责预算分配的主管人就某项公共产出的供给向官僚体系内多个部门同时进行招标，促使各个官僚部门提出竞争性的预算方案。这样做虽然不能保证实现最优的资源配置，但是主管人至少可以选择采纳最接近实际成本的公共产出供给方案。

其二，分离公共产品的供给与生产，引入外部市场竞争，将部分公共产品的生产交给有效率的私人部门承担，即官僚部门只负责公共产品的供给而不直接从事其生产。

其三，引进利润动机激励，允许官僚部门对其财政预算节余有部分的自由处置权，以刺激官僚提高效率。同时，为了避免官僚制造虚假节余而损害公共利益，尼斯坎南建议由不固定成员的专家委员会对官僚的工作进行评估，然后在评估的基础上对官僚进行事后奖励，授予其对预算节余的有限自主权。

第三，基威特（Kiewiet）和麦卡宾斯（Mathew D. McCubbins）就解决政治家（国会）与官僚之间的委托—代理问题也提出了自己的见解。从委托—代理关系的角度来看，政治家是委托人，官僚则是政治家的代理人，负责实施政治家的愿望。由于政治家与官僚各有各的特殊利益，可能存在利益冲突，加上存在信息不对称，所以这种委托—代理关系不可避免地会面临逆向选择和道德风险问题。具体地说，逆向选择主要表现为，政治家由于不了解官僚的真实信息而可能选择了不恰当的代理人，或使用了错误的管理手段来指导代理人；道德风险则主要表现为，由于存在利益上的差异，以及监管信息的缺乏，作为代理人的官僚可能会追求自己的利益目标而忽视作为委托人的政治家的目标。解决委托—代理问题的基本思路，一是通过某种利益分享机制协调双方的利益，二是尽力减少信息不对称。麦库宾斯等人为此还提出了甄别和遴选代理人、契约设计、监管和制度制约等具体的措施设想。

官僚理论对我国的政府改革具有重要的启发意义。首先，政府“治道变革”要推进政府职能的市场化。比如，建立竞争的政府内部市场，通过民营化引进外部竞争，等等。其次，政府“治道变革”要推进政府行为的法制化，通过法律等制度建设规范行政行为，尤其要加强有关政府公共支出管理的政府采购制度建设，以及解决委托—代理问题的公务员制度建设。最后，政府“治道变革”要推进政府决策的民主化，力求行政程序公开、透明、公正、合法。

本章小结

公共选择理论是对非市场决策的经济学研究，它揭示了如何进行公共产品的供给和分配这一政治决策过程。本章主要介绍了公共选择理论有关政治个体和政治过程的基本观点，目的是加深对政府缺陷以及政府与市场的关系这些重要问题的理解。

关键术语

公共选择　　私人选择　　市场决策　　非市场决策　　利益集团　　官僚理论

复习思考题

1. 如何理解公共选择理论?
2. 私人选择与公共选择有什么不同?
3. 直接民主制和代议民主制的公共决策程序有何不同?
4. 全体一致同意规则有哪些优缺点?
5. 多数通过规则有哪些具体形式?简单多数规则有哪些优缺点?
6. 分析公共选择过程中选民、政治家、利益集团、厂商、官僚的行为特点。
7. 试简要介绍公共选择理论关于改革官僚部门运行的基本思路。

阅读材料

公共选择理论中的"经济人"范式的缺陷

公共选择理论的"经济人"范式尽管有一定的合理性,但它用追求个人利益最大化来概括一切人的行为动机,把在市场经济中片面的、简单化的"经济人"假定引入政治决策领域,则把"经济人"范式极端化了。

公共选择理论的"经济人"范式的缺陷主要表现在以下几方面:

(1)"经济人"不是一个永恒范畴,而是一个历史范畴。人作为处于一定社会关系中的高等动物,他的行为动机是由自然属性和社会属性共同作用而形成的,有利己和利他的两面性,只强调其中的任何一面都是片面的。人的自利动机是随着商品交换的出现而逐渐形成的。私有财产和社会分工的形成,使得产品交换成为可能和必要,交换双方都必须仔细权衡利害得失,否则就会使交换失去公平性。"经济人"概念属于一个历史范畴,把追求自身利益当作人的基本的、不变的动机,实际上把人的动机贬低为动物动机,抹杀了人的动机中的社会属性。

(2)"经济人"范式抹杀了政治活动和经济活动的差异性。首先,与经济活动不同,个人在政治活动中对他的行为所产生的成本并不直接承担,对他的行为带来的收益也不是独享,这就削弱了个人对政治活动进行成本效益计算的动机。其次,政治活动是一种集体活动,其结果具有很大的不确定性,这就使得个人从事政治活动的动机难以服从自身利益的最大化。事实上,个人也可能出于理想、信仰、同情心的非经济因素去参与政治活动。不加区分地用"经济人"范式去说明一切政治家的行为,混淆了政客和政治家的区别,抹杀了人的理想主义情怀,对那些为了人类解放事业而奋斗终生甚至献出生命的政治家来说是极大的不尊重。

(3)公共选择理论中的"经济人"范式过分强调个人利益在支配个人行为中的作用,而完全忽视了支配个人行为的利他主义、自我牺牲和宗教信仰等其他因素,抹杀了个人的行为动机将会因时、因地、因人而产生的差异性。在亚当·斯密那里,"经济人”的两种属性是有机统一的，这就是经济学中的利己主义和伦理学中的利他主义。而公共选择理论中的“经济人”则抽取了这种利他的属性，没有了“仁爱之德”和“正义之德”，是一种单纯追求个人利益最大化的个体模式。这种模式不能给出个体属性的最接近实际的解释，因为自利不是理性人的全部属性。人的需要从结构上看是多元的。我们从马斯洛的需要层次理论可以得知，需要的层次越高，用单纯的利己动机来解释个人的行为动机就越力不从心。事实表明，理想、信仰、情感和利他也会成为人的行为动机，在某些场合，这些动机完全有可能会压倒个人的自利动机。

（4）公共选择理论中的“经济人”范式对个人利益和集体利益的关系的理解是片面的。人是一种社会动物，他总是生活在一定的社会关系中，总是某个集体或集团的一员，他对他所置身其中的社会关系是无法选择的。因此，个人利益和集体利益就是一种辩证统一的关系：集体是个人的自愿联合体，没有个人利益，集体利益就成了空中楼阁；个人利益又只有通过集体利益才能更好地实现，没有集体利益的存在，个人利益有时候就无法达到最大化。事实上，个人利益有时候往往屈从于民族利益、国家利益、家族利益和集团利益，作出必要的自我牺牲。美国学者福山指出，“经济人”假设只能解释 80%的人的行为，余下的 20%的人的行为无法用“经济人”假设来解释，这余下的 20%的人的行为需要用道德、习俗等文化因素来解释。

资料来源：申屠莉、夏远永：《解读公共选择理论中的“经济人”范式》，载《浙江学刊》，2010（5）。

第 8 章

政府采购

重点问题

- 政府采购的基本内涵
- 政府采购的主要职能
- 政府采购的基本原则
- 政府采购的基本方式
- 政府采购制度框架
- 中国的政府采购制度

8.1 政府采购的概念、特点与职能

8.1.1 政府采购的基本概念

政府采购（government purchase），是指政府及其所属机构为了开展日常政府活动或为公众提供公共服务，在财政的监督下，以法定的方式、方法和程序，对货物、工程或服务的购买，是政府及其所属机构为实现政府职能和公共利益使用公共资金获得货物、工程或服务的行为。政府采购不仅是指具体的采购过程，而且是采购政策、采购程序、采购过程及采购管理的总称，是一种对公共采购进行管理的制度。政府采购支出属于财政购买性支出。①

与政府采购相近的一个概念是公共采购。通常，公共领域的范围要比政府领域宽泛一些。公共领域一般包括中央政府及其各部门和机构、地方政府、国有化企业，有时还包括

① 参见楼继伟主编：《政府采购》，1 页，北京，经济科学出版社，1998。

社会保障基金。政府领域一般是指国家机关及其管理机构，通常不包括由政府组建、资助和经营，但不属于政府管理机构内的企业、社会保障基金和为数众多的半自治组织。但就国外政府采购制度的规定看，政府采购的主体通常不仅包括政府部门自身，而且包括直接或间接接受政府控制的企事业单位。因此，政府采购与公共采购往往能够同义使用。①

政府采购制度与我国计划经济体制下实行的财政供给制不同。在供给制条件下，财政是采购商品的主体，使用单位只能被动地接受商品。而在政府采购制度下，财政只监督商品的采购过程，使用单位不仅要参与采购过程，而且是采购商品的主体，使用单位要签署商品购买合同。财政供给制在建国之初，为保障新中国政权的稳固，迅速建立起一个初步的重工业体系发挥了重大作用。但是，财政供给的方法无法满足政府和人民的需要。而且，在供给制下，商品的作用和地位没有得到应有的重视，企业无法正常核算商品的成本和利润。

政府采购制度也不是控购制。改革开放后，我国主要采取了控制集团购买力的方法（简称“控购”），通过直接的行政手段抑制社会集团对某些商品的需求，实现社会商品的供求平衡。随着我国经济体制改革的深化，市场商品日益丰富，政府与民、企争购的条件不复存在，控购的范围最终集中到几种专项产品，目的是控制集团消费支出。尽管控购通过行政手段解决有限商品“该不该买”的问题，在一定范围内实现了对预算支出的控制，但没有解决“如何购买”的问题。要解决“如何购买”的问题，就要实行政府采购制度。

政府采购与控购的主要区别在于：

（1）管理的目的不同。控购的目的是在短缺经济条件下控制社会集团购买力，抑制过旺的需求，以平衡市场供求矛盾，防止政府与民争购。政府采购的目的主要是增强政府财政政策和货币政策的协调能力，强化预算职能，节约支出，提高预算资金的使用效率，控制采购中的腐败现象，提高政府办事的透明程度。

（2）管理的对象范围不同。控购针对的是某些具体的商品。控购的对象是某些紧缺商品或价值较高的所谓“奢侈”商品。政府采购的对象是政府需要自用或自行消费的所有商品、工程或服务，没有具体商品品目的限制。

（3）管理的手段不同。控购管理主要是通过直接的行政手段实现的，即分配指标和审批。政府采购的管理主要通过市场，以规范化的采购方式和财政监督相结合的间接方式来实现。

（4）管理的单位不同。控购针对所有社会集团单位。政府采购主要针对财政供给的行政事业单位。②

8.1.2　政府采购的特点

政府采购与私人采购在许多方面是相似的。两者均要“识别所需材料的来源，并在需要的时候以尽可能经济的方式按可接受的质量标准获得这些商品。采购部门必须能够快速

---

① 参见曹富国、何景成：《政府采购管理国际规范与实务》，8 页，北京，企业管理出版社，1998。

② 参见刘小川、王庆华：《经济全球化的政府采购》，33 页，北京，经济管理出版社，2001；储敏伟、杨君昌主编：《财政学》，269 页，北京，高等教育出版社，2000。

有效地满足需求，并且采购政策和程序必须同商业惯例吻合。采购部门利用专业技术和现代方法，聘用专业采购员和管理人员，以保证采购项目能完全符合使用部门的需要”①。

政府采购又是和私人采购有相当大差别的一种采购管理制度。政府采购具有明显的公共管理性。和私人采购相比较，政府采购的特点可以归纳为如下几个主要方面：

1. 采购资金来源具有公共性

政府采购的资金来源于政府财政拨款和需要由财政偿还的公共借款，这些资金的最终来源为纳税人缴纳的税收和政府的公共服务收费所形成的公共资金（public fund），在财政支出中具体表现为购买性支出。政府通过政府采购活动分配和使用公共资金资源时履行的是公共托管人的职能（stewardship function）。而私人采购的资金来源于采购主体的私有资金（private fund）。采购资金的来源性质不同，决定了政府采购与私人采购在采购管理、采购人员责任等方面存在很大差异。实际上，是采购资金的来源不同将政府采购和私人采购从本质上区分开来了。

2. 采购主体具有特定性

政府采购的主体，亦即采购的实体，是依靠国家财政资金运作的政府机关、事业单位、社会团体等公共机构。这些机构的最大特点是向社会提供公共服务，追求社会效益。而私人采购的主体则以个人、家庭、企业为主。

3. 采购活动具有非营利性

政府采购资金来源和采购主体的特殊性决定了政府采购通常表现为非商业性、非营利性购买行为。政府从事国防、外交等活动需要采购商品，以满足政府的日常消费需要，即使政府承担公共工程的建设，也往往是一些规模大、收益小、私人不愿意介入，但社会效益明显的工程项目。所以，政府采购不是为了营利，也不是为卖而买，而是通过购买为政府部门提供消费品或向社会提供公共利益。这和私人采购以生产、转售和营利为目的不同。而且政府采购管理者也没有私人采购需要的营利动机。

4. 采购行为具有政策性

与私人采购不同，政府采购能产生社会效益，采购主体具有社会责任。政府采购主体是一个整体，这个整体是国家内最大的单一消费者，其购买力非常巨大，在很多国家，政府采购金额占国内生产总值（GDP）的10%以上。② 政府采购对社会经济有着非常大的影响力，采购规模的扩大或缩小、采购结构的变化，对社会经济发展状况、产业结构以及公众的生活环境都有着十分明显的影响。因此，政府采购已经成为各国政府通常使用的一种宏观经济调控手段，承担着执行国家政策的使命。例如，政府可以在制定政府采购法规时体现国家利益或产业政策的要求，规定最大限度地节约支出、购买本国产品等，利用政府

---

① 曹富国、何景成：《政府采购管理国际规范与实务》，5页。

② 据统计，欧盟各国政府采购的金额占其GDP的14%左右（不包括公用事业部门的采购）；美国政府1989—1992年每年仅用于货物和服务的采购就占其GDP的26%～27%，每年有2 000多亿美元的政府预算用于政府采购（参见曹富国、何景成：《政府采购管理国际规范与实务》，8页）。英国、荷兰20世纪八九十年代政府采购占当年GDP的比重在15%以上（假设政府消费占政府采购的比例约为90%），日本这一比重稳定在10%左右。发展中国家政府采购的规模也不小，近年还有上升的趋势。1996年政府采购占当年GDP的比重：巴西为16%，韩国为10%，马来西亚为11%（参见刘小川、王庆华：《经济全球化的政府采购》，30～31页）。

采购作为保护本国产品和企业的手段。而私人采购则没有这种责任。

5. 采购活动的管理具有规范性

在政府采购中，政府采购部门履行的是公共资金的托管人的职能，采购活动又是非营利性的，资金管理者的责任和资金的使用效率不可能像营利性商业组织那样完全直接地通过市场检验（market test）来体现，而且，作为国内市场上最大的买家，政府的购买行为能对社会经济产生深远的影响。因此，对政府采购进行管理成为一种弥补市场失灵的手段，政府采购也就成为一个受管制但透明的过程。为了保证采购的公平、公开、公正和经济原则，现代国家都制定了系统的政府采购法律、法规，从采购的基本法到各项实施细则，形成一套完善的法律体系，力求建立完善的政府采购制度，使政府采购活动几乎毫无例外地在严格的法律管理下进行。换句话说，政府采购不是简单的一手交钱、一手交货，而是要依照有关的法规，根据不同的采购规模、采购对象、采购时间等要求，采用不同的采购方式和采购程序，每项政府采购活动都要做到规范化、秩序化、制度化运作。政府采购的相关法律法规和运作程序都是公开的，整个采购过程也是在完全公开的条件下进行的，所有采购信息都须公开，一切采购活动都要进行公开的记录，体现公开、竞争的原则，接受社会监督。而在私人采购方面，则没有这么多的管理限制，管理当局也没有义务公开交易的信息和过程。

6. 采购对象具有广泛性和复杂性

政府采购所涉及的对象，可以说是无所不包。为了便于管理和统计，国际上通行的做法是按其性质将采购对象分为三大类：货物、工程和服务。货物是指各种各样的物品，包括原料、产品、设备、器具等。工程是指新建、扩建、改建、修建、拆除、修缮或翻新构造物及其所属设备以及改造自然环境，包括建造房屋、兴修水利、改造环境、修建交通设施、铺设下水道等建筑项目。服务是指除货物和工程以外的任何采购，包括专业服务、技术服务、维修、培训、劳力等。可见，没有一个私营组织的采购能与政府采购相比。因此，采购专业化成了政府采购的一个重要特点。

8.1.3　政府采购的主要职能

政府采购的基本目标是实现政府职能和社会公共利益。国家的本质不同，国家（政府）的职能也不同。国家的本质是阶级性和公共性的统一，国家的本质决定了国家及其政府具有三大方面的职能，即政治职能、经济职能、社会公共管理职能。[①]在不同的社会经济条件下，政府的职能范围有所不同。从亚当·斯密到凯恩斯，西方国家的经济政策从自由放任主义转向政府干预，政府的经济职能范围随之扩大。现代社会，政府的经济职能进一步扩大，政府承担弥补各种市场失灵的责任，为此，政府的财政收入和财政支出呈现出不断增长的趋势，财政支出手段也呈多样化，政府采购和消费即是一种颇具影响力的财政支出方式。

针对承担单个采购任务的具体采购实体而言，政府采购是一种微观经济行为；针对政府整体而言，政府采购又是实现政府宏观政治、经济、社会管理职能的工具。通过政府采

① 参见郭小聪编著：《政府经济职能与宏观管理》，2 版，4、8 页，广州，中山大学出版社，1999。

购，政府可以将宏观调控和微观经济行为结合起来，以实现政府的重大政策目标。具体而言，政府采购的职能目标主要有[①]：

1. 加强政府支出管理，提高财政资金的使用效率

在机构设置上，政府机构一般是“独此一家，别无分号”；政府机构的经费来源一般是靠拨款，实行预算制，政府活动一般不以营利为目的。政府机构这种固有的“垄断性”和“预算性”特性，决定了政府是在缺乏外部竞争压力和内部激励动力的条件下运行的，政府难以做到自觉地节约经费、提高效率，反而很容易出现“帕金森定律”所描述的情况：各部门积极花钱，以求第二年能得到更多的预算拨款支持，甚至是“多花钱，少办事”，工作任务紧缩时，部门的预算和人员反而增加和扩充。政府购买和消费的支出数额巨大，如果没有有效的管理，势必造成公共资金的严重浪费。建立政府采购制度，引入商业化运作模式完成政府部门的采购任务，即通过公开竞争，追求经济的规模效益和政府支出的边际效益，可以使政府获得价廉物美的商品，客观上有利于构建政府资金分配和使用的效率机制，可以降低采购成本，实现“少花钱，多办事”的目标。国际经验表明，通过竞争采购，采购资金的节约幅度通常在10%以上。[②]

2. 强化宏观调控，调节国民经济运行

现代市场经济的健康运行要求以市场为基础进行资源配置，同时加强政府的宏观调控。财政政策和货币政策是政府实现宏观调控的两大主要政策工具，政府采购又是财政政策的重要组成部分。政府采购的规模、品种、频率影响财政支出的规模和结构，从而可以调控国民经济总量和结构，调节经济周期，烫平经济波动。为了刺激经济发展，政府可以扩大采购规模，增加内需；为了抑制经济过热，政府可以缩减采购规模，降低消费需求；为了调整产业结构，政府可以通过调整政府采购的产品结构体现政策导向，起到告示作用。例如，美国政府为了扶植飞机制造、电信、电子等行业的发展，除了给这些行业提供优惠贷款外，还直接向这些行业大量采购，据统计，20 世纪 80 年代这些行业大公司一半以上的业务来自政府采购，从而这些高科技行业获得了直接的迅速发展。[③]日本在振兴汽车工业时，政府和公共团体的采购资金均投入了本国汽车工业；在振兴电子工业时期，政府办公自动化建设和通信设备的采购为日本刚刚起步的电子工业提供了不小的市场，帮助日本企业顶住了美国跨国公司电子产品的冲击。1999 年 5 月，美国武装侵略南斯拉夫，表面上是推行霸权国家所谓的“人权”，深层次的原因则是，通过战争，美国政府可以大量采购军事物品和其他物品，防止美国经济受全球经济紧缩的影响而衰退。[④]

政府可以通过对储备物资的采购和吞吐来调节物价水平，稳定物价，保护生产者和消费者的利益。政府在合理的价格下通过市场采购储备物资，一旦这些物资出现短缺、价格偏高时，政府将按合理的价格出售，以平抑物价。当某些物资出现市场过剩或价格过低的问题时，政府可以通过市场采购这些物资，增加储备，托升价格。根据国际惯例，政府储备物资主要指粮食和少数特定的基础原材料商品。

---

①② 参见楼继伟主编：《政府采购》，7 页。

③ 参见储敏伟、杨君昌主编：《财政学》，270 页。

④ 参见刘小川、王庆华：《经济全球化的政府采购》，57、58 页。

政府采购还有助于促进社会就业。政府可以通过扩大基本建设来增加就业机会。政府可以对参与采购竞争的企业的资格身份进行甄别，推动特殊社会群体的就业增加，如：政府可以鼓励向残疾人企业、妇女企业、少数民族企业等特殊企业购买产品；政府可以取消存在歧视妇女和残疾人就业情况的企业参与采购竞争的资格；政府可以规定取得政府采购合同的企业有义务安排一定数量人员的就业或缴纳一定数量人员的社会保障费；等等。

3. 保护民族产业，壮大民族经济

许多国家都通过立法，强制要求一般情况下政府采购要优先购买本国产品，以实现保护民族产业的目标。美国在 1933 年颁布的《购买美国产品法案》就是一项鼓励政府部门在采购时购买国货的法律文件，该法的宗旨是“扶持和保护美国工业、美国工人和美国投资资本”。该法所称的“美国产品”，是指最终产品中美国零部件含量不少于 50%的产品。目前，美国已经加入 WTO 的《政府采购协议》，《购买美国产品法案》仍对未加入 WTO《政府采购协议》的国家适用；即使是 WTO 的成员，对某些领域仍在进行保护。泰国的法律规定，如果本国的产品符合国家标准，只要价格不高于其他国家产品的 10%，则要优先购买本国产品。还有相当多的国家有类似的法律规定。[①]各国还通过确定“门槛价”[②] 的方式来实现优先采购本国商品的要求。例如，美国规定：中央机构只有价值在 13 万 SDR（特别提款权）以上的采购合同才必须实行国际性招标采购；地方政府只有价值在 35.5 万 SDR 以上的采购合同才必须实行国际性招标采购；地方下属机构只有价值在 25 万 SDR 以上的采购合同才必须实行国际性招标采购。即使是 WTO 的《政府采购协议》，也规定了签字国价值在 13 万 SDR 或以上的采购合同才必须实行国际性招标采购。[③] WTO 的《政府采购协议》还规定了对发展中国家的优惠与例外规定，要求给予发展中国家特别的和有差别的待遇：协议第 5 条要求适当考虑发展中国家的发展要求和经济、贸易需求，以便保障它们的国际收支平衡，促进其国内产业的建立与发展，支持那些完全或主要依靠政府采购为生的企业，以及通过发展中国家之间的地区性或全球性安排促进它们的经济发展，发展中国家也可通过谈判或向政府采购委员会提出要求以寻求国民待遇原则的某些例外；还要求发达国家签约方根据请求向发展中国家签约方提供政府采购方面的技术援助。一些发达国家签约方已按规定建立了一些信息咨询中心，以满足发展中国家签约方的合理的信息索求。此外，协议第 5 条还要求根据 GATT 东京回合达成的授权条款对最不发达的签约方给予特殊待遇；对于来自尚未成为协议签约方的最不发达国家的产品、服务或供应商，各签约方亦应给予协议适用范围内的利益。[④]

政府采购对国内产业的保护，只保护先进，并不保护落后，其目的是要从整体上提高国内企业的竞争力。例如，《购买美国产品法案》1954 年的修正案指出：如果国货的价格

---

① 参见楼继伟主编：《政府采购》，7 页。

② “门槛价”，又称“门槛值”（threshold value），为政府采购合同的协议启用值，亦即进入协议适用范围的采购合同的最低金额。

③ 参见刘小川、王庆华：《经济全球化的政府采购》，127 页。

④ 参见王火灿：《WTO 政府采购协议对我国的借鉴》，载《世界贸易组织动态与研究》（上海对外贸易学院学报），2001（3）。

不合理，并且其价格比国外同类产品价格高出 6%，可以采购国外产品。随着美国经济实力的增长，美国货在国际市场中的竞争力不断增强，政府政策的重点已经转为推动美国货进入国外市场，政府试图通过国际经济组织的贸易协定和政府采购协定打开外国的政府采购市场，因此，进入 20 世纪 80 年代后，在美国，《购买美国产品法案》的地位明显低于《世贸组织贸易协定》、《泛美自由贸易区协定》等国际协定。[①]

4. 开拓市场，促进国际经济交往

随着现代市场经济的发展，国际经济一体化趋势逐渐明确，政府通过加入国际性或区域性经济组织的政府采购协议，可以以较优惠的条件从国际市场上获得价廉物美的产品和服务，获取国际贸易中的"比较优势"利益；同时也为国内企业开辟了新的市场，让国内企业有机会到外国政府采购市场上争取合同，增加出口。

目前，具有代表性的国际性经济组织的政府采购协议主要有：WTO 的《政府采购协议》（1979），世界银行颁布的《国际复兴开发银行贷款和国际开发协会信贷采购指南》（1985），联合国国际贸易法委员会的《关于货物、工程及服务采购的示范法》（1994）。具有代表性的区域性经济组织的政府采购协议主要有：欧盟的《公共指令》，亚太经合组织（APEC）关于政府采购的非约束性规则，北美自由贸易区（NAFTA）关于政府采购的规定等。[②]这些国际间政府采购的标准典范，有效地促进了政府采购市场的开放，推动了国际贸易的开展。

5. 化减外部不经济

政府可以对所采购的产品或拟建的工程提出技术上的指标要求，要求对不符合规定指标要求的产品不得采购。这些技术上的指标要求，往往有利于环境保护、技术安全等，在一定程度上有助于化减经济的外部性问题。例如，可以规定政府购置的车辆必须符合一定的排气量标准，明确政府不能购买在生产过程中制造污染的制造商的产品，等等。

6. 强化对国有资产的管理

政府采购的对象中，相当一部分属于国有资产，这些资产都包含在政府采购信息库中。按照规定，每一项政府采购，采购合同形成以前要报财政部门立项，采购合同形成后要报财政部门备案；采购实体在申请购买新资产替代旧资产时，要在申请立项的同时作出说明，资产的处理收入要上缴国库。这样，财政部门能够全面掌握国有资产的情况，有利于对国有资产的管理，防止国有资产的流失、闲置和浪费。

8.2 政府采购制度框架

政府采购制度，是指有关政府采购过程及其管理的一系列规章制度的总和，一般来

① 参见刘小川、王庆华：《经济全球化的政府采购》，189 页。

② 上述主要国际性和区域性经济组织的政府采购协议的基本介绍可参见刘小川、王庆华：《经济全球化的政府采购》，115～126、132～174 页。

说，可以包括采购政策、采购程序、采购管理等主要方面的内容。

8.2.1　政府采购的基本原则

为了保证政府采购目标的实现，必须明确政府采购遵循的主要原则。归纳起来，主要包括有效竞争、公开性、公平性、效益等几个方面的原则。

1. 有效竞争原则

有效竞争是指要求邀请更多的供应商参与竞争。该原则认为，竞争价格是一种合理价格，通过促进供应商、承包商或服务提供者之间最大程度的竞争，有助于政府采购目标的实现。通过竞争，可以形成一种对买方有利的竞争局面，即政府采购机构可以形成一种买方市场；竞争可以促使投标人提供价廉物美的商品和服务，实现政府采购经济有效的目标。因此，国际政府采购规则都将竞争性原则作为政府采购的一条重要原则。

为了实现竞争性原则，体现竞争、平等、信誉、公正的招标采购方法通常被用作政府采购中首选的采购方法。为了保证竞争程度，政府采购还非常注重招标广告或竞争邀请的有效性。在各国政府采购制度及国际政府采购规则中，都规定了广告的发布形式，规定了从发出招标广告到进行投标的时间间隔，甚至规定对招标文件收取的费用只限于制作成本等，从而确保投标商能广泛知晓并有充足的时间准备参与竞投。

2. 公开性原则

政府采购的公开性原则，也称透明性原则，是指有关采购的法律、政策、程序、活动都要公开，使每个有兴趣的或已参与的供应商都能获得同等的信息。“公开或透明是世界各国管理公共支出的一个特征，因为政府采购合同是采购机关使用纳税人的税款或其他公共专项投资签订的买卖合同，所以在采购中必须对纳税人以及社会公众负起责任。”① 透明度高的采购法和采购程序可以提高政府采购活动的可预测性，有助于投标商准确估算风险和收益，作出理性的选择，提出最有竞争力的价格。公开采购信息和采购过程，有助于加强监督，防止“暗箱操作”，避免采购机构及其上级主管作出随意的或不正当的行为和决定，从而增强潜在的投标商参与竞投的信心，维护社会公众的利益。

贯彻公开性原则，要求建立关于政府采购的明确、具体、可操作、便于司法适用的法律制度，并且这些法律制度能够被良好运用。公开性原则应贯穿政府采购的全过程：首先，要公开有关政府采购的法律和政策，便于公众树立正确的观念意识和选择适当的行为模式；其次，招标方式要公开，除少数例外情况外，一般应采用参与面广的公开招标方式；再次，采购信息要公开，有关政府采购的各种信息，包括公开招标的公告、选择性招标的资格审查公告、门槛价以上采购的决标结果、预算等，均应公布在法律指定的刊物或信息网络等媒体上；最后，采购机关要接受来自投标方（供应商）的质疑和询问，并对质疑和询问进行真实的解答、说明。

---

① 王治洪：《政府采购的基本原则与实施》，载《江西社会科学》，2001（12）。

3. 公平性原则

政府采购的公平性原则，又称非歧视原则，是指要求给予每一个有兴趣参加竞争的投标商均等的机会和同等的待遇，使其享有同等的权利并履行相应的义务，不歧视任何一方。允许所有有兴趣参加投标的供应商、承包商、服务提供者参加竞争；采购机构向所有投标人提供一致的信息；在资格预审和投标评价时对所有的投标人都使用同一标准，不以投标人的各种背景而以其提出的投标条件为判断其是否中标的依据。只有在这种公平的基础上的竞争才可能是充分有效的。因此，公平性原则是政府采购尤其是国际性政府采购规则中的一条重要原则。

贯彻公平性原则，除了不得对供应商采取歧视政策和搞地区封锁外，还必须做到严格依照法律规定进行采购活动。也就是说，有必要通过一定的制度安排来保障公平性原则的实现。应该建立的保障制度有：(1) 供应商资格制度。采购机构预先订定可以参与政府采购竞标的供应商的资格条件，并不得在限定资格条件时不恰当地实行差别待遇或限制竞争，以确保在筛选竞标者时有统一客观的标准。(2) 采购规格制度。采购机构依照适用的技术标准预先标示出拟采购的商品或服务的特性。描述商品或服务的品质、性能、包装标识等特性时，不得在目的和效果上限制竞争，不得要求商品具有特定的商标、专利、设计形式、来源地、生产者、供应商等特质，以避免垄断和其他不公平行为发生，维护采购秩序。(3) 供应商异议和申述制度。供应商如果对招标文件的内容有疑问，可以请求采购机关予以解释；供应商认为政府采购行为存在违法情形，导致其权利受到损失，可以向特定机关提出申诉，要求采购机关纠正错误、赔偿损失，以形成保障公平的监督机制和救济机制。(4) 禁止回扣制度。明确规定供应商不得以支付佣金、中介费或其他利益为条件促使采购契约达成，否则将处以严厉的刑事处罚，以杜绝腐败现象，保障各供应商的应标条件能得到公平的对待。

值得指出的是，贯彻政府采购的公平性原则，并不排斥要兼顾政府采购的社会目标，将采购合同授予某些特殊的弱势企业。小企业、少数民族企业、残疾人企业等在政府采购竞争中往往处于不利的地位，它们很难单凭企业实力赢得政府采购合同。在政府采购制度中，制定一些规则，采取一些措施，使这些弱势企业也能得到部分政府采购合同，有助于促进社会经济的协调发展。

4. 效益原则

政府采购的效益原则，又称经济原则、效率原则、物有所值（value for money）原则[①]，是指在政府采购中要鼓励充分竞争，使财政资金的使用效益最大化，少花钱多办事。关于效益原则，应注意把握资金效益与社会效益的关系。资金效益是指用于政府采购的财政资金的使用效益，通过比较投入（成本）与产出（效益）来衡量。在西方国家，估算投入时不是简单地采用所采购物品的现价，而是采用其寿命周期成本，即所采购物品在有效使用期内发生的一切费用再减去残值。采购资金的使用效率最大化原则直接体现在最佳的

---

① 关于“物有所值”原则的内涵，发达国家和发展中国家的看法不尽相同，主要分歧是对“值”的理解不同：发达国家普遍认为“值”应作狭义理解，仅指资金的使用效率；发展中国家普遍认为“值”应作广义理解，它不仅包括资金的使用效率，而且应包括为国内产业发展提供机会以及促进技术转让等。我国大多数学者偏向支持广义的解释。

采购价格水平上[①]，这也是将政府采购看作一个单纯的市场购买行为时必须首先考虑的一个原则。当政府采购被看作一种宏观经济调控手段时，对“效益”的理解，不仅包括提高财政资金的使用效率，还应包括为国内产业发展提供机会、促进技术转让等社会经济效益。落实效益原则，要建立以最优投标为招标对象的决标制度，政府采购运作时要做到社会公共利益优先。

8.2.2　政府采购的基本方式

按采购方式的公开程度可以将政府采购的方式分为两大类：招标性采购和非招标性采购。招标性采购是公开性较高的政府采购方式。

1. 招标性采购

招标性采购是指通过招标的方式，邀请所有的或一定范围的潜在的供应商参加投标，采购实体通过某种事先确定并公布的标准从所有投标供应商中评选出中标供应商，并与之签订合同的一种采购方式。

按接受投标人的范围不同，招标性采购又可以分为公开招标采购、选择性招标采购、限制性招标采购。其中，公开招标采购和选择性招标采购属于竞争性招标采购。

（1）公开招标采购，是指采购方通过公开程序，以招标公告的形式，邀请所有有兴趣的、不确定的供应商参加投标的采购方式。

（2）选择性招标采购，是指通过公开程序，邀请供应商提供资格文件，只有通过资格审查的供应商才能参加后续招标，或者通过公开程序，确定特定采购项目在一定期限内的候选供应商，作为后续采购活动的邀请对象。选择性招标采购方式确定有资格的供应商时，应平等对待所有的供应商，并尽可能邀请更多的供应商参加投标。

（3）限制性招标采购，是指不通过预先刊登公告程序，直接邀请一家或两家以上的供应商参加投标。实行限制性招标采购方式，必须具备相应的条件：公开招标或选择性招标后没有供应商参加投标、无合格标；供应商只有一家或几家，无其他替代选择；出现了无法预见的紧急情况；向原供应商采购替换零配件；因扩充原有采购项目需要考虑到配套要求；属于研究用的试验品、试验性服务；追加工程，必须由原供应商办理，且金额未超过原合同金额的50%；与原工程类似的后续工程，并在第一次招标文件中已做规定的采购；等等。

根据招标所经历的阶段不同，还可以将招标性采购分为单阶段招标采购和两阶段招标采购。单阶段招标采购，就是通过一次性招标，让投标商提交价格标和商务的采购方式。两阶段招标采购是一种特殊的招标采购方式，即对同一采购项目要进行两次招标：第一次招标是采购实体要求供应商提交不含价格的技术标，目的是征求各供应商对拟采购项目在

---

① 在竞争性领域的政府采购，最优采购价格可以通过公开竞标的方式，依靠有效竞争来决定。对于部分非竞争性领域的采购，不能采用公开竞标方式，而应该通过协商方式解决价格问题。比如军事装备采购，美国曾采用“成本＋利润”合同方式，即政府同意支付所需研制费用并附加一个固定比例的利润额。但这种方式不利于促进生产成本和采购成本下降。后来实行固定价格制，即政府与制造商详细制定产品的固定价格，将在研制中节约的成本作为制造商的利润。由于这类商品的制造成本难以准确估算，所以，政府在采购这类商品时实际上是在政府和制造商之间寻找平衡点，选择对政府来说尽量低的且制造商又可以接受的价格。

技术、质量或其他方面的建议；第二次招标是采购实体根据第一阶段征求的建议修改招标文件，要求供应商按修改后的招标文件提交最终的技术标和价格标。两阶段招标很少使用。只有采购大型的复杂或技术升级换代快的货物（如大型计算机和通信系统等），以及特殊性质的土建工程时，由于事先准备好完整、准确的技术规格有困难或不易实现，才采用两阶段招标方式。

2. 非招标性采购

非招标性采购是指除招标性采购方式以外的采购方式。非招标性采购的方法很多，通常使用的主要有询价采购、单一来源采购、竞争性谈判采购、自营工程等。

（1）询价采购，即“货比三家”的采购方式，是指采购实体向有关供应商（通常不少于三家）发出询价单让其报价，然后在报价的基础上进行比较并确定中标供应商的一种采购方式。这种方式只适用于采购现货或合同价值较低且价格弹性不大的标准化货物或服务，如标准规格的设备或小型、简单的土建工程等。

（2）单一来源采购，是指采购方在适当的条件下仅向单一供应商征求建议或报价的采购。单一来源采购也称直接采购，是一种没有竞争的采购，使用条件比较严格。一般要求：所购商品的来源渠道单一，或供应商拥有专有权（如属专利、首次制造等）且无其他合适的替代标的，或属原合同追加、原有项目的后续扩充，等等。在这些特殊情况下，只能由一家特定的供应商供货。

（3）竞争性谈判采购，是指采购实体通过与多家供应商进行谈判，最后从中确定中标供应商的一种采购方式。这种方法适用于紧急情况下的采购或涉及高科技应用产品和服务的采购。

（4）自营工程是土建项目中经常采用的一种采购方式，它是指采购实体或当地政府不通过招标或其他采购方式而直接使用当地的施工队伍来承建土建工程。采取自营工程方式有严格的前提条件：事先无法确定工程量有多大；工程小而分散，或者工程地点较远，使承包商要承担过高的动员费用；必须在不干扰正在进行的作业情况下完成的工程；没有一个承包商感兴趣的工程；如果工程不可避免地要出现中断，在此情况下，其风险由采购实体承担比承包商承担更为妥当。对自营工程必须严格控制，否则会出现地区保护的问题。

采购金额是确定采用招标性采购还是非招标性采购的重要标准之一。一般来说，较大额（达到一定金额以上）的竞争性采购项目，要求采用招标性采购方式，而且往往要求使用公开招标采购；在招标采购限额以下的大量的采购活动，则采用非招标性采购方式。但在某些特殊情况下（如需要紧急采购或者采购来源单一等），即使采购合同金额达到了采用竞争性招标采购的金额标准，若招标方式并不是最经济的，也需要采用招标方式以外的采购方法。

竞争性招标采购能够较充分地满足公开、公平、公正、竞争、透明等政府采购要求，是较为理想的采购方式，但也存在明显的不足之处：其一，采购周期太长，会延误最佳采购时机。从准备招标文件到合同签订，需要很长的时间，有时等到合同签订时，原拟购产品早已升级换代，或是价格等因素出现了不利的变化。其二，需要的文件非常烦琐，而且很难考虑周全。一旦采购实体或供应商有考虑不周全之处，均会处于非常被动的境地，甚至有时采购实体不得不在已做了大量工作后宣布废标。其三，采购缺乏弹性，签订的合同并不一定是采购实体的最佳选择。竞争性招标采购的最大特点，就是其具有不可更改性：一旦有了最低评标价的投标，采购实体必须选择它，并不得向中标供应商提出招标文件中已做明确规定以外的任何要求。如果采购实体发现某些供应商的投标设备的确非常好且其报价没有突破预算，但是，只要该供应商的报价不是最低评标价，采购实体就不能选择该投标供应商。这不利于采购实体根据实际情况采取灵活措施，做出最佳选择。其四，采购有可能造成设备规格多样化，影响标准化的实现，并给维修和使用标准备件造成障碍。因此，虽然理论上竞争性招标采购具有明显的优势，但在实际工作中应用的比重却不大。资料表明，真正使用竞争性招标采购方式进行的政府采购一般占政府采购总量的30%～40%。

从发展趋势来看，竞争性招标采购是主要的采购方式，但在一个国家内部，实行竞争性招标采购方式的范围在缩小、比例在下降。相对应地，竞争性谈判采购在很多国家变得非常流行，逐步占据主导地位。原因是，竞争性谈判采购既有竞争性招标采购的主要优势，能体现充分竞争，又能克服其缺点，体现灵活协商：其一，由于不是广泛进行招标，而是直接与供应商进行谈判或协商，不存在准备标书、投标、等标等环节，因而采购周期大大缩短，有利于提高工作效率，使采购项目能更快地发挥作用。其二，采购实体可以根据实际情况，与供应商进行多次、具体的协商谈判，具有很大的灵活性，有利于实现最优采购。其三，该方式允许对供应商的范围和数量进行限制，在一定程度上可以规避国民待遇原则和非歧视性原则，为国内供应商提供更多的中标机会，有利于对民族产业进行保护。其四，由于协商谈判比较灵活，一方面，可以激励供应商进行科技创新，让采购主体得到性能水平高出预期要求的商品；另一方面，如果供应商提供的商品达不到预期的性能要求，采购主体可以拒收，由供应商来承担最终的风险，而政府则实现采购风险转移。

然而，国际性或区域性经济组织对竞争性招标采购的重视程度却与日俱增。WTO 的《政府采购协议》强制规定各国中央政府在采购的商品、服务和工程价值达到一定金额时，必须实行竞争性招标采购。其他国际性或区域性经济组织都有类似的强制性规定。制定这些强制性规定，主要目的是促进各国间政府采购市场的充分开放，因为，其他采购方式客观上已成为一种非关税贸易壁垒而被各国经常使用。制定这些强制性规定，还有一层原因，就是一些发达国家欲借此成功占领发展中国家的政府采购市场。

8.2.3　政府采购管理

1. 政府采购的基本程序

政府采购，无论采取什么方式，也无论涉及多大金额，都要按规定的步骤进行。从各国的经验看，政府采购制度所规定的采购程序一般分为以下几个主要的阶段：

（1）确定采购需求。确定采购需求是整个采购过程中的一个非常关键的环节。采购需求由各采购实体提出，报财政部门审核，只有被财政部门列入年度采购计划的采购需求才能执行。财政部门在审查各采购实体的采购需求时，既要考虑采购预算的限额，又要考虑采购要求的合理性，包括采购项目的整体布局、社会效益等，从源头上控制盲目采购、重复采购等问题。在确定采购需求的同时，还要充分预测采购风险。要注意做好广泛深入的市场调查和市场分析工作，针对采购过程可能出现的一些意外情况，事前要做好防范措施。

(2) 选择采购方式。政府采购过程中，必须根据采购的性质、数量、时间要求等因素，以有利于实现公开、有效竞争和物有所值的目标为原则，选择恰当的采购方式。采购实体不得在执行过程中自行改变采购方式。如果确有必要改变采购方式，必须报有关部门批准，同时通知供应商。

(3) 签订采购合同。采购合同只能给予具有向政府供货资格的供应商。供应商在签订采购合同时，须按标准交纳一定数额的履约保证金，以保证其能够按合同的规定履行其义务。

(4) 履行采购合同。合同签订后，采购进入了合同执行阶段，采购实体和供应商都不得单方面修改合同条款，否则属于违约，违约方必须按合同规定向合同的另一方赔偿损失。

在合同执行过程中或执行完毕，采购实体对合同执行的阶段性结果或最终结果要进行检验和评估。合同验收一般由专业人员组成的验收小组来进行，验收结束后，验收小组要做验收记录，并分别在验收证明书和结算验收证明书上签字。财政部门按验收证明书、结算验收证明书及采购合同的有关规定，与供应商进行资金结算。如果合同执行情况基本上符合要求，在财政部门办理结算后，采购实体应将事先收取的履约保证金还给合同供应商。

(5) 效益评估。采购实体及有关管理、监督部门对已完成采购的项目的运行情况及效果进行评估，检验项目运行效果是否达到了预期目的。通过效益评估，还可以判定采购实体的决策、管理能力及供应商的履约能力，以供审批政府采购项目的有关部门参考。

上述各阶段，确定采购需求、选择采购方式、签订采购合同为合同形成阶段，履行采购合同、效益评估为合同管理阶段。合同形成阶段和合同管理阶段构成了整个采购过程。

2. 政府采购的法律体系

为了加强对政府采购的管理，实现政府采购的政策目标，各国都制定了一系列有关政府采购的法律和规章。直接与采购有关的法规有政府采购法、招标投标法、采购合同法以及公共资金管理、救济等诸多法规、条例，具体内容主要涉及：供应商市场准入管理、社会中介组织政府采购业务代理管理、政府采购从业人员资格规定、政府采购投诉或仲裁程序、政府采购的电子商务管理，以及采购目录编制等采购活动的操作性程序与细节管理等。此外，民法、经济法、刑法等都可能有间接与政府采购相关的规定。随着各国政府采购的范围和规模不断扩大，需要通过法律规范的对象将更加具体广泛。

在一国政府采购法律体系中，政府采购法一般是政府采购的基本法律，但其名称在各国有所区别，如美国的《联邦采购条例》、新加坡的《政府采购法案》、韩国的《政府采购合同法案》、英国的《通用合同及商业法》等。在基本法律之外，各国还制定了大量的配套法规，如美国制定有《合同纠纷法案》、《小额采购法案》、《购买美国产品法案》等近 20 个配套法规，新加坡有《政府采购指南》，英国有《非公平合同条款》、《贪污礼品法案》等。各部门、单位还根据政府采购的基本法和配套法规的精神，结合本部门、本单位的实际情况和特定需要，制定补充条例。地方政府根据中央政府的政府采购基本法规，制定地方实施细则。

此外，多边国际贸易协议或双边国际贸易协议的成员国，都在各国的政府采购法律法规里明确规定，应在对外贸易中遵守相应的国际性或区域性政府采购协议。

3. 政府采购的管理模式

按照集权与分权性质的不同，政府采购的管理模式主要有集中采购、分散采购和半集中半分散采购三种类型。

（1）集中采购模式，即政府的采购任务集中由一个部门负责。如：新加坡 1995 年以前的政府采购就是由财政部中央采购处统一负责运作；韩国财政经济院的政府采购厅，负责对中央政府以及中央政府驻地方机构的所有货物、工程和服务的采购、分配与管理。在带有集中采购性质的国家，集中采购机构有的设在财政部门，如韩国、新加坡等；有的设置专门的部级或副部级机构，如美国的联邦综合服务局、澳大利亚的采购局、加拿大的工程和服务采购部等。英国负责集中采购的机构则有两个：一是中央电脑通信局，代表其他各部门统一购买电脑；二是中央采购处，集中采购急救、消防和家具等设施与物品。集中采购的优点主要有：有利于合并采购需求，整合采购职能，取得规模效益，降低采购成本；有利于不断提高采购的专业化水平；有利于从整体利益出发进行采购；有利于平衡利益关系，保持采购政策和程序的连续性；有利于意见沟通，方便管理；有利于明确落实责任，加强内部控制。

（2）分散采购模式，即各个需求单位自行遵照采购法规开展采购活动。

（3）半集中半分散采购模式，又称适度集中的采购模式，即部分物品由某个部门统一采购，部分物品由需求单位自己采购。如：在新加坡，财政部对具有批量需要的产品如计算机、纸张等实行集中采购，其他则由各部门自行采购；在美国，联邦综合服务局统一负责为联邦各政府部门提供办公用房、办公设备及内部服务，其他物品则由有关的联邦政府部门自行采购。完全实行分散化采购的国家不多，多数国家实行半集中半分散的采购模式。一般国家规定，在大额或大宗商品采购目录范围之内的实行集中采购，而在限额以下或采购目录以外的一般由各个地方和机构自行采购。

上述三种采购管理模式都是一定条件下的预期成本和预期收益的组合，同一种采购管理模式，在不同的国家或同一国家的不同时期，其运作成本和收益都可能不一样，各国应根据采购目标、文化、资源、管理需要等实际情况选择预期成本最小或预期收益最大的采购管理模式。实际上，各国的政府采购管理模式发展并不是一成不变的，很多国家的采购模式都经历了从集中采购模式到半集中半分散采购模式的发展过程，如新加坡，在 1995 年前一直实行集中采购，由财政部中央采购处统一购买政府各部门所需的物品和服务，1995 年中央采购处关闭，除了少数物品考虑到经济效益依旧采取集中采购外，其他的由各部门自行采购。随着电子贸易的普及，采购信息有可能通过互联网集中发布，估计政府采购模式将会再次逐步走向集中。而目前我国各地推行的采购制度属于分散采购模式。

4. 政府采购的组织管理

政府采购是一种控制财政支出、提高财政资金使用效益的重要制度，完善的组织管理则是提高政府采购效益的重要前提，许多国家都设有专门的管理机构来管理和组织政府的采购活动。政府采购机构的权力来自宪法的条款、法律和地方政府法规。政府部门采购与私营机构采购最大的区别在于其受到很多法律的约束，既受到国内法律的限制，还可能受到国际性法律或区域性法律的限制。政府采购机构的业务必须按照采购法规定的程序进行，并接受公共部门和公众的监督。政府采购机构一般由政府采购管理部门和采购运作部门组成。

在西方国家，军用产品采购（或称国防采购）的主管机构一般是国防部，国防部内部一般会有专门的管理机构负责以市场为依托并遵循商业惯例组织采购工作。财政部门则是政府民用产品采购的主管机构。财政部门的机构设置，在各个国家不尽相同。有的国家由单一的财政部全面负责财政方面的管理工作，有的国家则由多个职能部门来分别负责财政管理的不同方面，因而政府采购管理也涉及多个职能部门，如：英国的政府采购管理涉及财政部、国库部、收入部；美国的政府采购由财政部、美国总统行政预算办公室、联邦综合服务局等部门负责。另外，政府采购政策已经延伸为一项国际贸易政策，国际上比较普遍的做法是由外贸管理部门负责涉及政府采购的有关国际事务和对外谈判工作，也有部分国家这方面工作仍由财政部门负责协调和管理。

各国在财政部门内部通常还设置专门机构负责政府采购的管理和协调。如：韩国财政经济院政府采购厅（副部级机构），负责政府采购法规、政策的制定和全面、具体的执行；新加坡财政部预算署的采购和支出政策处，负责制定采购法规政策，统一采购部分物品，审查供应商资格，处理供应商的上诉并进行仲裁；美国总统行政预算办公室的联邦采购政策办公室，负责制定采购政策，协调立法机构、采购委员会、产业界、法院等主体之间的关系；英国财政部的采购局，负责采购政策的制定，执行情况的监督和检查，采购专业人员的培训和管理等。部分国家则在财政部门内部设置政府采购委员会，主要负责政府采购法规、政策的制定、修订和监督执行。例如，在美国，政府采购委员会负责对法律进行解释并制定有关采购规则，采购的实际操作则由各部门依照法律范本组成专门小组执行；在英国，由政策与资源部成立政府采购委员会，负责制定采购规定的细则。

采购运作机构也就是我们平常所说的政府采购中心，一般要由不同部门的人员组成，隶属于各级政府。其职责主要包括：组织管理各级政府交办的货物、劳务和工程的采购事务；统一组织管理公共部门能够集中采购的货物商品等；承担由政府采购委员会委托的其他各项采购；对被授权部门或单位的采购活动进行备案和监督。以我国香港为例，香港财政司是政府采购的主管机构，其使命是确保政府采购的责任及物有所值、透明、公开、公平、竞争等原则在采购活动中能够得到有效贯彻；香港政府物料供应处则是集中央采购、物料储存和供应为一体的政府采购中心，每年采购总值约 50 亿港元，直接为 80 多个政府部门、机构和某些公共团体（包括医院管理局）服务。

采购机构还包括相关的中介机构。中介机构是政府认可的具有独立行使政府采购职能资格的各种采购事务所，或经政府认可的有能力从事该项业务的其他机构。中介机构接受政府采购中心委托，主要通过招标或其他有效竞争方式，选择合格的供应商推荐给用户。同时，它们接受政府采购中心所反馈的有关供应商提供商品（劳务）的质量或标书中规定的相关指标存在问题的投诉，并负责代表仲裁机构对供应商提出质询乃至诉讼。

国外中介机构一般只接受政府采购中心的委托，负责具体招标事宜，与政府没有行政隶属关系。一般来说，政府采购的事务性工作均可通过采购事务所等中介机构来承担，但也有的国家由采购中心直接为政府部门、机构和某些公共团体服务，不涉及任何中介机构。

5. 政府采购的人员管理

政府采购是专业性很强的工作，各国政府对采购官员的专业知识要求相当高。要求他们不仅要懂政府采购的法规政策，还要懂国际贸易的政策和规则；不仅要熟悉采购程序，还要掌握国内外市场情况；不仅要懂经济知识，还要具备多方面的专业知识；不仅要懂采购技巧，还要善于解决采购过程中出现的各种问题；等等。

为了保证政府采购队伍的专业化、职业化，各国都非常重视对采购官员的培训和管理。只有培训合格并在采购主管部门登记注册的官员才能上岗。有的国家还建立了规范的政府采购人员资格认证制度，如美国政府采购官员的认证称号就有由全国政府采购研究所和全国州采购官员协会联合组成的公共采购认证理事会提供的专业公共采购员（PPB）和注册公共采购官员（CPPO）、全国采购管理协会提供的注册采购管理员（CPM）、全国合同管理协会授予的注册专业合同管理员和注册助理合同管理员、后勤工程师协会授予的注册专业后勤师等称号。采购运作过程中，将采购的各环节分离，分别由不同的官员负责和经办。采购官员则按职能分为合同官员、采购官员和采购经办人员，在采购工作中实行流水作业，各负其责。上一个环节的官员同下一个环节的官员交接工作时，必须书面保证本环节具有合法性。在签订合同时，合同金额越大，合同签订官员的级别要求就越高。形成一套权责对称、责任明确的运作机制。

由于政府采购活动是一种代理行为，采购官员是处置公共资金的具体代理人，为了最大限度地避免采购官员的个人利益或利益集团的特殊利益挤占社会公共利益的情况出现，必须重视政府采购中的伦理问题。为此，很多国家制定了政府采购道德法典，规定了政府采购官员的行为准则，明确规定要对违法违纪的采购官员及供应商进行严惩，从而保障采购官员具有公正、诚实、忠诚的道德修养。“公正”是要求采购员不能偏袒徇私；“诚实”是要求采购员应该告诉供应商真实情况，不能误导供应商并图谋从中渔利；“忠诚”是要求采购员必须保持免于利益冲突，对其雇主忠诚，并将其采购业务与个人生活区分开来。例如，新加坡有关法律规定，受贿官员将被判 7 年徒刑，行贿供应商则 5 年内不得进入政府采购市场。

6. 质疑和申诉机制

政府采购过程中，供应商对某些采购环节产生质疑并进行申诉会经常发生，因此，许多国家的政府采购制度包括了处理这些问题的一些专门规定，包括申诉程序、有效申诉时间、申诉处理机构、处罚措施等相关内容。设立质疑和申诉机制的主要目的，是及时、有效、公正地解决政府采购活动中的争端，维护政府信誉，维持政府与供应商之间的良好关系，保障采购活动的正常开展。

处理供应商对政府采购的质疑和申诉问题，应该设置相对独立的操作机构。虽然 WTO 的《政府采购协议》要求各成员国都设立一个独立的机构来处理此类问题，但目前世界各国和地区的做法差异很大：新加坡、韩国等将这类机构设在财政部门；英国等由法院负责处理这类问题；在加拿大，这类问题由负责管理贸易申诉的行政法庭——国际贸易仲裁法庭——来负责；在美国，会计总长办公室、总务管理局合同上诉委员会和法院受理这类争端；有的国家或地区另设独立机构处理这类问题，如澳大利亚有联邦政府调查委员会，日本有政府采购审查委员会，我国香港有申诉管理委员会等。需要指出的是，同属于行政审议模式的加拿大和美国，在具体操作上也是存在差异的。加拿大国际贸易仲裁法庭设有一个秘书处专门处理政府采购的申诉调查；所有的质疑需由原上诉机构和被质疑的采购机构提交书面材料进行非正式调查，若上诉人有要求还将举行非正式听证会；质疑审理过程中，采购行为仍可以继续进行；仲裁法庭有判决胜诉方支付诉讼费的权力，法庭的决定对采购机构的约束力只限于采购机构在切实可行的范围内执行法庭的决定（实际上，法庭的决定通常都得到了执行）。而美国总务管理局合同上诉委员会有类似法院的权力和类似法院的正式听证程序，上诉人和采购机构都有权利出席；法官有权中止合同行为并且将相当大的诉讼费判给胜诉的质疑方；提出质疑的费用通常很高，一般约为 7 万美元，质疑必须在 45 个工作日内解决。

实践中，解决质疑和申诉问题的补偿机制主要有道歉、重新审查采购决定、取消采购决定、终止合同、重新招标、补偿损失、修正有关的采购规划或程序、暂停采购活动、惩罚相关责任人等。为了减少采购活动中的争端，很多国家还制定了内部或外部审计和监督程序。

在发达国家，随着政府采购制度逐步完善并遵守 WTO 的《政府采购协议》，政府采购行为变得越来越规范和有效率，合同上诉的情况并不多，上诉人获得胜诉的比率也在不断下降。发达国家的经验说明，加强政府采购的制度建设是解决质疑和申诉问题的根本途径。

7. 采购信息管理

采购信息管理是政府采购管理制度的一个有机组成部分，主要包括两方面内容：采购需求信息的发布管理、采购情况信息的收集和管理。

采购需求信息的发布管理，要求政府采购部门及其主管部门能够将有关的采购信息及时、公开、规范、无歧视地向供应商提供。采购信息的公开发布方式主要有三种：由采购人或其代理人直接向供应商交付相关的文件和公开资料；将有关的采购文件备置于采购方或其代理人等处，以供广大供应商和社会公众查询；将有关资料通过大众传媒予以公开。为了制度化和规范化，通常的做法是将采购通告刊登在采购主管机构指定的公开发行的刊物上（如政府采购公报、政府采购和资产处理公报等）。随着网络经济的发展，越来越多的政府采购信息发布在专门的互联网网站上。

采购情况信息的收集和管理，主要是指信息管理部门对大量庞杂的有关政府采购的记录信息进行收集、整理和分析。例如，美国联邦采购数据中心就将政府采购合同及其金额进行了各种各样的分类，包括按采购对象的性质分类、按采购的方式分类、按采购对象的来源地分类、按需求的部门分类等；韩国则通过记录和分析政府采购信息获取当年新增国有资产、当年处理国有资产、当年净增国有资产等有价值的信息。对政府采购的各项信息进行收集和处理，也是评估政府采购制度的一种手段。

8.3 中国的政府采购制度

8.3.1 我国建立政府采购制度的重要意义

1. 建立政府采购制度是建立公共财政框架、规范财政支出管理的一种必然要求

如前所述，公共资金支出管理的核心问题是公共资金资源的合理配置与有效利用，而政府采购是公共资金管理的执行环节和重要手段。

长期以来，我国的工程建设和物资采购采取的是行政审批制，在采购合同授予上缺乏竞争。政府有关部门在一定程度上凭着自己的主观偏好行事；企业为了获得项目往往要争取通过层层的行政审批，“跑部钱进”是获得政府合同的形象写照。同时，由于对采购质量和资金使用的效果缺乏严格的制约和责任落实，盲目购置、重复购置和腐败现象较为严重，造成资金使用失控，不少项目投资一再突破工程预算，成为“钓鱼工程”。而另一方面，国家建设资金短缺，国家急需发展的项目和应加强的教育、医疗、市政建设等公共项目缺乏公共资金支持。公共资金资源缺乏合理配置和有效利用，造成了很大浪费，加剧了公共资金短缺的局面，这已成为我国的一种普遍现象。

建立政府采购制度，规范财政支出，一方面可以硬化投资约束，把资金限制在预算范围内；另一方面通过竞争性的采购程序，政府可以获得竞争价格的优势，降低采购成本。适应各种采购情势的一揽子采购方法还可以使政府采购总能以最经济有效的方式进行。所有这些，都能够促进公共资金的节约和有效利用，有助于转变我国财政支出粗放型的管理方式，树立政府集约理财的观念。在实行完善的政府采购制度的西方国家，公共资金因此节约15%左右；我国实行招标制度以来，招标项目的资金节约率也都在10%以上。

2. 建立政府采购制度是强化政府对经济和社会进行宏观调控的需要

政府采购制度是现代市场经济发展的产物，又与市场经济国家经济干预的产生和发展紧密地联系在一起。建设社会主义市场经济，保证整个社会健康、持续的发展是我国政府的一项重要使命，政府可以通过政府采购这一重要的宏观调控手段，克服市场缺陷，纠正市场失灵，调整和干预国民经济的运行和发展。通过政府采购政策，还可以实现促进社会就业，支持困难企业和少数民族地区、不发达地区的企业的发展等社会稳定发展目标，从而实现整个社会的健康发展。

3. 建立政府采购制度是推动并实现政府消费行为市场化的重要途径

建立政府采购制度，有助于树立政府也是消费者，并且是国家中最大的消费者的观念。因此，政府不但可以利用政府采购实现特定的宏观调控目标，而且应该以身作则，成为履行现代竞争规则的典范，通过实施政府采购制度来引发、培育有效的市场竞争秩序，规范企业的竞争行为，促进国内企业市场竞争力的提高。

在发达或较为发达的市场经济国家，政府部门消费不采取由政府内部提供的方式，而是通过市场提供，即政府向市场购买各种所需的商品和服务。我国政府部门的消费行为和消费倾向则不同，倾向于由部门内部提供各种服务，几乎每一个政府部门或每一个系统内部都设有各种各样的服务机构。依靠部门或系统内部提供服务的做法，是计划经济体制的产物，实践证明，这样做不仅民众享受不到服务的便利和高效，反而增加了财政负担，损害了政府形象，既无经济效益，也无社会效益。建立完善的政府采购制度，将政府部门消费由政府内部提供转变为商业化市场提供，具有低成本、高效率的优点。

4. 建立政府采购制度是我国民主政治建设和政治体制改革的要求

建立政府采购制度有助于树立政府与纳税人之间的关系是契约关系的观念，这一方面有助于增强政府成员的公仆意识，促使政府采购官员树立合理使用公共资金、为公众服务的责任感；另一方面在政府采购制度中强化公共资金使用的公众监督机制，有利于培养公众的现代公民意识，增强公民的主人翁意识。完善的政府采购制度的建立，将公共资金的合理使用和整个采购管理纳入法制化轨道，有助于推动依法治国方略的实施；同时形成对政府采购行为的全方位监督机制，有利于消除“暗箱操作”带来的弊端，推进我国政府廉政建设。此外，政府采购过程中，政府要决定其向公众提供的公共服务是由政府部门自我提供还是向私人市场采购更有效，这种“自我提供或采购”（make or buy）的决策，不但有利于提高政府工作绩效，使政府向公众提供更好的公共服务，而且有助于推进政府决策的科学化。

5. 建立政府采购制度是我国积极参与国际经济合作的需要

随着世界经济的区域化和全球化进程的加快，曾经封闭和独立的政府采购市场逐步走向开放。WTO的《政府采购协议》将原关贸总协定中的最惠国待遇、国民待遇和透明度等基本原则延伸到了政府采购领域；各地区经济组织和国际经济组织也相继在有关的贸易政策中明确了政府采购准入的条款，或者专门制定政府采购协议。在这些条款或者协议中规定，缔约方应给予不同市场主体同等机会的市场准入，建立公平竞争和非歧视性的政府采购机制。我国政府已在1996年向亚太经合组织提交的单边行动计划中明确表示，最迟于2020年向各亚太经济合作组织成员对等开放政府采购市场。按照2001年在加入WTO谈判中所作的承诺，2007年12月28日，我国常驻WTO代表团将加入《政府采购协定》的申请书和初步出价清单递交给WTO秘书处，标志着我国正式启动加入《政府采购协定》谈判。这些意味着开放我国的政府采购市场已是世界经济发展的必然趋势。

从实际情况来看，目前《政府采购协议》的成员国多为经济发达国家，国内企业的竞争能力较强，因此在开放政府采购市场后，并未出现外国供应商蜂拥而入的情况。据统计，在门槛值以上的政府采购市场中，外国产品所占的比例，日本为16%，美国为9%，加拿大为20%，另据专家研究，加拿大、欧盟、日本和美国，政府采购中的90%是由国内供应商提供的，而其他成员国国内采购约占政府采购总量的60%，一些小的成员国的购买反而更加国际化。与此同时，采购支出尤其是发展中国家的政府采购支出中，国际金融机构的资助占有非常大的比重，在高收入国家中，这一比例只占6%，中等收入国家占16%，而在低收入国家中，这一比例占到18%，即很多发展中国家的政府采购支出的相当部分来自国际金融组织的资助，而这些购买往往被要求必须公开竞争。这说明，随着全球经济一体化和贸易自由化的推进，歧视性购买受到越来越多的限制，很多发展中国家也感到保护政府采购市场越来越力不从心，发展中国家的政府采购市场也将逐步走向开放。

虽然我国还没有正式开放政府采购市场，但由于资金来源于国际金融机构的采购项目必须按照国际规则实行国际竞争性招标，国外的许多企业已经通过这个渠道进入了中国政府采购市场。据统计，我国的政府采购市场的实际开放度大约为 15%。同时，与改革开放前相比，我国市场承受外来冲击的能力也明显增强，我国企业的国际竞争能力也有了长足进步，在国内的国际招标中的中标率比较高，在国外的国际招标中，我国的中标率也不断上升。目前我国的境外企业已遍布 140 多个国家和地区，投资领域涉及制造业、贸易、资源开发、加工装配、交通运输、工程承包、医疗卫生等多方面。中国建筑工程总公司等 23 家中国公司已跻身世界最大的 225 家国际承包商之列。①

可见，只有建立完善的、与世界接轨的政府采购制度，才能更好地参与世界经济合作，这是扩大开放、拓展对外经济交往深度的必然趋势。这有利于国内企业在竞争中不断锻炼成长，提高民族产业的国际竞争力；有利于消除我国面临的某些贸易壁垒，开拓对外经济合作新渠道；有利于我国充分利用国际或区域性经济组织关于政府采购的协议或规则中的例外条款，更有效地保护国内民族工业的发展。

8.3.2　我国政府采购发展的基本状况

1. 我国政府采购取得的积极效果

我国政府采购的早期发展是和招标投标工作联系在一起的，20 世纪 80 年代初，对外开放的大门刚打开，招投标就开始引起国内的关注并开始试点。而首个真正意义上的政府采购案例则发生在 1994 年的上海。政府采购制度在实行市场经济的国家已有两百多年的历史，在我国虽然起步较晚，但成效较为显著。归纳起来，我国各地政府采购实践取得的积极效果主要表现在以下几个方面：

（1）实行政府采购制度的范围开始由试点走向规模化。政府采购实施的部门范围，已经由党政机关扩展到了行政、教育、科学、文化、医院、公检法等多个部门和单位；政府采购实施的地域分布，从发达地区逐步扩展到了内陆欠发达的省份，许多地方已从省级扩展到地及市县级；政府采购的项目，已从较易操作的汽车、办公设备等商品类，扩展到工程、服务等领域，并且后者发展迅速。政府采购范畴明显扩大。

（2）政府采购机构的设立及运作正逐步走向制度化。全国大多数省份的政府采购工作在启动时期是由财政部门以现有的机构和人员为依托来开展工作的，未设立专门的政府采购管理机构。随着试点范围不断扩大，许多省份成立了专门的政府采购管理部门或政府采购管理中心，并通过制度来规范政府采购活动。比如，上海市实行委员会制，由市政府各委、办组成政府采购委员会；委员会下设政府采购管理办公室，设在市财政局内；政府采购中心是该委员会下的一个具体运作机构，具有独立的法人资格。不少地方政府还建立了专门的网站，积极推进电子化政府采购系统建设，提高了政府采购效率。

（3）相关法律法规的颁布实施促进了政府采购行为的规范化。2002 年 6 月 29 日，《中华人民共和国政府采购法》在中华人民共和国第九届全国人民代表大会常务委员会第二十八次会议上通过，自 2003 年 1 月 1 日起施行。《政府采购法》是针对政府采购的专门性法规，该法的颁布实施，对促进我国社会主义市场经济健康发展，规范政府采购行为，加强

① 参见齐小乎等：《政府采购知识读本》，177 页，北京，中国财政经济出版社，2001。

财政支出管理，促进廉政建设，发挥政府采购在社会经济发展中的作用，具有十分重大的现实意义和深远的历史意义。2014 年 12 月 31 日，作为《政府采购法》操作细则的《中华人民共和国政府采购法实施条例》经国务院审议通过。

(4) 政府采购的资金来源和支付方式具有多元化的特点。政府采购的主体是依靠财政预算资金运作的政府机关、事业单位和社会团体。在我国，国家对行政事业单位实行收支统管的财务管理制度，因此，政府采购资金除了财政预算拨款外，还包括单位的各种非税收入和以政府信誉财产担保的借贷资金。资金来源的多元化决定了政府采购资金支付方式的多元化。目前，地方财政部门在实践中采用的资金支付方式主要有三种：一是将财政拨款和单位自筹资金统筹使用，先将单位自筹资金集中在财政专户里，再由财政部门统一与供货商结算款项，例如湖北省的做法；二是由财政部门统一付款，主要适用于基本依靠财政拨款的行政事业单位，如江苏省连云港市财政局，对各行政事业单位统一投保的公务用车实行用财政资金统一支付保险费的办法；三是不改变资金的拨款程序和方式，财政部门主要负责审核采购计划和对采购过程进行监督，购货主体根据政府采购规则、程序和方法进行物品和服务的采购，并在财政的监督下依据供货凭证自行付款。

(5) 政府采购工作取得了显著的经济效益和社会效益。根据财政部公共支出司的调查，1995—1998 年底，全国财政文教行政财务部门有 23 个省（自治区、直辖市）共 373 个地市（县）开展了政府采购工作，用于政府采购的资金累计达到 20 多亿元，节约资金 2.7 亿元，平均节约率为 13.5%，取得了良好的经济效益和社会效益。而中国政府采购信息网公布的数据表明，从 1994 年政府采购试点到 1999 年底，全国各个地区都不同程度地开展了政府采购工作，共签订采购合同 13 000 多份（1998 年为 2 000 份），采购规模约为 110.35 亿元（1998 年约为 31 亿元），其中自筹资金约 19.25 亿元，共节约资金 14.37 亿元，平均资金节约率为 13.02%（1998 年为 13.38%），其中预算资金节约率为 13.52%。[①] 财政部数据显示，中国政府采购规模由 2002 年的 1 009 亿元增加到 2011 年的 11 332 亿元，占财政支出的比重也由 4.6%提高到 11%，累计节约财政资金 6 600 多亿元。[②]

(6) 政府采购的政策功能在一定程度上得到了发挥。《政府采购法》、《中小企业促进法》等多个现行的法规，都对利用政府采购政策支持科技创新作了一些原则性的规定。2006 年发布的《国务院关于实施〈国家中长期科学和技术发展规划纲要（2006—2020 年）〉若干配套政策的通知》，更是明确提出要建立财政性资金采购自主创新产品制度，给予自主创新产品优先待遇。目前，政府采购额已占到 GDP 的 15%以上，政府采购在刺激本土供应商的自主创新积极性方面发挥着重要作用。另外，我国政府已经着手建立绿色采购制度，推进环境友好型社会建设。2006 年 10 月，财政部、国家环保总局联合颁布了我国第一份政府绿色采购清单——“环境标志产品政府采购清单”。政府绿色采购作为一项具体的财政政策，不仅有助于环境保护，而且可以促进产业结构、产品结构的调整。

2. 我国政府采购的不足之处

虽然我国政府采购实践在节约财政资金、推进政府廉政建设等方面取得了斐然成绩，

---

① 参见刘小川、王庆华：《经济全球化的政府采购》，225、229 页。

② 参见《中国政府采购规模十年增十倍　去年逾八成公开招标》，见 http://www.ccgp.gov.cn/cgtt/201207/t20120704_2204321.shtml，2012-07-04。

但是，我国政府采购制度仍然处于初创时期，难免存在一些不足之处。

（1）采购目标短期化。西方国家比较成熟的政府采购制度的目标往往是多元化的，并且着眼于长期。而我国，尽管《政府采购法》及相关的法规对政府采购支持创新、节能环保等政策功能作了一些原则性的规定，但是出发点仍以节约资金为主要目的；实践中，追求资金的节约也是各地方政府的最大动因。我国还没有将政府采购看作一项宏观经济政策工具加以充分运用，政府采购的目标较单纯并注重短期效益。

（2）政府采购的方法缺乏灵活性、规范性。尽管我国规定政府采购可以采用公开招标采购、邀请招标采购、竞争性谈判采购、询价采购和单一来源采购五种方式，但各地一般采取公开招标的方式，很少采用其他方式。虽然理论上公开招标采购是最有效、最透明的，但单一的公开招标方式对于某些采购项目（如小额商品采购）来说不一定适合，可能造成采购成本过大、时间过长等不良后果。即使是公开招标，运作程序也很不完善，出现了一些问题：有些地方重视采购商品的价格，忽视质量、技术、服务等其他因素；仍存在一定程度的"暗箱操作"；评标过程中存在违反市场机制的地方保护主义和部门保护主义，部分地方政府和部门强制要求下辖支出单位只能在地区或部门内部采购；等等。政府采购的公开、公平、公正等原则并没有得到充分的体现。

（3）政府采购管理体系不统一，采购计划编制不规范。目前，我国还没有形成全国统一的政府采购管理体系，管理权限也不明确。已经成立专门的政府采购管理机构的地方，各自为政，各自根据需要制定管理办法、设置管理权限，没有形成中央与地方、地方与地方统一的管理体系。没有成立专门的政府采购管理机构的地方，有的由财政部门的业务处室代为运作，有的委托会计师事务所等中介机构操作，机构的职能职责没有统一规定。由于机构不统一、职能不明确，影响了政府采购规范有效地运作，其中，政府采购计划的编制和执行存在很大的随意性就是突出的表现。各地编制采购计划，一般由采购单位申报采购计划，由同级财政部门汇总编制本地区的年度采购计划，但是，采购计划最终由谁负责审批下达还没有统一明确，执行中由于人为因素变更计划的现象也较为普遍。在有的地方，单位要采购什么就申报什么，只要资金有来源，能执行政府采购规定的程序，就可以随意采购。

（4）政府采购的法律制度不健全。目前，全国已有 30 多个地区制定了政府采购规章或制度，但由于实践经验不足、预见性不够等原因，这些规章制度的规范性和操作性都不高。虽然也出台了一些全国性的指导性法规，如《政府采购法》、《招标投标法》等，但一些基础性问题，如相关的财务会计核算标准等还没有明确依据和规范。作为基础性法律，《政府采购法》对许多方面只有原则性的规定，没有明确具体的实施细则，部分规定与其他相关法律不衔接①，直接影响到了政府采购司法实践。总的来说，政府采购活动尚需解决长远的法律保障问题。这不仅是社会主义市场经济的要求，而且是我国加入 WTO 后面向国际市场的客观需要。

（5）采购人员的素质尚待进一步提高。政府采购工作是一项全新的系统工程，是一项政策性强、涉及面广的技术性事务，要求采购人员不仅要充分了解市场行情、法律规定

① 参见王跃晨：《政府采购法律冲突实证与法律适用分析》，载《中国政府采购》，2007（3）。

等，还要对商品和劳务的技术性能有准确的把握，需要采购人员掌握多方面的社会科学知识和自然科学知识。我国的政府采购才刚刚起步，尚缺乏一支符合上述要求的高素质的专业化采购队伍，这已经成为规范和发展我国政府采购的一个不可忽视的障碍。

8.3.3 完善和规范我国政府采购制度的基本思路

1. 加强政府采购的基础理论研究，提高认识水平

我国关于政府采购制度的理论研究还十分薄弱，加强相关基础理论的研究，有助于提高认识，推动政府采购的规范发展。首先，应该从理论上明确政府的职能范围，从而对我国的市场进行划分，正确界定私人采购市场和政府（公共）采购市场的范围。对政府采购市场的界定是建立我国政府采购制度的前提，尤其对明确我国国有企业的采购性质具有重要意义。其次，要明确政府采购的性质和作用，重视政府采购作为一种宏观经济调控手段的作用，认识到它在加强财政支出管理、营造公平竞争环境等方面的不可替代的作用，在实践中重视政府采购的长期效应。理论研究要遵循既符合国际惯例又适合我国国情的原则，应借鉴国外经验，及早建立我国的政府采购研究机构。①

2. 加强立法，完善政府采购法律体系

国外的政府采购立法已有近两百年的历史，已经形成了严密、完善的政府采购法律制度，对保证实现政府采购的各项目标起到了重要作用，现仍在不断地进行补充和修改。这些做法值得我们借鉴。我国与政府采购相关的法律，已出台了基本法——《政府采购法》，并有《招标投标法》、《政府采购合同监督暂行办法》、《政府采购品目分类表》、《政府采购信息公告管理办法》、《政府采购运行规程暂行规定》、《政府采购供应商投诉处理办法》、《集中采购机构监督考核管理办法》等配套法规。说明有关政府采购立法工作已经得到了重视。今后的立法工作，要在基本法律的框架基础上，进一步总结经验，制定和修订相关的配套法规和部门规章，出台一些对具体工作有指导性的操作办法。立法要逐步形成完整的体系，法律和法规的内容要涵盖政府采购工作的各个方面，如政府采购的原则、政府采购的管理体制、政府采购的主体、政府采购的管理体系、政府采购方法、政府采购程序、政府采购监管、司法救济等，保证整个政府采购过程都有法可依。立法要科学，立法工作要坚持以下基本原则：(1) 法律的修订要体现政策的延续性，尽量保持现有的合理的法律条款的有效性，相关的法律法规要相互衔接；(2) 法律规定，尤其是技术性的条款，要具有可操作性；(3) 采购规则和政策性条款的制定，应从国情出发，同时注意与国际惯例接轨。我国已经加入世界贸易组织，政府采购法规中要有涉及国际贸易的规则和面向国际市场采购的规则，制定这些规则应遵循国际法优于国内法的原则。

3. 尽快建立高效的政府采购管理体制

目前我国的政府采购基本上属于分散采购模式，各部门、各地方自行采购，采购政策不统一，重复采购、采购效率低下等现象十分突出，很难实现经济有效的采购目标。应该尽快建立全国统一、权责明晰的政府采购管理体系，理顺政府采购中中央和地方、地方和

---

① 比如，美国建立有政府采购研究所，负责进行政府采购研究和人员培训，并帮助各州采购部门制定政府采购规范。

地方的关系。可以承接现在的做法，由财政部作为政府采购的主管机关，成立一个有各相关部委人员参加的政府采购委员会，制定和统一全国的政府采购政策，统一管理全国的政府采购项目。在统一采购政策的前提下，采购工作的具体实施可以分权管理，即实行“一级政府一级采购”的分级管理体制。可以借鉴国外的经验，实行集中采购和分散采购相结合的采购模式。达到一定标准的大额采购和中央专项财政资金支持的采购项目，由中央采购机构负责采购；由地方财政支持的采购项目，则由地方政府采购机构负责采购。分级设立采购中心具体实施大额采购项目的集中采购，小额零星采购则可以采用采购卡等灵活方式采购。政府采购的主管机构和集中采购机构（采购中心）要分开设置，权责也要分开，避免合并设置机构导致主管机构既当裁判员又当运动员有碍公平竞争的情况。此外，要重视培育中介采购机构，负责小额、分散采购的项目。在理顺组织机构的基础上，应积极建立统一的政府采购网络管理系统，推广网上采购，提高采购效率。

4. 改革目前的财政预算管理机制

建立政府采购制度是财政支出管理方式的改革，需要配套改革财政预算管理。首先，要改进预算监督。实行政府采购制度以后，财政监督将由价值形态向实物形态延伸，财政部门的工作领域也将拓宽，财政部门干部的知识结构要作相应的调整，不仅要懂政策，还要懂得基本的商品和服务知识。只有这样，才能真正做好事前、事中和事后的全方位监督。其次，要改革财政预算的拨款方式，调整行政、事业单位的会计管理体系和具体操作方法。政府采购制度要求采购支出采取直接支付的形式，财政部门不再简单按预算拨付经费，而是按批准的预算和采购合同的履约情况直接向供货商拨付采购资金，相应地，支出的决算也不需再层层上报，财政总会计可以根据支出数直接办理决算。由于政府采购部门中人员经费等支出仍然采用层层下拨的方式，客观上按行政级次下拨和直接支付两种预算经费支出方式将长期并存。根据这种要求，行政事业单位的会计制度要明确允许直接支付方式并规范核算的具体方法；财政总预算会计账户也要作相应的调整，要开设一个专门的账户，用于核算各部门（单位）经核准用于政府采购的支出。再次，要调整国家金库制度，继续推进国库集中收付制度改革。要配合政府采购资金的直接支付方式，实行财政直接拨款的单一国库账户制度。最后，要改革财政预算编制方法。考虑单列并细化政府采购预算；重新划分支出分类并相应调整预算核算科目；对预算科目进一步细分核算单位并落实到具体项目，编制项目预算，以项目定资金，对专项资金进行跟踪监督，年终以报表形式单独反映。

5. 强化政府采购的监督约束机制

政府采购在西方被称为“阳光法案”。但在我国的实践中，仍然存在一些“暗箱操作”，如评标、定标等环节存在长官意志和保护主义等，因此有人认为，我国政府采购使原来的“分散腐败”变为了“集中腐败”。有关部门对政府采购工作环节的检查监督不够，存在违规操作和采购质量不高的情况。另外，供应商的素质也有缺陷，存在暗地里联手操纵竞标、轮流坐庄等不法现象。这些从一定程度上说明，对政府采购的监督还存在很大的问题。要保证政府采购制度在具体操作过程中不发生目标行为的偏离，避免“阳光采购”变成“走过场”，必须强化政府采购的监督约束机制。构建政府采购的监督约束机制应考虑设置四重监督机制：（1）内部监督机制。主要通过各参与主体间的相互监督来实现，并且贯穿于政府采购活动的始终。完善内部监督机制的关键是要做到权责明晰。（2）法律监督机制。建立一整套完善的政府采购法律体系，并且强化法律的执行力度，形成一种全面、广泛、外在和刚性的监督机制。（3）外部监督机制。政府采购是一项专业性很强的工作，因此有必要借助财政部门以外的专业人士来充实和加强政府采购监督队伍。应该邀请审计、监察、技术监督、纪检等部门参与政府采购市场监督；充分发挥社会中介组织的作用，加强对政府采购效益的评估和跟踪检查。（4）社会监督机制。借助社会舆论的力量来监督政府采购工作。要在大众媒体上公开政府采购的所有信息，接受社会舆论的监督。对于违规采购现象，不仅要严肃处理，而且要敢于公开曝光。强化政府采购的监管，还有必要建立一些配套制度，如政府采购定期报告制度、政府采购定期检查制度、政府采购举报奖励制度等。此外，应该借鉴国际通行做法，构建供应商质疑和申诉机制。

6. 重视政府采购专门人才的培养

政府采购工作对采购人员的综合素质要求很高。不少国家都设有专门的教学、科研机构来培养政府采购的专门人才，如美国有国防采购大学、联邦政府采购研究院、政府采购培训中心等。我国的政府采购工作可以说是刚刚起步，现在从事政府采购的管理人员大多是从财政部门转调过来的，缺乏采购工作所要求的经验和技能，因而有必要建立健全人员培训制度，尽快解决采购管理人员少、素质低等问题。人员培训的重点是要让他们掌握商业、法律、管理等综合知识和技能。除了要重视人才培养，建立一支专业化的政府采购队伍外，还需要对这支队伍进行科学化管理，条件成熟时可以参照国外的做法实施注册采购师制度。

本章小结

政府采购指政府及其所属机构为了开展日常政府活动或为公众提供公共服务，在财政的监督下，以法定的方式、方法和程序，对货物、工程或服务的购买。政府采购不仅是指具体的采购过程，而且是一种对公共采购进行管理的制度。本章主要介绍了政府采购的特点、原则、方式以及我国的政府采购制度。

关键术语

政府采购　公开招标采购　选择性招标采购　限制性招标采购　询价采购　单一来源采购　竞争性谈判采购　自营工程

复习思考题

1. 试解释政府采购的基本含义及特点。
2. 现代政府采购与我国曾经实行的供给制和控购制有什么区别?
3. 政府采购具有哪些主要的社会经济职能?
4. 试述政府采购的基本原则。

5. 试简要介绍政府采购的主要方式。
6. 政府采购制度包括哪些主要的方面？
7. 为什么说建立和完善我国政府采购制度意义重大？
8. 试评析我国目前的政府采购制度。

案例分析

便宜 400 万倒被挤出政府采购
——格力空调"废标案"

2008 年 9 月 28 日至 10 月 29 日，广州市番禺中心医院"门诊楼变频多联空调设备及其安装"采购项目公开进行招标，广州市政府采购中心为集中采购机构。2008 年 11 月 4 日，经评标委员会评审，格力以 1 707 万元的最低报价价位被推荐为第一候选成交供应商。11 月 5 日，广州市政府采购中心按招标文件的规定将评标报告及《采购结果确认书》送交采购人番禺中心医院确认。11 月 7 日，采购人番禺中心医院提出书面情况说明，认为格力公司的投标文件不符合招标文件中有星号标记的内容（主要是一些具体的技术参数指标要求）。11 月 14 日，番禺区财政局政府采购办决定由广州市政府采购中心对该项目进行复审。11 月 18 日，广州市政府采购中心邀请原评标委员会进行了复审，并于 11 月 21 日发布了中标结果，确定广东省石油化工建设集团公司为中标供应商，中标金额为 2 151.188 7 万元，格力落标。有消息说，广东省石油化工建设集团公司实际上是美的和大金中央空调的代理商，它提供给番禺中心医院的中央空调皆来自这两家企业。

随后，广州格力空调销售有限公司提出了质疑、投诉。广州市番禺区财政局于 2009 年 1 月 22 日作出"番财采（2009）1 号"《政府采购投诉处理决定书》，驳回投诉。广州格力申请上级主管部门广州市财政局进行行政复议。2009 年 4 月 22 日，广州市财政局作出行政复议，认为"在该项目中，原评审专家参与了评审，已经与该项目形成了利害关系，但番禺区财政局仅以原评审专家第二次评审结果作为认定事实的最终依据，推翻了原评审结论，认定事实依据不足且有失公正"，"该行为属于主要事实不清，证据不足"。广州市财政局要求番禺区财政局重新作出行政决定。6 月 9 日，番禺区财政局按照相关回避原则从专家库中抽取无利害关系的 7 名专家组成核实小组进行核实，认为格力投标文件不能满足招标文件中有星号标记条款的要求。6 月 16 日，番禺区财政局发布"番财采（2009）9 号"《政府采购投诉处理决定书》，仍然认为投标供应商广州格力空调销售有限公司不能满足本次采购项目招标文件的实质性要求。广州格力空调销售有限公司第二次向广州市财政局申请行政复议。9 月 18 日，广州市财政局作出维持番禺区财政局"格力公司投标文件不满足招标文件条款的要求"裁决的行政复议决定书。这意味着，格力公司面临被彻底"废标"的结局。

格力不服，遂把政府采购监督机关广州市财政局告上法庭。该案于 2009 年 10 月 12 日在广州市天河区法院立案。12 月 31 日，广州市天河区法院宣判：格力公司"告错了人"，广州市财政局不应成为本案的被告。2010 年 3 月 24 日，广州市中级法院开庭审理该行政诉讼上诉案，没有当庭宣判。4 月 21 日，格力对广州市政府采购中心、广州市番禺中心医院筹建办提出的民事索赔案在荔湾区法院开庭审理，法院没有当庭宣判。4 月 28 日，广州市中级法院出面调解，格力与被告方达成和解，格力表示撤诉。

思考题

1. 政府采购的效率标准应该是什么？有人说，政府采购中存在“只买贵的，不买对的”现象，从互联网获取更多本案例信息，说说你的观点。
2. 格力公司向法院提起诉讼，为什么会出现“告错人”的情况？
3. 试谈谈应如何进一步完善我国政府采购中的监督制度和救济制度。

第9章

政府支出的社会经济分析

重点问题

- 公共支出及其经济影响
- 公共支出规模分析
- 影响公共支出规模的主要因素
- 公共支出结构分析
- 购买性支出与转移性支出
- 公共支出效益分析
- 成本效益分析法

9.1 公共支出及其对社会经济的一般影响

9.1.1 公共支出的基本内涵

公共支出，亦称公共财政支出，通常的意义是指在市场经济条件下，政府通过公共部门预算提供公共产品和服务所造成的费用，即政府为实现其职能，提供公共产品和服务、取得其所需物品和劳务而进行的财政资金的支付。公共支出直接体现为公共部门支出账户上的数额，一般包括中央和地方政府用于公共部门往来和资本账户中的各项支出，为了避免重复计算，大部分国家都把中央政府对地方政府的转移性拨款补助忽略不计。公共支出的具体内容在不同时期、不同国家有所不同。

以上是对公共支出的狭义理解，从广义上来说，公共支出还包括政府实行的许多政策和法规所导致的私人部门增加的开支。如政府法令规定酒店要配备起码的消防设施，就会增加酒店的经营成本开支。

出于统计方面的便利考虑，本章讨论的公共支出仅限于其狭义的含义。

就其本质而言，公共支出是政府行为的成本，因而与政府的特性和制度密不可分。首先，公共支出与政府职能有关。政府职能范围的大小影响着财政支出的规模。其次，公共支出与公共利益有关。公共支出是代表社会公共利益的政府为维护和增进社会公共利益而支付的成本。再次，公共支出与政府从事的社会经济活动有关。公共支出实际上是社会需要政府作用而付出的代价。最后，公共支出与财政支出制度有关。自 17 世纪出现财政预算制度以来，财政支出走上了规范管理的轨道，有效地防止了支出的随意性。因此，在许多国家，公共财政预算支出代表着一个国家的公共支出水平。但是在我国，由于存在较大规模的预算外支出和制度外支出，目前公共财政预算支出还较难说明公共支出的总体情况。

9.1.2 公共支出对社会经济的一般影响

1. 公共支出有助于弥补市场失灵，提高资源配置的经济效率

经济资源是稀缺的，不同的资源配置方法和配置结构，往往导致不同的经济效率。通常情况下，市场机制的作用促使“优胜劣汰、适者生存”，可以使社会的稀缺资源得到比较合理的、有效率的配置。不过，市场机制也不是尽善尽美的，在某些领域存在着资源配置失效问题。要妥善解决这些问题，需要政府合理的干预。

政府将其支配的经济资源投入社会经济领域，影响和改变社会经济领域原有的资源配置状况，有助于矫正因市场机制失灵而导致的资源错误配置。

其一，市场竞争是不完全的，垄断势力、行业流动性障碍和信息不对称等问题的存在，导致资源难以合理流动，无法实现高效率配置。政府可以通过公共管制（如价格管制等）或公共生产等措施来缓解竞争失效和自然垄断问题。这需要政府进行投资和补贴支出。

其二，通过市场机制作用，社会无法提供足够的公共产品，这不仅会影响社会公共利益的增进，而且还可能阻碍私人部门利益的发展。要在公共产品和私人产品之间达到均衡，就需要政府按照效率准则提供或直接生产必要的公共产品。这也需要政府进行必要的投资和补贴支出。

其三，市场机制无法解决某些经济的外部性问题。而政府可以采取相应的措施，控制和解决有害的外部性问题，如控制和治理污染等，同时鼓励有益的外部性的生产和消费，如对教育、卫生疫苗等外部社会收益大于内部生产者收益的产品的生产和提供进行补贴等。

其四，市场机制作用下的市场还存在不完全问题。如私人市场无法提供或没有充分提供某种产品或服务，或者即使提供，该产品或服务的成本也高于购买者所愿意支付的金额。不完全的市场是相对于能够充分提供边际成本等于价格（$MC=P$）的产品和服务的完全市场而言的。例如保险市场，私人市场（商业保险）不可能承保某些险种（如农业保险、失业保险等），需要政府提供社会保险。又如资本市场，部分贷款（如大学教育、农业发展、小企业发展等方面的贷款）需要政府进行担保。此外，政府还有必要通过产业政策协调互补市场之间的合作与发展，促使不同产业能够按比例协调发展，保持合理的社会经济产业结构。

需要指出的是，公共生产的效率一般低于私人生产，因此，在弥补市场失灵的同时，仍须避免政府干预的扩大化，防止因“政府失灵”而出现的另一种资源错误配置。也就是说，尽管政府的作用不可或缺，但它只能在资源配置中起补充的作用。

2. 公共支出有助于实现收入的公平分配

在市场经济中，人们分享国民收入的基本依据是其提供的生产要素对国民经济生产的贡献程度，要素的生产率高、贡献大，要素提供者分享的收入就多。这种分配原则对不断优化生产要素配置、提高生产率有不可低估的激励作用，但是也会导致收入不均和贫富差距问题，甚至出现富者愈富、穷者愈穷的“马太效应”。市场经济自身无法克服这种不足，解决收入不均问题要靠政府，公共支出则是政府的常用手段之一：以补贴或价格管制的形式对居民进行明补或暗补，改善低收入者的经济状况；规定最低工资水平，并安排针对贫困线以下的低收入者的社会保障支出，从而改善穷人的绝对贫困和相对贫困状况；通过增加公共支出创造就业机会，可以较好地解决由失业带来的贫困；加强教育发展方面的公共支出，增加劳动者的受教育机会，普遍提高劳动者的素质，可以增强劳动者的就业能力，从而影响劳动者未来的收入分配。当然，要使收入分配状况趋于公平合理，公共支出的制度设计必须合理，否则将适得其反。

3. 公共支出有助于烫平经济波动，实现经济稳定目标

公共支出对经济稳定的作用体现在以下几个方面：首先，公共支出水平的变化能对经济总量产生影响；其次，公共支出中的转移性支出（如社会保障支出等）具有较明显的“内在稳定器”作用；最后，公共支出结构调整有助于纠正国民经济的结构性失衡，从深层次上消除经济不稳定因素。

9.2　公共支出的规模分析

9.2.1　公共支出规模的测量

衡量公共支出规模的指标有两种：一是绝对量指标；二是相对量指标。

所谓绝对量指标，又称公共支出的绝对规模，是指一国（或地区）在一定时期内（通常为一个财政年度）所有公共支出的货币价值总额。比如，根据《中国财政年鉴》的数据，1996 年我国财政支出总额为 7 937.55 亿元。这一指标比较直观，是国家政府部门编制财政预算和控制财政支出规模的重要指标之一。在公共部门的效率不变的条件下[①]，公共支出的绝对规模越大，表明政府活动的规模就越大。值得注意的是，有时候，只有对公共支出的绝对量指标进行必要的统计修正（如要剔除通货膨胀因素），才能正确地估计公共支出规模的变化趋势。

所谓相对量指标，又称公共支出的相对规模，是指一国（或地区）在一定时期内公共

① 短期内，制度安排变化较小，因此可以把效率看作不变。

支出占当期国民生产总值或当期国内生产总值的比重。比如，根据《中国财政年鉴》的数据，1996年我国国内生产总值为68 593.8亿元，以相对量指标衡量的当年财政支出规模为11.57%。采用相对量指标衡量公共支出的规模，可以反映政府在整个经济中的地位和作用，同时便于进行公共支出规模的纵向和横向比较，即对同一国家不同时期的公共支出规模进行比较，以及对同一时期不同国家的公共支出规模进行比较。因此，相对量指标能较好地反映一国公共支出对经济影响的程度。

用相对量指标来反映公共支出规模有一定的有效范围：在经济不断增长或不变的条件下，相对量指标上升，表明支出规模扩大；在经济衰退（即国内生产总值减小）或不变时，相对量指标降低，表明支出规模缩小。如果在经济增长时相对量指标降低，或者在经济衰退时相对量指标上升，则较难说明公共支出规模（尤其是绝对规模）的实际变化。

相对量指标和绝对量指标有可能反映出不一致的公共支出规模趋势。一方面，绝对量指标反映出公共支出规模在不断扩大；另一方面，相对量指标却在不断降低，反映出公共支出规模不断缩小。比如，我国财政支出总额1978年为1 122.09亿元，此后逐年增长，1996年扩大到7 937.55亿元，说明我国财政支出规模不断扩大；同期，我国财政支出占国内生产总值的比重则由1978年的30.96%逐步降低到1996年的11.57%，反映出我国财政支出的相对规模在缩小，财政支出对经济的影响程度有所降低。[①] 测量公共支出规模是为了了解和把握政府活动的范围和规模，以及政府对经济的干预程度。[②]

9.2.2 影响公共支出规模的主要因素

从世界范围来看，公共支出规模不断扩大是一种历史现象和发展趋势。不仅绝对量指标反映出公共支出规模呈不断扩大趋势，而且相对量指标也在不断上升，反映出公共支出规模及其对经济影响的程度都在不断扩大。[③]

针对政府财政支出不断膨胀的趋势，许多学者做了大量的研究工作，从不同的视角，利用宏观或微观分析模型，总结出一些影响公共支出规模的主要因素。

1. 影响公共支出规模的基础性决定因素

公共支出的规模要受到支出的需求和支出的可能（供给）两方面基础性因素的制约。

（1）公共支出需求。所谓公共支出需求，就是用于满足社会公共需要、弥补市场失灵的公共财政需求规模。社会公共需要是指全体社会成员的共同消费需要。这种需要，不是普通意义上的人人有份的个人需要，或是个别需要的简单数学加总，而是就整个社会而言，为了维持正常的社会经济生活，必须由政府集中执行和组织的社会职能的需要。社会公共需要具有非排他性和非竞争性的特点，往往还具有外部效应。社会公共需要的内容范

---

① 参见陈共主编：《财政学》，31页，北京，中国人民大学出版社，1998。

② 衡量政府财政活动规模的指标主要有两个：公共财政收入占GDP的比重和公共财政支出占GDP的比重。前者反映公共财政收入的规模，后者反映公共财政支出的规模。一般认为，公共财政支出规模比公共财政收入规模更能准确地反映政府活动的规模。详细分析参见陈共主编：《财政学》，30页。

③ 相关的文献不少。比如可参见世界银行编著：《1988年世界发展报告》，44页，北京，中国财政经济出版社，1988；世界银行：《政府财政统计年报》，1983、1990；雷良海：《财政支出增长与控制研究》，2、3、10页，上海，上海财经大学出版社，1997；陈共主编：《财政学》，32页；储敏伟、杨君昌主编：《财政学》，245页；邓子基、邱华炳主编：《财政学》，180页，北京，高等教育出版社，2000；等等。

围广泛，既包括诸如国防、文化教育、卫生保健、生态环境保护以及基础设施、基础产业、支柱产业和风险产业投资等有形的社会公共需要，还包括诸如为维护社会经济秩序、调节市场经济运行而采取各种措施和制定各项政策、法律规章制度等无形的社会公共需要。

政府需要满足的社会公共需要虽然很多，但是，这些社会公共需要有轻重缓急的区别，政府不可能也没有必要同时加以满足。政府应该关注的是最迫切、最必要的社会公共需要。最迫切、最必要的社会公共需要的筛选，不完全来自决策者的偏好，而是取决于社会经济运行的抉择。这种为了保障社会经济正常运行和发展而必须满足的社会公共需要代表了社会公共消费的最低水平，是公共支出的一个基本的决定因素。

必须满足的社会公共需要在社会经济发展的不同阶段有不同的规模和质量要求，总体上表现出不断扩大和提高的特征。比如国防建设，过去是小米加步枪，现在则需要发展导弹等高科技现代化的武器装备；公路建设，过去有柏油马路就已经相当不错了，而现在，普通的水泥公路已经不够了，还需要建设高标准的高速公路；公共事务的管理，对办公效率的要求越来越高，自动化的办公系统正在取代传统的办公手段；等等。

社会公共需要的特点决定了满足社会公共需要的公共支出具有刚性特征。一方面，这方面的公共支出需求缺乏价格弹性，需求不因资源的价格上升而减少。另一方面，用于满足社会公共需要的公共支出要受过去公共消费水平的影响，特别是会受到过去消费高峰时期的水平影响，具有不可逆性，甚至会在公共财政收入下降的时期仍然通过借债的方式维持较高的公共支出水平，导致出现公共支出不断扩大的“棘轮效应”(ratchet effect)。

为了弥补诸如公共产品、外部性、信息不对称、分配不公、垄断、经济不稳定等市场失灵的缺陷，需要政府干预，政府干预的政策选择和相关制度安排也会影响到政府的财政支出规模。自20世纪30年代凯恩斯经济理论问世以来，政府通过财政政策和货币政策进行需求管理，干预宏观经济运行，实现资源配置、收入再分配和稳定经济的政府职能，变得合理化、经常化。政府干预市场的程度显著加强，相应的政府公共支出也显著增加。就美国而言，凯恩斯理论出现以前，奉行经济自由主义，反对政府干预市场，1913年财政支出占国民生产总值不到10%，而1930年达到了11%，现在更是达到1/3强。[①] 政府干预的制度安排方面，诸如政府干预是采取政府直接参与生产的方式，还是强调政府实行间接调控管理，公共生产的安排，是将绝大部分产品（甚至包括较多的私人产品）的生产都纳入政府的生产安排，还是相反，将绝大部分产品（甚至包括相当多的公共产品）交由私人部门生产，政府再通过向私人部门购买来满足社会公共需要，等等，都在很大程度上决定着公共支出的规模和构成。

(2) 公共财政供给能力。除了上述公共需求方面因素的制约，公共支出规模还要受制于公共财政的供给能力。传统的公共财政理财理念奉行“量入为出”，公共财政收入规模，特别是税收等经常性财政收入的规模，极大地制约着公共支出的规模。由于公共财政收入规模又最终受制于经济的增长和税源的增加，因此，公共支出的规模在更深层次上是受经济增长水平制约的。凯恩斯经济理论出现后，适度的财政赤字被认为是有好处的，它有助

① 参见［美］约瑟夫·E·斯蒂格利茨等：《政府为什么干预经济——政府在市场经济中的角色》，33页。

于刺激有效需求、推动经济增长。于是，公共支出规模开始突破经常性财政收入的限制。与此同时，发行公债又在很大程度上补充了经常性财政收入的缺口，从而使公共支出规模扩张成为可能。

综上所述，公共支出规模扩张主要受到公共支出需求和公共财政供给能力两方面基础性因素的制约。

2. 影响公共支出规模的宏观原因

一些学者利用部分国家公共支出的有关资料信息来分析公共支出的时间模型，试图从宏观上对公共支出的长期增长趋势进行解释，从而进一步深入阐释上述基础性制约因素的作用机制。具有代表性的有：瓦格纳提出的“瓦格纳定律”，皮科克和怀斯曼基于政治理论的分析，以及马斯格雷夫和罗斯托从发展经济学角度的分析。归纳起来，这些学者认为导致公共支出规模不断扩张的宏观原因有：

(1) 经济发展因素。首先，经济发展促进人均收入水平不断提高，因而，即使在宏观税负水平不变的情况下，政府的收入水平也会不断增加，与经济增长之间形成“水涨船高”的互动之势，从公共资金供给方面推动政府公共支出增长。进一步地，随着经济的增长，当税收收入的收入弹性大于1时，即当税收结构在有关的收入范围内明显累进时，或者当税基作为GNP的一个组成部分扩大时，公共支出的绝对水平和相对规模都会随之上升。

其次，经济发展会引致一系列新型的属于补救性的基本公共服务的需求，从而从需求方面推动公共支出扩张。早在19世纪，瓦格纳就指出，随着经济的工业化，市场以及市场主体之间的关系会变得越来越复杂，使得商业法则和契约变得很有必要，需要建立一套司法制度（或者说管理制度）。譬如美国，公司和大企业的出现使得诸如州际商业委员会和证券交易委员会以及司法部的反托拉斯活动之类的管制机构的服务成为必需。[①] 另外，经济工业化进程中，城市化程度和生活密度提高，会导致外在性和拥挤增加，也要求公共部门进行干预和管理。例如，城市人口密度上升会导致诸如改善交通、增加警察巡逻、协助城市居民向郊外迁移等公共需求增加。[②] 也就是说，随着经济的工业化，公共部门服务的紧迫性加强，这些公共服务涵盖法律、安全、金融等多个方面。

在瓦格纳法则的基础上，马斯格雷夫和罗斯托从发展经济学的角度进一步指出，在工业化进程的不同阶段，公共支出的结构（方向）会有一些差异。经济发展的早期（起飞）阶段，公共部门需要提供“作为私人部门生产性资本形成的先决条件”[③]，譬如基础设施建设、基础教育等。一方面是由于这类型投资的受益基本上是外在的；另一方面是由于这个阶段私人资本的积累是有限的，某些物品必须由政府提供，即使这些物品的受益是内在的。因此，这个阶段政府投资在社会总投资中的比重较高，为经济起飞创造了良好的必要的先决条件。另外，由于出于平等、分配公平等方面的考虑而进行的转移性支出有降低私

---

① 参见［美］马斯格雷夫：《比较财政分析》，75页，上海，上海人民出版社、上海三联书店，1996。

② 值得注意的是，马斯格雷夫认为，上述补救性活动的发展并不限于公共部门，因而，这种不断增加的对补救性产出的需要并不一定意味着一个不断上升的公共份额，部分补救性需要也可能要求增加私人产品的供给。比如，随着公共海滩变得过分拥挤，就需要私人游泳池。参见上书，75页。

③ 同上书，74页。

人储蓄率及其他的负面影响，因而，在经济发展的早期阶段，考虑到经济的发展速度，政府转移性支出不大。公共资本支出占总资本支出的比率在早期阶段较高，但在实现“起飞”后会暂时下降，而后又会上升。在经济发展的中期阶段，私人资本积累增加，便于私人资本形成的体制也变得更为发达，因而部分资本品的提供可能会留给私人部门，从而公共部门的预算结构会发生变化，公共支出的方向转为为私人产品提供互补性的公共投资。一方面，政府继续进行投资，但此时公共投资只是对私人投资增长的补充，政府干预的增加是为了纠正市场失灵；另一方面，适应私人消费方式的变化，公共性投资的特点又表现为一种对私人消费品的补偿性投资。例如，与工业化相联系的城市的集中发展要求牵涉巨大公共投资的市政方案；对有技能的劳动力需求的增加给教育以及人力投资需求提出了更高的要求；消费者收入的上升使汽车的广泛使用成为可能，需要更为发达的交通设施；等等。罗斯托认为，经济一旦达到成熟阶段，公共支出结构就会从对基础设施的支出转向对教育、医疗和福利服务等的支出，因此，公共消费性支出与实现社会分配公平的政府转移性支出会明显增加。

最后，部分公共消费品需求的收入弹性较高，甚至大于 1，这方面的公共支出增长可能会超过国民收入的增长，推动公共支出规模扩张。在诸如解决生存问题等基本公共需要之外，还有更高层次的社会公共需要，比如教育、卫生、安全等。按照推广的恩格尔法则，在很低的收入水平上，往往更看重基本的社会公共需要，随着经济的发展，高层次的公共需要会很快增加，从而，政府对教育、保健、福利服务等的支出，将大大超过其他方面支出的增长，其支出速度也会快于 GDP 的增长速度。

（2）政治因素。首先，对个人福利的社会责任意识的增强，大大地增加了对转移方案的需求，而承认国家所起的更大作用则减少了为提供公共产品所进行的资源配置上的政治阻力。这种政治领域的发展变化也是公共支出份额不断上升的原因之一。①

其次，政治结构上的变化会通过选票分配的变化改变对公共产品的有效需求，从而影响到支出水平。政治结构上的变化，从独裁政府到代议制政府的转变，以及以后的政府代议制形式通过扩大参政权的民主化，增强了对社会公共产品的有效需求。因为通过税收转移的再分配方式要比通过累进课税更难以实现对公共服务的资助，于是公共服务的扩大部分地充当着一个履行再分配措施的手段。这将支持公共支出规模扩张。但是，这种公共支出规模扩张可能不是一个连续的过程。在预算占 GNP 比率相对较低的时候，由低等及低中等收入人群组成的投票区能很容易地把增加支出的负担施加到高收入的少数人身上，因而扩大预算的议案比较容易获得通过。随着预算占 GNP 比率的上升，财政收入的增长需求逐渐超出了高收入人群可供税基的负担能力，这部分财政收支缺口只得逐渐依靠向中低收入的纳税人群体征税来补足，这时，边际税收的影响压低了收入规模，选举群发生变化也使得“要找到有利于扩大预算的多数变得更难了”，公共支出扩张将受到阻碍。②

最后，社会政治经济动荡的特殊时期，很可能出现公共支出急剧的大规模扩张，从而

① 参见［美］马斯格雷夫：《比较财政分析》，81 页。

② 参见上书，82 页。

偏离公共支出渐渐上升的趋势，“阻断财政发展的稳定道路”[①]。这一结论主要基于皮科克和怀斯曼的分析。他们的分析的前提假设是：政府喜欢多支出而选民不愿意多缴税。因此，政府在决定预算支出规模时，应该注意公民对赋税承受能力的反应。选民所能容忍的税收水平是政府公共支出的约束条件。依据这个前提假设，通常的情况下，选民的政治行为是“与其说愿意提高税率还不如说渴望降低税率”，因而，在税率不变的情况下，公共支出规模只有借助经济增长来实现“水涨船高”了。在社会动乱时期，譬如出现了战争、饥荒、经济危机及其他大规模的社会灾难，客观上公共支出需求急剧增加，政府将被迫提高税收水平以满足公共支出需求。然而，在危机期间，选民却可以接受政府提高税率了。这是因为，危机发生后，客观上需要政府集中力量调整社会秩序，争取早日渡过难关，选民对公共需要和私人需要的偏好格局因此发生了变化，变得更愿意以公共支出去替代私人支出，从而公共支出规模扩大。这种作用机制被皮科克和怀斯曼称作“替代效应”或“置换效应”。皮科克和怀斯曼还指出，危机过后，公共支出一般不会回到危机前的水平，而是会保持危机期间的高水平的增长规模。其客观原因是危机结束后仍需要政府进行善后抚恤、偿还债务等工作。其主观原因则是由于选民在危机期间更加清楚地意识到社会问题的存在，以及政府扩大其服务范围以改善社会条件是必要的，因此，选民能容忍的税收水平不会回到危机前的水平。这种作用机制被皮科克和怀斯曼称作“意识效应”或“检视效应”，而马斯格雷夫则称之为“阈效应”（threshold effect），即危机促使阻止税收水平提高的阈被移动到了另一个更高的水平。[②]

（3）社会条件因素。人口状况、社会文化背景、社会伦理价值观念等多方面社会条件因素都可能影响公共支出规模。例如，人口的绝对增长带来人口密度的提高，外部性问题会变得更加突出，从而会增加公共服务的成本；人口结构变化则要求对各类公共服务的配置进行调整。事实是，发展中国家人口基数大，人口增长快，教育、保健、救济贫困人口等支出压力大；发达国家，人口老龄化、生活质量要求高等也会增加支出规模。又如，社会文化的差异可能导致社会福利的标准不同，如果再分配的目标是减少不平等，即把以某个洛伦茨系数[③]度量的不平等降低到一定的水平，那么，随着收入上升，相应的公共转移性支出的绝对水平将上升而相对水平则可能保持稳定；如果再分配的目标是提供一个符合一定客观标准的绝对最低生活标准（如保障儿童的最低营养要求等），那么，随着收入上升，相应的公共转移性支出的绝对水平可能上升，而相对水平则可能随着人均收入上升而

---

① ［美］马斯格雷夫：《比较财政分析》，82 页。

② 皮科克和怀斯曼在其时间形态分析模型里还提出了危机结束后公共支出规模的另外两种可能的增长趋势：一种是公共支出增长的轨迹将在危机结束后立即恢复到危机前的形态，另一种是公共支出规模会在危机结束后逐渐下降直至恢复到危机前的水平。至于公共支出规模这三种可能的变化趋势中，哪一种更符合现实情况，理论界还没有完全一致的观点。参见［美］马斯格雷夫：《比较财政分析》，84 页；［英］布朗、杰克逊：《公共部门经济学》，107 页，北京，中国人民大学出版社，2000。

③ 洛伦茨曲线是由统计学家洛伦茨提出的反映社会收入分配平均程度的曲线，其描述的绝对平均曲线意味着社会总人口中每一百分比的人口所拥有的收入在社会总收入中也占有同样的百分比，也就是说，如果社会收入分配绝对平均，那么占社会总人口 20%的人群恰好拥有社会总收入的 20%。或者换一种角度理解：如果占社会总人口 20%的人群拥有了 80%的社会总收入，那么社会收入分配是不平均的。洛伦茨系数，又称作基尼系数，是 20 世纪初意大利经济学家基尼根据洛伦茨曲线设计的用来判断社会收入分配平均程度的指标。该系数越小，说明社会收入分配越平均；该系数为 0，则说明社会收入分配绝对平均；该系数为 1，则说明社会收入分配绝对不平均。

下降。

3. 影响公共支出规模的微观原因

前面主要从宏观的角度对公共支出增长的现象进行解释，但是，所有的宏观理论都无法用来解释公共支出过程的细节，因此，要完全解释清楚公共支出增长的现象，还要考察公共支出的微观基础。建立公共支出增长微观模型①，目的是考察影响公共服务供给的各种因素和导致公共产出的各种力量，解释公共部门要素的需求变化。即从微观的角度把公共支出问题转化为公共产品的提供过程。

通过建立公共部门的生产函数来讨论影响公共部门产出的因素，首先要认识到公共部门产出是很难衡量的。无论是公共部门产品还是私人部门产品，令消费者感兴趣的实质上是他们从这些产品的消费中得到的收益。因而，有形的产品实际上只是中介性消费品，比如，汽车就是中介性消费品，消费者的需求兴趣并不是汽车本身，而是表现为利用汽车旅行得到的快乐等无形的收益流；无形的产品（服务）则不同，服务的生产行为和对该服务收益的消费是同时发生的，即没有生产出中介性消费品，比如，医生和护士在提供医疗救助的同时，病人（消费者）就在消费着这种服务。公共部门服务基本上属于后一种情况。公共部门的产出不仅在多数情况下是无形的，而且具有多层次、多功能的特点。比如说，教育这一产品可以起到多方面的作用：一方面，教育可以满足个人求知的需求，属于当前消费品；另一方面，教育是对人力资本的投资，可以影响个人将来获取收入的潜力，即能满足个人提高工作能力从而提高收入的需求，属于可持续消费品。警察、消防、卫生医疗等其他公共部门产出也存在类似的情况。因此，公共部门的产出很难衡量。

公共部门服务虽然没有生产出有形的中介性消费品，但存在生产活动的中间形式，即为了提供某一水平的公共部门产出会采用多种活动组合。比如，为了提供某种水平的警察保护必然需要一系列活动，于是公安部门要考虑在哪些街道部署巡逻、巡逻的频率、巡逻警察是步行还是配车等问题。对于任何一种公共产出水平可能都不是仅限于一种活动组合，或者说，生产某一水平的公共产出可以采用多种活动组合。不同的活动组合将对应不同的生产函数，也就是说，公共部门同一水平的产出可以有不同的生产函数。然而，虽然根据不同生产函数得到的产出水平可能一样，但生产该产出的质量和成本却可能随着生产函数的改变而改变。

综合上述要点，公共部门最后产出与用于生产这些产出的公共部门活动方式之间的关系，亦即公共部门的生产函数，可以概括为：

$$X_k = X_k (L_k, M_k)$$

$$G_k = G_k (X_k, N)$$

式中：G_k——第 k 种公共服务的最后产出；

X_k——用来生产 G_k 的中介活动；

① 公共支出增长微观模型，是一个公共支出时间模型的实证性模型，该模型几乎不考虑被考察的公共支出是否处于均衡预算状态（即假定财政收支是平衡的）；该模型并不揭示（不考虑）公共产出供给的效率问题；该模型的假设将复杂的现实相对简单化了，基本属于相对静态分析，因此有一定的局限性。此外，如果放松假设，讨论公共支出的增长趋势，还必须考虑到预算过程中政客和官僚行为的影响。具体分析可以参考布坎南、塔洛克等公共选择学派的研究结果。参见［英］布朗、杰克逊：《公共部门经济学》，108、127、164 页。

L_k——为生产 G_k 的劳动投入；

M_k——用来生产 G_k 的原材料；

N——人口规模。

根据这个生产函数，公共支出增长可以通过分析以下因素得到解释：

（1）公共部门产出水平的决定。公共部门产出水平的决定与制度安排有关，但在本质上受社会公众的实际收入水平制约。根据中间投票人定理和政客追求选票最大化的理论，政治家的行为模式将尽量满足中间投票人的偏好，在争取提供尽可能多的公共部门产出的同时尽可能地使产出成本最小化。在这样的假设基础上，如果其他条件不变化，中间投票人的税基降低，或者中间投票人的收入提高，或者社会的总税基扩大，都会意味着社会公众的实际收入水平上升，从而导致公众对公共产品和服务的需求相应增加。

收入水平变化是否会引起公共产出的相对规模变化，则要考察公共部门产品需求的收入弹性和价格弹性。[①] 大多数人认为，公共部门产品有很高的需求收入弹性，这意味着，随着收入水平的增长，公共部门产品的需求将会以较快的速度增长。大多数人还相信，公共部门产品需求的价格弹性比较低，这说明，公共部门产品的供给成本增加不会明显地引致对公共部门产品的需求下降。

（2）服务环境的影响。在这里，环境是指影响生产某种水平产出所需资源的一组社会经济和地理变量。根据公共部门生产函数，公共产出要受到一定的中介活动的影响。不同的中介活动对资源的需求不同。换言之，为了实现相同的公共产出水平，如果采取的活动方式不同，则相应的公共支出水平也不同。之所以要采取不同的活动方式组合，是由于服务环境发生了变化。

可以以警察保护服务为例进行说明。假定某地区目前的警察服务活动已经满足了中间投票人对社会治安水平的要求，即处于均衡水平。如果服务环境发生变化，如该地区的人口状况变得复杂了（例如流动人口增加了），该地区的财产数量增加了，该地区的案发数增加了，等等，那么要维持原有的治安水平，警察部门必须改变活动方式，例如要增加警力等。一般来说，这些变化往往引起投入的增加，从而导致用于警察服务的公共支出增加。

随着社会经济的发展，公共服务的环境会变得越来越复杂，使提供公共服务的难度增加，因此要维持原有的服务水平就要增加投入，即增加公共开支。

需要指出的是，服务环境变化所导致的公共支出增加并不能作为判断公共部门效率状况的逻辑依据。也就是说，公共支出增加并不一定意味着公共服务水平提高；公共支出增加而公共服务水平维持不变，并不意味着公共服务效率低下。在评估公共部门的供给效率时，还必须考虑公共部门所处的服务环境。

（3）人口规模变化的影响。从经验上看，人口规模扩大显然会促使公共支出增长。比如，随着学龄儿童的数量增加，要维持原来的国民教育水平，就会要求教师数量以及其他

---

① 对公共部门产品和服务需求的价格和收入弹性进行实证分析有一定的困难。部分公共部门产品和服务需求与私人部门的发展相联系，因此可以通过私人部门产品的需求价格或收入弹性来估算相应的公共部门产品和服务需求的价格和收入弹性。而如果公共产品的产出是无法衡量的，对价格和收入弹性的实证研究就只能衡量与收入变化相关的公共支出弹性。参见［英］布朗、杰克逊：《公共部门经济学》，113 页。

相关的教育投入相应增加，从而导致相应的公共支出增加，等等。对于这种直观结论的深入分析，需要考虑到公共产出的性质。

假定人口规模变化不影响公共服务的水平和质量。如果公共部门提供的是纯公共产品，其非竞争性的特性意味着，在消费过程中增加一个消费者所带来的边际社会成本为零，人口数量增加不会导致纯公共产品的生产成本上升。因此，没有理由预期人口增加将导致提供纯公共产品的公共支出增加。如果公共部门提供的是准公共产品，这些准公共产品有一定的消费剩余容量，人口增加往往首先填补这些剩余的需求空间，只有在现有的公共产品无法满足新增的需求时才考虑增加公共产品供给，因而用于这些公共产品的公共支出的增长速度会低于人口增长的速度。例如，对于一个没有满员的养老院来说，入住的老人增加，基本上不会增加养老院的固定投资，而只会导致诸如食品成本等可变成本增加。又如，如果建设了超出当前需求水平的道路，那么，至少短期内，人口增长不会导致用于建设道路的公共支出明显增加。

然而，放松“人口变化前后公共服务的水平和质量保持不变”的假设，能使分析更接近现实。这样，当人口规模增长时，会产生两个明显的效应：一是公共产品消费的价格效应；二是公共产品消费的拥挤效应。人口变化通过这两个效应影响到公共支出水平。

第一，人口变化会通过价格效应作用于公共支出。依据前面的分析结论，人口增长不会导致供给纯公共产品的公共支出增长。但是，由于人口增长，公共支出总量将在更大的群体中进行分摊，群体中每个成员所负担的公共支出份额就会因此下降，这意味着群体中每个成员为其消费的公共产品支付的价格下降了，这将导致对公共产品的需求增加，从而要求公共支出以低于人口增长率的速度增长。这就是说，只要人口规模增加，用于供给任何公共产品，包括纯公共产品和准公共产品的支出都会有所增加，但增加的速度小于人口的增长速度。

第二，随着人口的增长，人口的密度可能增大，这会给公共服务环境带来压力，结果就产生了社会拥挤成本。社会拥挤成本给个人效用带来负面影响。因此，有必要增加公共支出，以解决拥挤的外部成本，使每个群体成员获得的公共服务水平保持不变。例如，有必要扩建学校、增设医院、拓宽道路等等。这将导致公共支出的增加快于人口的增长。不过，公共支出增加同时意味着社会成员的财政负担增加，价格效应将会朝着相反的方向起作用，从而抑制公共支出过快增长。

（4）公共产品质量的影响。关于前面几个影响公共支出的微观因素的讨论，都暗含了这样一个假设：中间投票人对公共部门产出的质量需求保持不变。而实际上，需求是数量和质量的统一，需求的增长有两层含义①：一是经济学和日常生活中常用的，即愿意在同一价格上购买更多产品所引起的一种需求增长；二是为当前产出水平支付更高价格的意愿，这一层含义常常为人们所忽略。当考虑到产品质量差异时，后一种需求含义显得尤其重要。

精确地测定公共产品的质量往往很困难，但可以大致地认为：生产质量较高的公共产品要比生产质量较低的公共产品投入更多的资源。比如，如果人们享受政府提供的海关通

① 参见［英］布朗、杰克逊：《公共部门经济学》，117 页。

关服务需要花费较长的时间排队，则可以认为服务质量较差；如果政府增派人员，使排队的时间缩短了，人们就会认为政府的服务质量提高了。类似地，学生与教师比率低的教育制度通常被认为比学生与教师比率高的教育制度质量高，提供了现代化教学设备的学校教育质量要比没有提供教学设备的好，配备有大型先进医疗器械、医生较多的医院通常被看作比设备和人员较少的医院强，等等。不过，随着要素投入的增加，质量提高的速度会下降。

产品的质量不同，说明产品具有差异性，即具有不同质量的产品，就是不同的产品。在考虑到质量因素后，可供选择的产品更多了。这样，中间投票人进行公共产品供给决策时就要权衡数量和质量的关系，即要在不同的公共产出水平和产出质量之间作出选择。如果中间投票人需求的是更昂贵的高质量产品，公共支出就会随之增长。

(5) 公共部门要素价格的影响。公共支出还要受到公共部门投入要素的价格影响，即要受生产成本的制约。由于公共服务性部门和一般服务性部门一样，无法通过提高生产力、利用规模经济和技术革新等优势来抵消成本（人员成本）的增加，所以，要维持一定的产出水平，公共支出将增加。经济学家鲍莫尔（W. J. Baumol）1967 年发表在《美国经济评论》上的论文《不平衡增长宏观经济学》，系统地阐述了这一观点。

在鲍莫尔模型中，经济被划分为两个部门：进步部门（累进型部门）和非进步部门(非累进型部门)。进步部门的特点是，由于规模经济和技术革新，劳动生产率能够积累性提高。而在非进步部门中，劳动生产率的提高速度比进步部门慢，但是其生产率增长并不为零。一般而言，政府服务、餐饮业、表演艺术业等劳动密集型的生产和服务行业被划归为非进步部门。两个部门存在生产率差异的一个主要原因是：劳动力要素在生产中的地位和作用不同。在进步部门的生产中，劳动力主要是“一种工具，是生产最终产品必不可少的条件”[①]，资本可以用来替代劳动力而不影响产品的性质，技术进步能促进生产率很快提高。比如，在生产饮料的企业中，采取电脑控制和自动流水线，可以大大节约人力投放并增加产出。相反，对于非进步部门的生产，劳动力要素起着关键的作用，劳动力服务本身就是供消费的产品的一部分，减少劳动力含量就会改变所生产的产品的性质，通过技术革新促进生产率提高的速度是缓慢的。例如，政府机关提供的服务，通常是个案处理，不可能采用电脑程序批阅文件。又如，课堂教学，不可能采用提高教师讲授速度的办法来提高教育生产率。

劳动生产率提高会导致部门的工资率提高。假设在进步部门，小时工资率提高和劳动生产率提高是同步的，也就是说，进步部门的单位成本是长期保持不变的。为了防止劳动力从非进步部门流向进步部门以寻求更高的小时工资率，非进步部门必须把工资水平提高到和进步部门相当的水平。由于非进步部门的生产率提高程度不如进步部门，因而，工资水平提高就意味着非进步部门的单位成本提高，相对于进步部门而言，非进步部门产出的机会成本将会提高。另外，在前面我们已经说明，公共部门产出的需求收入弹性大于需求价格弹性，因此，由生产成本引致的产品的相对价格变化，并不会在很大程度上影响到消费者对公共产出的需求。单位成本上升，而公共产出水平维持不变，非进步部门的总成本

① [英] 布朗、杰克逊:《公共部门经济学》，117 页。

也将上升。

由鲍莫尔模型可以得出这样的解释：如果公共部门的生产率提高的程度不如经济中的其他部门，而公共部门雇员的工资却跟随经济中其他部门的工资变动，那么，在其他条件不变的情况下，公共支出将会增长。[①]

9.3　公共支出的结构分析

公共支出结构是公共支出的各个不同部分的组合状态及数量配比的总称。公共支出结构虽然表现为一定公共支出的数量关系，但实质上体现了政府职能状态和政府政策。同时，公共支出结构还反映出财政配置资源的效率，以及财政配置与市场配置之间是否协调，进而反映出社会资源的总体配置效率。公共支出的结构分析，是在对公共支出进行分类的基础上展开的。依据不同的分类方法所形成的公共支出结构不同，要根据研究的目的来选择适当的公共支出分类标准。比如，要研究政府职能状况，就应该按照政府职能类别对公共支出进行分类，分析支出的职能结构[②]；要研究公共资金在政府部门间的分布状况，就应该采用按部门分类的方法，分析公共支出的部门结构；要研究政府间的财政关系，就应该根据政府的行政级次对公共支出进行分类，分析公共支出的行政结构；等等。本节重点讨论两组理论上的公共支出分类结构。

9.3.1　按照支出的用途分类

从静态的价值构成上对公共支出用途进行分类，公共支出可以被划分为补偿性支出、消费性支出和积累性支出。依据马克思主义政治经济学原理，社会总产品在价值构成上分为 C、V 和 M 三个部分，一个经济社会若不从事扩大再生产，社会总产品的最终使用便可分为补偿与消费两大部分。与补偿性支出相对应的社会总产品价值为 C，与消费性支出和积累性支出相对应的社会总产品价值则为 $V+M$。众所周知，简单再生产只是一个理论抽象，现实运行着的经济社会总是在不断地进行扩大再生产，并没有将社会总产品价值中的 M 全部消费掉，而是将 M 的一部分通过投资的过程形成积累。显然，从上期生产的结果来看的社会总产品的价值构成，与从最终使用（亦即从下期生产的起点）来看的社会总产品的价值构成是不相同的。经过初次分配，社会总产品价值从用途上被划分为补偿基金、消费基金和积累基金，公共支出也可以被对应地划分为补偿性支出、消费性支出和积累性支出。

再从动态的社会扩大再生产的角度分析，公共支出又可以被划分为投资性支出和消费

---

① 事实经验也表明，在公共支出中，人员经费支出是一项主要的支出项目，再加上工资一般具有刚性的特点，公共支出增长不可避免。以我国香港为例，政府公务员的工资水平是以社会平均工资水平为参照系来厘定的，在经济繁荣时期，公务员的工资水平要跟随社会平均工资的上涨而上调，以保持公务员队伍的士气。然而，在香港经济持续低迷、就业形势严峻的时期，2002 年港府打算调低公务员的薪酬标准，却遭到公务员队伍的强烈反对，政府被迫将调低公务员薪酬标准的提案提交立法会“三读”通过，通过立法减薪来避免法律诉讼，同时引起大量公务员自动离职。

② 我国现行的国民收入核算将财政支出按功能性质划分为经济建设费支出、社会文教费支出、国防费支出、行政管理费支出和其他支出。

性支出。从最终使用来看，C的价值并非全部用于补偿消耗掉的生产资料，因为，在固定资产规模不断扩大的情况下，从全社会来看的固定资产折旧价值，有一部分可以用于积累性的投资。V的价值也不等于全部消费，因为作为劳动者个人收入的V，有一部分会以储蓄的形式沉淀下来，再通过各种渠道转化为投资。同样，M的价值也不等于全部积累，因为社会消费基金要取自M，余下的部分才能用于积累。明显地，社会总产品经过再分配，形成投资和消费两大主要用途①，公共支出又可以相应地被划分为投资性支出和消费性支出。这是从动态的再生产的角度对公共支出进行的分类，据此得出的公共支出结构又被称作公共支出的再生产结构，它反映出支出在再生产中的地位和作用。

可见，在一个动态发展的经济社会里，社会总产品的价值构成同社会总产品的最终使用构成是不相同的，产生这个差别的动力是社会经济不断扩大再生产亦即不断发展的需要，使这个过程得以现实进行的机制便是社会总产品的分配和再分配。在任何经济社会中，社会总产品的分配都主要是通过政府财政活动进行的，而任何经济社会中的政府财政活动都主要是一种分配社会总产品的活动，这是财政分配的共性。财政参与社会产品分配的过程与财政收支的形成有密切关系。上述过程可以通过图9—1来表示。

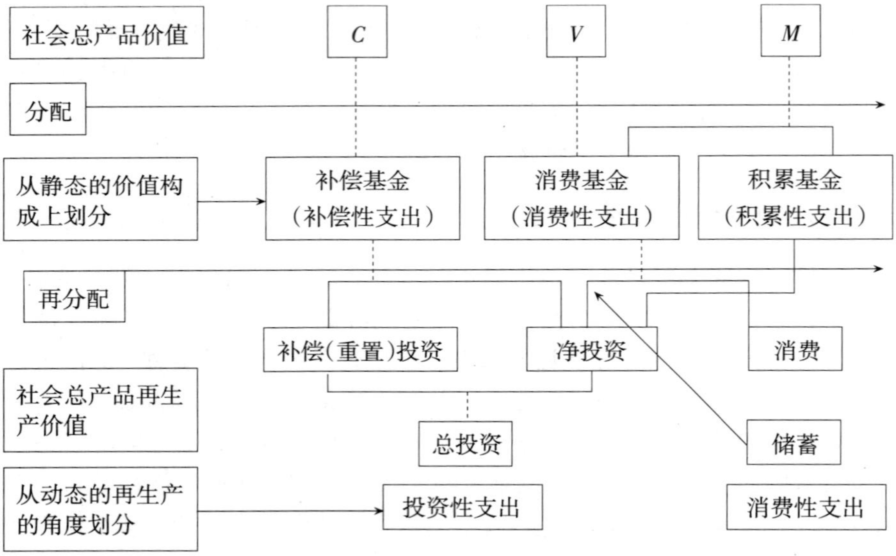

图9—1　财政参与社会产品分配的过程

马克思在《哥达纲领批判》中曾经原则性地阐述了共产主义第一阶段的社会产品分配原理。虽然马克思的设想直接针对的是一个发展充分的以生产资料公有制为基础的经济社会的状况，但是，其中包含的基本原则对我们现阶段的社会主义经济仍有直接指导意义。事实上，迄今为止，我国财政的支出结构就是遵循马克思的设想安排的。在国民收入核算中，我国财政支出按用途分类，主要有基本建设支出、增拨企业流动资金、企业挖潜改造资金和科技开发三项费用（新产品试制费、中间试验费和重大科研项目补助费）、地质勘

① 其中，投资中有一部分属于补偿生产资料耗费的简单再生产投资，这部分投资叫作重置投资，其余的则称作净投资。

探费、工交商部门事业费、支援农村生产支出和各项农业事业费（支农支出）、城市维护建设支出、文教科学卫生事业费、抚恤和社会福利救济费、社会保障补助支出、国防支出、行政管理费、公检法司支出、政策性补贴支出、武装警察部队支出、外交外事支出、对外援助支出、支援经济不发达地区支出、其他部门的事业费等。若按社会总产品的价值构成来归类，企业挖潜改造资金属于补偿性支出；基本建设支出、增拨企业流动资金、地质勘探费、支农支出、工交商部门事业费等支出中增加固定资产的部分，属于积累性支出；文教科学卫生事业费、抚恤和社会福利救济费、行政管理费、国防支出等，则属于消费性支出。若从动态的再生产的角度来进行归类，投资性支出包括企业挖潜改造资金（重置投资）、基本建设支出、增拨企业流动资金、地质勘探费、支农支出、工交商部门事业费等支出中增加固定资产的部分，消费性支出包括文教科学卫生事业费、抚恤和社会福利救济费、行政管理费、国防支出等。

关于补偿性支出、消费性支出和积累性支出之间的结构关系，大家都比较熟悉，不用作过多的解释。补偿性支出是首先要满足的，否则连简单再生产都无法维持。积累与消费的结构关系，一方面，要满足必要的社会消费需要，剩余部分用于扩大再生产的积累，即用于新增投资（净投资）；另一方面，要注意适当控制社会消费规模，优化社会消费结构，避免社会消费盲目增长，从而影响积累的比例和经济发展的后劲。

这里简要介绍一下投资性支出和消费性支出的经济效应。在经济总量调节方面，政府对社会产品的需求增加，增加消费性支出，这时可能引起消费品价格上升，边际生产收益上升会促使生产消费品的企业增加生产，所需生产资料和劳动力也将随之相应增加，随着就业增加，就会引起对消费资料更多的需求，进一步推动生产消费品的企业扩大生产，从而又会拉动生产生产资料的企业扩大生产。国民收入的增加和消费品价格的上升，又会引起资本市场供求的变化，从而影响到股票价格的变动，股票价格上升，会拉动民间投资增加，进而拉动投资品生产扩大，从而消费品生产又会随之增大。在这种互动下，政府增加消费性支出，可以引起经济的普遍增长。需要指出的是，政府消费性支出的这种良性经济效应是以消费品生产与资本品生产均衡为前提的。如果二者处于失衡状态，前者大于后者，那么政府加大消费性支出，会进一步扩大社会对消费品的需求，反而加剧宏观不平衡。这种情况下，正确的做法是调整支出结构，压缩消费性支出或扩大投资性支出，改善宏观失衡状况，推动经济增长。如果政府增加投资性支出，资本品需求会相应增大，从而价格将会上升，诱导生产资本品的厂商扩大生产，同时就业扩大又拉动消费品的需求，引起消费品价格上升，推动消费品的扩大生产，因此，国民收入将会随之增长。政府增加投资有可能会对私人投资产生“挤出效应”，反而影响到经济增长，但这不能一概而论，在社会资本没有得到充分利用的条件下，政府扩大投资性支出不但不会对私人投资产生“挤出效应”，反而会出现“引入效应”，通过改善私人投资环境诱导私人增加资本投入，拉动经济增长。在经济结构调整方面，可以在政府增加购买时，不普遍增加对各类商品的购买，而是在增加对某些物品的购买的同时减少对另外一些物品的购买，即对政府消费性支出结构进行调整，从而达到调整社会消费需求结构乃至社会生产结构的目的，或者根据产业政策目标调整政府投资性支出结构，将政府掌握的资源投向政府扶持的产业部门，同时通过示范效应诱导私人的投资方向做出相应的调整，从而实现社会生产结构的调整。

总之，只要在财政支出总量及比例结构客观允许的弹性区间内，无论是增加财政的消费性支出还是增加财政的投资性支出，都对经济增长有着拉动作用，并且，由于存在乘数效应，政府支出对经济增长的这种拉动作用会很显著。一旦超越这个弹性区间界限，无论是增加消费性支出还是增加投资性支出，都会产生负面效应。而当宏观经济发生结构性失衡时，政府有针对性地调整支出结构，可以起到调整宏观经济结构，推动经济增长的作用。换言之，政府支出是否能对经济产生积极的影响，归根结底取决于政府财政支出结构的优化程度。

9.3.2 按照支出的经济性质分类

以公共支出是否通过与商品和服务相交换而实现直接等价补偿为标准，公共支出具有有偿和无偿两种不同的经济性质，据此，公共支出可以划分为购买性支出和转移性支出两大类。这种分类具有较强的经济分析意义，为许多国家所采用。

（1）购买性支出。购买性支出又称耗尽性支出（exhaustive expenditure），指政府按照等价交换原则，以购买商品和服务的方式占用和耗费社会经济资源，以便向公众提供公共产品和服务的支出。这类支出直接表现为政府购买商品和服务的活动，主要包括用于购买政府日常活动所需的支出、用于政府投资或提供公共产品所需的商品和劳务的支出，如政府行政事业费支出、政府投资支出等。尽管这些支出项目的用途或目的各不相同，但都具有一个共同的特点，那就是政府在支付资金的同时相应地获得了商品和服务，并利用这些商品和服务实现政府职能。在这些支出安排中，政府同其他经济主体一样，从事等价交换活动。在市场经济中，政府通过市场获得所需的商品和服务，因而购买性支出体现了政府的市场性再分配活动。

通过政府的市场交换活动，购买性支出形成社会总需求的一部分，因而，其规模和结构的变动会对经济总量和经济结构产生明显影响。在购买性支出安排中，政府要占用和耗费社会经济资源，私人部门便因此失去了使用这部分资源的可能性，这就产生了机会成本。如果经济处于充分就业水平，或者说经济系统中的各种资源已经被比较充分地利用着，那么社会经济资源在政府和私人部门之间会形成此消彼长的分配关系，政府公共支出的低效率将对经济增长产生负面影响。即便在经济处于低于充分就业水平，即社会经济资源尚未被充分利用起来的情况下，购买性支出增加也可能引起市场利率上升，从而导致私人部门的投资需求减少，影响经济增长。[①] 这些购买性支出通过排挤私人部门投资活动而对经济增长产生的负面效应，被称作公共支出的“挤出效应”。当然，购买性支出对经济增长的影响也有积极的一面。在有效需求不足的情况下或是在开放型市场经济中，政府的购买性支出可以扩大总需求，还可能改善投资环境，从而会吸引私人部门增加投资或扩大外资投入，推动经济增长。这是购买性支出对经济增长的“引入效应”。此外，通过乘数效应，还可能放大购买性支出对经济增长的这种良性影响。

（2）转移性支出。转移性支出主要包括各项财政补贴支出、社会保障支出、政府债务

---

① 通过这种机制产生的“挤出效应”的大小，主要取决于四个因素：投资支出乘数的大小、私人部门投资需求对利率的敏感程度、货币需求对收入的敏感程度、货币需求对利率的敏感程度。

利息支出、捐赠支出等，这类支出直接表现为政府财政资金单方面地、无偿地转移，即财政支付了资金，却没有得到任何商品和服务作为补偿，不存在交换问题，因而体现的是政府的非市场性再分配活动。转移性支出安排的突出特点是，政府并没有占用和消耗社会经济资源，只是作为中间人，将其掌握的社会经济资源转移给某些社会成员，从而改变收入分配的状况，实现公平和效率的均衡。

对于转移性支出的经济效应分析，传统的研究主要考虑由公共支出形成的收入分配制度会不会造成税收负担过重，以及会不会影响人们工作的积极性①，等等。近年来，学术界又进一步通过公共支出收益的归宿分析，深入了解转移性支出对收入公平分配的实际效果。比如，考虑到公共支出收益的分配并不是平均分布的，因而有必要分析公共支出的最大受益者是哪部分社会群体。② 又如，考虑到公共支出项目的直接受益者和最终受益者可能不一致，因而有必要确定谁是公共支出项目的最终受益者，从而考察转移性支出项目是否实现了预先设计的目标。

第一，区分购买性支出和转移性支出，对分析政府职能方向具有很好的参考价值。在购买性支出安排中，政府通过等价交换的市场交换活动直接与微观经济主体发生联系，政府购买性支出形成总需求的组成部分，对经济总量产生明显影响，支出的结构变动又对社会资源的配置产生影响。政府购买性支出对社会生产和就业产生直接影响，也间接影响到收入分配。在转移性支出安排中，政府通过将其资金的使用权进行转移，对分配产生直接的影响。至于微观经济主体获得这笔资金后，是否将其用于购买商品和服务，以及用于购买哪些商品和服务，已经不再受政府的控制，因此，政府通过转移性支出对生产和就业的影响是间接的。公共支出总额中，如果购买性支出占的比重较大，说明政府配置资源的职能较强，政府直接配置的资源较多，对生产和就业的影响较大；反之，如果转移性支出占的比重较大，则说明政府的收入分配职能较强，从事收入再分配活动的规模较大，对收入分配的影响较大。

第二，区分购买性支出和转移性支出，对公共支出效率的提高有重要的意义。在购买性支出安排中，政府和微观经济主体之间的交易必须遵循等价交换的原则，因此公共支出活动能对交易双方形成较强的效益约束。而在转移性支出安排中，没有交换发生，在政府方面，并没有十分明确和一以贯之的原则可以遵循，并且政府支出的效益也极难换算，转移性支出的规模和结构在相当大的程度上取决于微观经济主体、地方政府和中央政府的谈判地位，因此转移性支出活动对政府的效益约束是软的；在微观经济主体方面，它们获得收入的高低，很大程度上不是取决于自己的能力或努力，而是取决于同政府讨价还价的能

---

① 例如，过于优厚的社会福利待遇可能促使慵懒的社会风气形成，导致社会成员的工作积极性下降，从而影响经济增长。

② 有关这方面的研究还没有形成一致的结论。流行的见解认为，收入从富人向穷人和中间收入家庭转移，并且穷人得益的绝对值要大于中间收入者。阿伦和麦圭尔（Aaron & McGuire）的开创性分析结论与人们的通常愿望相反：收入的边际效用越高则得自公共支出的收益越小，收入的边际效用越低则得自公共支出的收益越大，若两人收入的边际效用相等则得自公共支出的收益相同；按照通常的假定，收入的边际效用随收入增加而减少，这意味着公共支出的收益更加偏向富人而不是穷人，或者说，通过公共支出进行的收入再分配具有累退性质。梅塔尔（Maital）支持阿伦和麦圭尔的上述结论。而尼南、吉莱斯皮和道奇（Neenan，Gillespie，& Dodge）则支持传统结论，认为收入分配是从富人到穷人的。参见刘宇飞：《当代西方财政学》，237～245 页。

力，因此转移性支出活动对微观经济主体的预算约束也是软的。可见，两类支出的使用效率是不一样的，购买性支出能对政府的支出效益和微观经济主体的预算产生硬约束，而对转移性支出的财政监督则比较困难。

区分购买性支出和转移性支出，还因为它们在国民经济核算中的地位不同。由于两类支出对国民生产总量形成所起的作用不同，在西方国家国民经济核算中，以支出法（或最终产品法）计算国民生产总值时，购买性支出通常被直接列为国民生产总值的构成部分，转移性支出则通常被排除在国民生产总值的构成之外。经济分析中，在考虑社会总需求与社会总供给平衡时，购买性支出可以直接、全部地列为当期社会总需求，转移性支出则间接、部分地列入当期社会总需求。这是因为，由于存在储蓄倾向，居民和企业接受了政府财政的转移性支出后，不一定将其全部用于当前的购买和消耗。

9.4　公共支出的效益分析

公共支出过程，就是政府支配使用集中到其手里的社会资源的过程。社会资源是稀缺的，社会资源交由政府支配后就不能再同时被私人部门支配，只有当资源集中由政府支配能够发挥更大的效益时，公共支出制度安排才是合理的。因此，公共支出必须讲求效益。要实现公共支出的效益原则，有必要在安排支出之前预测和比较各个支出方案可能产生的社会效益和可能发生的社会成本，在成本效益分析的基础上作出合理的选择和安排。衡量公共支出效益的方法主要有成本效益法、最低费用选择法、公共定价法等。限于篇幅，本章仅介绍其中的成本效益法。

成本效益法的基本思路，就是针对政府确定的建设目标，提出若干实现建设目标的方案，详细列出各种方案的全部预期成本和全部预期效益，通过分析比较各个方案的净社会效益，选择出最优的政府投资项目方案。项目的净社会效益等于效益减去成本后的净值。政府投资项目一般要持续好几年，在此期间，每年都会产生成本并获得效益，计算项目的净社会效益的时候必须将所有这些“效益流”和“成本流”进行加总，并且要考虑到资金的时间成本，通过复利计算法对项目的净社会效益进行折现处理，即要估计项目未来的效益和成本的现值。具体的计算公式如下：

$$
\begin{aligned}
NSB &= PV(B-C) \\
&= (B_0 - C_0) + \frac{B_1 - C_1}{1+r} + \frac{B_2 - C_2}{(1+r)^2} + \cdots + \frac{B_t - C_t}{(1+r)^t} \\
&= \sum_{t=0}^{n} \frac{B_t - C_t}{(1+r)^t} \\
&= \sum_{t=0}^{n} \frac{B_t}{(1+r)^t} - \sum_{t=0}^{n} \frac{C_t}{(1+r)^t}
\end{aligned}
$$

式中：　NSB—— 项目的净社会效益现值；

PV—— 现值；

B—— 收益；

C—— 成本；

r—— 贴现率；

t—— 年限；

n—— 投资项目的时间期界(时间跨度或寿命)。

只有当一个项目的净社会效益的现值为正数(即 $NSB \geqslant 0$) 时，该投资项目才是可行的。如果是比较两个不可兼得的投资项目，那么应该优先选择净社会效益现值较高的项目。

运用成本效益分析法，最关键的问题是要确定项目的效益、成本和贴现率。

9.4.1　效益和成本的确定

投资项目的成本效益分析在私人部门中的应用与在公共部门中的应用有很大的区别。私人部门追求的是利润目标，一般不会选择赔钱的投资方案；公共部门追求的则是整个社会的效益最大化，为此，局部的亏损是可能的，也是必要的。相应地，两者计算的成本和效益的范围也大相径庭。私人部门只需分析发生在自身范围内的直接的和有形的成本和效益；公共部门的分析则要复杂得多，不仅要分析直接的和有形的成本和效益，还需分析长期的、间接的和无形的成本和效益。归纳起来，公共财政投资项目的社会效益和社会成本大致包括以下几种类型：

(1) 实际成本效益和名义货币成本效益。实际成本，是指公共项目实际占用和耗费社会资源的成本，以及因此对社会、经济和人民生活造成的实际损失，是一种真实的社会福利损失。实际效益，是指公共项目的最终消费者获得的收益，例如社会财富增加、社会发展、人民生活水平提高等，它反映的是社会福利的增进。公共项目的名义货币成本和效益，则是受到市场上相对价格变化影响的成本和效益。价格变化使一部分人的效益增加而另一部分人的成本增加，两方面的变化量相互抵消，社会的福利水平不变。名义货币成本和效益又称虚假成本和效益。

(2) 直接成本效益和间接成本效益。公共项目的直接成本和效益，也可以被称作原始的成本和效益，是指与项目的主要目标密切相关的成本和效益，亦即立项者本意上所追求的成本和效益。公共项目的间接成本和效益，也可以被称作次级成本和效益，或者派生的成本和效益，是指与项目的非主要目标相关的成本和效益，是由于项目而附带产生的或者是通过连锁效应而引发的成本和效益，属于项目的副产品。

(3) 有形成本效益和无形成本效益。公共项目的有形成本和效益，指的是能够以市场货币价格计量的成本和效益，按照惯例这类成本和效益应记入会计账目。公共项目的无形成本和效益，是指不能经由市场直接估价的成本和效益，由于没有市场价格作参考，这类成本效益无法记入会计账目。纯公共产品的效益往往属于无形效益。无形成本效益的度量往往很困难，但在公共支出选择中考虑这类成本效益是必要的。

(4) 内部成本效益和外部成本效益。公共项目实施区域范围内所发生的成本和效益属于项目的内部成本和效益，公共项目实施区域范围以外所发生的成本和效益则属于项目的外部成本和效益。例如，防洪工程建设给实施工程建设的省份带来的防洪效益属于项目的内部效益，同时让下游省份得到的防洪效益则属于外部效益。出于平衡利益关系的原因，这些明显地同时具有内部和外部成本和效益的公共项目往往被列为省际合作项目。

(5) 中间成本效益和最终成本效益。中间成本和效益，系指公共项目作为中间产品，在成为最终产品之前加入的其他经济活动所产生的成本和效益。最终成本和效益，则指公共项目作为最终产品所产生的成本和效益。例如，天气预报服务对计划出游的居民来说是一种最终产品，提供直接的最终效益，而在航空服务中，则是中间产品，提供中间效益。

下面通过两个例子[①]来具体阐释上述各类型的成本和效益（见表9—1和表9—2）。

表9—1　水力发电工程的成本和效益

<table>
<tr><th colspan="3"></th><th>效益</th><th>成本</th></tr>
<tr><td rowspan="4">真实的</td><td rowspan="2">直接的</td><td>有形的</td><td>水力发电</td><td>建筑、设备、维修</td></tr>
<tr><td>无形的</td><td>水库风景美化
(对当地居民或非旅游者的效益)</td><td>破坏自然环境
(淹没古迹、破坏自然珍奇)</td></tr>
<tr><td rowspan="2">间接的</td><td>有形的</td><td>航行、灌溉、防洪、旅游(游泳等)</td><td>水库淹没土地，破坏生态平衡</td></tr>
<tr><td>无形的</td><td>水库风景美化
(对非当地居民或旅游者的效益)</td><td>高压线影响电视清晰度</td></tr>
<tr><td colspan="3">名义的(货币的)</td><td>水库建成后，高地农民因土地价格升高而受益</td><td>水库建成后，低地农民因土地被淹没而受损</td></tr>
</table>

表9—2　灌溉工程的成本和效益

<table>
<tr><th colspan="3"></th><th>效益</th><th>成本</th></tr>
<tr><td rowspan="4">真实的</td><td rowspan="2">直接的</td><td>有形的</td><td>农产品的产量增加</td><td>渠道及管道费用</td></tr>
<tr><td>无形的</td><td>环境美化</td><td>荒野风光消失</td></tr>
<tr><td rowspan="2">间接的</td><td>有形的</td><td>土壤侵蚀减轻</td><td>水源迁移，原流域消失</td></tr>
<tr><td>无形的</td><td>农业社会的保存</td><td>野生动植物资源毁灭</td></tr>
<tr><td colspan="3">名义的(货币的)</td><td>农业设备制造工业地位相对改善，真实收入提高</td><td></td></tr>
</table>

总之，评估公共支出的成本和效益，除了要考虑与该支出项目有直接关联的成本和效益外，还要考虑与该支出项目有间接关联的成本和效益；除了要考虑可用货币计量的成本和效益外，还要考虑一切不能用货币计量的成本和效益。

公共支出项目的成本和效益，不仅范围广泛、复杂，而且评估技术也比私人部门项目评估复杂得多。

一般来说，应该优先采用市场价格来估算公共支出项目的成本和效益。在一个正常运行的竞争性经济中，商品的价格会同时反映其生产的边际社会成本和商品对于消费者的边际价值，因此，如果政府所用的投入品或生产出的产品是能够在市场上进行交易的商品，那么在进行项目评估时就应该采用市场价格。现实世界的市场并不是完美的，存在诸如不完全竞争、外部性等缺陷，在这种情况下，商品的价格不一定会反映其边际社会成本和边际社会效益，尽管如此，还是应该优先选择市场价格作为评估工具，因为毕竟市场价格能够以较低的成本提供大量的信息。

估算公共支出项目的成本和效益，有必要在市场价格的基础上借助“影子价格”

① 参见田大山编著：《公共经济学》，141页，北京，团结出版社，2000。

(shadow price) 这一分析工具。这是因为，公共支出项目的一些成本和效益是无形的、非市场化的，很难通过市场价格评估。另外，公共支出项目多属于市场失灵的领域，没有市场价格可循；即使部分公共支出项目有确定的市场价格，但是在市场失灵的条件下这些市场价格也不能完全反映出公共支出项目的边际社会成本和边际社会效益。所谓影子价格，简言之，就是给无价可循或有价不当的商品和服务规定一个较合理的替代价格，以反映商品和服务的真实边际社会成本和效益。尽管在有缺陷的市场里，商品的市场价格往往偏离影子价格，但是，在一定条件下市场价格可以用来估算影子价格。影子价格取决于经济是如何对政府干预作出反应的。例如，政府管制会导致市场价格偏离反映真实社会成本的影子价格，如果管制价格低于市场均衡价格而政府又不同时实行限量供应，则在成本效益分析中估计影子价格时要考虑到政府的补贴。如图 9—2 所示，假定竞争市场中需求增加，需求曲线由 D 移动到 D'，需求曲线和供给曲线 S 的交点反映的是市场均衡由 E_1 变为 E_3，市场均衡价格由 P_1 上升到 P_3；为了平抑物价，政府干预市场，通过政府补贴差价刺激供给增加到 Q_2，但是不实行限量供应，将价格维持在 P_1 水平，那么，反映补贴的实际价格 P_2 就是影子价格。

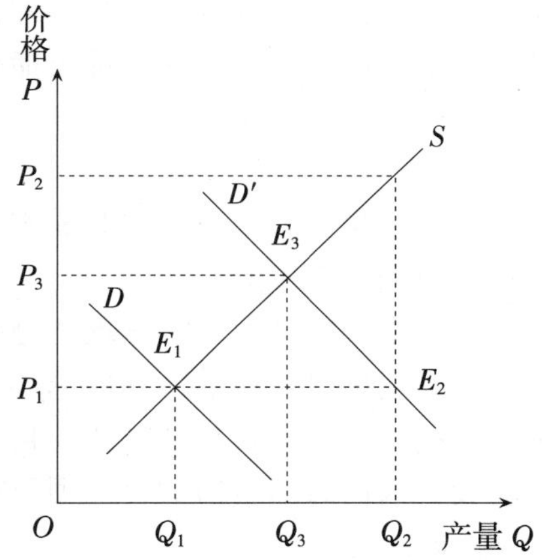

图 9—2　影子价格举例

评估公共项目的无形成本和效益是最困难的，因为它们往往没有在市场上进行公开交易，从而不存在市场价格。通常的做法是，将这些无形的、不能用货币直接计量的成本和效益，转化为一些有形的、能用货币计量的成本和效益，进行间接核算。例如，政府投资建设高速公路能够节省旅行时间，尽管人们常说"时间就是金钱"，但是时间究竟值多少钱？一种通用的估计方法是利用闲暇—收入选择理论的基本观点，将时间的价值转化为同样时间段内可能获得的税后工资。当然，由于工作的人和度假的人对时间价值的评价有区别，这种转化也不是一件简单的工作。[①]

对公共项目的社会成本和效益的评估，还可能受到政治因素的影响。政府追求的是社会福利极大化的目标，为此，政府支出往往会对收入分配产生影响，而在这个影响过程中

① 参见［英］布朗、杰克逊：《公共部门经济学》，229 页。

成本通常不为零。因此，公共项目的社会成本效益分析不仅要估算成本和效益本身，还要考虑这些成本和效益是如何在社会集团（成员）间进行分配的。具体来说，由于具体的公共项目可能改变原有的收入分配格局，每个社会成员对同一公共项目会有不同的评价，因此，政策制定者的价值判断或政策目标，将引导他们区别对待公共项目对不同社会集团（成员）产生的成本和效益，在评估过程中，政策制定者可能更为看重某些社会集团（成员）的利益变化，赋予这部分社会成本效益较大的估算权数。每个社会集团（成员）对公共项目的评价对公共项目成本效益分析会产生怎样的影响，或者说，每个社会集团（成员）对公共项目的评价在该项目评估中所占的权数，是通过政治过程中的某种方式确定的。

总之，用成本效益分析法评估公共项目，社会成本和社会效益的界定与衡量是一个难点。其中尤其要注意避免重复计算效益和过分夸大效益而忽视成本的问题。如果没有注意到两种效益现金流不可能同时存在，就可能出现重复计算的错误。例如，政府灌溉工程能够使土地有良好的耕种效果，而农民可以通过两种途径增加效益：一是出卖土地获取土地增值效益，二是自己耕种获取增产增收的效益。在计算灌溉工程的社会效益时只能选择计算其中的一种收益，如果两者都计算就是重复计算。此外，评估中注重名义货币成本效益而不注重实际成本效益，或者错误地将成本算作效益，都可能夸大公共项目的社会效益。

9.4.2 贴现率的确定

在分析公共项目的可行性时，必须贴现未来的效益和成本，贴现率不同，项目的净社会效益现值也就不同，项目选择的决策也就不同。

一般来说，在每年的效益流比较平均的情况下，贴现率越低，对时间较长的投资项目效益的贴现值越大，而时间较短的投资项目效益的贴现值越小，因而时间较长的投资项目就越容易被选中；相反，贴现率越高，对时间较长的投资项目效益的贴现值越小，而时间较短的投资项目效益的贴现值越大，因而时间较短的投资项目就越容易被选中。下面举一个例子来具体说明（见表 9—3 和表 9—4）。

表 9—3　　三个备选投资方案的成本效益流及投资时间

	A 项目	B 项目	C 项目
成本（元）	10 380	10 380	10 380
每年效益（元）	2 397	1 000	736
时间（年）	5	15	25

表 9—4　　在不同的贴现率条件下三个备选投资方案的净效益现值　　单位：元

贴现率	A 项目	B 项目	C 项目	投资决策
3%	598	1 558	2 436	选择 C 项目
5%	0	0	0	各项目无差别
8%	−809	−1 821	−2 523	选择 A 项目

对于投资时间跨度相同但每年效益流不平均的项目来说，如果贴现率较低，对效益流集中于将来的项目的评价较高；相反，如果贴现率较高，对效益流集中于将来的项目的评

价则较低。下面举一个例子来具体说明（见表 9—5 和表 9—6）。

表 9—5　两个备选投资方案的每年净效益　单位：元

年份	第 0 年	第 1 年	第 2 年	第 3 年
A 项目	−1 000	600	0	550
B 项目	−1 000	0	0	1 200

表 9—6　在不同的贴现率条件下两个备选投资方案的净效益现值　单位：元

贴现率	0%	1%	3%	5%	7%
A 项目	150	128	86	46	10
B 项目	200	165	98	37	−21
投资决策	选 B	选 B	选 B	选 A	选 A

确定合理的贴现率是正确评估公共项目的关键。如果贴现率过高，很多有效率的工程项目可能会被否决；反之，如果贴现率过低，低效率的工程也会乘机浑水摸鱼。另外，过高的贴现率将使资源过少地运用于公共部门，而过低的贴现率会导致过多的资源用于公共部门。在实践中，贴现率的选择是一个非常复杂而且争议最大的问题。

理论上，评估公共项目所采用的贴现率应该以私人部门收益率为基础，主要参考私人部门的投资回报率[①]。理由是，政府将有限的社会资源用于公共项目投资可能导致私人投资和消费的减少，从而产生机会成本。在反映公共部门投资对私人部门投资的影响时，一般考虑采用税前投资回报率；在反映公共部门投资对私人消费的影响时，一般考虑采用税后回报率。[②] 由于公共部门资金占用既会减少私人部门的消费又会减少私人投资，因此，通常选取私人部门税前收益率和税后收益率的加权平均数作贴现率，其中税前收益率的权数等于来自私人投资的资金的比例，税后收益率的权数等于来自私人消费的资金的比例。例如，如果私人部门税前收益率为 16%，税后收益率为 8%，公共项目投资中 1/4 的资金以私人部门投资减少为代价，3/4 的资金以私人部门消费减少为代价，那么，公共项目的贴现率就为 10%（16%×1/4+8%×3/4）。

另一个理论上的贴现率是社会贴现率[③]，它测度社会公众牺牲的当前消费的社会价值。社会贴现率通常会比私人部门市场收益率低一些。采用社会贴现率主要考虑了两个因素：一是公共部门投资不像私人部门那么短视，可能会牺牲当前消费去追求未来收益；二是由于存在外部性问题，私人市场对投资的供给可能不足，政府通过运用一种低于市场贴现率水平的贴现率可以纠正这些无效率现象。

---

① 有的文献称之为“机会成本率”（opportunity cost rate）。参见马海涛主编：《公共财政学》，103 页，北京，中国审计出版社，2000。

② 某人在今年消费 1 元钱，等于他放弃在下一年的 1 元钱消费再加上如果将这 1 元钱进行储蓄可能赚取的利息。如果用这 1 元钱进行投资而不是消费，假定投资的税前收益率为 16%，还必须将收益按 50%的比率向政府缴纳税收，那么税后的实际投资回报率为 8%，今年多消费 1 元钱则意味着放弃了 8%的收益率。因此，可以用这个税后投资收益率来测度消费减少对个人的损失。参见［英］布朗、杰克逊：《公共部门经济学》，224 页。

③ 有的文献称之为“时间偏好率”（time preference），即在怎样的一个收益率水平上，人们愿意放弃现期消费去换取未来消费。例如，如果人们愿意放弃今天的 1 元钱来换取明年的 1.05 元钱，则时间偏好率为 5%。参见马海涛主编：《公共财政学》，102 页。

上述两个贴现率的理论逻辑比较科学，但是在实践中往往很难被准确地估算出来，因此，实践中常常参考另外两个较容易获得的市场利率来估算公共项目的贴现率：一是金融机构的存款利率，它能反映公众对货币的流动性偏好；二是政府的借款利率，或者公债的利息率，它关系到政府筹集资金的直接成本。

此外，有学者认为，根据我国国情，评估公共项目所采用的贴现率，最好能与举债决策、资本投入决策联系在一起。一方面，贴现率应当至少等于举借外债的利率，因为即使项目全部都是用国内来源融资，但由于假定放弃其中的一个项目可能会给其他项目提供资金，从而减少了举借外债的需要；另一方面，贴现率不应低于国有企业因政府增加资本投入而取得的收益率，否则，把资源从政府项目上转移到国有企业可能会增加收益。①

值得指出的是，除了成本效益和贴现率外，对公共项目进行成本效益分析，有时候还要考虑到项目的净效益获得具有不确定性，要进行风险分析。通常的做法是计算项目净效益的期望值，优先选择期望值大的项目。项目净效益的期望值等于项目各种可能的净效益与其发生的概率的乘积之和。例如，假定项目甲能够确定地带来100万元的净效益，项目乙则有一半的概率可能产生200万元的净效益，而另有一半的概率是产生零效益，那么，项目甲的净效益的期望值为100万元（100万元×1），而项目乙的净效益的期望值也为100万元（200万元×1/2+0万元×1/2）。这种情况下，如果决策者是一个风险厌恶者，就会选择项目甲；如果决策者愿意冒险，就会选择项目乙。在不能确知风险发生的概率或项目净效益获得的概率的情况下，对公共项目的评估和选择往往依赖于博弈论的相关技术。

此外，对于长期的公共项目的评估，进行动态修正有时候是必要的。比如，随着经济发展环境的变化和经济结构的调整，价格尤其是影子价格会发生变化；随着市场需求的增加和建设成本的下降，项目有延期的必要性；等等。

本章小结

公共支出是指在市场经济条件下，政府通过公共部门预算提供公共产品和服务所造成的费用，亦即政府为履行其职能而支出的一切费用的总和。公共支出本质上是政府行为的成本，因而与政府职能、公共利益、政府从事的社会经济活动、财政支出制度等政府的特性和制度密不可分。分析公共支出，有助于更好地对政府行为的合理性问题作出判断，有利于改进公共支出管理。公共支出分析的主题主要包括规模分析、结构分析、效益分析三个方面。

关键术语

公共支出　购买性支出　转移性支出　投资性支出　消费性支出　补偿性支出　积累性支出　成本效益分析法

① 参见陈共主编：《财政学》，42页。

复习思考题

1. 简述公共支出的含义。

2. 公共支出会对经济产生怎样的影响?

3. 怎样衡量公共支出的规模?如何看待公共支出规模不断扩大的趋势?

4. 公共支出结构分析有何意义?

5. 按照支出的经济性质，公共支出可以划分为哪两大类?为什么说这种分类具有较强的经济分析意义?

6. 简要说明成本效益分析法的基本框架。

案例分析

巴西举办世界杯是不是一项合理的公共支出?

2014年巴西世界杯是第20届世界杯足球赛，比赛于6月12日至7月13日在南美洲国家巴西境内12座城市中的12座球场内举行。截至目前，与世界杯有关的总投入已经超过281亿雷亚尔(1雷亚尔约合2.81元人民币)，为历届世界杯之最。“要知道，韩日世界杯、德国世界杯的开支加起来才约合281亿雷亚尔。”

世界杯的巨大政府开支引起了巴西民众的不满。2014年1月25日，数千名抗议者在巴西第一大城市圣保罗举行游行示威，他们挥舞旗帜、高举横幅，反复高呼“不要举办世界杯”的口号。大学生多斯桑托斯说：“我们反对把过多的钱花在世界杯上，这些钱应该被投到医疗、教育以及交通和住房中。”当抗议人群靠近市中心时，队伍中一些无政府主义者攻击了一辆警车，其他人还点燃了一辆小轿车，并打碎了一家银行的窗户。为控制局面，警察使用了催泪瓦斯和橡皮子弹，100多名抗议者被拘留。抗议活动最终演变成一场暴力事件。暴力抗议不仅迫使巴西政府取消了庆祝圣保罗市建市460周年的一些活动，而且迫使巴西总统罗塞夫提出就政治改革举行全民公投的建议。

“公交涨价、世界杯开支过度和政府腐败”是巴西全国大游行的三大原因。但公交涨价和政府腐败只是巴西人的家事，世界杯才是全世界的焦点。世界杯是否真的存在开支过度?或者如有的人所说，巴西应该把世界杯的钱投入医疗和教育中去?曾在巴西央行工作、现供职于巴西第一大银行伊塔乌投资银行的经济学家戈德法恩(Goldfajn)指出，政府281亿投入的绝大部分并非完全投入世界杯球场。总投入中，最大一块是公共交通，约为89亿，其他分别是机场建设84亿、世界杯球场76亿、社会安全19亿、港口7亿、电信4亿和旅游2亿。除去世界杯球场外，73%的投入都是在基础设施和服务领域。针对很多人认为政府应该将钱投入医疗和教育而非世界杯中的认知，戈德法恩认为：首先，巴西政府没有将原本应该投入医疗和教育中的资金转移到世界杯上；其次，在安全领域投入的19亿，其中一部分反而与医疗有关，即世界杯投入反哺了医疗；最后，将钱投入公共交通、社会安全等与投入医疗和教育并没有很大区别。

巴西瓦加斯基金会与安永咨询公司共同发布的一份名为《可持续的巴西：2014世界

杯的经济社会冲击》的报告指出:“一方面,世界杯为经济和社会许多部门带来暂时或者长期、直接或者间接的利益;另一方面,世界杯也带来风险,需要公共和私营部门有效地运营。”根据这份报告,巴西一些经济学家和政府部门列举了世界杯可能带来的经济利益。

1. 外国游客消费增加

旅游业是世界杯带来经济利益最大的部门。据巴西旅游局估计,在6月和7月将有60万外国游客来到巴西。巴西旅游局认为这些游客的平均消费将比平时增加42%,在世界杯期间的30天内,外国游客在巴西消费将达到68.5亿雷亚尔,而2013年全年巴西外国游客消费额为118亿雷亚尔;此外300万巴西本国游客也将为经济注入183.5亿雷亚尔。

2. 经济总量增加

根据安永咨询公司公布的数据,旅游业和服务业在2010—2014年将为巴西经济赚取1 420亿雷亚尔,相当于巴西2013年国内生产总值的2.9%。巴西2013年经济增长达到2.3%,比2012年高出不少,经济学家认为这得益于世界杯的举办。不过从往届世界杯来看,赛事对主办国的经济拉动并不是很突出:1994年美国经济增长1.4%,1998年法国经济增长1.3%,2002年韩国和日本经济增长分别为3.1%和0.3%,2006年德国经济增长1.7%。

3. 机场容量翻倍

为迎接世界杯,巴西对12座举办城市的机场进行了扩建或者装修,虽然一些机场在世界杯开赛前无法完全竣工,但也在一定程度上改善了服务质量和运营能力。据巴西机场基础设施管理局公布的数据,12座举办城市的机场运营能力将翻倍,预计从2011年的8 170万旅客增加到1.67亿旅客。

4. 中小企业受益

巴西中小企业2010年以来由于世界杯的举办盈利额达到2.8亿雷亚尔。巴西中小企业支持中心估计,到世界杯结束时,它们的盈利额将达到5亿雷亚尔。巴西中小企业对国家经济有着战略意义,其盈利占国内生产总值的20%、创造就业占全国的60%。

5. 就业增加

巴西2013年联合会杯场馆的建设共创造2.45万个职位,世界杯餐饮计划还将创造1.2万个临时职位,同时国家还将对9万人进行旅游、服务业的培训。不过世界杯总体创造的就业机会数额并不清楚,2010年瓦加斯基金会预计到2014年共创造1 400万个直接和间接职位,而巴西政府估计2010—2014年创造的职位仅为33.2万个永久职位和38.1万个临时职位。

6. 税收增加

虽然国际足联和一些赞助商享受免税待遇,但巴西政府仍然可以通过世界杯增加税收。瓦加斯基金会和安永咨询公司都指出,旅游业的增长、就业机会的创造和消费的增加都会为经济带来活力,因此联邦政府、各州和各市政府的税收可能会增加181亿雷亚尔。不过巴西体育部2010年发布的预测却没有这么乐观,认为税收将增加161亿雷亚尔。

7. 国际形象提高

国际上很多研究都认为世界杯等大型赛事都将产生一些不可测的影响,比如人民的自尊、国家的对外形象等,这些都会对今后一些年的旅游产生后续影响。瓦加斯基金会和安永咨询公司的报告指出："赛事的成功可以给国家形象带来积极影响，在今后很多年内都可以受益。良好的形象将带来旅游业的增长、外国投资增加、国际上更大的知名度和可信度等。"

不过巴西国内对世界杯的支持率下降可能会对上述利益产生负面影响。最近一份民调显示，52%的巴西民众支持举办世界杯，但在 2003 年 6 月对举办世界杯的支持率为 65%，2008 年是 79%，与此同时，反对世界杯的民众从 10%上升到了 38%。

资料来源：赵焱、陈威华：《巴西举办世界杯的 7 大经济理由》，见新华网，2014-03-07。

思考题

1. 结合案例材料，分析巴西举办世界杯的成本和效益。
2. 从民众角度考虑，分析巴西民众反对举办世界杯的理由。
3. 如果中国举办世界杯，你赞同吗？为什么？

第 4 篇

政府收入理论与应用

第 10 章

政府课税的一般理论

重点问题

- 税收原则
- 税收效应
- 税收制度

10.1　税收的含义与税种分类

税收是一个古老的财政范畴，已有几千年的历史，同时税收又是一个不断发展的经济范畴。随着社会经济的发展和国家职能的扩大，税收的内容不断丰富，其涉及面日益广泛，几乎渗透到社会经济生活的各个方面。因此，税收已越来越受到人们的关注和重视。

10.1.1　税收的含义

所谓税收，是国家为了实现其职能，按照法定标准，无偿取得财政收入的一种手段，是国家凭借政治权力参与国民收入分配和再分配而形成的一种特定分配关系。这一定义包括以下几个方面的含义：

1. 国家的存在是税收产生的前提

税收不是从来就有的，它是一种以国家政治权力为前提的分配方式。人类社会虽然经历了漫长的历史，但国家的产生只有几千年，税收是在国家产生后，适应国家实现其职能的物质需要而产生的一种分配方式，税收产生的先决条件是国家的公共权力。同时，税收是国家得以履行其职能的物质基础。国家通过税收方式取得财政收入，是实现国家职能的需要。

2. 税收按法定标准征收

国家凭借其政治权力，把劳动者创造的一部分产品以税收的形式集中到国家手中，是依照法定的标准进行的，如果没有法定标准，不论是集团还是居民都是无法纳税的。这也体现了税收的强制性特征。

3. 履行纳税义务的主体是社会成员

由于政府提供的公共产品是为了满足社会成员的共同需要，让社会成员共同享有公共产品并因此受益，所以，税收应该由社会成员缴纳，包括个人和各类经济组织，作为其取得公共产品的代价。

10.1.2 税收的特征

税收是国家凭借其政治权力，参与国民收入分配与再分配，以取得财政收入的重要手段。与其他财政收入形式相比，税收具有三个基本特征。

1. 强制性

税收的强制性是指税收是依据国家的政治权力而不是财产权利参与社会产品分配。税收的强制性具体表现在税收是以国家的法律形式规定的，而税收法律作为国家法律的重要组成部分，对不同的所有者都是普遍适用的，任何单位和个人都必须遵守，不依法纳税者要受到法律的制裁。

2. 无偿性

税收的无偿性是指国家征税以后，纳税人缴纳的实物或货币随之转变为国家所有，不必付给纳税人任何形式的报酬或代价，也不再直接返还给纳税人。必须指出的是，税收的无偿性是相对的。对某一个具体的纳税人来说，纳税后并未获得任何报酬，从这个意义上说，税收不具有偿还性或返还性。但从财政活动的整体性来看，税收是对公共产品或服务的价值补偿，这又反映出其有偿性的一面，即“取之于民，用之于民”。

3. 固定性

税收的固定性是指政府在实施课税之前，就以法律形式事先规定了每一种税的纳税人、课税对象以及课税标准，征纳双方必须共同遵守。税收的固定性表现在以下两个方面：一是国家和纳税人在分配关系上的固定，即税收通过法律形式固定了纳税环节、征税范围、课税对象和征收比例等，这样，在一定的时期内，经济组织和个人该不该纳税、纳什么税、纳多少税、应在什么时间纳税等，也就固定下来了。二是指纳税人只要取得了税法所规定的应税收入，或发生了应税行为，拥有了应税财产等，都必须按照法律规定纳税，一般不受客观因素的影响。而国家对纳税人也只能按照税法规定的标准征税，不能随意提高或降低征收标准。

应当强调指出的是，税收的固定性特征并不表明课税对象、征收范围和征收比例等都是不变的。随着社会经济条件的变化，税收的课税对象、征收范围、征收比例等都是不断变化的。例如，由于经济条件发生变化，某种税的税源已枯竭，就应该考虑取消该种税；又如某种税的税率大大低于负税人的负担能力，就可以考虑提高该种税的税率；等等。当然，无论是税收的局部调整还是较大的税制改革，课税对象、征收范围和税率等总要通过法律形式事先加以确定，而且在一定时期内保持稳定。这是国家税收权威性和严肃性的表现。

10.1.3　税种分类

税种分类是按照一定的标准，将具有相近或相似特点的税种归并成若干类别。税种分类的目的在于从不同的角度对各个税种进行对比研究，分析税收演变、发展的过程，研究税源的分布及税收负担，科学划分中央与地方各级财政之间的税收管理权限，进行税收制度的国际比较，以便为进一步完善本国的税制提供借鉴与参考。

1. 按征收实体分类

以征收实体作为划分标准，可以将税收划分为力役税、实物税和货币税。力役税是在早期生产力发展水平低下，没有剩余产品的情况下，纳税人提供劳动力（劳务）充当应缴纳的税，如我国古代商朝的“助”。实物税是在商品经济不发达条件下，纳税人以各种实物充当应缴纳的税，这是历史上封建社会较普遍采用的税收征收形式。货币税是纳税人以货币形式缴纳的税，它是商品经济发展的必然结果，是目前各国税收的主要征收形式。

2. 按课税对象分类

这是划分税种的最基本方法。西方国家一般按课税对象的不同将税种归并为三类：一是所得课税，包括个人所得税、公司所得税、社会保险税、资本利得税、超额利润税、房地产收益税等；二是财产课税，包括一般财产税、个别财产税、遗产税、赠与税、资本税、土地税、房地产税等；三是商品（劳务）课税，如消费税等。目前中国税制按课税对象一般分为五大类，即对流转额的课税、对收益额的课税、对资源的课税、对财产的课税和对行为的课税。

3. 按税收的计征标准分类

按税收计征标准进行分类，可以将税收划分为从量税和从价税。以课税对象的数量、面积、容积、体积等实物量为标准计征的税种，称为从量税。从量税的税收多少与商品或服务本身的价格没有直接关系。以课税对象的价格与金额为标准计征的税种，称为从价税。从价税的税收多少与商品或服务本身的价格有直接关系。

4. 按税收与价格的关系分类

按照税收与价格的关系，可以将税收划分为价内税和价外税。价内税是指商品价格包含税款，也即税款是商品价格的组成部分，而不是价外附加。税额的大小制约着商品价格。中国现行税制下的营业税、消费税都属于价内税。价外税是指税款是商品价格的附加，而不是商品价格的组成部分，是相对于价内税而言的。中国现行税制下的增值税属于价外税。在商品课税中，不论是价内税还是价外税，都存在着税负转嫁的问题。但价内税的税负转嫁表现不直观，较为隐蔽，从表面上看，纳税人好像就是负税人，而价外税的税负转嫁则较直观、明显。

5. 按税收负担是否可以转嫁分类

按税收负担是否可以转嫁，可以将税收分为直接税和间接税。这是西方税收学对税收的一种常用分类方法。直接税是指不可以转嫁税收负担的税，其纳税人同时也是负税人。由于这类税收在政府与负税人之间没有第三者介入，实际上是政府直接对负税人的课征，故称为直接税。间接税是指可以转嫁税收负担的税，其纳税人可能不是负税人。这类税收在政府与负税人之间介入了纳税人，实际上政府是间接对负税人课税，所以称为间接税。前者如所得税和财产税，后者如消费税、营业税、关税等。

6. 按税收管理权限分类

按照税收管理权限，可以将税收分为中央税、地方税、中央与地方共享税。中央税是指由一国中央政府征收管理，其收入归中央政府支配的税种。地方税是指由地方政府征收管理，其收入归地方政府支配的税种。共享税是指由中央统一立法，收入由中央与地方按照一定的比例共享支配的税种。税种划分的原则，一般是把需要由全国统一管理、税源集中、收入较大的税种划分为中央税；把一些与地方经济联系比较紧密、税源比较分散的税种划分为地方税；把那些与经济发展直接相关，又有利于调动地方组织积极性的主要税种划分为共享税。

除上述几种主要的分类方法之外，税种分类还有一些其他方法。例如，以税收课征的存续时间为标准，可将税收划分为经常税和临时税；以税负确定方法为标准，可将税收划分为定率税和配赋税；以税收管辖权的行使范围为标准，可将税收划分为国内税和涉外税；等等。

10.2 税收原则理论与税收效应

10.2.1 税收原则的含义

国家课税涉及国民经济的各个方面，涉及国家与纳税人，以及纳税人之间的分配关系，这就存在一个税收原则问题。税收原则是国家征税的准则，是指在一定的社会政治经济条件下，建立与之相适应的税收法制所遵循的具体化的指导思想。具体来说，就是指导课税对象选择、税制结构布局、税率设计和减免措施等的战略要求。它不仅是国家课税的准则，也是评价一国税制优劣与否的基本标准。

10.2.2 税收原则

税收原则的思想萌芽可以追溯到很早以前。如在中国古代先秦时期，就已提出平均税负的朴素思想，按照土地的等级分别征税；春秋时代政治家管仲则更明确提出“相地而衰征”的税收原则，按照土地肥沃程度来确定税负的轻重。西方则于16—17世纪的重商主义时期就已提出了比较明确的税收原则。如英国经济学家威廉·配第在1690年出版的《政治算术》中写道：“英国的各种捐税，不是对消费进行课征，而是对全部财产进行课征，同时，也不是对土地、资本以及劳动课税，而主要是对土地课税。而且，这些税收并不依据一种公平而无所偏袒的标准来课税，而是听凭某些政党或派系的掌权来决定的。不仅如此，这些赋税的征税手续既不简便，费用也不节省……以至于到了最后，贫民被课征的金额，竟达到国王实际拿到的两倍。"[①] 在这里，威廉·配第提出了公平、确定、简便、节省的税收原则思想。

在继承威廉·配第等人思想的基础上，古典经济学的主要代表英国经济学家亚当·斯密第一次明确提出并系统地阐述了"税收四原则"，即"平等原则"、"确实原则"、"便利原则"和"最少征收原则"。

此后，税收原则的内容不断得到补充和发展。其中，瓦格纳提出的"四项九端"税收原则影响最大。这一原则中，财政原则包括充分原则和弹性原则，国民经济原则包括税源的选择原则和税种的选择原则，社会公平原则包括普遍原则和公平原则，税务行政原则包括确实原则、便利原则、最少征收费原则即节省原则。

第一次世界大战以后，随着国家垄断资本主义的发展，西方社会的各种矛盾日益激化，经济危机逐步加深，阶级矛盾不断尖锐。特别是第一次世界性经济大危机，使西方各国经济遭受沉重打击，传统经济理论受到极大挑战。在这种背景下，凯恩斯主义应运而生，其经济理论日渐成为现代西方国家制定经济政策的主要理论依据。凯恩斯认为，资本主义经济危机和失业的原因是有效需求不足，因而极力主张国家积极干预经济，采取有效的财政政策和税收政策刺激消费、鼓励投资，强调充分发挥税收的作用，以刺激社会总需求的增长。为此他把经济政策目标概括为经济稳定与增长、资源的有效配置以及收入均等化三项。而这与当代西方财政学者关于税收原则的理论也是基本一致的。这些原则可以大致归纳为公平、效率、适度三项。

1. 公平原则

税收公平就是要使纳税人承担的税负与其纳税能力相适应。因此，准确确定每个纳税人的纳税能力，是实现税收公平的关键。它一般分为两个方面：一是"横向公平"，是指纳税能力相同的人应负担相同的税；二是"纵向公平"，是指纳税能力不同的人，承担的税负则不应相同，纳税能力越强，其应该承担的税负越重。税收公平原则并不是片面强调税负本身，而是要联系纳税人的经济能力或纳税能力，使税收负担与纳税人的经济能力或纳税能力相适应。在现实税制中，财产税按财产、所得税按所得累进征收，对低收入者免税，允许家庭赡养扣除等都是公平原则的体现。

实现税收公平原则，有受益原则和纳税能力原则两种观点。[②] 当代西方学者一般多主张以纳税能力作为衡量税收公平原则的标准。在西方税收理论中，公平通常是指社会公平。而在现实中，政府课税不仅要体现社会公平的要求，更要体现经济上的公平。税收的经济公平包括两个层次的内容：一是要求税收保持中性，即对所有从事经营的纳税人，不管是经营者还是投资者，都要一视同仁，同等对待，以便为经营者创造一个合理的税收环境，促进经营者的公平竞争。二是对于客观上存在的不公平因素，如资源禀赋差异等，需要通过差别征税实施调节，以创造大体同等或大体公平的客观竞争环境。

之所以强调税收的经济公平，是与市场经济发展的要求分不开的。市场经济发展使公司、企业成为重要的纳税主体，它们与个人相比，要求经济方面的公平比要求社会公平更

---

① 《配第经济著作选集》，72 页，北京，商务印书馆，1981。

② 参见李国淮：《税收概论》，80 页，北京，中国财政经济出版社，1998。

迫切、更现实。而且，经济公平也是税收效率原则的必然要求。经济公平是以效率为目标的，要使税收有效率就要求实现经济公平。

2. 效率原则

税收效率原则就是要求国家征税既要有利于资源的有效配置和经济机制的有效运行，又要有利于提高税务行政的管理效率。现代税收理论一般把税收的效率原则概括为三个方面①：一是从资源配置角度来考察，税收分配要有利于资源的有效配置，使社会从可利用资源中获得最大利益。在这一方面，西方税收理论多引用意大利经济学家帕累托的效率准则来阐释税收效率的经济含义。二是从经济运行效率角度来考察，税收分配要有利于经济运行，要能够促进国民经济稳定增长和微观经济效益的提高。如果税收分配失当，就会扭曲经济运行机制，影响生产者和消费者的正确决策，给社会带来福利损失，形成税收超额负担。三是从税务行政效率角度来考察，即政府在征税过程中本身的效率，它要求税收在征收和缴纳过程中耗费的成本最低。

税收效率原则必须通过税收制度设计、税收征管等方面工作具体体现出来。例如，为了保持“税收中性”，西方学者提出了两个可供选择的途径：一是要选择那些调节作用较轻的商品课税，如烟、酒等，其原因是这些商品的供求弹性较小。二是要保持税收的平均税率高，而边际税率低，因为纳税的额外负担来自私营经济决策的变化，而其变化则取决于边际税率。如果平均税率高而边际税率低，则该种税可以使每一元收入的负担减轻，并且不会影响税收收入总额。又如，为了提高税务机关的行政效率，可以采取以下途径：运用先进科学的管理方法，节省征收费用，防止税务人员贪污舞弊；简化税制，方便纳税人缴纳，降低执行费用；增加税务支出透明度，压缩税收成本；等等。

3. 适度原则

税收适度原则，就是政府征税，包括税制的建立和税收政策的运用，应当兼顾需要与可能，做到取之有度。所谓“需要”，是指财政的需要；所谓“可能”，则是指税收负担能力。遵循适度原则，要求税收负担适中，国家和地方的税收收入既能满足正常的财政支出的需要，又能与经济发展保持协调和同步。如国家在确定总体税负水平时，要考虑税收总额占国民收入的比例或国民生产总值的比例是否合适，企业缴纳的税收总额占企业纯收入的比例，课税深度和广度是否与本国经济发展水平和状况相符合，等等。

10.2.3 税收的经济效应

税收是国家对部分社会产品实行的强制性分配，在实现资源配置、收入分配以及促进经济增长与稳定过程中，对所有经济行为主体和整个国民经济运行都具有相当大的影响。而这些影响过程和影响程度，是进行税收制度设计的基础和前提，也是进行税制改革、建立完善的税收制度的重要依据。

1. 税收的宏观经济效应

税收的宏观经济效应是指政府运用税收政策及相关手段对经济增长、经济结构和经济稳定所产生的影响。

---

① 参见刘飞鹏：《税收负担理论与政策》，82～83页，北京，中国财政经济出版社，1995。

(1) 税收乘数与宏观经济效应的作用机制。税收乘数是指因政府税收的增加（减少）而引起的国民生产总值减少（增加）的倍数。税收乘数可以用公式表示为：

$$税收乘数=\frac{\Delta y}{\Delta T}$$

$$=-\frac{b}{1-b}$$

式中：　Δy——国民生产总值的增量；

ΔT——税收的增量；

b——边际消费倾向。

政府税收的变动会引起国民生产总值的反方向变动，即税收增加，国民生产总值减少；税收减少，国民生产总值增加。

政府税收的直接影响是减少居民用于消费的收入。如果投资和政府支出保持不变，增加税收将起到减少总支出、抑制总需求、降低国民产出和就业水平的作用。反之，减少税收将起到刺激总需求、提高国民产出和就业水平的作用。

(2) 税收对经济增长作用的理论解释：拉弗曲线。西方供给学派经济学家非常强调减税在增加总供给中的作用。美国经济学家拉弗为分析税率与政府税收收入之间的关系提供了一种工具，即著名的拉弗曲线，如图 10—1 所示。

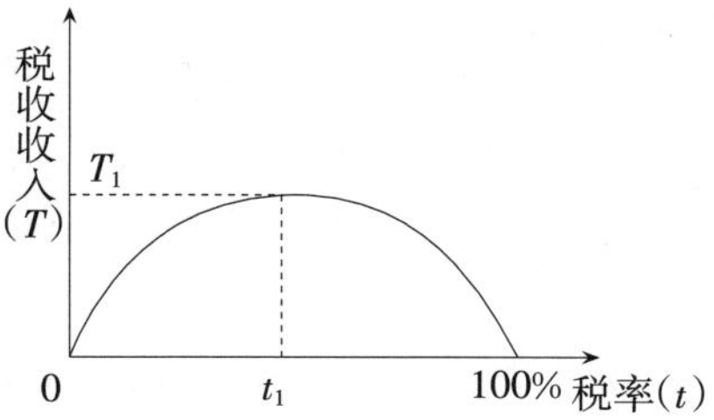

图 10—1　拉弗曲线

在图 10—1 中，横轴表示税率，纵轴表示通过征税而取得的政府税收收入总额。显然，当税率为 0 时，政府的税收总额也等于 0。拉弗认为，当税率从 0 开始逐渐增加时，政府的税收收入总额也会随之增加。但是由于税率的提高会促使人们减少劳动投入，减少储蓄和投资，或者促使人们将劳动和资本等生产资源转入不纳税的领域或进行地下经济活动，从而会使征税的税基减少。因此，随着税率的提高，政府税收收入总额增加的幅度会越来越小。当税率达到某一水平，如图 10—1 中的 t_1 时，政府的税收达到最大值，如图中的 T_1。此时，如果还继续提高税率，征税的税基将会迅速下降，这样不但不会增加政府的税收收入总额，反而会使税收收入总额减少。当税率达到 100%时，人们就不会去进行任何需要纳税的经济活动，这时政府的税收收入总额又将等于 0。在图 10—1 中，t_1 是一个分界点。当实际税率低于 t_1 时，提高税率可以增加政府的税收收入总额，降低税率则会导致政府的税收收入总额减少。当实际税率高于 t_1 时，提高税率会使政府的税收收入总额减少，降低税率会增加政府的税收收入总额。

拉弗曲线的经济含义至少包括以下三个方面：第一，高税率不一定能取得高收入，而高收入也不一定要实行高税率；第二，取得同样多的税收收入，可以采取两种不同税率；第三，税率、税收收入和经济增长之间存在着相互依存、相互制约的关系。因此，保持适度的宏观税负水平是促进经济增长的一个条件。[①]

拉弗曲线为从理论上分析税率与政府税收收入之间的关系提供了一个方便的工具。但是在现实经济中，能够使政府税收收入总额最大的税率究竟为多大？现实中的税率到底是高于还是低于这一分界点？政府应该增税还是减税？这些问题在经济学界有较大的争论。

世界银行经济学家凯思·马斯登（Marsden）选择了具有可比性的20个国家的经验数据，对税率的高低对经济增长率的影响进行了研究，其基本结论是：一国的低税率对提高本国的经济增长率具有积极的作用。中国也有一些学者对相关问题进行了研究，然而，研究的结论都是宏观税负水平与经济增长率之间呈非常微弱的负相关。[②]

（3）税收对产业结构的影响。产业结构是社会资源在各产业间配置的比例关系。在市场经济条件下，产业的资源配置是通过市场机制的作用形成的，或者说，是利润平均化的结果。然而，各行业所投入的生产要素的收益水平，与税种的设置、税率的高低等具有密切的关系。理论分析表明，税收调节产业结构的机理主要有两种：一是实行差别税率或通过税率变动来影响相对价格结构，相对价格的变动影响投资结构和消费结构，进而引起产业结构变化；二是通过税收优惠、激励措施调节税后投资效益，进而影响投资结构和技术状况，达到调节产业结构的目的。

第二次世界大战以后，世界许多国家为了促进本国经济的发展，使一些弱小、幼稚的产业得到保护并迅速成长，通过税收制度及各税种的设置、税率的制定、税收的减免等手段，促进幼稚产业扩大生产，使之享有有关税收优惠，以增强幼稚产业自我积累和自我发展壮大的能力。

（4）税收的经济稳定效应。税收的经济稳定效应是指某些税种具有一种自动调节机制，在社会总需求旺盛、通货膨胀时期，这些税种会起到抑制总需求、降低通货膨胀的作用；在经济萧条、通货紧缩时期，这些税种又会起到刺激总需求、缓解通货紧缩的作用。如果上述自动调节机制不能有效地发挥作用，政府则可以根据经济形势的发展变化和实际需要，有目的地调整税收制度和政策。

2. 税收的微观经济效应

税收的微观经济效应主要体现在两个方面：第一，税收将支出能力从纳税人手中转移到政府手中，发生了资源的转移；第二，税收会扭曲消费者对物品的选择或生产者对要素的选择，从而给纳税群体造成额外负担。更明确地说，税收微观经济效应的作用机制可以分为两个方面：一是收入效应，二是替代效应。它们可以用来分析税收对生产、消费、储蓄、投资、劳动供给等的影响。这些影响具体表现在以下几个方面：

（1）税收对企业投资的影响。在市场经济条件下，企业的基本目标是实现利润最大化，企业的投资决策也就以投资净收益的高低为尺度。因而，政府课征所得税对留利水平

---

① 参见刘溶沧、赵志耘主编：《中国财政理论前沿》，86页，北京，社会科学文献出版社，1999。

② 参见上书，86～88页。

影响甚大。在投资者实现利润水平既定的条件下，提高所得税税率将减少投资者留利，反之，则增加留利，从而影响企业的再投资能力。与此同时，企业成本直接影响企业所得税税基，进而影响到企业的再投资能力。这又与折旧政策、存货周转、投资鼓励政策等有密切关系。如在折旧方面，采用加速折旧法，就会因缩短折旧期限而实际提高折旧率，从而减少税基，减轻企业的税负，增加企业的再投资能力。同样，在利息的处理方面，如果允许将借贷利息从应税所得中扣除，则会减少税基，降低企业税负。这些政策措施会抵消因税负而产生的替代效应，从而保证从总量上不缩减企业的实际投资能力。例如，美国的税收制度采取两种方法来保证其不影响资本成本，减轻其替代效应：一是在企业举债筹资时，允许企业将所支付的利息从应税所得中扣除，以及允许从应税所得中扣减其他支出；二是实行折旧优惠条款。①

（2）税收对厂商生产的影响。税收对厂商生产的影响主要是通过对价格的影响产生的。从短期来看，由于生产要素调整困难，改变产品结构或实行行业退出在短时期难以做到，因而税收对厂商生产的影响较小。其影响表现为：一方面，政府课税使企业可支配的生产要素减少，降低了商品的生产能力；另一方面，可以促进企业对产品结构及产量的调整，减少应税产品的产出量。税收引起产出量减少的机制在于：第一，税收影响成本；第二，税收影响市场价格机制。

税收使企业成本上升对企业产出的影响有两种情况：其一，产出税税率高于企业的边际利润率，此时，政府征税以后企业平均可变成本上升，其平均可变成本的最低点都高于市场价格，企业的生产不能取得利润，因而企业会作出不生产应税产品的决策。其二，如果产出税税率小于企业的边际利润，政府对企业产出课税尽管可能使企业利润率下降，但企业仍然可以获得一定量的利润。在这种情况下，企业的决策是调整产量，使其产出量确定在边际成本加税收等于产品价格这一水平，以保证企业获得正常利润。

从长期来看，税收对企业产出量的影响主要是通过市场价格的变动及市场供求变动而传导的。政府对企业产出课税后，如果同时税收由生产者缴纳，会使课税商品出现两种价格：一种是消费者价格（也即消费者实际支付的价格），另一种是生产者价格（也即生产者实际得到的价格）。两种价格的差额，即为税收的数额——赋税。由于消费者价格中包含了税款，而生产者价格中不含税款，这就导致了生产者价格与消费者价格的脱离。如果消费者对商品的需求有一定的弹性，对商品课税还会影响均衡状态下生产者价格和消费者价格，其影响方向是提高消费者价格，降低生产者价格。因此，对商品课税会减少该产品在市场上的均衡交易量，影响该产品整个行业的产出量。

（3）税收对消费行为的影响。先考察商品课税对消费的影响。商品课税是对商品销售行为的课税，既可以选择对厂商课征，也可以选择对消费者课征。不管在什么环节、向什么对象征收，都可能引起商品价格的上涨，从而减少消费者的购买能力。对不同的两个或两个以上的商品而言，是否征税及税率的高低，在税收上会表现为替代效应，对消费者来说，肯定偏向于选择税率低的消费品。税收对于不同类型消费品的影响程度也不相同，主要表现为：对生产必需品，由于需求价格弹性小、替代性弱，税收影响因素较

---

① 参见刘飞鹏：《税收负担理论与政策》，238 页。

小；对于非生活必需品，由于需求价格弹性大、替代性强，税收影响因素较大。因此，在现实经济生活中，世界各国都对一般生活必需品采取低税率，对奢侈或高档消费品采取高税率。

所得税的课征对消费的直接影响，表现为课税减少了消费者的可支配收入，降低了消费者的实际消费水平，消费能力下降。个人所得税不仅会影响到个人消费水平，也会在一定程度上影响消费者对商品的选择。

(4) 税收对个人工作的影响。税收对个人工作的影响，主要是通过个人所得税来发生作用的。在个人收入主要来源于工资收入，而且工资率基本不变的前提下，政府课征所得税会导致个人的闲暇时间与劳动的相对价格发生变化，随着劳动价格的降低，为了获得同等的收入，必然导致个人增加劳动时间，减少闲暇时间。这种状况在所得税税率分别采取比例税率和累进税率时，其影响程度又不相同。由于比例税缓冲性较弱，比累进税对劳动供给的影响相对要强，对于个人收入水平相同的人，征收比例税会导致劳动供给增加得更多。如果居民的收入不仅局限于工资收入，还包括其他要素收入，那么对收入征税会降低其对就业的影响。在不影响人们闲暇时间的情况下，居民因为具有其他要素收入，他可能不愿意提供更多的劳动。在收入多元化的情况下，由于居民之间差距很大，其行为具有很大的差别，从而税收的影响也有很大的不确定性。

(5) 税收对实现公平的影响。税收作为调节收入分配的有力工具，是众所周知的。政府通过征税，不仅可以对高收入者课以重税，降低其收入水平，从而缩小贫富悬殊，还可以将通过税收聚集的资金，以财政转移支付或通过提供公共产品和服务的形式，用于有益于贫困者的支出上，从而改善社会的收入分配状况。在现代经济生活中，实现公平收入分配的主要税种有累进所得税、遗产税、赠与税等。例如，中国目前税制中的个人所得税，税率档次为 7 级，最低税率为 3%，最高税率为 45%，收入越高，所得税税率就越高。高收入者要缴纳更多的个人所得税，从而在一定程度上起到了调节收入分配的作用。尽管目前中国的所得税制在促进公平收入分配方面还很不完善，但仍不失为一种调节收入分配的重要手段。

10.3 税收制度

10.3.1 税收制度概述

一个国家的税收制度，是指国家以法律形式规定的各种税收法律、法规的总称，或称国家以法律形式确定的各种课税制度的总和。税收制度作为各种税收基本法规和征收管理制度的总称，广义上包括税收的基本法规、税收管理体制、税收征收管理制度以及税收计划、会计、统计工作制度等。狭义上一般是指各种税收的基本法律制度。

税收制度的核心或主体是税收基本法规，一般称为税法。它包括三个层次的内容：一是税收的各种法律、条例。这是各种税收的基本法律规范。二是各种税收法律、条例的施行细则、实施办法，这是对各种税收法律、条例所作的扩展性或限定性、解释性规范。三是各种税收的单项规定，这是对税收法律、条例或施行细则、实施办法所作的补充性规范。[①] 从税收制度的形式来看，一个国家的税收制度，可按照构成方法和形式分为简单型税制和复合型税制。简单型税制主要是指税种单一、结构简单的税收制度，而复合型税制主要是指由多个税种构成的税收制度。[②] 在现代市场经济条件下，各个国家一般都采用多种税并存的复合型税收制度。一个国家为了取得稳定可靠的财政收入或为了调节社会经济活动，保持社会经济的持续稳定发展，必须要设置数量相当的税种，并规定每种税的征收和缴纳办法，包括对什么征税、向谁征税、征多少税、按什么手续纳税等。因此，税收制度的内容有两个基本层次：一是不同的要素构成税种；二是不同的税种构成税收制度。构成税种的要素主要包括纳税人、课税对象、税目、税率、纳税环节、纳税期限、减免税等。构成税收制度的税种主要包括所得税、增值税、消费税、销售税、遗产税、社会保障税等。

一个国家税收制度的确立，要根据本国的具体政治经济条件。由于各国的政治经济条件不同，税收制度存在着很大差别，在具体征税办法方面，也会有很大不同。即使是同一个国家，由于不同时期政治经济条件不同，税收制度也会存在许多差别。

10.3.2　税制结构及其影响因素

1. 税制结构

税制结构，也被称作税制模式，是国家税制调节体系的整体布局和构成。具体地说，是税类、税种、税制要素以及征收管理层次间，分主次、分层次相互联系、制约、协调关系的整体系统构成。税制结构是在一定的社会生产力发展水平、政治制度、经济结构、经济管理体制下，国家为了发挥税收作用，运用税收分配形式的产物。不同的税制结构，作为调节体系的一个整体构成，其作用方向、程度及范围是不相同的，对税收实际作用的发挥具有很强的制约作用。税制结构对于整个税收制度建设、改革与完善，具有重要作用。税制结构是否合理，是税收制度能否健全、完善，税收作用能否充分发挥的前提。一般来说，税制结构包括以下几个方面和层次的内容：

税类、税种组合协调关系的构成，即一个国家的税制由哪些税类、税种构成，以哪些税类、税种为主，哪些税类、税种为辅，以及它们的调节方向和相互间及其各自内部的协调关系。

税制要素组合关系的系统构成，即税制中纳税人、课税对象、税率等税制要素相互间及其内部协调关系的具体构成。

税收管理层次和地区、部门间税制结合、协调关系的构成。主要有中央和地方各级间税类、税种组合、协调关系的体系构成，地区间、部门间税类、税种组合、协调关系的体系构成，企业利润形成、使用和个人收入间的税制调节体系构成等。

上述内容都属于税制结构的内容，它们是紧密联系、相互交叉的，它们之间的不同组合及其配合关系，作为一个系统整体，形成各种不同类型和多种多样的具体税制结构。

---

① 参见李国淮：《税收概论》，146 页。

② 参见金人庆：《领导干部税收知识读本》，43 页，北京，中国财政经济出版社，2000。

2. 影响税制结构的主要因素

一般说来，影响税制结构的主要因素有以下几个方面：

(1) 生产力发展水平。税制结构是社会经济制度及其发展变化在税收领域的反映，是一定社会经济发展的产物，它的存在和发展变化受社会和经济的发展制约，而生产力发展水平是其首要制约要素。在封建社会，生产力发展水平很低，农业是整个国民经济的主要部门甚至是唯一部门。生产的产品除去满足农民的消费后，剩余产品很少。这就决定了税收基本上只能来源于农（牧）业部门，而且要以土地田赋和人丁赋税为主体构成当时的税制结构。当然，这并不排除当时也存在着少量手工业和商品交换，对商业、手工业以及进口贸易也征收一些商税、物产税、关税等。

当社会发展到以工业部门为主导的社会之后，国民经济结构发生了根本性变化，以工业为主体，商业、服务业等各行业都迅速发展，技术设备更新，生产力水平大大提高，人均收入大幅提高，社会剩余产品也极大增加，从而税制结构发生了根本性变化，课税对象和征收范围也大大扩展了。尽管各个国家的个体情况有所不同，但其中，流转税和所得税逐步成为税制结构的主体。①

(2) 社会经济结构。社会经济结构是一个广义的概念，主要包括所有制结构、产业结构等。这些结构因素决定了税源、税种、税目和税率等结构的差异。例如，在传统体制下，中国的所有制结构基本上是纯粹的公有制，因而在企业所得税的设置上，税种很简单。同样，当产业结构为轻型结构时，其货物税的税源就主要集中在轻工业和纺织工业，而当产业结构由轻型向重化型转换时，重化工业的产品税在整个税源中所占的比重就会逐步上升。

(3) 经济管理体制。经济管理体制是一定的经济制度的具体实现形式。经济管理体制对税制结构的影响是很明显的。例如，从建国到 1978 年经济体制改革之前，中国实行的是集中的计划经济体制，国家对国民经济调控主要依靠直接的计划手段，国民经济运行过程从宏观到微观的各个环节，都是由国家计划直接控制的。而作为组织财政收入手段的税收，基本上没有对经济进行调节的功能。经过几次减并税种后，中国实际上只剩下一个工商税，税制结构也近于单一税制。从税制结构与经济管理体制的关系来看，这种“简化”正是适应高度集中管理体制的要求，因为无论税制结构多么复杂，税种怎样设置，也难以起到调节经济的作用。

经济体制改革以来，中国逐步放弃传统的计划经济管理体制，从实行有计划的商品经济向社会主义市场经济体制转轨。企业开始成为自主经营、自负盈亏、自我发展、自我约束的市场经济主体。在这种背景下，实践要求国家变直接的计划调节为间接的经济调节。通过调节企业的经济利益来调节它们的经营行为，使其行为在符合自身利益的前提下，自觉地符合国家宏观调控的要求。显然，要充分发挥税收的宏观调节作用，适应社会主义市场经济体制的要求，过去的税制结构必须改革。

(4) 经济管理水平与税收征管水平。国家的经济管理水平和税收征管水平，对税制结构的选择、确定有较大的制约作用，这是因为税收制度法规要依靠税收征管来落实。国家

① 参见王诚尧：《税收理论与实践》，81～84 页，北京，中国财政经济出版社，1999。

的税收制度和税制结构，必须与该国的经济管理水平和税收征管水平相适应，否则，即使是再科学的税收制度、再理想优化的税制结构，也会由于缺乏相应的现代技术管理水平而难以起到应有的作用。因此，在税制建设方面，必须考虑这一点。

10.3.3　税制要素

1. 纳税人

所谓纳税人，是指税法上规定的拥有课税对象从而必须履行纳税义务的单位和个人。纳税人的确立主要是解决对谁征税、谁负有纳税义务的问题。纳税人可以是法人，也可以是自然人。

2. 课税对象

课税对象又称课税客体，是征税的目的物和国家据以征税的依据。通过确定课税的对象，解决对什么征税的问题。它是税收的最基本要素。课税对象的集合即构成该税种的征税范围。凡是列为课税对象的，就属于该税种的征税范围；凡是未列入课税对象的，就不属于该税种的征税范围。课税对象的确定不是一成不变的，而是随着生产力和社会经济条件的发展变化而变化的。

3. 税目

税目是课税对象的具体项目。设置税目的目的，一是为了体现公平原则，根据不同项目的利润水平和国家经济政策，通过设置不同的税率进行税收调控；二是为了体现“简便”原则，对性质相同、利润水平相同且国家经济政策调控方向也相同的项目进行分类，以便按照项目类别设置税率。

4. 税率

税率是纳税人应纳税额与计税依据之间的关系或比例，是计算税额的标准尺度。税率是税收的要素，解决征多少税的问题，体现课税的深度，直接关系到国家税收收入的多少和纳税人的负担程度。税率是税收政策的中心环节。税率的种类较多，有比例税率、定额税率、累进税率、累退税率和零税率等。

5. 纳税环节

纳税环节是税法规定的纳税人缴纳税款的环节。例如，商品税可以选择在生产、批发、零售、消费等环节课征；财产税可以选择在买卖、租赁、继承等环节课征；所得税可以选择在支付、获取、使用等环节课征。

6. 纳税期限

纳税期限是负有纳税义务的纳税人向国家缴纳税款的最后时间限制，它是税收强制性、固定性在时间上的表现。从理论上说，纳税义务的发生时间和税款的缴纳时间是一致的，纳税人一旦发生纳税义务，就应当立即缴纳税款。但是，由于纳税义务发生的时间与纳税人取得收益的时间，本身就存在一定的时间差，因此，纳税义务的发生时间和税款的缴纳时间很难保持一致。此外，从提高税务行政效率方面考虑，税款也应适当集中上缴。所以，纳税人发生纳税义务后，一般都要间隔一定的时间，才集中缴纳税款，这个时间间隔就是纳税期限。规定纳税期限是为了保证国家财政税收收入能够及时、均衡地收缴入库，满足国家财政支出的需要。

7. 减税、免税

减税是对应纳税额少征一部分税款，免税是对应纳税额全部免征。减税、免税是对某些纳税人给予鼓励和照顾的一种措施。税收减免有多种，大体上可分为两类：一是税基式减免，即通过缩小税基的方法，实现税收减免，如规定起征点和免征额。起征点是课税对象开始征税的数额起点，免征额是课税对象全部数额中免予征税的部分。二是税率式减免，即通过降低纳税人应纳税额的方式，实现税收减免。

把减免税作为税制构成要素之一，主要原因是，国家的税收制度是根据一般情况制定的，只具有普遍性，不能照顾不同地区、部门、单位的特殊情况。设置减免税，可以将税收的严肃性和必要的灵活性结合起来，体现因地制宜和因事制宜的原则，更好地发挥税收的调节作用。

8. 违章处理

违章处理是对纳税人违反税法的行为所规定的惩罚措施。纳税人违反税法的行为主要有偷税、抗税、骗税和欠税等。偷税是指纳税人采用欺骗、隐瞒等手段，减轻自己税负的违法行为；抗税是纳税人以暴力、威胁的方法，拒不缴纳税款的违法行为；骗税是指纳税人对其生产或经营的商品假报出口，骗取国家出口退税的违法行为。此外，纳税人不按规定进行税务登记，不按规定进行纳税申报，违反发票管理规定，以及伪造税务机关票证、印章、文件，冒充税务人员进行犯罪活动等，都属于违反税法的行为。

国家对纳税人违反税法采取的惩罚措施包括加收滞纳金、处以罚款、送交人民法院依法处理等。违章处理是税收强制性在税收制度中的体现，纳税人必须按期足额缴纳税款，凡有违反税法行为的，都应受到制裁。

10.4 税收管理

10.4.1 税收管理的内容与方法

税收管理是国家以法律为依据，根据税收的特点及其客观规律，对税收参与社会分配活动全过程进行决策、计划、组织、协调和监督控制，以保证税收职能得以实现的一种管理活动。它是国家经济管理的重要组成部分。

1. 税收管理的内容

税收管理的内容主要包括税收法制管理、税收征收管理、税务行政管理。

（1）税收法制管理。税收法制管理是指税法的制定和实施，具体包括税收立法、税收执法和税收司法的全过程。税法是国家法律的重要组成部分，是整个国家税收制度的核心，是税收分配活动的准则和规范。税收立法工作由国家立法机关负责，税收执法工作由各级税务机关承担，税收司法工作由国家司法机关来执行。税收立法主要包括税收立法体制和税收立法程序。税收立法体制主要指立法机关和立法权限的划分，税收立法程序是指国家立法机关或其授权机关在制定、修改和废止税收法律规范的活动中应履行的程序和采用的方法。税收立法管理是税收管理的首要环节，只有通过制定法律，把税收征纳关系纳入法律调整范围，才能做到依法治税。

(2) 税收征收管理。税收征收管理是国家及其税务机关为了保障税收职能的实现，依照国家税收法律法规的规定行使征税的权力，并对日常征纳税活动进行组织管理、监督以及指导纳税人正确履行纳税义务等一系列工作的总称。税收征收管理包括税务管理、税款征收、税务稽查三个方面的内容。税务管理主要是指税源管理、税务登记、纳税申报、发票账簿管理、纳税检查等制度。通过这些管理活动的实施和制度规范，指导和监督纳税人正确履行纳税义务，遵守税收法规。税款征收包括税额计算、税款缴纳、减免税及税收强制性措施等制度。通过这些制度的实施，将各纳税主体的应缴税款及时足额地缴纳入库。税务稽查是税务机关代表国家依法对纳税人的纳税情况进行检查监督的一种形式。税务稽查的依据是具有法律效力的各种税收法律、法规及各种政策规定。

(3) 税务行政管理。税务行政管理是对税务机关内部的机构设置和人员配备进行的管理。其内容主要包括税务工作机构设置、征收机关的组织与分工、税务工作程序的确立、税务人员的监督与考核，以及税务行政复议与诉讼管理等。通过税务行政管理活动，提高税务从业人员的思想素质、业务素质和税务机关的工作效率。

2. 税收管理的方法

税收管理的方法是国家为了实现其税收职能，达到预期税收分配活动的目标所采取的手段和措施。在市场经济条件下，税收管理的方法一般有：

(1) 法律方法。税收管理的法律方法是指国家通过制定和实施税收法律法规来调整税收分配关系并使之得以实现的管理方法。其核心是依法治税。这就要求税收征管机关和税务人员依法办事，严格执行有关法律法规，同时，要求纳税人必须依法履行纳税义务。有违反税法行为的征纳双方都要依法受到惩处。

(2) 经济方法。税收管理的经济方法是指国家运用税收杠杆和经济奖惩手段，调整税收分配关系，实施税收管理的方法。税收杠杆作为经济杠杆的重要组成部分，与价格、利率等经济杠杆相配合，调整和影响各经济主体的利益，从而引导这些经济主体的行为，达到合理配置资源和调节收入分配关系的目的。奖惩手段是在物质利益上采取奖励和惩罚相结合的方法，影响和调节征纳税主体的活动，调动税务从业人员的积极性和纳税人履行纳税义务的自觉性。

(3) 宣传教育方法。税收管理的宣传教育方法是指税务机关在税收征管过程中，通过宣传税收政策法令和说服教育来影响纳税人行为的方法。税务机关通过税收的意义、税收法制等方面内容的宣传，开展纳税辅导和咨询，提高纳税人对税收的认识，使他们增强法制观念，自觉履行纳税义务。

10.4.2 税收管理体制

1. 税收管理体制的含义

税收管理体制是指划分中央和地方税收管理权限的制度规范，是税收管理的重要组成部分。税收管理权限包括税收立法权和税收管理权。税收立法权是指国家最高权力机关依据法定程序赋予税收法律效力时所具有的权力。税收管理权是指贯彻执行税法所拥有的权限，它实质上表现为一种行政权力，属于政府及其职能部门的职权范围。具体来说，主要有以下几种权力：

(1) 税种的开征与停征权。开征权是指对已经制定的税种，规定其付诸实施日期的权力。停征权是指对已经开征的税种，因政治或经济等方面的原因，规定其停止实施的权力。一般来说，税种的开征权与停征权同税法的制定与颁布是一致的。

(2) 税法解释权。税法解释权是指对已经制定并颁布的税收基本法规的内容作出解释或制定实施细则的权力。

(3) 税目的增减与税率的调整权。税目的增减与税率的调整权是指增加或减少征税项目的权力以及对征税对象或征税项目的税收负担调整的权力。

(4) 税收减免权。税收减免权是指根据税法规定，具体确定减税、免税的权力。

此外，税收管理权限还包括违章处理权和税收收入在各级政府之间的划分等内容。

2. 税收管理体制的类型

税收管理体制按照集权与分权程度不同，大体上可分为三类①：

(1) 集权型。其主要特征是，税收管理权限由中央政府集中掌握，地方政府的权限很小。采取这种管理方法的多为发展中国家。这些国家经济发展水平较低，财政收入总量水平不高，因而需要依靠集中管理，以确保财政收入的主要来源稳定、可靠。

(2) 分权型。其主要特征是，中央政府的税收管理权限很小，税收管理权限主要分散于地方政府。中央政府主要依靠地方政府上缴取得财政收入。采取这种分权管理模式的只有原南斯拉夫等少数几个国家。

(3) 集权分权兼顾型。其主要特征是，税收管理的各项权责既不高度集中在中央，也不过分分散给地方。中央政府集中掌握主要的税收管理权限和税种收入，地方政府掌握次要的税收管理权限和税种收入。这样，既能保证中央财政收入，又可以给地方一定的财政，从而调动中央和各级地方政府的积极性。

3. 税收管理机构的设置

目前，世界各国税务管理机构的设置大致有三种类型②：中央政府一套税务机构，中央政府和州政府两套税务机构，中央、州和地方三级政府三套税务机构。设置一级税务机构的国家和地区比较少，主要有新加坡和我国香港特别行政区等。所谓一级税务机构，是指政府的税务部门既要负责国家税收政策的制定、指导、监督、执行，又要直接参与纳税申报、征收、评估等项具体的税务工作。设置两级税务机构的主要有法国等国家。例如，法国在中央一级设税务总局，在地方设有大区税务局和省税务局。大区税务局实际上是国家税务总局的派出机构，起着协调上下关系的作用。省税务局是国家税务系统的基层机构，直接由中央税务总局领导。设置三级税务机构的国家有美国、日本、巴西等。例如，美国的税收管理体制分为联邦、州和地方三级，联邦政府和州政府独立行使其征税权，为保证能够按时按量获得其财源，各级政府都设有自己的税收征管机构，且各司其职，互不干预，而且这三级政府都设有适合各自需要的税收法律制度。因而，在美国形成了三个独立的税收体系。三级税务机构没有隶属关系，只有业务上的联系。

---

① 参见李国淮：《税收概论》，194页。

② 参见水淙：《国际税制改革趋势及国际税收征管经验》，载《税务研究》，1997 (7)。

上述几种管理模式各有利弊。集中管理模式有利于保证税法的统一，降低征税成本，加强宏观管理，方便纳税。但地方政府缺少自主权，不便发挥其积极性。分级税收征管虽然可以调动地方的积极性，但不利于中央的宏观管理。因此，税收管理机构的设置，要与本国的行政管理机构、财政管理体制或税收管理体制、税收收入归属的情况相适应、相协调。

本章小结

税收是国家对部分社会产品实行的强制性分配，对所有经济行为主体和国民经济运行都具有很大的影响。税收是一个国家财政收入的主要来源，是政府实现其职能的物质基础。而政府征税，必须依据法律并按照一定的原则进行。本章主要阐述税收的含义、税种的分类，探讨税收原则与税收效应以及税收制度等关于税收的一般理论问题。

关键术语

税收原则　税收经济效应　税收制度　税收管理体制　税基　税率　拉弗曲线

复习思考题

1. 在我国税制设计中，应如何体现税收基本原则？
2. 如何认识税收的经济稳定效应？

阅读材料

德国的财政规则

德国的财政规则旨在保证财政的可持续性，但是，该规则对于与危机相关的公债累计可能是一个极有用的“退出”机制。批评者认为新规则限制太严。但是，对于持续的反周期财政政策，该规则实际上限制很少，而且还有灵活的条款。具有讽刺意味的是，更严重的风险是灵活性可能会削弱政策实施。

2009 年 6 月 12 日，德国议会修订了宪法，成为联邦和州政府的新规则。酝酿于 2006 年的该规则，作为实施财政纪律的机制，要求联邦政府的结构性赤字（经过调整的赤字，考虑了经济周期和一次性操作）不超过 GDP 的 0.35%。对于联邦政府来说，该规则在 2016 年生效，并要求从 2011 年逐步实现结构性平衡。该规则要求各州从 2020 年起逐步实现结构性平衡。该规则体现在宪法中，规定借款不得超过总投资支出。该财政规则提供了及时的摆脱当前公债累计的“退出策略”，构成财政可持续性的承诺，在当前与金融危机和各州稳步增加的债务水平相关的巨额财政成本的背景下受到欢迎。所要求的财政整顿的时间安排与我们的经济展望是一致的——该规则的逐步引入不应该与2010年的持续性刺激相冲突、与预期的2011年经济复苏相冲突。

结构性赤字封顶，辅之以灵活的实施机制。可信的财政规则有必要约束相机抉择的财政行动空间。德国新规则不会限制反周期的政策。第一，德国有大规模的自动稳定器，能在新规则下充分发挥作用。第二，财政盈余不受限制，当局可以选择在"好"时光时保持积极的结构性平衡。第三，这些条款允许有例外条款，例如自然灾害和其他超过政府控制的紧急状态发生时。

该规则与欧洲财政框架一致，可以起到加强该框架的作用。该规则使得要求各国保持接近结构性平衡的财政状况的《欧洲稳定与增长公约》（SGP）正式化。而且，其数量封顶与最近的在SGP下的中期目标一致。SGP预防性的一面，已经不对成员构成约束，因此被忽略。德国财政决策经常成为欧洲财政变化的一个焦点，德国领导者可以很好地引导其他国家正式化它们的退出政策，与此同时强化多边纪律。实际风险——常常伴随财政规则——是实施中的妥协可能破坏这一目标。第一，考虑到周期问题，政府所推荐的欧洲委员会的方法将保证透明度。各州适用同等透明度的方法将至关重要。但是，近来的危机已经显示衡量潜在产出的局限，从而与结构性赤字相关。透明度如何与持续的衡量潜在产出的进展相平衡仍是一个严峻的挑战。

第二，虽然例外条款只有在议会同意的情况下有效，有相应的整顿计划同时发生，但是它仍然可能被滥用。根据先前的"黄金规则"，在"宏观均衡面纱"的背后引用例外条款相对容易。为此，新创立的稳定理事会是迈向正确方向的第一步，可以帮助移开面纱。它可以实施监督，对联邦和州政府的情况发出早期预警，协调校正性措施。但是，它不会约束当局。这样，虽然规则设计良好，但是最终也没有什么可以替代政府对财政可持续性的承诺。

资料来源：高培勇主编：《"十二五"时期的中国财税改革》，北京，中国财政经济出版社，2010。

第 11 章

政府的收入结构

重点问题

- 财政收入的分类
- 财政收入的结构
- 非税收入管理

11.1 政府收入的含义与分类

11.1.1 政府收入的含义

从广泛的意义上说，政府收入是指政府为履行其职能而筹集的一切资金的总和。但一般在分析政府收入时，都将政府收入等同于财政收入。财政收入是指在一个预算年度内，政府通过各种途径所依法取得的货币和实物收入。财政收入也称“岁入”，它包括两层含义：一是指财政活动的结果，即政府所取得的货币收入；二是指财政活动的过程，即政府取得财政收入的活动，以及借助于这一活动介入国民收入分配的过程。①

11.1.2 财政收入的分类

财政收入活动是为了取得政府公共支出所需资金而进行的经济活动。从不同的角度可

① 参见马国贤：《财政学原理》，214 页，北京，中国财政经济出版社，1998。

以对财政收入进行不同的分类。

1. 按收入形式分类

财政收入的形式是指国家取得财政收入的具体方式，即来自各个方面、各个部门、各个单位和个人的财政收入通过什么方式上缴给国家。在世界各国，取得财政收入的主要形式都是税收。除此之外，其他非税收入的形式，则根据各国的政治制度、经济体制、经济结构和财政制度的不同而有所区别。这种按收入形式分类的方法在分析财政收入时是最常用的。按照这一分类，我国财政收入的主要形式有以下几类：

(1) 税收收入。包括国家税法规定的各种税收。税收是征收面最广、最稳定可靠的财政收入形式。目前在我国，税收收入是财政收入的最主要形式。

(2) 企业收入。这是指国有企业上缴国家财政的收入（税收除外）。历史上曾包括折旧基金、多余流动资金和利润等的上缴，目前只是指利润上缴（包括国有企业的租赁费、利润和股金分红收入等）。这是国家以全民所有制代表的身份从国有企业利润分配中取得的收入。实行利改税以前，企业收入在财政收入中占有较大比重，也是财政收入的一种主要形式。实行利改税后，企业收入在财政收入中所占的比重已经很少。

(3) 债务收入。这是国家财政通过信用方式从国内、国外取得的借款收入。例如，向国内发行的公债、国库券、经济建设债券，向外国政府和国际组织的借款等，都属于债务收入。债务收入是财政收入中的一种调剂性收入方式，具有信誉性、有偿性和灵活性的特征。债务收入是平衡财政收支的一种有效手段，可以为扩大政府支出规模筹集资金，并在分配过程中调节经济，促进宏观经济的景气和稳定。

(4) 其他收入。其他收入在财政收入中占的比重较小，但包括的项目较多，政策性强。主要有事业收入、规费收入、罚没收入、公产收入、国有资源管理收入、专项收入等。

事业收入，是指中央和地方各部门所属事业单位向国家缴纳的收入。

规费收入，是指国家机关为单位或居民提供某些特殊服务时所收取的手续费和工本费，如商标注册费、企业开办登记费、自行车牌照费、公证费、护照费、商品检验费等等。

罚没收入，是指海关、工商、税务、政法等执行机关和经济管理部门，依法查处的走私贩私、生产假冒伪劣产品、非法经营、贪污盗窃等的罚款和没收的物品中上缴国家财政的部分，以及各部门追回的赃款和赃物的变价收入。

公产收入，是指国有山林等公产的产品收入和公共财产出租或变价收入等。

国有资源管理收入，是指各单位经国家批准开采国家矿藏等，按规定向国家缴纳的管理费。

专项收入，是指专款专用的项目，与财政支出中的“专项支出”相联系，如铁道专项收入、教育费附加收入、电力建设资金专项收入等。

此外，还有基本建设收入、对外贷款归还收入、国际组织援助捐赠收入等。

上述收入形式中，除税收收入外的收入一般被统称为非税收入。在市场经济条件下，还有一类特殊的非税收入，即财政性货币发行即“通货膨胀”收入。它的机制是这样的：政府为了弥补其所提供的物品和劳务的费用而扩大货币供给，从而造成物价普遍上涨。具体来说，为了弥补政府支出，政府采取多发钞票或者通过向中央银行借款透支的办法，增加货币供给量，从而引起物价水平上升，发生通货膨胀。物价上涨必然导致居民手中持有货币的购买力下降，政府部门所能支配的资源即公共收入增加。由政府所引起的通货膨胀实质上是将私人部门占有的一部分社会资源用隐蔽的形式转移到公共部门。从这个意义上说，它与税收无异，故常被称为“通货膨胀税”。

2. 按收入来源分类

按收入来源，中国政府将财政收入来源又分为所有制来源和部门来源两个大类。一类是以财政收入来源单位的所有制形式为标准，将财政收入分为国有经济收入、集体经济收入、中外合营经济收入、私营经济或外商独资经济收入、个体经济收入等。另一类是以财政收入来源单位的部门结构作为标准，将财政收入分为工业部门和农业部门收入，轻工业部门和重工业部门收入，生产部门和流通部门收入，第一产业部门、第二产业部门和第三产业部门收入等。

进行这种分类是为了体现财政收入是从何处取得的，反映各种收入的经济性质，同时，通过纵向比较可以反映各种收入来源单位的历史变化及其发展趋势。

3. 按管理形式分类

按管理形式，中国政府的财政收入可以分为预算收入和预算外收入。

(1) 预算收入。亦称预算内财政收入，是指列入国家预算管理的财政收入。这些收入只有经过预算管理程序才能安排政府的各项支出，并纳入国库管理。预算收入包括一般预算收入、基金预算收入等。

(2) 预算外收入。亦称预算外财政收入，是指按现行制度不纳入预算管理的财政性资金和基金。预算外收入由各级政府自行安排，用于国家某些指定用途。在我国，由于历史的原因，预算外收入的规模越来越大，已经接近或超过预算内财政收入。因此，加强预算外收入的管理，已成为财政工作的一项重要内容。

4. 按管理权限分类

按照管理权限，财政收入可分为中央财政收入和地方财政收入。

(1) 中央财政收入。也就是按照现行财税体制，列为中央政府管理的财政收入，如增值税、消费税、关税、中央企业上缴利润和企业所得税以及中央规定征收的各项基金等。

(2) 地方财政收入。也就是按照现行财税体制由地方政府支配的财政收入。这类收入一般可分为以下几种情况：一是由国家统一制定法律、法规，地方负责征收，其收入归地方财政的，如农业税、个人所得税、营业税等；二是由地方自行按宪法和其他法律的规定立法（或立项），自行组织征收的财政收入，如地方自行确定的收费项目的收入；三是中央财政取得的收入中按照现行财政体制由地方参与分享的收入，即由体制决定的分成所得中的地方收入，如增值税的分成收入等。

11.2 政府收入的规模分析

11.2.1 财政收入规模的含义与衡量指标

财政收入规模是指财政收入的总体水平，是衡量一国财力水平的重要指标，它反映一国政府在社会经济生活中职责范围的大小。反映财政收入规模的指标，可以用绝对数表示，如财政收入总额，但通常用相对数表示，也就是财政收入占 GDP 的比重。合理确定财政收入占 GDP 的比重，对保证政府职能的实现和国民经济的稳定发展有着重要意义。

11.2.2 影响财政收入规模的因素分析

财政收入规模是衡量国家财力和政府在经济生活中职能范围的重要指标。从历史上看，保证财政收入持续稳定的增长始终是世界各国的主要财政目标。但是，财政收入规模的大小，财政收入增长的快慢，不是或不完全是以政府意志为转移的，它受到各国的政治、经济条件的影响和制约。这些条件包括经济发展水平、技术发展水平、政府职能范围、财政分配政策等等。

1. 经济发展水平的制约

经济发展水平，反映出一个国家的社会产品的丰富程度和经济效益的高低。一般而言，经济发展水平越高，社会产品越丰富，则该国的财政收入总额越大，占 GDP 的比重也会相对较高。经济发展水平对财政收入规模的制约是个综合性、基础性的因素，反映了经济对财政的决定作用。各国财政收入占 GDP 的比重随经济发展不断提高（见表 11—1），且发达国家的这一比重明显高于发展中国家。

表 11—1　　各国财政收入占 GDP 的比重　　(%)

国别 / 年份	中国	美国	英国	加拿大
1994	11.2	28.9	38.2	43.0
1995	10.7	29.3	38.9	43.2
1996	10.9	29.8	38.5	43.8
1997	11.6	30.1	38.8	44.5
1998	12.6	30.8	39.9	44.5
1999	13.9	30.9	40.3	44.1
2000	15.0	31.8	40.9	44.1
2001	16.8	30.8	41.0	42.8
2002	18.0	28.6	39.3	41.4
2003	18.6	27.0	39.9	41.3
2004	16.5	27.2	40.7	40.6
2005	17.1	32.4	45.1	41.2
2006	17.9	33.2	46.2	40.5
2007	19.3	33.4	44.3	42.2
2008	19.5	32.5	37.8	38.7
2009	20.1	30.8	35.7	38.7
2010	20.7	31.2	36.5	37.7
2011	21.9	31.4	37.3	37.6
2012	22.5	31.7	35.1	37.7
2013	22.7	32.9	38.5	37.9

资料来源：IMF：《世界经济展望》，2014 年 4 月。

随着经济的发展和人均 GDP 的增加，即使财政收入制度不发生大的变动，也会导致财政收入比重提高。由此可见，经济发展是扩大财政收入规模的前提条件。也就是说，财政规模的扩大必须以经济发展为前提条件。没有经济发展，财政收入也就成为“无源之水，无本之木”。

2. 技术发展水平的制约

技术发展水平也是制约经济发展水平和财政收入规模的重要因素。较高的经济发展水平是以较高的生产技术水平为支柱的。技术发展水平对财政收入规模的制约，一是由于技术进步导致生产速度加快和产品质量提高，使经济总量不断增长，为财政收入的增长提供充足的财源；二是技术进步必然带来物质消耗的降低、经济效益的提高和利润率的提高，即使在经济总量不变的情况下，也会使财政收入赖以产生的基础扩大。

3. 政府职能范围的制约

政府的职能范围是决定财政收入规模的直接因素，因为政府是财政活动的主体，是公共产品和公共服务的直接提供者。政府的职能范围越大，需要的财政支出和财政收入的规模也就越大。

4. 财政分配政策的制约

财政分配政策是指政府在通过财政手段参与国民收入分配活动中所制定的政策。它包括政府要确定怎样的税制，应当采取哪些适宜的税费收入政策和债务收入政策等。财政分配政策对财政收入规模的制约主要表现在两个方面：第一，财政分配政策决定剩余产品价值占整个社会产品价值的比例，进而决定财政分配对象的大小；第二，财政分配政策决定财政集中资金的比例，从而决定财政收入规模的大小。

除上述主要因素外，财政收入规模还受价格水平和通货膨胀等多种因素的影响。

从上述制约财政收入规模的几个因素分析中，我们可以看出，财政收入作为政府的理财活动，受到多方面因素的制约，是各种因素综合作用的结果。这些因素可以概括为经济因素、体制因素和社会因素。

11.2.3　中国政府财政收入规模

改革开放以来，我国经济得到了较快的发展，据统计，GDP 按当年价格计算由 1980 年的 4 517.8 亿元增长到 2009 年的 340 507 亿元，增长了 70 多倍，而同期财政收入则由 1 159.53 亿元增加到 68 476.88 亿元，增长了近 60 倍，出现了经济增长快而财政收入增长缓慢、财政收入规模相对缩小的现象（见表 11—2）。

表 11—2　**我国各年财政收入与 GDP 的比较**　单位：亿元

年份	财政收入	GDP	财政收入占 GDP 比重（%）
1980	1 159.93	4 517.8	25.70
1981	1 175.79	4 862.4	24.2
1982	1 111.33	5 294.7	22.9
1983	1 366.95	5 934.5	23
1984	1 642.86	7 171	22.9
1985	2 004.82	8 964.4	22.4
1986	2 111.01	10 202.2	20.8
1987	2 199.35	11 962.5	18.4

续前表

年份	财政收入	GDP	财政收入占 GDP 比重（%）
1988	2 357.24	14 928.3	15.79
1989	2 664.90	16 909.2	15.76
1990	2 937.10	18 547.9	15.84
1991	3 149.48	21 617.8	14.57
1992	3 483.95	26 638.1	13.08
1993	4 348.95	34 634.4	11.56
1994	5 218.10	46 622.3	11.19
1995	6 242.20	58 260.5	10.71
1996	7 407.99	67 884.6	10.90
1997	8 651.14	74 462.6	11.60
1998	9 875.95	78 345.2	11.60
1999	11 444.08	82 067.5	13.90
2000	13 395.23	89 403.6	15.00
2001	16 386.04	109 655.02	14.90
2002	18 903.64	120 332.7	15.70
2003	21 715.25	135 822.8	16.00
2004	26 396.47	159 878.3	16.50
2005	31 648.29	183 084.8	17.30
2006	38 760.2	216 314.4	17.90
2007	51 321.78	265 810.3	19.30
2008	61 330.35	314 045.4	19.50
2009	68 518.3	340 902.8	20.10
2010	83 101.51	401 512.8	20.70
2011	103 874.4	473 104.0	21.96
2012	117 253.5	519 470.1	22.57
2013	129 143	568 845.2	22.70

说明：国家财政收入中不包括国内外债务收入。
资料来源：Wind 数据库。

导致这一现象的原因，一方面是由于传统体制下的资金流动以财政为中心，改革的任何举措都会直接或间接地影响财政收支；另一方面，也是更为主要的原因，是由于 20 世纪 90 年代的改革目标就是政府的放权让利，同时也存在财政体制改革滞后和财政管理漏洞带来的财政收入流失。①

改革开放以来，我国的所有制结构发生了深刻的变化，呈现出多元化发展的趋势。国

① 参见杨之刚：《公共财政学：理论与实践》，181 页，上海，上海人民出版社，1999。

家为了鼓励外商投资，引导个体、私营经济发展，给予个体、私营和三资企业比国有和集体企业更加优惠的税收政策。在这种情况下，过去集中程度很高的收入政策就已无法适应，必须实行低负担率和低税政策。所有制结构的变化，推动了财政政策的变革。而实行低税政策的结果是，虽然财政收入总量每年仍然是增长的，但财政收入占 GDP 的比重却明显下降。

与此同时，由于税收征管等方面原因，在现实经济生活中存在大量不纳税的地下经济，同时还存在着大量的企业法人偷税、漏税和逃税现象。研究表明，我国较多的税种存在着实际税率低于潜在税率或实际税率大大低于名义税率的情况，其结果是大量的税收流失。

从 1996 年开始，财政收入占 GDP 的比重开始缓慢上升，至 2009 年已上升至 20.10%。近年来，中央在保持税制基本稳定的前提下，先后出台了减征固定资产投资方向调节税、降低关税税率、减免农业税、下调证券交易印花税税率等政策，并且继续清理取消了部分不合理、不合法的收费和基金项目。在此情况下，财政收入仍然保持较快增长，且增长速度高于经济增长速度，主要有以下原因：一是国民经济保持了持续稳定增长，企业经济效益改善，进出口规模扩大，经济增长质量提高；二是 1994 年实行的新财税体制，基本实现了财政收入的规范化和制度化，为财政收入的稳定增长奠定了良好的制度基础；三是通过实施“金税工程”和“金关工程”，依法加大了税收征管和打击走私力度，税收流失减少；四是部分税收优惠政策先后到期恢复征税，其中仅 2001 年到期恢复征税的就有 10 项，同时为适应加入 WTO 的新形势，纠正了一些地方自行出台的、违反统一税法规定的“先征后返”等税收优惠政策；五是不断加大预算资金管理力度，一部分预算外收入或基金收入按规定纳入预算管理或纳入预算内列收列支。

11.3　政府收入的结构分析

财政收入的结构是指财政收入在不同性质、不同来源及不同类别方面的数量比例关系。分析财政收入的结构，可以明确财政收入来源的性质，有利于深入认识财政收入来源的情况，进行深入的来源分析，加强对财政收入的管理。

11.3.1　财政收入的产业部门构成分析

产业部门结构既包括传统意义上的国民经济结构分类，如农业、工业、建筑业、交通运输业及服务业等，又包括现代意义上的产业结构分类，即第一产业、第二产业和第三产业。

（1）第一产业与财政收入。第一产业即农业，是国民经济的基础，也是财政收入的基础。农业状况的好坏影响整个国民经济的发展，因此，农业是影响财政收入的重要部门。这不仅表现为农业直接向国家提供财政收入，更重要的是，财政直接来自农业的收入较高，主要表现为由于工农产品交换中存在的“剪刀差”，使农业部门创造的一部分未实现的价值，转到以农产品为原料的工业产品来实现，这些工业部门的纯收入中有一部分是农业部门创造的价值并以税利形式上缴国家。但这部分农业向财政提供的税利并没有在财政统计中列出来。我国轻工业产值中以农产品为原料的占70%左右。农业直接提供的财政收入加上价值转移实现的财政收入，占整个财政收入的30%左右。① 随着我国农业对外开放程度的提高及农业产业化进程和农业社会化服务体系建设的加快，农业部门直接提供的财政收入会有所增加，而直接提供的财政收入的比重会有所降低。

(2) 第二产业与财政收入。第二产业主要是指工业和建筑业。工业是国民经济的主导，也是提供财政收入的主要部门。我国经过60多年的经济建设，已建成比较完整的工业体系，其技术装备水平和现代化程度以及劳动生产率均达到一定水平，是创造和实现国民收入的主要部门，也是财政收入的主要来源。目前，第二产业提供的财政收入占全部财政收入的比重最高。工业部门主要包括轻工业和重工业，轻工业具有投资少、见效快、积累多的特点，对积累财政收入具有重要意义，而重工业具有投资大、建设周期长、技术含量和劳动生产率较高等特点，一旦建成投产形成生产能力，也会成为财政收入的重要源泉。目前在工业提供的财政收入中，重工业与轻工业之比约为6∶4。随着社会生产力的发展和居民收入水平的提高，产业结构会发生较大的变化，工业提供的财政收入占财政收入的比重会逐步下降。建筑业作为一个特殊的工业部门，其生产的方式和产品都具有特殊性。目前，由于管理体制和价格等方面的原因，建筑业属于微利行业，上缴的财政收入也较少。随着市场经济体制的建立，我国的建筑业将会有很大发展，从而来自建筑业的财政收入也会不断增加。

(3) 第三产业与财政收入。第三产业包括第一、第二产业以外的所有行业和部门。第三产业具有行业多、门类广、劳动密集与知识技术密集并存的特点。第三产业的发展水平是衡量一个国家整体经济水平的重要标志，它反映出一个国家的社会化服务程度和信息业的发达程度。西方发达国家第三产业占GDP的比重一般在60%左右，有些国家已超过70%。我国第三产业比较落后，上缴的财政收入也不高。但是，随着国家提出的大力发展第三产业政策的逐步实施，来自第三产业的财政收入必然会大幅提高。

11.3.2 财政收入的所有制构成分析

中国政府财政收入一直以国有经济为主体。建国初期，国有经济提供的财政收入约占总收入的半数，并逐年增加，“四五”时期达到最高点——80%以上。之后有所下降，“六五”期间降到80%以下。随着改革的发展，20世纪90年代从国有单位取得的收入数量进一步下降，特别是改革开放以来，下降的速度较快。

财政收入结构的这种变化趋势，是与中国社会经济结构和经济体制的发展变化大致相吻合的。建国初期，个体和私营经济在国民经济中占有相当的比重，来自两者的财政收入占40%以上。随着社会主义改造的推进，国有经济和集体经济的比重急剧增加，“一五”期间来自国有经济的财政收入达69.4%，来自集体经济的达9.8%，个体和私营经济则退居次要地位。之后的经济体制使国有化程度进一步提高。1979年以后，随着经济体制改革的深化，集体和其他经济成分有了较快发展，提供的财政收入逐年增加，国有经济提供

---

① 参见王骐骥：《财政学》，修订本，99页，武汉，武汉大学出版社，1999。

的财政收入占总财政收入的比重下降较快。

11.3.3 财政收入的价值构成分析

从价值构成看，财政收入是由来自社会产品价值 C、V、M 的收入构成的。C 作为补偿生产资料的价值，属于维持简单再生产的基金，C 的形式和分配目前全部由企业自主进行；V 作为新创造价值中归劳动者个人支配的部分，在目前我国劳动者个人的总体收入水平较低的情况下，只有一小部分构成国家财政收入。随着我国社会生产力水平的提高，人们的收入水平也将会有较大提高，从而使 V 成为财政收入的主要来源之一。在财政收入构成中，来自 V 的财政收入的比重呈不断上升趋势。M 作为剩余产品的价值，是可供国家和社会支配的价值，是财政分配的主要对象，构成财政收入的主要来源。

从价值构成角度分析财政收入结构，有利于分清财政收入的现实来源和潜在来源，为制定合理有效的财政收入政策，寻求增加财政收入的有效途径提供依据。

11.4 中国政府的非税收入

11.4.1 政府非税收入的含义与范围

所谓政府非税收入，是相对于国家税收收入而言的，是指国家在依照税法征税取得收入之外，各级行政机关、司法机关在代行政府管理权力的过程中，依照国家法律、法规和具有法律效力的行政规章，以行政事业性收费、基金、集资、罚款等形式无偿地从法人、社会团体和城乡居民个人那里取得的收入，以及国有企业向国有企业的所有者（一般由财政代表政府）上缴的利润等收入。[①] 非税收入是政府参与国民收入分配和再分配的一种形式，其收入属于财政性资金，是国家财政收入的重要组成部分。

按照我国现行的非税收入来源和构成分类，政府非税收入的范围主要包括：行政事业性收费收入、政府基金收入、罚没收入、国有企业税后利润分配收入、社会集资收入等。[②] 广义的非税收入还应包括国债等债务收入，由于国债收入涉及的内容较多，故将其单列一节讨论。

11.4.2 我国非税收入的现状

改革开放以来，随着我国经济体制改革的深入和政府职能的转换，国家财政包揽社会事务的格局正被逐步打破，市场机制被逐步引入社会发展中，政府部门取得的各种非税收入也越来越多。全国非税收入相对于全国财政预算内收入的比例逐步提高。但由于相应的法规和监督机制不健全，违规设立收费、基金、集资项目，随意征收和使用非税收入的现象严重，不仅加重了企事业单位和居民的经济负担，扰乱了社会分配秩序，而且还在一定程度上损害了政府的形象。

---

①② 参见叶振鹏：《财政理论与实践》，101 页，北京，中国财政经济出版社，1998。

1. 非税收入审批权限不清、政策不统一

按照规定，行政事业性收费必须由省级以上财政部门会同有关部门审批，重要的报经国务院或省级人民政府批准。各种基金须经财政部门审批，重要的报国务院批准。社会集资要经过县级以上政府及其计划、财政部门批准。但由于缺乏相应的监督处罚法规，一些地方和部门越权设立收费、基金，进行集资的现象愈演愈烈。与此同时，哪一类收费项目应由中央审批，哪一类收费项目应由省一级政府审批，没有明确的政策规定。

2. 非税收入规模失控

改革开放以来，在“放权让利”、默许甚至鼓励政府部门创收的思路导向下，由于利益机制的驱使，一些部门、地区、单位巧立名目、提高标准，使得非税收入不断膨胀。研究资料表明，我国非税收入由 1978 年的 960.09 亿元增长到 2000 年的 4 640.15 亿元，增长了 3.83 倍。我国非税收入规模膨胀的问题突出表现在地方层次。例如，湖南省 2002 年非税收入总额达到 278 亿元，相当于同期地方财政收入的 1.36 倍，而且增长速度也超过地方财政收入，1998—2001 年，该省非税收入分别较上年增长 15.25%、9.22%、13.22%，比同期地方财政收入的增幅分别高出 5.33、3.01 和 6.89 个百分点，比同期各项税收的增幅分别高出 10.55、4.76 和 6.46 个百分点。①

3. 非税收入流失严重

非税收入流失主要包括国有资产收益的流失、政府性收费的流失、特许权收入的流失。

(1) 国有资产收益的流失。一是经营性国有资产收益的流失。2003 年我国国有及国有控股工业企业资产总计 94 519.79 亿元，利润总额 3 836.20 亿元，加上商业、建筑和交通等部门的利润，每年应上缴财政的经营性国有资产收益约为 1 000 亿元，但实际上缴国库的不到 10 亿元。二是非经营性国有资产收益的流失。我国各级各类行政事业单位占有大量的非经营性国有资产，其所带来的收入也应该为国家所有，但目前的现状是非经营性资产谁占有谁受益，大量的非经营性资产的处置收入和实际转为经营性资产后的收益，被实际占有单位所占有和支配。三是资源性国有资产收益的流失。根据有关部门的初步估算，2004 年我国国有土地出让金达 7 000 亿元，而国有矿产资源、水利资源的收益每年也达上百亿元，这些收入几乎都被各部门所占有。② 另外还有很多的矿产、森林、海岸等资源，国家没有依据所有者的身份取得产权收入。

(2) 政府性收费的流失。我国的收费主体多元化、管理政出多门。现行地方收费主体主要有地方财政、交通、国土管理、工商、卫生监督、公安、司法、监察、城建、环保、教育等管理部门，每个部门都有收费名目，而且一个部门收取多种费，同时管理上职权分散、乱收费的现象较为严重。根据财政部综合司的有关数据，尽管经过了多年对收费项目的清理、减并、撤销，2000 年全国性的收费项目仍有 200 多项，2002 年上升为 335 项，每个省的收费项目平均在 100 项以上，其中仍不乏不合理和欠规范的收费项目。这些收费项目大多不受预算约束，导致公共收入大量流失。

---

① 参见贾康：《非税收入规范化管理研究》，载《税务研究》，2005 (4)。

② 参见刘尚希等：《厘清公共财政收入》，载《21 世纪经济报道》，2005-07-03。

（3）特许权收入的流失。频道、航道等的特许经营权属于国家的公共产权，但我国并没有据此取得相应的公共产权收入；我国近年每年发行彩票 400 亿元左右，每年筹集收入 140 亿元左右，这类收入并没有纳入预算管理；邮票发行收入也应是国家的公共收入，这类收入也没有纳入预算管理。由此造成大量非税收入流失。

4. 非税收入分配的利益归属不当

以行政事业性收费为例，行政事业性收费实际上是行政事业单位依法履行行政管理和事业任务职责的“副产品”，收费收入的所有权应属于国家，使用权属于政府，管理权属于财政。但中国的收费制度长期采用谁收费、谁所有、谁享用的方式，即使是在实行了“收支两条线”管理后，收费主体对收费资金的所有权和使用权事实上也没有改变。这不仅导致相当一部分收入的流失，也是收费不断膨胀的根源之一。

11.4.3　加强与规范非税收入管理的思路

按照社会主义市场经济体制发展的要求，国家必须建立科学、合理的收入分配制度，扭转多头参与国民生产总值分配的格局，形成以税收手段筹集政府公共收入，国家财政分配为主，辅之少量必要收费的政府分配体系。但是，社会主义市场经济体制的建立与完善是一个较长的过程，财政状况的根本改善以充分满足政府公共支出的要求，也需要较长时间。由此，非税收入作为政府行政管理和筹集资金的重要手段，还将会在今后相当长的一段时间内存在。问题在于，必须采取有力措施，加强和规范非税收入的管理，使其能够更有效地发挥积极作用，为社会经济发展带来更多的正效应，减少和避免负面效应。

1. 分流归位①

加强对非税收入的规范化管理，需要对非税收入正本清源，区别其不同项目的性质，通过清理整顿实施分类改革，采取不同的处理方式，使之“分流归位”。具体可从以下几方面分别考虑：

（1）应取消的非税收入项目。一是某些政府部门履行管理职能而对管理对象征收的行政管理费，原则上应予以取消。二是制度外收费，即通常所说的乱收费、乱罚款、乱摊派，应坚决予以取缔。

（2）应改为税收的非税收入项目。某些政府性基金和附加收入可纳入现有税种之内或开征新税。如将环保部门的排污费以及污水处理费等统一改为“环境保护税”；将地方用于城市建设的收费、基金、附加等合并到“城市建设维护税”之中；将分散在劳动、民政、人事、卫生等部门的社会保障基金与资金改为统一征收的“社会保障税”等。

（3）继存并加以规范的非税收入项目。实行税费改革后，继续保留的收费大体包括四类：一是政府部门向法人或居民实施特定管理和提供特殊服务所收取的各种证照收费、注册费，如企业注册登记费、护照费、婚姻证书工本费等；二是政府机关为维护国家主权而实施的收费，如海关监管手续费、外交部门的签证费等；三是政府机关或政府授权机构，按照使用者付费原则，向国有资源使用者收取的管理费，如矿产资源补偿费、城市道路占

---

① 参贾见康：《非税收入规范化管理研究》，载《税务研究》，2005（4）。

用费等；四是一些带有惩罚性质的收费（如排污费、海洋工程排污费等收费）以及罚没收入。

(4) 有发展前景的非税收入项目。具体包括国有资产经营收入、国有资产转让收入、土地转让收入、彩票发行收入（公益金）、烟酒转卖收入、特许权收入等。

2. 完善机制，努力构建公共财政框架下政府非税收入管理新模式

在公共财政框架下，按照“统一征管、统筹安排、集中支付、全面监督”的原则，建立非税收入管理新模式。一是统一征管。统一负责收入的征收，加快政府非税收入收缴改革步伐，继续推行和完善收罚缴分离，建立健全政府非税收入征收管理信息系统，提高资金运行效率和透明度，确保政府非税收入全额上缴国库或财政专户，杜绝隐瞒、截留、挤占、坐支和挪用现象发生。二是统筹安排，即将政府非税收入与税收统筹安排使用，实行综合财政预算，彻底解决“两张皮”，真正落实收支脱钩，从根本上解决分配不公、苦乐不均问题。三是集中支付，即将政府非税收入全部纳入国库或财政专户，统一由国库部门管理，实施国库集中支付，统一调度财政性资金。四是全面监督，即健全财政监督、人大监督、审计监督和社会监督机制。

3. 加强法制建设和制度规范建设

为了有效规范行政部门行为，减少随意性，强化监督和加大违规处罚力度，迫切需要将政府非税收入纳入法制轨道。以法律的形式规范非税收入的主体、征收范围、征收原则、征收标准以及收缴双方的权利、义务、法律责任等，用法律规范收缴双方的行为。

当前，有关非税收入管理的规章制度大多是一些政府部门分散或联合发文的决定、办法和通知，法律级次较低，不易协调，实际贯彻执行难以得到充分保障。而且在这些政府文件中，基本上都是以“预算外资金”为管理对象，对非税收入的范畴还没有一个明晰的界定。此外，对违反非税收入规则的事件缺乏明确的责任追究和进行相应处罚或惩治的制度规范，也使得在征收征缴非税收入过程中存在执行不力和违规行为多发等问题。

随着非税收入的概念逐渐得到厘清和普遍运用，建议在时机成熟时，研究起草专门的“非税收入管理条例”，就非税收入的性质、范围、分类、征收管理以及支出规范做出明确的规定。同时，应尽快制定并颁布《行政事业收费管理条例》、《社会集资管理条例》等，使各种非税收入项目管理有法可依，有章可循。

11.5 国债

政府为了履行其职能，必须在取得财政收入的基础上安排好财政支出。但随着国家职能范围的扩大，经常性财政收入——国家税收等，往往难以满足日益增长的财政支出的需要。于是，通过国债来弥补财政收支的“缺口”就成为各国政府的必然选择。

11.5.1 国债的含义

国债是公债的一种。公债，是指政府为了实现其职能，平衡财政收支，增强政府的经济建设能力，按照有借有还的信用原则，从国内或国外筹集资金的一种方式。公债既包括中央政府发行的国家公债，也包括地方政府发行的地方公债。地方公债是地方政府为组织财政收入而发行的，其债务收入和偿还支出在地方财政预算中列明，由地方政府安排调度。我国 1994 年颁布实施的《预算法》明确规定，现阶段我国地方政府一律不得发行公债。

所谓国债，专指中央财政代表中央政府发行的国家公债，包括在境内发行的内债和在境外发行的外债。债务收入和本息偿还在中央财政预算中列明，由中央财政掌握使用和安排。国债具有以下几个方面的特点：

1. 国债是一种信用性质的财政收入，体现着有借有还的信用特征

信用的本质特征是偿还性和付息性。国债作为一种财政收入形式，与税收的重要区别在于：国债是政府运用还本付息的信用方式而取得的财政收入，而税收则是政府凭借公共权力而取得的财政收入。因此，税收在本质上具有强制性、无偿性和固定性，而国债则具有自愿性、有偿性和流动性。

2. 国债以政府为信用主体

信用体系是市场经济的重要组成部分。根据债务人的信用主体的不同，可以划分为民间信用（个人信用）、商业信用、银行信用和财政信用。国债的发行以政府的信用为依托，中央政府按有偿原则，以债务人身份向全社会范围内的法人和自然人借入资金，是政府为了弥补财政收支不平衡而向国内外举借的债务。由于发行国债意味着未来的、扩大了的财政支出，因此，原来的财政收支不平衡状况并未消失，只是从现在转移到了未来的某一时期。

3. 国债作为国家信用的一种重要形式，具有较强的灵活性

所谓灵活性，是指国债发行与否以及国债发行多少，一般完全由政府根据财政资金的余缺情况灵活加以确定，而非通过法律形式预先规定。这种灵活性是国债的一个突出特征。它同税收的固定性特征具有明显的区别。另外，它与国有企业上缴的利润也有很大不同，虽然国有企业上缴的利润随企业的盈亏状况而在数额上有所变动，但一般说来，其上缴比例在一定时期内常常是稳定的，因而也具有比较固定的特征。国债的发行则完全不同，其发行与否或发行多少，并没有一个较为固定的国家法律规定，即它既不具备发行时间上的连续性，也不具备发行数额上的相对固定性，而是何时需要何时发行，需要多少发行多少。正是国债的这一重要特征，使得它与其他财政收入形式互相配合、互相补充，从而具有相当重要的意义。

11.5.2　国债的作用

1. 弥补财政赤字

财政赤字一般是指财政收入小于财政支出即收不抵支的差额。弥补财政赤字的方式一般有三种：其一，增加税收。增加税收可使政府财政收入增加到与财政支出相当的水平，因而是弥补财政赤字的一种重要方式。但税收的增加客观上受经济发展状况的制约，如果因强行提高税率或增设税种而影响了经济的正常发展，使财源枯竭，结果将得不偿失。同时，增税会受到税收立法程序的制约，并且不易为广大纳税人所接受。其二，银行透支或货币发行。通过中央银行增发货币，也是增加财政收入，从而弥补财政赤字的一种方式，但通货虚增的结果是使社会上流通的货币量凭空扩大，很可能引发通货膨胀和本币贬值。因此，一般情况下不会采用。而且，在我国现行的财政金融体制下，财政上发生的赤字，也是不允许向中央银行透支，通过中央银行增发货币的办法来弥补的。其三，发行国债。国债弥补财政赤字的实质，是将本属于企业和个人支配的资金使用权在一定时期内让渡给政府，只是资金使用权的暂时转移，既不会招致纳税人的不满，又不会无端增加流通中的货币总量，还可迅速取得所需资金。同时，国债的认购通常采用自愿原则，只是将社会中的闲散的“游资”集中到财政手中，因此一般不会对经济发展造成不利的影响。

2. 筹集政府投资资金

由于国家实施大规模的经济建设，使国家用于经济建设的资金经常出现不足，为了弥补经济建设资金的缺口，政府发行国债。国债收入用于政府投资，可以增加资本积累，使公共设施和基础设施得到改善，促进产业结构升级和技术进步，加速经济发展的进程。

3. 调节经济运行

调节经济运行是国债本身固有的一个功能。事实上，国债的发行、偿还、使用都会对经济发展、资源配置和收入分配产生调节作用。一般地说，国民经济运行出现问题，归根结底会表现为社会供求的总量失衡和结构失衡。在这种情况下，国家可以运用国债机制，灵活地调节社会的有效需求，改变现存供求方的失衡关系，并引导社会资金流量和流向，有利于社会供求的总量和结构平衡，实现国民经济的稳定发展。例如，在经济衰退时期，政府将国债用于各种公共设施建设，可以提高就业率，扩大有效需求，刺激私人投资，通过财政乘数扩大生产，促进经济的复苏与繁荣。

11.5.3 国债规模及其衡量

国债规模是指国家负债的总水平，通常可用年度国债发行额、国债余额等绝对指标，以及国债依存度、国债负担率、偿债率等相对指标来表示，分别反映当年国债的发行规模、历年国债累计总规模等情况。

1. 影响国债发行量的主要因素

国债作为弥补财政赤字、筹集政府投资资金、调节经济运行的重要手段，在社会经济生活中起着非常重要的作用。但国债的发行受到诸多因素的影响，其发行额不是无限量的。如果国债规模过大，不但难以发挥积极作用，反而会给国家财政和国民经济运行带来负面影响。因此，必须重视对国债规模的控制，而控制的关键又在于把握好国债的发行量。影响国债发行量的因素主要包括以下几方面：

（1）认购者的承受能力。国债的发行对象主要是居民和各个经济实体，认购者的承受能力，当然是指居民和各个经济实体的承受能力。其中居民对国债的认购能力与其收入水平呈正相关关系，而与社会平均消费水平呈负相关关系。在社会消费水平较稳定的条件下，居民收入水平越高，其收入中可以用来购买国债的部分可能就越大，对国债的承受能力也就越强；反之，则越弱。在收入水平一定的情况下，社会平均消费水平越高，则居民收入中用于满足自身消费的份额越大，认购国债的能力越弱；反之，则越强。

各个经济实体的承受能力是指一定时期各企事业单位等经济实体对国债的认购能力。制约这一能力的因素主要有各经济实体自有资金的数量和维持正常积累及兴办各项事业对资金的正常需要量。

（2）政府的偿债能力。政府的偿债能力是指政府作为债务主体对其所借债务还本付息的能力。国债在借入期可以增加财政可支配资金，但其偿还期则要增加财政支出。因此，国债的发行规模必须受政府偿债能力的制约，如果超过偿债能力而过量发行国债，就可能导致政府的债务危机和信用危机。政府的偿债能力通常由GDP和财政收入增长速度两个因素决定。

（3）其他因素。除上述因素外，影响国债发行量的因素还有产业结构与物资供应结构、未来财政预测、国家货币流通情况等。

2. 衡量政府债务状况的指标

目前理论界论证和衡量政府债务状况主要有两种方法：指标法和因素法。指标法是通过一些经济指标和经验数据来评判政府债务的合理规模。国际上通常有四个衡量指标：国债依存度、国债负担率、偿债率和债汇比率。因素法是根据一些影响国债的国民经济因素进行分析。例如，从GDP和货币供给等因素入手分析。[①] 这里，主要说明指标法及其相关计算。

（1）国债依存度。国债依存度是指当年国债发行额占当年财政支出的比重。该指标反映了一个国家的政府以财政支出作为偿债保证的能力大小，实际上体现了一国政府偿还国债能力的程度。用公式表示为：

$$\text{国债依存度}=\frac{\text{当年国债发行额}}{\text{当年财政支出}}\times 100\%$$

（2）国债负担率或负债率。国债负担率或负债率是指国债余额占当年GNP或GDP的比重。这一指标反映国民经济承受债务的压力程度。用公式表示为：

$$\text{国债负担率（负债率）}=\frac{\text{国债余额}}{\text{GNP（或 GDP）}}\times 100\%$$

（3）偿债率。偿债率是指当年国债还本付息额占当年财政收入的比重。这一指标反映一国政府的财政支出中当年偿债的负担程度。用公式表示为：

$$\text{偿债率}=\frac{\text{当年国债还本付息额}}{\text{当年财政收入}}\times 100\%$$

（4）债汇比率。债汇比率是指一国外债余额与外汇储备总额的比率。用公式表示为：

$$\text{债汇比率}=\frac{\text{外债余额}}{\text{外汇储备总额}}\times 100\%$$

通常，外汇储备包括黄金、外币汇票和支票、外国有价证券、外国短期存款以及其

---

① 参见龚仰树：《关于国家债务监督的若干问题研究》，载《财政与金融》，1991（1）。

他由外币表示的债权。国际上一般认为债汇比率保持在 2～2.5 较为合适和合理。

11.5.4 中国国债规模及其分析

1. 中国国债规模的演变与现状

我国自 20 世纪 80 年代初恢复发行国债以来，国债在经济中的地位越来越重要，国债的规模也呈较快增长势头。特别是 1994 年以后，政府国债收入高速增长，成为政府可支配资源的重要组成部分，也是政府调控市场、应对经济周期的重要手段。

1981—1989 年，发行国债主要是为了弥补财政预算资金的不足。1989—1997 年，国债发行的主要目的是弥补预算收支的缺口和归还旧债的本息。

1990 年以后，国债发行中还本付息额明显增加，尽管财政赤字规模有所控制，但国债发行总规模却不断扩大。1998 年以后，由于实行积极的财政政策以应对亚洲金融危机对中国经济的冲击，扩大内需，推动经济增长，国债规模进一步扩大。这一阶段国债规模的演变及衡量国债规模的主要指标见表 11—3。

表 11—3　　中国发行国债以及相关债务指标的大致情况

年份	债务（亿元）	财政支出（亿元）	GDP（亿元）	债务依存度（%）	当年国债负担率（%）
1980	43.01	1 228.83	4 517.8	3.5	0.95
1985	89.85	2 004.25	7 171.0	4.48	1
1990	375.45	3 083.59	18 547.9	12.17	2.02
1993	739.22	4 642.3	34 634.4	15.9	2.13
1994	1 175.25	5 792.62	46 759.4	20.29	2.51
1997	2 476.8	9 197.06	74 462.6	26.95	3.37
1998	3 310.93	10 798.18	78 345.2	30.66	4.23
2000	4 180.1	15 886.5	89 403.6	26.31	4.68
2001	4 604.00	18 902.58	78 345.2	24.36	4.73
2002	5 679.00	22 053.15	89 403.6	25.75	5.4
2003	6 153.53	24 649.95	97 314.8	24.96	5.29
2004	6 726.28	28 360.79	105 172.3	23.72	6.40
2005	7 042.00	33 708.12	117 251.9	20.89	6.01
2006	6 352.12	40 422.73	216 314.4	15.71	2.94
2007	19 545.67	49 781.35	265 810.3	39.26	7.53
2008	26 391.17	62 592.66	314 045.4	42.16	8.40
2009	59 736.95	76 299.93	340 902.8	78.29	17.52
2010	71 410.8	89 874.16	401 512.8	74.54	16.68
2011	71 410.8	109 247.79	473 104.0	65.37	15.09
2012	76 747.91	125 952.97	519 470.1	60.93	14.77

资料来源：中华人民共和国国家统计局编：《中国统计年鉴 2013》，北京，中国统计出版社，2013。

2. 对近年我国国债规模的分析

从 1998 年开始，我国实行以发行长期建设国债、增加政府投资为核心内容的积极财政政策。至 2005 年，7 年累计发行长期建设国债 9 100 亿元，有效扩大了国内投资需求，遏制了通货紧缩趋势，保证了国民经济持续快速增长，建成了一大批重大基础设施项目，办成了一些多年来想办而未办的大事。

在这一过程中，我国的国债运行也出现了一些新特点。一是政府债务规模不断扩大，中央财政债务依存度过高。国际上一般认为财政债务依存度不能超过 20%，但从表 11—3 可以看出，按照我国财政统计口径计算，1994 年以后，我国绝大多数年份的财政债务依存度都高于 20%。二是尽管国债负担率仍在国际公认的安全线之内，但不能掉以轻心。国债负担率是指债务余额占 GDP 的比重。国际上一般认为债务负担率不应超过 45%，但经济发达国家承受的比例可高一些，如《马斯特里赫特条约》规定，欧盟成员国政府债务负担率不得超过 60%。从实际运行看，发达国家和发展中国家的这一指标均在 30%和 50%之间。从表 11—3 可以看出，1980—2007 年，我国当年国债负担率都在 8%以内，要比发达国家低许多。但是，在分析这一问题时，以下几个因素是必须考虑的：第一，发达国家的财政收入占 GDP 的比重多在 40%和 50%之间，大部分发展中国家预算集中率也在 25%和 30%之间。而我国在经过几年的恢复性增长后，2005 年财政收入也只达到 GDP 的 17.3%，因此我国国债负担率的警戒线肯定应该低于其他国家。第二，我国在社会经济体制改革过程中，正在有越来越多的所谓“隐性债务显性化”。有专家推算，如加上财政欠发工资、粮食企业亏损挂账、国有金融机构不良信贷资产、养老保险欠账等隐形和或有负债，中国政府的实际国债负担率可能超过 100%。[①] 第三，近几年我国国债负担率增长过快，已大大超过正常财政收入的增长速度。第四，国债负担率只反映一般社会成员对国债负担的感受。即使国债负担率低，也只是表明社会经济应债能力较强，并不说明国家有足够的清偿到期债务的能力，也不能说明国家财政不存在国债风险和财政风险。

综上所述，我国国债负担过重，国债风险已露端倪，是不容争辩的事实，我们不应以某些指标尚未超过国际上的警戒线、国债负担率不高等来作为我国不存在国债风险和财政风险的借口，必须认真分析国债负担过重的原因，找出降低国债负担、缓解国债风险和财政风险的对策。

本章小结

在市场经济条件下，财政收入不仅是政府筹集资金满足社会公共需要和提高人民生活水平的重要途径，而且是政府实现经济职能、调节生产、引导消费、协调产业结构、促进社会经济稳定发展的重要调控手段。财政收入的分析可以从多个角度进行，如财政收入的形式、财政收入的来源、财政收入的规模和结构等。本章主要对财政收入的来源和结构进行分析，目的在于寻求增加财政收入的途径并加强对财政收入的管理。

关键术语

财政收入　　财政收入结构　　财政收入规模　　非税收入

---

① 参见武彦民等：《对我国国债风险的理论分析和现实解剖》，载《财政研究》，2002（4）。

复习思考题

1. 影响财政收入规模的因素主要有哪些?
2. 如何理解“费改税”?
3. 如何规范我国非税收入管理?

阅读材料

未来十年老龄化对发达国家影响超过金融危机

英国《金融时报》2009年4月9日发表署名文章指出，虽然金融危机是目前全球头等大事，但长期来看，老龄化社会对发达国家的影响会更大。

在许多国家，由于退休开始向中年人口大军招手，政府一直面临着成本高昂的人口结构转型。如今的金融危机只会使前景更加黯淡。一旦经济走出衰退，各国将致力于缩小不断扩大的财政赤字，同时避免导致产出进一步萎缩。它们还需为膨胀的国债付息。国际货币基金组织（IMF）估计，从2007年至2014年，二十国集团（G20）中工业化国家的平均国债负担率（国债与GDP之比）将上升至近25%。

这是一项沉重的负担。但到2050年，这场危机的成本最多只会有人口老龄化带来的财政成本的5%。IMF指出：“虽说这场危机造成了庞大的财政成本，但至少在发达国家，长期财政偿付能力面临的主要威胁仍来自不利的人口变化趋势。”因事故或疾病而早逝的人有所减少，退休者依靠养老金生活的日子也更为长久。然而，发达国家出生率普遍很低，导致照料老人的子女减少，纳税供养老年人的劳动人口下降。许多国家的官员在谈到老龄化时，往往避而不谈问题的紧迫性。他们谈得更多的是40年内老龄化对世界的影响，而非10年内问题的严重性。然而，人口现象可能会在短期内对社会造成重大影响。

第二次世界大战结束后，许多发达国家迎来了一个出生高峰期，俗称“婴儿潮”。那时出生的人正大批退出劳动市场，开始申领养老金，这让养老问题日益严峻起来。例如，英国政府预计到2017—2018年，老龄化每年带来的额外成本将达到GDP的1.6%。增加的相关开支相当于为国债负担率上升37%偿付利息。而金融危机和经济衰退预计将使国债负担率上升29个百分点。在法德美等国，经过长期的相对平静后，人口成本在未来10年将突然恶化。据联合国估计，在发达经济体中，仅仅在未来10年，劳动人口与养老金领取者的比率将从4.3降至3.4。

一些国家情况更严峻。欧洲还要过20年才会达到日本如今的人口老龄化程度，其他东亚国家正纷纷争取在国民老到不能工作之前变得富有。韩国现状良好，适龄劳动人口与养老金领取者的比例为6∶1。但由于出生率大幅下滑，到2050年，韩国将成为地球上人口最老的国家之一。

减轻老龄化问题是有可能的。许多国家正在修改劳动法，延长国民的工作年限。然而，最新一轮公共债务的暴增将加剧老龄化的影响，而老龄化一向都是代价高昂的。总之，未来 10 年内，老龄化问题将使纳税人的日子更加艰难。

资料来源：［美］克里斯·库克：《未来十年老龄化对发达国家影响超过金融危机》，见中国新闻网，2009-04-09。

第12章

中国政府的财税制度

重点问题

- 1994 年分税制改革
- 政府间财政转移支付制度
- 中国财税制度改革趋势

12.1 中国税收制度的演变

中国的税收制度根据各个历史时期政治经济形势和经济体制发展变化的要求，经历了一个不断完善的过程。这一过程大体上可以划分为以下几个阶段：1950—1978 年建立新中国税制，调整、修订以及简化合并税制阶段；1979—1993 年社会主义建设新时期以“利改税”为核心，全面改革税制的阶段；1994 年开始的适应社会主义市场经济体制要求，建立规范化的分税制阶段。

12.1.1 1950—1957 年的税制

1. 1950 年统一全国税制，建立社会主义新税制

早在民主革命时期，在各革命根据地和老解放区，随着革命政权的建立，就建立了相应的税收制度。当时的税收，主要是适应党的工作重点在乡村的情况，按照当时党的阶级政策和经济政策的要求，实行了合理而又简化的农业税，以及对进出根据地的货物征收的进出口税。此外还对根据地工商业征收较轻的营业税等。

1949 年新中国成立后，党和政府面临着国民党政府遗留下来的通货膨胀和巨额财政赤字，可供选择的经济政策只能是发展生产，增加税收。而在当时税制混乱、苛捐杂税严重的情况下，统一全国税收、建立新税制成为新中国成立后财政经济工作中一项紧迫而重大的任务。为此，1949 年 11 月，中央人民政府召开了首届全国税务会议。这次会议制定并通过了《关于统一全国税收的决议》、《全国税政实施要则》和《全国各级税务机关暂行组织规程》三个税收文件，明确规定了新中国的税收政策、税收制度和税务组织机构等一系列关于税制建设的重大原则问题，并于 1950 年 1 月由政务院公布实施。在这三个文件中，《全国税政实施要则》是新中国成立后颁布的最重要的税收文件。《全国税政实施要则》规定，全国除农业税外，统一征收 14 种税，即货物税、工商业税、薪给报酬所得税、存款利息所得税、盐税、关税、印花税、交易税、遗产税、房产税、地产税、屠宰税、特种消费行为税、车船使用牌照税。全国统一征收的这 14 种税，奠定了我国统一的新的税制体系的基础，初步建立起了一个多税种多环节征收的复合税制体系。这一新税制的特点是实行多种税、多次征的复合税制。其结构是以流转税为主体，其他税种相互配合的税制体系，在一定程度上适应了我国国民经济恢复时期的经济发展要求和财政需要，同时也适应了当时经济上的多种经济成分和多种经营方式同时并存的局面。

2. 1953 年的税制修订

1952 年底，我国胜利完成了国民经济恢复的任务，开始进入第一个五年计划时期。为使税收制度适应经济结构、经营方式等方面发生的重大变化，国家决定从 1953 年 1 月 1 日起对原有的税制进行修订，包括以下内容：

（1）试行商品流通税。该税是从原来征收货物税的品目中划分出 22 个品目，将原来在生产和流通各环节征收的货物税、工商营业税及其附加以及印花税简化合并成的一种税，实行从生产到消费的一次课征制。未实行商品流通税的货物，仍按照有关规定分别征收货物税、工商营业税及其附加、印花税。

（2）修订工商业税。将工商业应纳的营业税、印花税以及营业税附加并入营业税内征收，并相应地调整了营业税税率。

（3）修订货物税。主要是调整货物税的税目、税率。

（4）其他税的修订。主要包括：调整印花税税目；取消棉纱流转税，将其并入商品流通税；屠宰商应缴纳的印花税、营业税及其附加，均并入屠宰税征收；等等。

这次税制修订，对于适应当时的经济发展，保证国家财政收入，起过积极作用。但在当时多种经济成分并存的条件下，正需要发挥税收的调节与监督作用，而在税制调整中，过分地强调简并税种，集中税收负担，给经济发展和税收监管带来了一定的消极影响。

12.1.2　1958—1978 年的税制改革

1. 1958 年的税制改革——建立工商统一税和统一全国农业税

1956 年，我国基本上完成了对农业、手工业和资本主义工商业的社会主义改造，社会经济结构发生了重大变化，所有制已经变得相当单一。原来在多种所有制并存条件下建立起来的税制，这时已显得很不适应。为此，我国于 1958 年进行了重大税制改革。1958 年 9 月，根据“基本上在原有税负基础上简化税制”的方针，对工商税收制度进行了改革。这次改革的主要内容是：把原来的货物税、商品流通税、营业税、印花税加以合并，试行工商统一税。实行从产到销两次课征制，工业产品在工业销售环节课征一道税，农产品在采购环节课征一道税，进口货物在进口环节课征一道税，上述产品在商品零售环节再课征一道税，取消批发环节的征税。同时，还简化征税办法，其计税依据一律按实际销售价格计税，改变了税负与实际销售收入脱节的现象，并减少对“中间产品”的征税，征收中间产品税的由原来的 26 种产品减少为棉纱、酒、皮革等 3 种产品。与此同时，还对农业税制进行了改革。1958 年 6 月，全国人大常委会通过并发布了《中华人民共和国农业税条例》，从此，在全国范围内统一了农业税制度。

1958 年以后到 1973 年之前，我国的税制还进行了一些改革：1959 年停征了利息所得税；1962 年经国务院批准开征了集市交易税，1964 年又暂停征收，保留税种；1966 年停征文化娱乐税。此外，这一时期还在一些国营企业进行了“税利合一”的试点。所谓“税利合一”是指对国营企业停止征税，把应上缴的税收合并到利润内，只向国家上缴利润。“税利合一”的实质是取消收税，不仅在思想上造成了混乱，而且在实践中产生了很大危害。

经过 1958 年以来的税制改革，我国保留了 11 个税种，即工商统一税、工商所得税、关税、盐税、农（牧）业税、城市房地产税、车船使用牌照税、牲畜交易税、屠宰税、集市交易税（保留税种）、契税。

这次税制改革曾起到一定的积极作用，工商统一税在保证财政收入方面发挥了重要的作用；农业税制改革结束了我国长期以来农业税不统一的历史，对于巩固和发展农村集体经济、促进农业生产，起到了重要作用。但这次税制改革过分强调税制简化，而且在一定程度上受到“非税论”思想的影响，使税收在调节经济方面的杠杆作用受到了较大限制。

2. 1973 年的税制改革

“文化大革命”期间，在“左”的思潮影响下，政府认为原来的工商税制税种过多，税目、税率复杂，一个企业同时缴纳几种税，征收办法烦琐，不利于企业的经济核算。在这种背景下，1973 年又对工商税制进行了一次较大规模的改革。这次税制改革的核心内容是实行工商税、即把企业原来缴纳的工商统一税及其附加、城市房地产税、车船使用牌照税、屠宰税、盐税等合并为工商税。实行工商税后，税目由原来工商统一税 108 个减并为 44 个，税率由 141 个减并为 82 个，实际不同税率为 17 个。对少数税率作了调整。多数企业可以简化到只适用一个税率。同时简化征收办法，主要是废除许多在当时被认为是不合理的烦琐的征税办法。在统一税收政策的前提下，把一部分税收管理权限下放给了地方。

经过这次改革，除农业税外，我国实际只开征了 8 种税，即工商税、工商所得税、城市房地产税、车船使用牌照税、关税、契税、牲畜交易税、屠宰税。改革后的税制与改革前的税制相比，税制体系、结构并没有发生大的变化。但是，企业缴纳的税种大大减少。国营企业只征一种工商税，集体企业只征工商税与工商所得税两种。经过 1973 年税制改革，我国的税制结构已从复税制基本转向单一税制，税收在很大程度上只作为筹集财政资金的一种形式，其他作用与职能基本消失。

12.1.3 1979—1993 年的税制改革与演变

1978 年以后，我国从农村开始到城市，逐步进行了经济体制改革。随着经济体制改革的深化和对外开放的发展，经济领域发生了极其深刻的变化，这成为税制改革的主要背景。1979 年起，以两步利改税为中心，对税收制度采取了一系列的改革措施，逐步建立了以间接税为主体，配合其他税种的多层次、多税种、多环节的复合税制体系，税收管理得到加强。改革主要包括以下内容：

1. 1978 年底到 1983 年 4 月为税制改革的起步阶段

为了适应新时期进行社会主义现代化建设的需要，1978 年底有关部门开始酝酿工商税制改革的问题。1981 年提出了税制改革的总体设想，主要是调整若干税制规定，开征若干新税种。税制经过一系列的变动后，初步建立涉外税制，试行增值税，并改进了一些税种。

2. 1983 年至 1984 年进行的两步利改税

所谓“利改税”，是指国有企业利润上交财政形式的一种改变，把过去由企业向国家上缴利润的分配形式，改为国家征税的分配形式，由企业按照国家规定的税种及税率缴纳税金，税后利润完全归企业支配，逐步把国家与国有企业的分配关系，采用税收形式固定下来。利改税分两步进行：第一步利改税的主要内容是，凡有盈利的国营大中型企业（包括金融保险组织），均按 55%的税率缴纳所得税。税后的利润，除按国家核定的留利水平留给企业外，其余部分可根据企业的不同情况，分别采取递增包干上缴、固定比例上缴、定额包干上缴和缴纳调节税办法上交国家。凡有盈利的国营小型企业，均按八级超额累进税率缴纳所得税。税后利润归企业自行支配，自负盈亏。但对税后利润较多的企业，国家可收取一定的承包费。第二步利改税是在第一步利改税的基础上，对国有企业税利两种缴纳形式并存，逐步向完全以税代利过渡，最终采用税收一种形式对企业利润进行分配的过程。其主要内容是，将原来实行的工商税按性质划分为产品税、增值税、营业税、盐税。同时，把产品税税目划细，并适当调整税率。对某些企业开征资源税，以调节由于自然资源和开发条件的差异而形成的级差收入，有效地管理和利用国家资源。对国营大中型企业按 55%的比例税率缴纳所得税，税后利润超过合理留利水平的还要征收调节税；对国营小型企业按新八级超额累进税率缴纳所得税，并适当放宽小型企业的划分标准，使更多的企业按新八级超额累进税率缴纳所得税。

利改税的实施是国家与企业分配关系改革的一个重大突破。这一改革试图通过较为规范的税制来明确国家与企业的经济关系，从而将国有企业作为独立的商品生产经营者纳入所得税纳税人的行列，为扩大企业自主权、创造企业间大体平等的竞争环境提供了条件。两步利改税改革目标明确，总的说来是成功的。①

利改税作为一种税制改革的探索，也存在一些问题。一是利改税企图用单一的税收形式完全取代利润分配形式，混淆了社会主义国家所具有的两种身份和两种权力。二是利改税保留了税前还贷的做法，使企业和银行都不承担基本建设投资的经济责任和风险，共吃国家“大锅饭”，这种做法不仅减少了财政收入，也影响了所得税的调节功能。三是在推行国有企业利改税后，又相继建立了集体企业所得税、城乡个体工商业户所得税和私营企业所得税。不同经济成分的所得税，税率不统一、税负不平衡，引发了许多消极现象，使

---

① 参见杨之刚：《公共财政学：理论与实践》，289 页。

税收应有的功能和作用没有很好地发挥出来。

3. 1985 年至 1993 年的税制调整与改革

在两步利改税的基础上，从 1985 年开始，又陆续对税制进行不断调整与改革。改革的内容包括：改革一些原有的税种，开征一些新的税种，统一涉外企业所得税，全面改革关税制度，公布了统一的税收征管法，等等。

12.1.4 1994 年税制改革的提出

上一阶段的税制改革在保证财政收入和调节经济方面都发挥了积极作用，但也存在许多不足，主要表现为：

(1) 企业所得税按不同所有制企业分别设置税种，税率不一，优惠各异，地区之间政策有差别，造成税负不公平，不利于企业在市场中开展平等竞争。同时，流转税税率档次过多，高低差距很大。

(2) 国家与企业的分配关系不规范，名义税率高，实际税率低。同时，内外资企业实行不同的两套税制，导致企业间相互攀比，矛盾日益突出。

(3) 中央与地方的税收管理权限划分不够合理，地方税收收入规模过小，不利于调动地方的积极性。

(4) 有关个人所得税、个人收入调节税、城乡个体工商业户所得税的法律法规不统一、不规范，不利于发挥税收调节社会收入分配的作用。

出现上述现象的原因有很多，但最根本的原因是我国在 20 世纪 80 年代还没有明确经济体制改革的总体目标，从而导致税制改革总体目标不明确，不知道我国究竟应当建立什么样的税制结构和税收体系。

1992 年，党的十四大确立了建立社会主义市场经济体制的改革战略目标，党的十四届三中全会通过的《中共中央关于建立社会主义市场经济体制若干问题的决定》确定了税收设计的指导思想、原则和基本要求，“一是把现行地方财政包干制改为在合理划分中央与地方事权基础上的分税制，建立中央税收和地方税收体系”，“二是按照统一税法、公平税负、简化税制和合理分权的原则，改革和完善税收制度”。根据这一部署和规划，1994 年 1 月 1 日，我国税制又进行了结构性的改革和调整。这次改革涉及面广、力度大、内容全面深刻，是建国以来我国税制建设中一个重要的转折点和里程碑。

12.2 1994 年中国税收制度改革

12.2.1 税制改革的必要性

党的十四大明确提出，我国经济体制改革的目标是建立社会主义市场经济体制。在市场经济条件下，不仅要求政府为企业提供公平的纳税条件，而且国家对企业的直接管理也将转变为间接管理，政府部门不再直接干预企业生产和经营的具体事务，而主要是通过经济杠杆来调节、引导、规范企业的经营活动。在市场经济条件下，作为主要经济杠杆之一的税收制度，必须是统一、公平、高效和规范的。因此，建立和发展社会主义市场经济需要对税制作出相应的改革。具体来说，表现在以下几个方面：

1. 适应新型的市场经济体制的要求

发展社会主义市场经济，要求统一税法，以促进统一市场的形成；要求公平税负，为各类企业创造平等竞争的市场环境；要求进一步规范国家与企业的分配关系，使企业成为真正的市场主体；要求充分发挥税收在资源配置中的积极作用。

2. 进行宏观调控的要求

宏观调控是国家为了保证国民经济快速、协调、健康发展，采取经济的、法律的、行政的等手段对经济运行施加影响，适当干预，这是当代市场经济国家的普遍做法。税收是宏观调控的主要手段之一，由于在原有税制中存在以企业所有制性质分设税种、税收优惠等不规范问题，影响了税收宏观调控作用的充分发挥，因而，必须改革税制，建立一套完善的适应国家宏观调控的新税制。

3. 对外开放与国际经济接轨的要求

开放的市场经济强调把国内经济与国际经济联系在一起，逐步建立统一的国际市场活动。与此相适应，我国的税制也要与国际惯例衔接，按照公平税负的原则和操作上的方便性，根据国际市场的总趋势和税负水平，建立内外资企业统一的、规范化的税收制度，不致因税制问题影响我国市场与国际市场的接轨，影响国内外市场自由对接与交流。

4. 理顺分配关系的要求

我国原有的分配关系，包括国家与企业的分配关系、中央与地方的分配关系，既不合理，也不规范。因此，建立一个科学合理的税制不仅非常重要，而且十分紧迫。它有利于从法律的角度正确处理各方面的经济关系，调动各方面的积极性，从而促进经济的发展。

12.2.2　1994 年税制改革的指导思想与目标

1994 年税制改革的总的指导思想是：统一税法，公平税负，简化税制，合理分权，理顺分配关系，规范分配方式，保障财政收入，建立与社会主义市场经济相适应的税收体系。其改革目标是：

1. 建立能保证适度税收水平的税收模式

税收收入适度是指税收收入水平既能保证满足履行政府职能的要求，同时又不损害税源、影响经济的发展。税收收入水平过低，政府的职能就不能很好实现，对经济的调控能力也会受到影响。税收收入水平过高，则会扭曲市场机制，导致社会资源的不合理分配和国民经济的不健康发展。

2. 建立税收负担较为公平的税收制度

针对过去税制不统一的情况，1994 年的新税制尽量采取一视同仁的原则来设计税目和税率，通过统一企业所得税和完善流转税，使得各企业之间税负大致公平，为企业在市场中进行平等竞争创造条件。

3. 简化、规范税制

取消与经济发展不适应的税种，合并重复设置的税种，开征一些新税种，实现税制的简化与合并。

4. 建立较完善的税收立法体系

税收环境是否有利于税收，其根本标志是税收法律是否规范和完备。未经立法程序的税收，其效力会受到影响和限制。参照国际惯例，税种的设计、税率的选择只有以法律的形式加以规范，才能满足市场经济发展的要求。

12.2.3 税制改革的主要内容

1. 流转税的改革

按照公平、中性、透明和普遍征收的原则，建立内外资企业统一的流转税制。改革的基本模式是建立以增值税为主体，增值税与消费税、营业税相配套的税制格局。确定在生产和流通环节普遍征收增值税，在此基础上选择少数产品再征收一道消费税，对提供劳务、转让无形资产和销售不动产的经营活动保留征收营业税。改革后的流转税由增值税、消费税和营业税组成，统一适用于内、外资企业，取消对内资企业征收的产品税和对外商投资企业、外国企业征收的工商统一税。

2. 所得税的改革

所得税的改革包括企业所得税和个人所得税两部分。企业所得税改革分两步走：第一步是统一内资企业所得税，相应取消国有企业所得税和私人企业所得税。第二步是建立内外资企业统一的所得税制度。在统一内资企业所得税的基础上，再选择适当的时机统一内外资企业所得税，建立全国统一的企业所得税。个人所得税改革是把原个人所得税、个人收入调节税和城乡个体工商业户所得税合并，建立统一的个人所得税。

3. 其他税种的改革

开征土地增值税、证券交易税、遗产税；改革城市建设维护税、房产税、城镇土地使用税和车船使用税；撤并、调整其他一些零星税种，包括取消集市交易税、牲畜交易税、奖金税和工资调节税，将盐税并入资源税中，将特别消费税和烧油特别税并入消费税；下放屠宰税、筵席税；等等。

以上改革内容全部到位以后，我国的税收将由原来的 32 种（不包括特别消费税和对涉外企业及外籍人员征收的工商统一税、城市房地产税、车船使用牌照税）减少到 22 种。分别是增值税、消费税、营业税、关税、资源税、企业所得税、个人所得税、外商投资企业与外国企业所得税、农业税、土地增值税、土地使用税、耕地占用税、固定资产投资方向调节税、城乡维护建设税、印花税、契税、车船税、房产税、证券交易税、遗产税、屠宰税、筵席税。1994 年税制改革时，上述 22 个税种中，证券交易税和遗产税尚未开征。

12.2.4 1994 年税制改革的主要成功之处

1994 年税制改革，是新中国成立以来规模最大的一次改革。经过这次税收制度全面的、结构性改革，一个适合我国国情和符合国际惯例的规范、科学、合理的税制体系初步建立并逐步完善。新税制适应社会主义市场经济的要求，向着“统一、规范、公平、高效”的税收环境迈出了关键性的一步，同时也推进了我国经济体制市场化的进程，对促进社会经济改革起到了积极推动作用。

1. 初步建立了适应社会主义市场经济发展的税收体系

此次税制改革，在间接税方面统一了税法，采取了统一的内外资企业流转税制，同时扩大了增值税的适用范围，并严格规范了政策性减免税，为各类企业站在同一条起跑线上公平竞争创造了良好的税收环境。

在间接税方面，改革后的内资企业所得税制度，根据国家社会管理者和国有资产所有者的双重身份和职能，初步理顺了国家与企业的税收分配关系。个人所得税的改革简化和规范了对个人所得的课税制度，征税范围有所扩大，为调节个人收入差距、缓解分配不公创造了条件。

2. 促进了国民经济的发展

新税制有效地促进了国民经济的持续、快速、健康发展，在推行新税制后的1994—1997年，国内生产总值大幅度增长，同时并没有引起经济的较大波动和社会的震荡，这在世界税制改革和经济发展史上都是罕见的。

3. 加强和提高了中央政府对经济运行的宏观调控能力

此次税制改革，统一了税收政策，将主要税权和大部分税收收入集中到中央政府，不仅实现了税收收入的高速增长，而且加强和提高了国家对国民经济的宏观调控。据统计，1994—1996年，全国工商税收年均增长25.3%，年均增收957亿元。1997年，工商税收创出历史新高，达到7 548亿元，比1996年增长了17.2%，增收1 114亿元。

4. 加快了中国税收与国际税收惯例接轨的进程

此次税制改革，注重借鉴市场经济发达国家和与我国国情相近的发展中国家的税制改革经验，遵循国际惯例，使新税制在符合我国国情的基础上，与国际税制开始接轨。同时，新税制及其管理办法与国际通行的做法更接近，税制趋于规范、简化、公平，逐步符合国际惯例，税收的职能和作用得以加强。[①]

在上述改革的基础上，近几年我国又开始了新一轮税制改革：

新一轮税制改革，始于2003年10月召开的党的十六届三中全会通过的《中共中央关于完善社会主义市场经济体制若干问题的决定》第20条款，提出了“简税制、宽税基、低税率、严征管”的税收改革原则，按照这一原则，我国税制已进行了11年的改革，有的改革目标已经实现。

2003年，完善出口退税制度；2004年，启动消费型增值税试点；2006年，废止《中华人民共和国农业税条例》，新开征烟叶税，废止《中华人民共和国屠宰税暂行条例》，调整消费税政策，调整个人所得税工资、薪金所得费用扣除标准；2007年，实施新的《中华人民共和国车船税暂行条例》和《中华人民共和国城镇土地使用税暂行条例》；2008年，实施新的《中华人民共和国企业所得税法》，实现了内外资企业所得税税率统一，并实施新的《中华人民共和国耕地占用税暂行条例》；2009年，实施新的《中华人民共和国增值税暂行条例》、《中华人民共和国消费税暂行条例》和《中华人民共和国营业税暂行条例》，增值税转型改革在全国全面推开；2010年，国务院批复《关于2010年深化经济体制改革重点工作的意见》，对深化财税体制改革进行了重点部署，包括资源税、房产税和环境税改革，统一内外资企业和个人城市维护建设税、教育费附加制度，研究实施个人所得税制度改革和完善消费税制度；2011年，经国务院批准，财政部、国家税务总局联合下

① 参见金人庆：《领导干部税收知识读本》，68页。

发《营业税改征增值税试点方案》，此外，调整个人所得税，由九级累进税率改为七级累进税率；2012 年，在上海交通运输业和部分现代服务业开展营业税改征增值税试点，至此，货物劳务税收制度的改革拉开序幕；2013 年，财政部、国家税务总局发布《关于在全国开展交通运输业和部分现代服务业营业税改征增值税试点税收政策的通知》，对在全国范围内开展交通运输业和部分现代服务业“营改增”试点工作做出规定，“营改增”范围推广到全国试行；2014 年，国务院决定，将铁路运输和邮政服务业纳入“营改增”试点，至此交通运输业已全部纳入“营改增”范围，6 月，将电信业纳入“营改增”试点范围。

12.2.5 我国现行税制存在的主要问题与进一步改革的思路①

1. 我国现行税制存在的主要问题

（1）税制结构不合理。在我国现行税制体系中，直接税占比低而间接税占比高，两者间的配置不均衡。经过多次税制改革，我国已经形成了以货物与劳务税、所得税为主体，以资源税、财产税、行为税为辅助税种的多层次、多环节的复合税制体系。但是，从主体税种的数量上看，我国货物与劳务税比重过大，所得税特别是个人所得税比重偏低，辅助税种数量过多，税制呈“主体不主，辅体过繁”的格局。

（2）税种设计不完善。1994 年税制改革后，中国的税制结构已经趋于简化和合理，但是税种近似、交叉与缺位等问题仍然存在。财产税主体税种缺乏，现行财产税的课税对象如房产、车船等，在居民财产保有量中比重过小，财产税没有触及居民财富的主体部分，致使调控力度极为不足。环境保护类税种缺失，与我国的经济发展方式转轨、可持续发展模式的要求极不相符。民生保障类税种乏力，对民生保障难以起到应有的作用，需要开征新的税种。

（3）部分税种调节收入分配的职能未充分发挥。目前我国实行的分类个人所得税制，难以体现公平税负、合理负担的原则。个人所得税的税收收入主要来源于工薪阶层，来源于高收入者的比例很低，没有真正起到调节社会收入分配不公的作用。税收调控的范围和程度不能适应生产要素全面进入市场的要求，面对房地产业、证券业和新兴产业的发展，还没有相应的税收对策，税收对土地和资本市场等领域的调节作用微弱。

（4）地方税体系建设滞后。一是总量结构失衡。2009 年，全国税收收入 63 104 亿元，其中中央税收入 39 325 亿元，占 62.3%，地方税收入仅占 37.7%。二是增量结构失衡。自 1994 年实施分税制财政体制以来，年均增长量比重中，中央级占 62.6%，地方仅占 37.4%。三是管理体制不完善。税种划分不合理，税源相对集中稳定、征管相对便利、收入充足、增收潜力较大的税种，大多列为中央税、中央与地方共享税，而留给地方的大多是税源分散、征管难度大、征收成本高和收入不稳定的小税种。四是中央和地方的税政管理权限划分不规范，税权过多集中于中央，不利于地方政府健全财力与事权相匹配的财税体制，也不利于地方政府利用税收杠杆调控区域经济。

（5）税收立法与税收职能不相匹配。我国税制经历多年的改革发展，其收入职能逐步得到巩固和稳定，但其调节调控与监督功能的发挥明显不够。这种重收入轻调控的状况，

① 参见程瑜：《深化我国税制改革的路径选择》，载《税务研究》，2010（10）。

难以满足经济转型对税收调控的需求，其矛盾源于现行税收立法。一是税收立法缺乏协调性。当前尚未建立起由税收基本法统率，实体法与程序法相协调，各层次税收法律法规相一致的有机体系，难以担负调控和监督宏微观经济运行，维护社会公平的重任。二是税收立法层次偏低，条例、暂行性条例、规章、临时性政策过多，导致税收执法总体上偏软，造成税法的内在统一性和稳定性不强，给税收征管及税收功能发挥带来根源上的制约。三是地方税收立法权缺乏应有的制度安排。虽然在分税制下安排了转移支付制度，但地方几乎没有任何政策制定的权力，如税收立法权，使得地方在地方税方面缺乏应有的灵活性。

2. 构建有利于科学发展的税收制度的目标和基本思路

构建有利于科学发展的税收制度是党的十七大所确定的税制改革基本方向，是科学发展观应用到税收领域的具体实践。深化税制改革，必须构建有利于科学发展的税收制度的目标，按照社会主义市场经济体制的要求，在货物与劳务税和所得税双主体并重，其他税种辅助配合的税制结构基础上，建立一个能适应经济波动，并进行有效调节，体现国家产业政策，促进国民经济可持续发展和满足国家财政正常性需求的税收制度体系。

围绕这个目标，“十二五”及今后一段时间，构建有利于科学发展的税收制度的基本思路应该是：以科学发展观为统领，继续坚持“简税制、宽税基、低税率、严征管”的原则，建立健全税收制度，优化税制结构，公平税收负担，规范收入分配秩序；继续稳定和加强税收的收入功能，充分发挥税收在筹集国家财政收入中的主渠道作用，为经济发展提供强大的财力支持；“十二五”期间实现税收收入占 GDP 的 25%，税收收入占财政收入的 90%以上的目标；进一步优化税收结构，实现直接税占比达 30%以上，货物与劳务税降到 55%以下的目标；统筹税费关系，按照“正税清费”的原则，分类规范收费及基金管理；坚持市场化改革取向，营造公平、高效、规范的税收制度环境，对各类企业实行无差别化的税收优惠待遇，激发市场活力，同时加快地方税收体系建设，按照财力与事权相匹配的原则，科学安排中央与地方的税种分享比例，赋予地方政府一定的税收权限，增强地方政府提供基本公共服务的保障能力；进一步健全、规范税收法制建设，提升税收立法质量和水平；更加注重税收的经济功能，充分发挥税收政策的作用，使之与财政支出政策、货币政策相互协调，更好地发挥其宏观调控作用，促进国民经济持续健康发展。

3. 进一步改革的方向

依据我国经济发展方式转变对税制提出的新要求，以及国际金融危机的影响，税收制度的改革将围绕以下方面展开：

（1）经济发展方式的转变。服务业“营改增”，有利于消除重复征税，调整税收结构，促进产业结构的优化升级；消费税征税制度的改革，可以达到引导消费需求、调节收入分配和保护资源的目的；所得税税率的下调，一方面可以提升民族企业的国际竞争力，另一方面可以缓解中小企业的资金压力。此外，对于一些创新性企业的税收优惠，则有利于提升我国的创新能力。

（2）调节居民收入，促进社会公平。调高个人所得税的起征点，可以提高低收入阶层的收入水平，保障个人的基本生活开支不受影响；财产税的改革，可以调节高收入阶层的收入水平；上海、重庆针对个人超标准增量房试点征收房产税，虽然作用很小，但起到了示范效应；遗产税和社会保障税在一定程度上能促进社会公平。

（3）经济可持续发展。资源税的征收可以提高资源利用效率，缓解我国资源紧张的局面；环境税的征收有利于减轻环境污染，保护环境。

（4）对外合作交流。降低进口商品贸易关税，有利于缓解我国长期贸易顺差的局面，降低先进设备、技术的进口关税，可以提高我国企业的竞争力；面对人民币升值、劳动力成本上升的压力，出口退税对一些企业来说变得至关重要，出口退税机制的完善，可以起到促进国内外企业在国际市场上公平竞争的作用。

12.3　中国分级财政体制

12.3.1　分级财政体制的含义与特征

1. 分级财政体制的含义

在一个由多级政府组成的政府财政体制中，必然要涉及政府的财政职能如何由各级政府来共同完成，即在各级政府间财政职能的分工，以及分工的程度与结构问题。这实际上是一个财政的集权与分权问题。分级财政体制是指在宪法或相关法律确立的各级政府独立事权的基础上，各级政府独立地行使各自的财政权力，自收自支、自求平衡、自行管理，各自独立其财政预算的一种体制。① 在这种体制下，中央财政与地方财政之间、地方上级财政与下级财政之间并没有整体关系，政府间的财政联系主要依靠分税制和转移支付制度来实现。

2. 分级财政体制的特征

分级财政体制的基本特征表现为：

（1）各级政府事权独立。政府间各自独立的事权范围是通过宪法或相关法律明确划分的，共有事权也通过法律加以明确界定和划分，各项事权的履行均有法可依。在划定的事权范围内，各级政府在法律许可的条件下，独立地完成其职能活动。

（2）各级财政预算独立。各级财政预算的独立性集中体现为各级政府的财政预算只对本级立法机构和本级政府负责；各级政府财政预算的编制、审批、执行、调整以及决算等，均由各相应的政府部门履行，并由各级立法机构认可；地方财政与中央财政一样，都是一级独立的预算主体，各编各的预算，上级预算一般不包括下级预算，或者，虽然从形式上说上级预算包括下级预算，但也仅仅是一种统计关系，而不是对下级预算案的决定关系。各级政府在依法划定的事权范围、支出责任、税收税源、财政补助内，各行其职、各负其责，自收自支、自求平衡。

（3）政府间的财政联系主要依靠规范的分税制和转移支付制度来进行，政府间的财政转移支付是中央财政对各级地方财政实行宏观调控、体现中央政府意图、缩小各地财政能力的有效手段。

---

① 参见胡乐亭：《财政学基础》，5版，269页，北京，中国财政经济出版社，2000。

12.3.2　分级包干财政体制

在传统的计划经济体制下，我国实行的是一种高度集中的统收统支的财政体制。1978 年 12 月党的十一届三中全会决议明确指出，我国管理体制的一个严重缺陷是权力过于集中，应该有领导地大胆下放权力，充分发挥中央部门、地方、企业和劳动者的主动性、积极性、创造性；1994 年 4 月中央工作会议要求用 3 年的时间把各方面失调的比例关系调整过来；1994 年 6 月，五届全国人大二次会议通过了全国工作重点转移和对国民经济实行“调整、改革、整顿、提高”的八字方针。这三次会议都提出要认真总结历史经验教训，对经济体制逐步进行全面改革，扩大地方与企业自主权，并强调整体调整以财政体制改革为突破。

分级包干财政体制是从党的十一届三中全会以后我国开始实行经济体制改革，到 1994 年实行分税制财政体制之前所实施的财政体制的总称。虽然在 1980 年、1985 年和 1988 年进行了三次较大改革，但其基本点都是在划分收支的基础上，分级包干，自求平衡。因此通称为分级包干制，习惯上称为财政“分灶吃饭”体制。具体包括以下几方面：

1. 1980 年起实行的“划分收支、分级包干”财政体制

1980 年 2 月，国务院颁发了《关于实行“划分收支、分级包干”的财政管理体制的暂行规定》，决定除京、津、沪三个直辖市外，其余地方均实行形式各异的“分灶吃饭”办法。其要点是，对收入进行分类分成，划分为固定收入、固定比例分成收入和调剂收入三类。财政支出主要按照企事业单位隶属关系划分。地方财政在划分的收支范围内多收可多支，少收则少支，自求平衡。视各地情况不同，当时实行了四种“分灶吃饭”办法。[①]

2. 1985 年起实行的“划分税种、核定收支、分级包干”财政体制

随着经济体制改革及相应的财政体制的变化，我国于 1983 年和 1984 年相继实行了第一步利改税和第二步利改税。体制的变化，使原有的分配格局被打破，分配关系发生了重大变化。于是，从 1985 年起，又进一步改革了政府间财政分配关系，基本办法是将“划分收支、分级包干”改为“划分税种、核定收支、分级包干”，体制一经确定，原则上五年不变。其主要内容包括以下几个方面：一是大致上以第二步利改税以后的税种设置作为划分收入的依据，将收入分为中央税、地方税和中央与地方共享税三类；二是重新核定包干基数，地方财政支出包干基数按照 1983 年的既得财力确定，地方财政收入的基数以 1983 年的决算收入数为依据；三是确定包干办法，规定流转税为共享部分，共享比例从 100%留归地方到 40%留归地方不等，具体由各地的收入基数与支出基数的对比确定，对收不抵支的省份，由中央给予定额补助。具体采取总额分成、定额上解、定额补助、民族地区体制、大包干体制等形式。

3. 1988 年起实行的“包干”体制

1988 年，我国财政体制又一次进行了较大程度的改革，全面实行财政承包制。到 1988 年底，全国共有省、自治区、直辖市、计划单列市 39 个，除广州市和西安市两个计划单列市的财政关系仍与所在省联系外，其余的分别采取定额上解、上解递增包干、收入

---

① 参见马国贤：《财政学原理》，457 页。

递增包干、总额分成、总额分成加增长分成、定额补助六种形式。①

历史地看，1980年以来推行的几次财政体制改革，都是与我国经济体制改革的进程相联系的，都是特定历史条件下的产物，都有其成功的一面。每一次改革都是原有体制不断进步和不断完善的过程，对保证改革开放的顺利进行，国民经济持续、稳定发展以及克服财政困难，都起到了积极的作用。但是，随着社会主义市场经济的发展，分级包干财政体制的弊端日益显现，已经不能适应市场经济的发展。具体表现为财政分配地区间、企业间的不公平，市场分割，包盈不包亏等弊端。这些弊端的存在，不仅影响了财政体制自身的运作效率，也与市场经济发展的趋势背道而驰。因此，用国际通行的分税制财政体制取代分级包干财政体制，已是势在必行。

12.3.3 分税制财政体制改革

1. 分税制财政体制的特征

分税制是根据市场经济中的公共财政原理，以划分税种、税权为主要方式来确定各级政府的财权财力范围和管理权责，处理政府间财政分配关系的一种分级财政管理制度。同过去的分级包干财政体制相比，分税制具有以下特征：

（1）有利于促进财政收入的增长。一方面，分税制按税种合理划分中央与地方各自的收入范围，能够有效地调动地方政府培养财源、发展经济的积极性。与此同时，实行分税制，中央与地方分别设置税务机构，分别收税，可以大大减少税收的流失。

（2）有利于提高中央财政收入的比重。分税制通过调整收入增量分配关系，建立保证中央财政收入正常增长的机制，有利于提高中央财政的宏观调控能力。

（3）有利于规范政府间的财政分配关系。其一，分税制明确划定了中央和地方的利益边界，可避免出现中央与地方之间相互挤占收入等不良现象；其二，通过建立和完善统一的、规范的中央对地方收入转移支付制度，可以逐步减少中央财政对地方拨款的随意性，促进财政分配向公平、高效的方向发展。

（4）改变了按企业隶属关系划分收入的办法，有利于政府职能的转换及企业自主经营能力和市场竞争能力的提高；有利于充分发挥财政的宏观调控职能，促进社会资源的优化配置和产业结构的合理调整。

2. 我国现行分税制的主要内容

我国现行分税制是在划分事权的基础上，以划分税种和税权为主要方式来确定各级政府的财力和财权范围，以税制为基础来规范各级政府间的财政关系，实行分级财政管理的管理体制。其主要内容包括以下几个方面：

（1）划分事权。即按照一定时期政府职能和经济体制的要求在各级政府间划分社会管理和经济管理事权，并以此为依据确定各级政府的财政支出范围。中央财政主要负担国家安全、外交和中央机关运转所需经费，调整国民经济结构、协调地区发展、实施宏观调控所必需的支出以及由中央直接管理的事业发展支出。地方财政主要负担本地区政权机关运转以及本地区经济、事业发展所需要的支出。

---

① 参见孙凯：《财政学》，199页，北京，经济科学出版社，1999。

(2) 根据财权与事权相结合的原则，合理划分中央与地方收入。即将税种划分为中央税、地方税和中央与地方共享税，以确定中央和地方的收入来源。按照税制改革后的税种设置，将维护国家整体利益、实施宏观调控所必需的税种划为中央税；将适宜地方征管的税种划为地方税，并充实地方税税种，增加地方收入；将与经济发展直接相联系的主要税种划为中央与地方共享税。

(3) 中央对地方税收返还。为了保证地方既得利益格局，逐步达到改革的目标，中央财政对地方税收返还数额以 1993 年为基期年核定。按照 1993 年地方实际收入以及税制改革确定的中央与地方收入划分情况，核定 1993 年中央从地方净上划的收入数额。1993 年中央净上划收入，全额返还地方，保证现有地方既得财力，并以此作为以后中央对地方税收返还基数。1994 年以后，税收返还额在 1993 年基础上逐年递增，递增率按全国增值税和消费税的平均增长率的 1∶0.3 系数确定，即上述两税全国平均每增长 1%，中央财政对地方的税收返还增长 0.3%。若 1994 年以后中央净上划收入达不到 1993 年的基数，则相应扣减税收返还数额。

(4) 分管。即在分事和分税的基础上实行分级财政管理，建立中央与地方两种税收征管体系和金库体系，设置中央税务机构和地方税务机构，实行分别征税。中央税种和共享税种由国税局负责征收，其中共享收入按比例留给地方；地方税种由地税局负责征收。

3. 分税制存在的主要问题

分税制改革的目标是规范中央与地方政府间的财政关系，由于涉及多方利益格局的调整，改革的难度较大。1994 年实行的分税制虽然向前迈进了一大步，但仍然是由财政包干制向分税制过渡的体制，尚不规范。存在的主要问题有以下几个方面：

(1) 事权的划分不科学、不明确。中央与地方收入的划分是以划分事权为基础和前提的，事权划分不清楚、不明确，整个分税制的合理性就失去了前提。目前分税制的事权划分是以政府职能尚未完全转变的实际为依据划分的，存在着较多的“错位”、“缺位”现象。随着政府职能进一步转换，现行分税制的合理性就受到较大冲击。

(2) 分税制改革仍未突破使用基数的格局。1994 年实行的分税体制仍然保留了较多的一对一的讨价还价的成分，地方政府的讨价还价能力成为影响地方财政能力的一个重要因素。特别是要求各地按 1993 年的基数核实地方财力，以确定对地方财政的税收返还这一规定，存在着一定的不合理性。这使得地区间受益状况苦乐不均，地区收入差距扩大。

(3) 按隶属关系划分企业所得税归属，不利于市场体系的形成和资源的合理配置。分税制改革尽管采取分税的办法来划分中央与地方的收入，但在确定企业所得税归属时，仍保留了按企业行政隶属关系划分的做法，即中央企业的所得税归属中央收入，地方企业的所得税归属地方收入。这不利于解除企业对行政的依附关系，不利于建立现代企业制度；同时，市场经济的发展使得投资主体日益多元化，合资、联营、股份制企业互相交叉，企业隶属关系变得越来越模糊，这使得按隶属关系划分收入办法的可操作性越来越差。

(4) 省以下分税制财政体制不完善。在一些地方，新旧体制并存，政府间事权划分和相应的支出划分没有大的变动，基本维持原体制下形成的格局。

12.4　各级政府间的转移支付制度

12.4.1　转移支付制度的含义与作用

1. 转移支付制度的含义

转移支付制度，一般是指中央政府为了平衡各个地方之间的财政能力，促进地区社会经济的协调发展，采用规范的补助形式将一部分中央财力无偿地转移给地方政府使用的一种财政调节制度。[①] 政府间转移支付制度是在处理中央财政与地方财政关系时，协调上下级关系的一项重要制度。

2. 转移支付制度的作用

政府间转移支付制度的建立，是为了解决地方政府收支不平衡问题，以及因地区间经济发展不平衡而引起的全国公共产品与公共服务供给水平不均衡的问题，维护社会经济的正常稳定发展。政府间转移支付制度的作用，具体表现在以下几方面：

（1）财力分配的纵向不平衡。政府间的纵向财政关系，是指不同级次的政府因各自收支的平衡差距而产生的上下级之间的资金运动。纵向不平衡产生于中央和地方政府的收入和支出的差额，反映了不同级次政府的收入和支出的划分或责任。从税收角度看，分税制体制下的税收划分很困难，特别是由于收入集中征收可以降低征收成本，往往出现有利于中央政府的收入分配倾向。这就要求中央政府给予地方政府一定数额的补助。从宏观调控的角度看，为了确保国家财政收入的稳定并维护税收的统一性与公平性，一些主体收入项目，一般必须由中央来控制。因此，在规范的税制下，按税种特性和宏观调控需要而进行中央与地方之间税种的划分，客观上也会形成中央集中财力相对多的结果。为了保证地方政府拥有实现其职能所必不可少的财力，需要有政府间转移支付来平衡中央与地方间的预算，使国家财政能确保各级政府的正常运转。

（2）财力分配的横向不平衡。横向不平衡是指由于各地区的人口、地理、资源等情况和其他因素造成的各地方政府支出上的较大差异。而由于财源分布的不均衡，不同地区可能拥有不同量的税基，在实行相对统一的税收体系情况下，必然会使地方政府的可支配财力不尽一致，导致地区财政能力的差异。这种财政能力和支出需求的差异使得有些地区无法维持政府正常运转并满足公共服务需求，客观上要求中央政府通过财政转移支付来平衡。

（3）外部性。地方政府提供的某些服务项目，如教育、基础设施、环保工程等，具有外部正效应，其所产生的利益不只是为本地区居民所享受。由于这种外部正效应计量比较困难，难以使地方政府间进行对应的相互补偿，因此必须由较高级次政府乃至中央政府按规范、统一的标准，对地方政府的外部正效应较为明显的活动进行相应的利益调整。

---

① 参见胡乐亭：《财政学基础》，5版，281页。

12.4.2　转移支付的形式

转移支付通常以中央政府向地方政府的纵向拨款为主，同时辅之以地区间财政收入的横向转移。具体有如下几种形式：

1. 无条件转移支付

无条件转移支付也称一般性补助，是上级政府拨给下级政府的补助金，不限定使用范围与要求，不附带任何条件。接受这种补助金的地方政府，可以将此项补助金视同自主财力加以支配，按照其偏好或实际需要提供公共产品和服务。

2. 规定用途的转移支付

规定用途的转移支付，即有条件的补助，是指中央政府给各下级政府的附带条件的补贴拨款，地方政府只能按指定用途使用这些资金，不得移作他用。规定用途的转移支付的目的，在于鼓励地方对一些特殊项目的支出，以便体现中央政府的某些意图。

12.4.3　中国现行转移支付制度

改革开放以来，我国财政体制改革从实行划分收支、分级包干体制，逐步向分级财政过渡，到 1994 年全面推行分税财政体制，转移支付制度基本建立。

1. 1994 年转移支付制度的内容

(1) 税收返还性转移支付。1994 年实行分税制，为了保持地方既得利益，以 1993 年为基期年，核定中央对地方税收返还基数（即 1993 年中央从地方净上划收入），全部返还地方。1994 年后在 1993 年返还基数的基础上按全国增值税、消费税增长率的 1∶0.3 系数确定增加返还数额。

(2) 体制补助性转移支付。原体制地方上缴仍按原不同体制类型执行；原体制中央对地方的补助，仍按原体制规定即按 1993 年底补助数额进行补助，形成体制补助性转移支付。

(3) 专项补助性转移支付。1994 年分税制确定，原来由中央拨给地方的各项专款，继续下拨补助。如价格补贴，特大自然灾害救灾费，粮油加工价款补助，边境事业补助，环保、教育以及贫困地区发展项目的拨款等。该资金是中央财政对地方财政的补助，形成了财力在中央财政与地方财政之间的转移，构成转移支付的一种形式。

2. 过渡期转移支付制度的内容

在分税制财政体制设计过程中，曾酝酿采用简单因素法对地方财力进行适度调节，但为减少实施分税制财政体制的阻力，这一措施没有出台。分税制进入平稳运行状态后，规范作为分税制财政体制重要组成部分的转移支付制度，不仅是完善分税制财政体制的需要，也是地方财政运行的迫切现实要求。同时，分税制财政体制基本框架的确立与政策目标的到位，也为规范转移支付制度提供了可能。但是，由于体制内外诸多因素的影响与制约，转移支付制度的规范化过程必须采取“总体设计、分步实施”的战略。在这一背景下，1995 年出台了过渡期转移支付办法。

1995 年过渡期转移支付办法确定不调整地方既得利益，中央财政从收入增量中拿出一部分资金，尽量采用相对规范的办法，重点解决地方财政运行中的主要矛盾，并向民族地区适度倾斜。具体地说，按影响财政支出的因素，核定各地的标准支出数额，对地方财力能够满足标准支出需要的，中央不再转移支付。对地方财力不能满足支出需要的，再对财政收入进行因素分析，凡财政收入达不到全国平均水平的地区，收入不足的部分，由地方通过增收解决相应的支出需要；凡财政收入达到全国平均水平但是通过增收不能解决其支出需要的，其财力缺口作为计算转移支付的依据，中央根据转移支付资金的总额和各地的财力缺口分配转移支付资金。

12.5 深化中国财税体制改革的趋势

2001年11月，中国正式加入WTO，这标志着中国以市场经济为取向的体制改革又向前迈进了一大步。随着中国经济体制向市场经济体制的过渡，财税体制也要在进一步改革中不断完善。

1. 完善转移支付制度的指导思想[①]

首先，财政转移支付要以实现全国各地公共服务水平的均等化为基本目标，包括通过纵向公平、横向公平以及矫正地区间的外部性来实现；其次，要坚持公平、公正、公开的原则，用客观、科学的方法规范财政转移支付制度；最后，要有利于调动中央政府与地方政府以及地方政府之间的积极性。既要实现全国各地公共服务水平的均等化，又不搞绝对平均主义。因此，一般转移支付形式（即均衡拨款）不应以各地实际的财政收支为计算根据，而要以各地的客观收入能力和支出需求为依据，这样做既能鼓励地方政府努力征收，减少税收流失，还能鼓励地方厉行节约，提高财政资金的使用效益。

2. 按市场经济的要求确定政府的事权，并合理划分各级政府的事权

财政应从市场领域退出，将重点转向公共领域，增加社会公共产品和公共福利的有效供给，这是市场经济内在的、本质的要求。随着经济体制改革的深化和市场机制的逐步完善，政府职能将进一步转换。这要求政府从过多介入的一般营利性工商活动中退出，转移到向居民提供更多、更好的公共服务上来，这是确立政府事权的前提，是市场经济条件下财政职能角色的转换，而不是削弱。在此前提下，要按照区域性原则和受益性原则合理划分各级政府间的事权[②]，即按区域性原则明确各级政府管理本地区社会性事务，提供区域性公共产品的责任和权利；按受益范围确定各级政府的经济管理事权，将区域性的基础设施建设、产业结构调整及其他与本地区相关的中观经济管理划归地方政府。

3. 适当赋予地方政府税收立法权

地方政府在税收上有立法权是分税制的一般做法。在中国这样一个幅员辽阔、各地情况迥然不同的国家里，给地方以立法权是各地区适应各地经济的特点、进一步深化税制改

---

① 参见安体富：《中国转移支付制度：现状·问题·改革建议》，载《财政研究》，2007（1）。

② 参见胡乐亭：《财政学基础》，5版，280页。

革的必然选择。否则，一方面，相当一部分的税收收入会因立法权的缺乏而丧失；另一方面，地方政府有可能诉诸非规范的预算外收入或制度外收入，甚至靠“乱收费、乱摊派、乱罚款”等来获得收入。赋予地方政府立法权的意义在于进一步开展省级以下的分税制改革。在中央与省级财政关系理清、明确之后，在地方拥有税收立法权的基础上，地方政府首先应培育适合本地区经济的税种，以此为基础，逐步推进地方税制改革。地方税制改革应着眼于确立地方税政策原则、建立地方税体系、调整地方税结构、强化地方税管理以及协调地方税费关系等。

4. 建立规范的转移支付制度

目前，中国各个地区之间经济发展水平的差异较为明显，因此各地方的财政能力必然存在较大差异。我国在分税制过程中初步建立的转移支付制度发挥了相当大的积极作用，但也存在着许多值得改善的地方。必须明确的是，调剂地区间财政收入和支出水平的差异，并不等同于实行平均化，也不意味着消除地区间人均财政收入水平的差异，而是为了保证欠发达地区能够有相应的财力，向本地居民提供最基本的区域性公共产品和服务。此外，在实施财政转移支付过程中，应树立效率意识，力争以尽可能少的成本向欠发达地区提供财政支持。目前，中国财政转移支付制度的目标应该有两个①：一是调剂各个地区之间财政能力的差异，向横向均衡的水平靠近；二是针对个体情况，提高地方政府提供某种或某几种公共产品的能力。

本章小结

中国的财税制度是根据各个时期政治经济形势发展的宏观需要，按照党在各个时期发展的路线、方针、政策及相应的经济体制所确定的。建国 60 多年来，随着社会生产力的发展，财税制度也经历了从建立、发展到逐步完善的过程，基本上顺应了从传统的计划经济体制向有计划的商品经济体制最终向社会主义市场经济体制过渡的要求。本章主要讨论了中国税收制度的演变、分税制改革、财政体制、转移支付制度以及财税制度改革的趋势等内容。

关键术语

分级包干财政体制　　分税制　　财政管理体制　　政府间转移支付

复习思考题

1. “利改税”有哪些利弊？
2. 1994 年分税制改革取得了哪些成功？
3. 如何完善我国的财政转移支付制度？

---

① 参见刘溶沧、赵志耘主编：《中国财政理论前沿Ⅱ》，105 页，北京，社会科学文献出版社，2001。

阅读材料

英国税收风险管理体系

一、税收风险管理的组织架构

英国皇家税务与海关总署负责全部中央税的征收，其内部设立业务部、检查部、催收部和内部管理部四个部门，业务部又分为信用贷款和福利组、商业税组、执行组和个人所得税组，分别负责不同税种的征收管理。英国皇家税务与海关总署在各地并没有设置直属的分支机构，只在各地区设置地方办事机构和地区办公室，配备约 3 万名人员处理当地小案子，主要针对收入小于 3 万英镑的公司和个人；在 12 个主要城市设立一般调查组（民事调查组），配备 100 多人处理复杂案件，主要面对年收入大于 100 万英镑并有多种收入来源的公司和个人；成立 13 个有议会成员参加的特别调查组，挑选 400 多名业务能力强的人员处理税务欺诈行为，主要面对年收入高于 500 万英镑的公司和个人。

二、税收风险管理的数据来源

英国税法虽不反对企业的避税（tax avoidance）行为，但对非法的逃税行为实行严格的惩罚，实施高额滞纳金和罚款措施，对在规定期限拒不缴纳的，要起诉到法庭，影响终身信用，所以抱有侥幸心理、故意偷逃税收的大要案鲜少发生。英国法律规定，本土所有居民及企业的有关信息必须向政府公开，政府、财政、税务、银行和法院等部门之间联网，实现信息共享。个人在商业公司办理各类 VIP 卡时，签署协议中都要同意把个人信息提供给政府的强制性条款，商业公司通过竞标把信息卖给政府。近几年英国在查处海外诈骗上加强与欧盟合作，成立了海外合作组织，核查现金外流行为。海外合作组织于 2008 年加入美国的海外账户纳税法案。美国向英国提供所有在美国开设账户的英国人信息。

三、税收风险管理的信息支撑

在逐步采集纳税人相关信息的基础上，1999 年英国建立起风险评估系统，通过开发数理统计模型，归类整理数据，对纳税人收入、资产、负债等数据制定不同分值标准，由系统自动由低到高打分，分值越高风险越大。根据不同风险等级，相应由英国皇家税务与海关总署的地方办事机构、一般调查组和特别调查组核查处理。地方办事机构对于纳税遵从度高、风险低的企业，没有明显的原始线索不采取干预措施，不作特别评估，对从个人信息中获取的疑点信息，尽量采取电话沟通、约谈、发送提醒和催缴邮件等简单方式处理；对于中高风险的企业，调查组深入开展实地调查，主动提供咨询服务，强化纳税评估、日常对话、风险干预等措施，尽可能实现对税收流失的有效风险控制。英国皇家税务与海关总署的风险评估系统，由三个子系统组成：风险情报识别系统（IRIS）、数据分析处理系统（DAPA）和身份认证系统（IDA）。所有取得的外部门和商业公司的数据都要先通过身份认证系统进行测试和归集，从中可以掌握企业和个人的每一项收入和支出，然后再通过风险情报系统进行识别，数据分析处理系统进行加工、整理，确认数据是否存在匹配不合理，一旦存在就可以启动调查，所以英国皇家税务与海关总署发起的调查通常是在掌握一定数据基础上的有的放矢，非常有效。

资料来源：唐晓鹰、吴蔚：《英国税收风险管理及其借鉴》，载《国际税收》，2014 (2)。

第 13 章

政府预算管理

重点问题

- 政府预算的职能
- 政府预算的编制
- 复式预算
- 零基预算

13.1 政府预算的含义、职能与作用

13.1.1 政府预算的含义、政府预算体系与预算年度

1. 政府预算的一般含义

政府预算是具有法律效力的财政计划。它是政府分配集中性财政资金的重要工具和调节、控制、管理社会经济活动的重要经济杠杆。国家财政为了保证政府行使相应职能而筹集和分配资金时，必然要对资金进行预计与测算，使资金的收入量满足政府支出的需要，做到“量入为出”。一国政府编制的一定时期的财政收入计划、财政支出计划和财政收支平衡表，就形成了政府的基本财政计划。在现代市场经济条件下，政府的基本财政计划是用法律的形式加以规定的。这种用法律形式表现，反映和规定政府在一定时期内财政收支活动的预期收支指标与平衡关系的一览表以及管理制度，就是政府预算。正如马克思所说：每一个人都知道，预算只不过是国家本年度预期收入和支出的一览表，它是以上一年度的财政经验即平衡表为依据的。

2. 政府预算体系

政府预算体系是根据国家政权结构、行政区域划分和财政管理体制而确定的预算级次

和预算单位按一定的方式组合成的统一整体。我国分为中央预算和地方预算。地方预算又分为省、自治区、直辖市，设区的市、自治州，县、自治县、不设区的市、市辖区，乡、民族乡、镇四级预算。五级预算构成我国的预算体系。

3. 预算年度

预算年度又称财政年度或会计年度，是编制政府预算时规定的收支起止期限，通常为一年。目前，世界各国采用的预算年度有两种：第一种是历年制预算年度，即从每年 1 月 1 日起至同年 12 月 31 日止，把日历年度的起止日期作为预算收支的起止日期，我们称之为历年制。目前采用历年制的国家最多，包括中国、法国等国家。第二种是跨年制，又称非历年制，即人为地确定一个预算年度的起止日期，这样一个预算年度就会跨越两个日历年度，即从某年某月某日起至次年某月某日止。跨年制包括 4 月制、7 月制和 10 月制。

13.1.2　政府预算的基本特征与原则

1. 政府预算的基本特征

政府预算一般都具有如下基本特征：

(1) 预测性。所谓预测性是指政府通过编制政府预算可以对预算收支规模、收入来源和支出用途做出主观的预计和设想。

(2) 法律性。所谓法律性是指政府预算都必须由立法机关审核批准，并接受立法机关的监督。

(3) 综合性。所谓综合性是指政府预算综合反映了政府财政收支活动的全貌，比其他财政范畴涉及的范围要广泛得多，具有明显的综合性特征。

2. 政府预算原则

预算原则是伴随着现代预算制度的产生而产生的，并且随着社会经济和预算制度的发展变化而变化。预算制度的建立和完善，需要遵循一定的原则，这在资本主义国家预算发展过程中得到了充分体现。例如，美国联邦政府预算局局长史密斯于 1945 年提出了预算的八项原则，包括：第一，预算必须反映总统的行政计划；第二，预算必须加强行政部门的责任；第三，预算的编制、批准与执行应以政府各部门的财政与业务报告为依据；第四，预算收支在时间上要保证灵活性；第五，预算程序必须多样化；第六，预算必须加强行政部门的主动性；第七，预算的“工具”必须充分；第八，编制好的预算必须保证顺利付诸实现。①

当然，各国的国情不同，各国不同历史时期政府职能与经济体制等因素不同，其预算原则也是有所不同的。在我国现实经济条件下，为了加强预算管理，发挥政府的宏观调控作用，以下原则是应该遵循的：

(1) 预算的统一性。预算是政府宏观调控的重要杠杆，保证预算的统一性是增强政府宏观调控能力的必要条件。具体来说，全国性的财政预算的方针政策，如税收政策、财务会计制度、国家建设方针等，必须由中央统一制定，各地区、各部门都必须保证贯彻执行，不能各行其是。统一性还要求各级地方政府只能编制一个统一的预算，不应当以临时

---

① 参见麦履康、黄挹卿：《中国政府预算》，15 页，北京，中国财政经济出版社，1999。

预算或特种基金的名义另立预算。

(2) 预算的完整性。预算的完整性要求政府的预算应当包括政府的全部预算收支项目,完整、真实地反映以政府为主体的全部财政资金收支活动情况,不允许在政府规定之外还有任何以政府为主体的资金收支活动。

(3) 预算的权威性。经各级人民代表大会批准的预算是具有法律效力的正式文件,是国家的重要法律文件。政府的预算一经审议通过,任何人均无权随意调整预算收支。预算收支的调整,必须按照政府规定的程序进行。

(4) 预算的公开性。在我国,预算是属于人民的预算,因此,经各级人民代表大会批准的预算和决算,必须采取一定形式向社会公布;预算各项收支的安排,要做到真实可靠,体现民情、国情。

(5) 预算的年度性。政府预算与国民经济和社会发展计划是相互促进、相互制约的关系,是国民经济和社会发展计划得以实现的资金保证。国民经济和社会发展计划每年都要在中、长期计划的基础上编制年度计划,这就决定了政府预算必须要有年度性,每年以国民经济和社会发展计划为基础进行编制。

13.1.3 政府预算的职能和作用

1. 政府预算的职能

政府预算作为财政的一个重要政策工具,在我国政治经济生活中发挥着重要功能,主要表现在分配资金、促进经济稳定和管理监督三个方面。

(1) 分配职能。政府预算的分配职能,包括积累资金和合理安排资金两个方面,即集中性财政资金由预算筹集,形成预算收入,再通过预算把筹集起来的集中性财政资金转化为各种预算支出。

(2) 经济稳定职能。政府预算的经济稳定职能是指通过实行预算赤字政策或结余政策或中性政策,以刺激社会总需求或抑制社会总需求或保持社会总需求不变,调节不同经济时期的社会总需求水平,从而最终实现社会总供给与社会总需求的平衡,促进国民经济的稳定协调发展。

(3) 监督职能。政府预算的监督职能,是指在预算资金的筹集、供应和使用过程中,对预算分配活动的合理性、正确性、及时性,按照国家的方针、政策和有关规定进行监督和制约,以保证预算分配的规范性。

2. 政府预算的作用

(1) 保证国家职能的需要。国家预算可以保证国家有限的资金得到合理有效的使用,有利于充分发挥资金的使用效果,保证国家各级政府全面履行其职能的资金需要。

(2) 保证行政、国防的经费供给,促进教科文卫事业的发展。从事行政、国防以及教科文卫等事业的部门进行事业活动主要是向社会提供公共产品和准公共产品,它们所需要的物质保证,主要还是由财政预算分配资金,保障供给。

(3) 促进人民物质文化生活水平的提高。财政预算在支持国家经济建设的同时,有步骤和适度地安排一定数量的资金,用于增加职工工资、提高农副产品收购价格、增加职工福利和建立集体福利设施,以促进人民物质文化生活水平的提高。

13.2　政府预算收支分类

13.2.1　政府预算收支分类的意义

预算收支分类是对预算收支进行科学系统地划分，将名目繁多的各项预算收支根据各自的性质、来源、用途等进行科学的、系统的归并和排列。对预算收支进行分类，可以明确地反映出财政资金的来源和分配去向，这不仅可以为政府活动提供信息，也有利于政府对预算资金运行进行有效管理，保证政府职能的实现。同时，只有对预算收支项目进行统一的分类，设置统一的预算收支科目，作为各部门、各单位编制和执行预算的统一核算工具，才能自上而下地编制汇总出统一的政府预算和决算，才能使政府预算准确、有效地执行。

13.2.2　政府预算收入分类及其内容

1. 政府预算收入的分类方法

政府预算收入是指在预算年度内，按照国家有关法规，通过一定的形式和程序，有计划地由国家支配的资金。预算收入分类是从不同角度，按照一定标志对预算收入进行科学系统的排列和组合。预算收入分类一般有以下几种方法：

（1）按经济部门分类。政府预算收入同国民经济各部门有着密切的关系。预算收入可以按照来自农业、工业、商业、建筑业、交通运输业、服务业等部门分类，也可以按照来自第一产业、第二产业、第三产业分类。

（2）按所有制构成分类。目前，我国经济是以国有经济为主导的多种经济成分并存的所有制结构，其必然反映到预算收入上来。按照所有制构成成分，政府预算收入分别来自国有经济、集体所有制经济、股份制经济、私营经济、个体经济等。

（3）按政府预算收入形式分类。按照政府预算收入形式，可以将政府预算收入分为税收收入、按照规定应当上缴的国有资产收益、专项收入以及其他收入。其他收入是指除上述三种收入之外，各级政府取得的一些名目繁多的杂项收入，如外事服务收入、捐赠收入、利息收入等。

（4）按预算收入性质分类。按照预算收入的性质，可将各种预算收入划分为经常性收入和资本性或建设性收入。

（5）按预算收入管理和使用权限分类。按照预算收入管理和使用权限，政府预算收入可分为中央预算收入和地方预算收入。

（6）按预算科目分类。按照预算科目，政府预算收入可分为一般预算收入、基金预算收入和债务预算收入。

此外，还可以按政府财政统计的国际口径分类。按国际货币基金组织建立的政府财政统计体系分类，政府预算收入可分为不需要偿还的收入、赠款、需要偿还的收入三部分。

2. 政府预算收入的内容[①]

按照财政部制定的《2007年政府收支分类科目》，政府预算收入的主要内容如下：

（1）税收收入。税收收入下按税种分设20款：增值税、消费税、营业税、企业所得税、企业所得税退税、个人所得税、资源税、固定资产投资方向调节税、城市维护建设税、房产税、印花税、城镇土地使用税、土地增值税、车船使用和牌照税、船舶吨税、车辆购置税、关税、耕地占用税、契税、其他税收收入。

（2）社会保险基金收入。社会保险基金收入按基金类型分设6款：基本养老保险基金收入、失业保险基金收入、基本医疗保险基金收入、工伤保险基金收入、生育保险基金收入、其他社会保险基金收入。

（3）非税收入。非税收入按收入形式分设8款：政府性基金收入、专项收入、彩票资金收入、行政事业性收费收入、罚没收入、国有资本经营收入、国有资源（资产）有偿使用收入、其他收入。

（4）贷款回收本金收入。贷款回收本金收入是新设置的科目，按收入来源与形式分设4款：国内贷款回收本金收入、国外贷款回收本金收入、国内转贷回收本金收入、国外转贷回收本金收入。

（5）债务收入。债务收入下设国内债务收入和国外债务收入2款。

（6）转移性收入。转移性收入下设返还性收入、财力性转移支付收入、专项转移支付收入、政府性基金转移收入、彩票公益金转移收入、预算外转移收入、上年结余收入、调入资金8款。

13.2.3 政府预算支出分类及其内容

1. 政府预算支出的分类方法

政府预算支出是政府为实现其职能，通过法定的预算程序对预算收入进行再分配的活动。

预算支出分类的基本要求是：能够完整地反映政府职能和财政职能，反映政府活动的基本范围和基本方向，反映国民经济和社会发展的要求，体现预算支出按部门归口管理的原则，适合预算管理和财务管理的基本要求。根据这些要求，预算支出分类的方法有以下几种：

（1）按政府职能分类。预算支出按政府职能，亦即按费用类别可分为经济建设支出、事业发展支出、国家管理费用支出、国防支出、各项补贴支出和其他支出。

（2）按支出是否与商品或劳务相交换分类。预算支出按是否与商品或劳务相交换可分为购买支出与转移支出两大类。购买支出，又称消耗性支出，它包括政府用于购买日常政务活动所需要的或国家用于项目投资所需要的各种物质资料、固定资产和劳务的支出。转移支出是指通过政府预算支出把预算收入无偿地单方面转移给受领者。

（3）按支出的使用部门分类。按使用部门分类，亦即按政府组织机构分类，它表现为预算支出在政府各部门之间的配置结构，包括政府对工业、农业、林业、水利、交通运输、建筑、邮电、商业、物资、文化、教育、科学、卫生、国防、行政等部门的支出。

（4）按支出用途分类。预算支出按用途可分为基本建设支出、企业挖潜改造资金支

---

① 参见李友志：《新政府收支分类应用指南》，长沙，湖南人民出版社，2006。

出、支援农业支出、科教文卫支出、抚恤和社会福利救济费、国防支出、行政管理费、对外援助支出等。

2. 政府预算支出的内容[①]

按照财政部制定的《2007 年政府收支分类科目》，政府预算支出的主要内容如下：

（1）一般公共服务。“一般公共服务”类科目反映政府提供一般公共服务的支出。此类下设 32 款：人大事务、政协事务、政府办公厅（室）及相关机构事务、发展与改革事务、统计信息事务、财政事务、税收事务、审计事务、海关事务、人事事务、纪检监察事务、人口与计划生育事务、商贸事务、知识产权事务、工商行政管理事务、食品和药品监督管理事务、质量技术监督与检验检疫事务、国土资源事务、海洋管理事务、测绘事务、地震事务、气象事务、民族事务、宗教事务、港澳台侨事务、档案事务、共产党事务、民主党派及工商联事务、群众团体事务、彩票事务、国债事务、其他一般公共服务支出。

（2）外交。“外交”类科目反映政府外交事务支出，分为 8 款：外交管理事务、驻外机构、对外援助、国际组织、对外合作与交流、对外宣传、边界勘界联检、其他外交支出。

（3）公共安全。“公共安全”类科目反映政府维护社会公共安全方面的支出。政府收支分类将公共安全分为 10 款：武装警察、公安、国家安全、检察、法院、司法、监狱、劳教、国家保密、其他公共安全支出。

（4）教育。“教育”类科目反映政府教育事务支出，下设 10 款：教育管理事务、普通教育、职业教育、成人教育、广播电视教育、留学教育、特殊教育、教师进修及干部继续教育、教育附加及基金支出、其他教育支出。

（5）科学技术。“科学技术”类科目反映国家用于科学技术方面的支出，分为 9 款：科学技术管理事务、基础研究、应用研究、技术研究与开发、科技条件与服务、社会科学、科学技术普及、科技交流与合作、其他科学技术支出。

（6）文化体育与传媒。“文化体育与传媒”类科目反映政府在文化、文物、体育、广播影视、新闻出版等方面的支出，分为 6 款：文化、文物、体育、广播影视、新闻出版、其他文化体育与传媒支出。

（7）社会保障与就业。“社会保障与就业”科目反映政府在社会保障与就业方面的支出，分为 17 款：社会保障和就业管理事务、民政管理事务、财政对社会保险基金的补助、补充全国社会保障基金、行政事业单位离退休、企业关闭破产补助、就业补助、抚恤、退役安置、社会福利、残疾人事业、城市居民最低生活保障、其他城镇社会救济、农村社会救济、自然灾害生活救助、红十字事业、其他社会保障与就业支出。

（8）社会保险基金支出。“社会保险基金支出”类科目反映政府由社会保险基金列支的各项支出，该类分设 6 款：基本养老保险基金支出、失业保险基金支出、基本医疗保险基金支出、工伤保险基金支出、生育保险基金支出、其他社会保险基金支出。

（9）医疗卫生。“医疗卫生”类科目反映政府医疗卫生方面的支出，该类科目下设医疗卫生管理事务、医疗服务、社区卫生服务、医疗保障、疾病预防控制、卫生监督、妇幼保健、农村卫生、中医药、其他医疗卫生支出等 10 个款级科目。

---

① 参见李友志：《新政府收支分类应用指南》。

(10) 环境保护。“环境保护”类科目反映政府环境保护支出，共设置10个款级科目：环境保护管理事务、环境监测与监察、污染防治、自然生态保护、天然林保护、退耕还林、风沙荒漠治理、退牧还草、已垦草原退耕还草、其他环境保护支出。

(11) 城乡社区事务。“城乡社区事务”类科目反映政府城乡社区事务支出，其下分设城乡社区管理事务、城乡社区规划与管理、城乡社区公共设施、城乡社区住宅、城乡社区环境卫生、建设市场管理与监督、政府住房基金支出、国有土地使用权出让金支出、城镇公用事业附加支出、其他城乡社区事务支出等10个款级科目。

(12) 农林水事务。“农林水事务”类科目主要反映政府农林水事务支出，具体包括农业、林业、水利、南水北调、扶贫、农业综合开发、其他农林水事务支出等7款。

(13) 交通运输。“交通运输”类科目反映政府交通运输方面的支出，包括公路水路运输、铁路运输、民用航空运输、其他交通运输支出等。

(14) 工业商业金融等事务。“工业商业金融等事务”类科目反映政府工业、商业、金融等事务支出，具体包括采掘业、制造业、建筑业、电力、信息产业、旅游业、涉外发展、粮油事务、商业流通事务、物资储备、金融业、烟草事务、安全工业商业金融等事务支出等18款。

(15) 其他支出。“其他支出”类科目反映不能划分到上述功能科目的其他政府支出。具体包括预备费、年初预留、住房改革支出、其他支出等。

(16) 转移性支出。“转移性支出”类科目反映政府的转移支付以及不同性质资金之间的调拨支出。具体包括返还性支出、财力性转移支付、专项转移支付、政府性基金转移支付、彩票公益金转移支付、预算外转移支出、调出资金、年终结余等。

13.3 政府预算的组织形式、编制与执行

13.3.1 政府预算的组织形式

1. 单式预算

单式预算是指集中反映国家在预算年度内全部预算收支活动的计划。单式预算是一种传统的预算组织形式。它把全部预算收支加以汇集，集中反映在一个预算平衡表内。单式预算的优点是能够较直接地反映预算收支的全貌，从总体上说明其构成，总体平衡关系比较明了。主要缺点表现为各类性质不同的预算收入与支出之间无对应关系，难以找到预算赤字的原因，在使用上有一定局限性。

2. 复式预算

复式预算是在预算年度内，把全部的预算收支按经济性质汇集编入两个或两个以上的收支对照表，从而编成由两个或两个以上相对独立但又有密切联系的计划所形成的预算。

与单式预算相比，复式预算的优越性在于：更能适应市场经济发展所带来的预算资金分配格局的变化；有助于对国家预算进行成本效益分析与控制；有利于充分认识预算平衡状况和赤字的原因，采取有力措施进行调整。

建国以来，我国国家预算一直采用单式预算。1991 年 9 月国务院发布了《国家预算管理条例》，规定我国中央和省一级预算首先按照复式预算编制，分为经常性预算和建设性预算两部分。我国 1995 年 1 月 1 日起施行的《预算法》第二十六条规定，中央预算和地方各级政府预算按照复式预算编制。我国的复式预算分为两个：经常性预算和建设性预算。经常性预算收入是国家以社会管理者的身份取得的各项税收收入和其他一般性收入；经常性预算支出是国家用于维持政府活动，保障国家安全和社会秩序，发展各项事业以及用于人民生活和社会保障等方面的开支。建设性预算收入是经常性预算结余、专项建设性收入，建设性预算支出是指国家预算中各项经济建设活动的支出。国家预算采取复式预算的技术组织形式，是我国预算管理制度的重大改革，其目的是适应我国经济体制改革的需要，更好地体现国家财政职能，准确直观地反映财政活动，增强财政分配的透明度，强化预算管理、预算收支的硬约束机制。

3. 零基预算

（1）零基预算的定义。

零基预算的方法全称为“以零为基础编制计划和预算的方法”，简称零基预算，是指在编制成本费用预算时，不考虑以往会计期间所发生的费用项目或费用数额，而是将零设为所有预算支出的出发点，一切从实际需要或可能的需要出发，逐项审议预算期内各项费用的内容及开支标准是否合理，在综合平衡的基础上编制费用预算的一种方法。

（2）零基预算的程序。

1）动员与讨论。即动员企业或单位内部所有部门，在充分讨论的基础上提出本部门在预算期内应当发生的费用项目，并确定其预算数额，而不考虑这些费用项目以往是否发生以及发生额是多少。

2）划分不可避免项目和可避免项目。在预算编制过程中，对不可避免项目必须保证资金供应；对可避免项目则需要逐项进行成本效益分析，按照各项目开支必要性的大小确定各项费用预算的优先顺序。

3）划分不可延缓项目和可延缓项目。在预算编制过程中，必须根据预算内可供支配的资金数额在各费用项目之间进行分配。应优先保证不可延缓项目的开支，然后再根据需要和可能，按照项目的轻重缓急确定可延缓项目的开支标准。

（3）零基预算的优缺点。

零基预算的优点是：不受现有费用项目限制；能够调动各方面降低费用的积极性；有助于企业未来发展。

零基预算的缺点在于：这种方法一切从零出发，在编制费用预算时需要完成大量的基础工作，如历史资料分析、市场状况分析、现有资金作用分析和投入产出分析等，这势必带来浩繁的工作量，搞不好会顾此失彼，难以突出重点，而且也需要比较长的编制时间。

13.3.2　政府预算的编制

1. 政府预算编制的准备工作

（1）修订政府预算收支科目和预算表格。政府预算收支科目是政府预算收支的总分类及明细分类，它系统地反映政府预算收入的来源和预算支出的方向，是编制预算，办理缴款、拨款，进行会计核算、财务分析以及财政统计等的核算工具。

为了正确反映政府预算收支的内容，适应预算管理的要求，每年在编制政府预算前，都必须根据经济发展变化情况对政府预算收支科目进行修改。

(2) 对本年度预算执行情况的预计和分析。各级财政部门在编制下年度预算时，需要根据当年已实现的预算收支数，结合经济和事业发展趋势，对本年度预算执行情况进行预计和分析。这种预计和分析，是确定下年度预算收支指标的基础。预计的方法一般是：首先对前几个季度的预算执行情况进行分析，在此基础上对后几个月的预算执行情况进行预测，通常是根据历年收支规律，结合经济发展的走向进行对比分析。

(3) 拟定下年度预算收支指标。在对本年度预算收支执行情况进行预计分析的基础上，财政部门要根据国家的方针政策和经济发展状况，拟定计划年度政府预算收支控制指标。在拟定预算收支控制指标时，一要将党和国家的路线、方针、政策以及国民经济和社会发展指标作为编制各级预算的参考依据；二要本着实事求是的科学态度，运用可靠的数据反复测算，提高控制指标的准确性。

(4) 颁发编制政府预算草案的指示和具体规定。为了使各级政府预算的编制符合国家的方针政策及国民经济和社会发展计划的要求，保证政府预算的统一性、完整性和准确性，每年在政府预算编制之前，国家还采取如召开会议或发布通知指示等形式，对预算编制工作进行具体组织部署。其主要内容包括：编制预算的方针和任务，编制各项主要收入和支出预算的具体要求，各级预算收支划分和机动财力作用范围，预算编制方法以及预算报送程序和报送期限等。

2. 政府预算草案编制的依据与程序

(1) 预算草案编制的依据。预算草案是指各级政府、各部门、各单位编制的未经法定程序审查和批准的预算收支计划。各级政府编制年度预算草案的依据是：有关法律、法规；国民经济和社会发展计划、财政中长期计划以及有关的财政经济政策；本级政府的预算管理职权和财政管理体制确定的预算收支范围；上一年度预算执行情况和本年度预算收支变化因素；上级政府对编制本年度预算草案的指示和要求。

各部门、各单位编制年度预算草案的依据是：有关法律、法规；本级政府的指示与要求以及本级政府财政部门的部署；本部门、本单位的职责、任务和事业发展计划；本部门、本单位的定员定额标准；本部门、本单位上一年度预算执行情况和本年度预算收支变化因素。

(2) 预算草案编制的程序。预算编制程序是指预算编制的步骤。为保证各基层单位和各级总预算及中央预算及时、准确、完整地编制，必须按照规定的程度进行。根据《预算法》的规定，中央预算和地方各级政府预算按照复式预算编制。政府预算的编制一般采用自上而下和自下而上，上下结合，逐级汇总的程序。

3. 政府预算编制的内容

(1) 中央一般预算编制的内容：当年本级预算收入和支出；上一年度结余用于本年度安排的支出；返还或者补助地方支出；地方上缴收入。

(2) 地方各级政府一般预算编制的内容：当年本级预算收入和支出；上一年度结余用于本年度安排的支出；中央（或上级）返还或者补助收入；返还或者补助下级支出；上缴

中央（或上级）支出；下级上缴收入。

4. 政府预算的审查与批准

预算的审查与批准是指各级国家权力机关对同级政府所提出的预算草案进行审查与批准的活动，是政府预算必须履行的法律手续。《预算法》第三十八条规定："国务院在全国人民代表大会举行会议时，向大会作关于中央和地方预算草案的报告。地方各级政府在本级人民代表大会举行会议时，向大会作关于本级总预算草案的报告。"第三十九条规定："中央预算由全国人民代表大会审查和批准。地方各级政府预算由本级人民代表大会审查和批准。"

各级政府预算草案经过法定程序的审查批准后，就成为具有法律效力的正式的预算，任何单位和个人都必须严格遵守，不得随意改变。

13.3.3 政府预算的执行

1. 预算执行的任务

预算执行，是指国家预算组织和实现收入、支出、平衡和监督过程的总称，是把预算由计划变为现实的具体实施步骤。《预算法》规定，各级预算由本级政府组织执行，具体工作由本级政府财政部门负责。其主要任务是：

（1）研究落实财政税收政策的措施，支持经济和社会的健康发展；

（2）制定组织预算收入和管理预算支出的制度和办法；

（3）督促各预算收入征收部门、各预算缴款单位完成预算收入任务；

（4）根据年度支出预算和季度用款计划，合理调度、拨付预算资金，监督检查各部门、各单位预算资金的管理和使用情况，督促其节减开支、提高效率；

（5）指导和监督各部门、各单位建立健全财务制度和会计核算体系，按照规定使用预算资金；

（6）编报、汇总分期的预算收支执行数字，分析预算收支执行情况，定期向本级政府和上一级政府财政部门报告预算执行情况，并提出增收节支的建议；

（7）协调预算收入征收部门、国库和其他有关部门的业务工作。

2. 预算执行机构

为了做好预算执行工作，保证政府预算收支任务的实现，预算执行需要相应的组织机构。政府预算管理执行的组织机构是由国家行政领导机关和相应的职能部门组成的。按照我国宪法的规定，负责执行预算的机关是国务院和地方各级人民政府。国务院全面负责政府预算的组织执行，地方各级人民政府负责本地区预算的执行。在国务院领导下，财政部具体负责中央预算的执行和地方预算执行的指导工作；地方各级财政机关在同级人民政府领导下，具体负责组织本地区的预算执行；上级财政部门负有监督、指导下级预算执行的责任与任务。

除各级财政机关具体负责组织预算执行外，国家还设立或指定专门的管理机构，负责组织和参与政府预算的执行工作。负责组织预算收入的机关有财政机关、税务机关、海关等；参与预算支出执行的机关有中国建设银行、中国农业发展银行等。国家金库担负着政府预算执行的重要任务，具体组织办理预算收入的收纳、划分和留解，办理预算资金的拨付。各国有商业银行的营业部门作为国库经收处参与预算的执行工作。这些专门机关在预算执行中的主要职责为：

（1）税务机关。税务机关主要负责国家各项工商税收的征收管理、国有企业上缴利润的监督缴纳，以及国家交办的其他有关预算收入的征收管理。为适应分税制改革的要求，从1994年起，中国税务机关分设国家税务局与地方税务局。国家税务局负责征收中央税和中央与地方共享税，地方税务局负责征收地方税。

（2）中国建设银行。中国建设银行负责办理预算内和预算外基本建设贷款和拨款的任务，并负责监督企业挖潜改造基金的使用，监督国有施工企业的财务管理工作。

（3）国家开发银行。国家开发银行主要负责办理政策性重点建设贷款和贴息业务。

（4）中国农业银行和中国农业发展银行。它们在预算执行中的职责是：负责办理农业事业费及国家支援农业生产资金的拨款工作，办理国家规定的农业政策性金融业务，协助财政部门和主管部门安排支农资金，检查执行情况和资金使用效果。

（5）中国人民银行。中国人民银行代理国家金库业务。其具体职责包括：制定预算收入征收的具体办法；监督有预算收入缴款任务的单位按规定缴纳各项税费；统计预算收入缴库情况，编制报表并向上级征收部门和同级财政机关报告；定期同国库核对收入缴库数字等。

（6）海关。海关主要负责对进出口的货物和各种物品、旅客行李等依法征收关税和规费，为税务机关代征进出口产品的增值税、消费税以及国家交办的涉及进出口产品的其他税务的征收管理等工作。

3. 国家金库

（1）国家金库的概念。在年度预算执行中，各企业单位要向国家财政上缴税金和利润，各预算单位的生产建设资金和行政事业经费要由国家财政供给，这就要求必须有一个国家财政的出纳机关，负责管理国家财政的收入和支出，这个出纳机关就是国家金库，简称国库。因此，国家金库就是国家预算收支的保管出纳机关，负责办理国家预算资金的收纳、划分、留解和拨付业务。

（2）国家金库的管理体制。世界上各国国家预算收支的保管出纳制度分为独立国库制、委托国库制和银行制三种。①

第一，独立国库制。即国家设立专门的机构，办理政府预算执行过程中预算资金的出纳业务，具有独立的性质。其优点是严格执行财务管理上的分权制衡原则，国家财力高度集中，不但融通方便，而且可以严格控制和监督各项预算收支，使得各有关部门无法营私舞弊，保证国库的各项职能得以实现。其缺点是必须耗费大量的人力、物力，运行成本较高，而且当财政资金有余缺时，没有其他资金可以进行余缺调节，资金使用效率较差。

第二，委托国库制。采用此制度的国家较多，如美、英、法、德、日、韩、俄等国家都采用这一制度。即政府不单独设立国库机构，而是委托中央银行办理或代理国库的相关业务，如国家预算资金的收纳、保管和支拨。这种制度的最大优点是可以利用银行的设备及人力，节省费用开支。此外，由于中央银行管理着本国的金融部门，制定和执行本国的

---

① 参见陈工：《政府预算与管理》，278页，北京，清华大学出版社，2004。

货币政策，这非常有利于国库对本国的预算收支和预算执行情况的统计和分析。这种制度最大的缺点是国库管理难度较大，国库业务常常得不到重视，效率较低下。

第三，银行制。即国家不设立独立的国库，也不委托中央银行代理国库，而是由财政部门在商业银行开立账户，办理预算收支业务，其账户性质视同一般存款户对待，存款有息，如蒙古等国。这种制度不但可以节省政府的人力、物力、财力，而且银行自由运用国库资金，具有调节社会资金的作用。虽然这种制度费用较少，但存在不能履行国库的监督和管理等职能的弊端。正是由于这一原因，所以较少国家采用银行制。

我国实行委托国库制。1950 年 3 月 3 日政务院发布的《中央金库条例》，1985 年 7 月 27 日国务院发布的《中华人民共和国国家金库条例》以及第八届全国人民代表大会第三次会议于 1995 年 3 月 18 日通过的《中华人民共和国中国人民银行法》都明确了由中国人民银行代理国库，确定了我国国库委托制度的法律地位。

13.3.4　财政国库管理制度改革

为了从源头上解决预算执行中存在的问题，经国务院批准，财政部和人民银行部署实施财政国库管理制度改革，要求在“十五”期间建立国库单一账户体系，其核心是所有财政性资金都纳入国库单一账户体系管理，收入直接缴入国库或财政专户，支出通过国库单一账户体系支付到商品和劳务供应者或用款单位。这是我国现代国库管理制度建设的基本构架，也是财政预算执行的重大制度创新。

1. 财政国库管理制度改革的必要性

（1）我国现行的财政性资金缴库和拨付方式的弊端。我国现行的财政性资金缴库和拨付方式主要是通过预算单位设立多重账户分散进行。随着社会主义市场经济体制下公共财政的建立和发展，这种在传统体制下形成的运作方式显露的弊端越来越突出。具体表现如下：

一是重复和分散设立账户，导致财政支出活动透明度不高，大量预算外资金游离于预算管理之外，不利于实施有效的管理和全面监督。

二是财政收入、支出信息反馈迟缓，难以及时为预算编制、执行分析和宏观调控提供可靠依据。

三是财政资金入库时间延滞，收入退库不规范，大量资金经常滞留在预算单位，降低了使用效率；财政资金使用缺乏事前监督，截留、挤占、挪用等问题时有发生，容易诱发腐败现象。

四是由于分散收缴和分散拨付，对预算单位实际的财政收入水平、用款规模缺乏统一掌握，不利于上级政府根据实际情况作出有效和正确的决策。

五是财政资金使用效益不高，各预算单位收到了财政性资金，并不是一下子全花完，而是逐日逐月开销，这样就必定有一部分资金短时期闲置。各预算单位闲置资金较为分散，不利于财政部门有效调拨资金。甚至财政部门为了应付某些急需，又不得不大量举债，增加了财政负担，不利于提高财政资金使用效益。

六是不利于对财政资金使用的监督。由于分散收缴和支付，财政部门无法对各预算单位财政性资金的收缴和支付进行及时有效的跟踪监督，即使发现了问题，处理起来也只能是“马后炮”。

(2) 建立国库集中收付制度的意义。改革现行财政国库管理方式，建立国库集中支付制度，是适应社会主义市场经济体制下公共财政的内在要求，它有利于加强财政监督管理，提高资金使用效益，增强财政在宏观调控中的作用，也有利于从源头上预防腐败。具体来说：

第一，有利于节约库款，避免收入流失，提高财政资金的使用效率。现行的财政资金管理方式是：财政性资金缴库有些是由征收机关通过设置过渡性账户收缴的，而不是直接缴入国库。财政性资金支出则通过各级预算单位设置的财政资金账户逐级转拨。这就造成了征收机关和预算单位分散、多重设置财政资金账户。大量收入入库时间延滞，收入流失问题时有发生。预算单位均在商业银行开设财政资金账户，并按财政资金的不同性质开设多个银行账户。财政支出先由财政部门拨付到主管部门，再由主管部门拨付到所属下级单位，然后逐级支付到收款人或用款单位。资金拨付环节多、运转慢、效率低，从国家整体看，一方面财政每年要发行几千亿元的国债，用来平衡财政支出；另一方面，各级预算单位占用滞留的财政资金存在银行不能及时有效使用，很显然这是不合理的。实行财政国库集中收付后，建立国库单一账户体系，财政收入和支出全部通过国库单一账户体系进行收支，避免了分散、多重设置财政资金账户的问题，从而可以大大提高资金的周转速度，节约库款，提高资金的使用效益。

第二，有利于加强预算管理，严格计划开支。以前预算的编制采用的是基数法，每年都是在上一年基数上作适当增减。预算编制和下达的时间都相对滞后。预算都是从年前编制到年尾，“一年预算，预算一年”，预算编报得晚，批复得也晚，中间还在不断地调整，甚至到年底还在批当年的预算。实行财政国库管理制度改革后，对预算编制的要求将更加严格。因为实行财政直接支付和授权支付的基础是财政部门批复的部门预算，根据批复的部门预算，编制分月用款计划，按照批复的用款计划，办理财政直接支付和授权支付的手续。没有用款计划，直接支付和授权支付都无法办理，而且支付要在批复的预算以内。财政部门批复用款计划，主要是看支出是否符合批准的预算。如果某项开支没有列入预算内，就无法支付。

第三，有利于从源头上预防和治理腐败。现行的财政资金运转方式是分层次、多重设置银行账户，资金层层转拨，资金分散，很容易造成截留、挪用资金问题，同时也容易诱发腐败现象。从客观上讲，实行财政国库管理制度改革后，减少了许多中间环节，减少了一些单位和部门直接接触资金的机会。

2. 财政国库管理制度改革的主要内容

按照财政国库管理制度的基本发展要求，建立国库单一账户体系，所有财政性资金都纳入国库单一账户体系管理，收入直接缴入国库或财政专户，支出通过国库单一账户体系支付到商品和劳务供应者或用款单位。财政国库管理制度改革的主要内容包括：

(1) 建立国库单一账户体系。财政部门在中国人民银行开设国库单一账户，按收入和支出设置分类账，收入账按预算科目进行明细核算，支出账按资金使用性质设立分账册；按资金使用性质在商业银行开设零余额账户；在商业银行为预算单位开设零余额账户；在商业银行开设预算外资金财政专户，按收入和支出设置分类账；在商业银行为预算单位开设小额现金账户；经国务院和省级人民政府批准或授权财政部门开设特殊过渡性专户。

国库单一账户为国库存款账户，用于记录、核算和反映纳入预算管理的财政收入和支出活动，并用于与财政部门在商业银行开设的零余额账户进行清算，实现收付；财政部门的零余额账户，用于财政直接支付和与国库单一账户支出清算；预算单位的零余额账户用于财政授权支付和清算；预算外资金财政专户，用于记录、核算和反映预算外资金的收入和支出活动，并用于预算外资金日常收支清算；小额现金账户，用于记录、核算和反映预算单位的零星支出活动，并用于与国库单一账户清算；特设专户，用于记录、核算和反映预算单位的特殊专项支出活动，并用于与国库单一账户清算。

上述账户和专户要与财政部门及其支付执行机构、中国人民银行国库部门和预算单位的会计核算保持一致性，相互核对有关账务记录。建立国库单一账户体系后，相应取消各类收入过渡性账户。预算单位的财政性资金逐步全部纳入国库单一账户管理。在建立健全现代化银行支付系统和财政管理信息系统的基础上，逐步实现由国库单一账户核算所有财政性资金的收入和支出，并通过各部门在商业银行的零余额账户处理日常支付和清算业务。

（2）规范收入收缴程序。将财政收入的收缴分为直接缴库和集中汇缴。直接缴库是由缴款单位或缴款人按有关法律法规规定，直接将应缴收入缴入国库单一账户或预算外资金财政专户。集中汇缴是小额零散税收和法律另有规定的应缴收入，由征收机关于收缴收入的当日汇总缴入国库单一账户或预算外资金财政专户。

（3）明确财政支出类型。根据支付管理需要，具体分为：工资支出，即预算单位的工资性支出；购买支出，即预算单位除工资支出、零星支出之外购买服务、货物、工程项目等的支出；零星支出，即预算单位购买支出中的日常小额部分，除《政府采购品目分类表》所列品目以外的支出，或列入《政府采购品目分类表》但未达到规定数额的支出；转移支出，即未指明具体用途的支出，包括拨付企业补贴和未指明具体用途的资金、中央对地方的一般性转移支付等。

（4）明确财政支付方式。按照不同的支付主体，对不同类型的支出，分别实行财政直接支付和财政授权支付。财政直接支付，是由财政部门开具支付令，通过国库单一账户体系，直接将财政资金支付到收款人或用款单位账户。实行财政直接支付的支出包括：第一，工资支出、购买支出以及中央对地方的专项转移支付、拨付企业大型工程项目或大型设备采购的资金等。第二，转移支出，包括中央对地方的一般性转移支付中的税收返还、原体制补助、过渡期转移支付、结算补助等支出，对企业的补贴和未指明购买内容的某些专项支出等。财政授权支付是预算单位根据财政授权，自行开具支付令，通过国库单一账户体系将资金支付到收款人账户。实行财政授权支付的支出包括未实行财政直接支付的购买支出和零星支出。

（5）规范财政支付程序。财政支付程序包括：第一，财政直接支付程序。预算单位按照批复的部门预算和资金使用计划，向财政国库支付执行机构提出支付申请，财政国库支付执行机构根据批复的部门预算和资金使用计划及相关要求对支付申请审核无误后，向代理银行发出支付令，并通知中国人民银行国库部门，通过代理银行进入全国银行清算系统实时清算，财政资金从国库单一账户划拨到收款人的银行账户。第二，财政授权支付程序。预算单位按照批复的部门预算和资金使用计划，向财政国库支付执行机构申请授权支付的月度用款限额，财政国库支付执行机构将批准后的限额通知代理银行和预算单位，并通知中国人民银行国库部门。预算单位在月度用款限额内，自行开具支付令，通过财政国库支付执行机构转由代理银行向收款人付款，并与国库单一账户清算。

（6）推进预算编制改革，细化预算编制，全面推行部门预算制度。部门预算是市场经济国家财政预算管理的基本组织形式，是在全面推行零基预算、综合财政预算的基础上，按照综合财力状况，依照个人部分、公用部分和事业发展的顺序，采取先进的技术手段，由预算部门编制、财政部门审核汇总，形成涵盖预算部门所有收支的完整预算。部门预算将部门作为预算编制的基础单元，取消财政与部门的中间环节，预算从部门编起，部门所属二级单位的预算全部归口到部门管理；预算要落实到每一个具体部门，预算管理以部门为依托，改变财政资金按性质和功能归口管理的做法，将各类不同性质的财政性资金统一编制到使用这些资金的部门，一个部门的预算要全面反映该部门的各项收支。

3. 财政国库管理制度改革推行的基本情况

2001 年国务院批准《财政国库管理制度改革方案》时，要求在 2001—2005 年全面推行财政国库管理制度改革。按照这一要求，中央和地方着力推进国库集中收付制度改革，中央部门于 2001 年 8 月开始实施改革，至 2008 年底，中央各部门及所属 12 000 多个基层预算单位实施了国库集中收付制度改革。全国所有省份和计划单列市本级，300 多个地市，1 900 多个县（区），超过 28 万个基层预算单位实施了改革。改革的范围从一般预算资金扩大到政府性基金和国有资本经营预算资金。

国库集中收付制度改革的实施，使财政资金使用由“中转”变“直达”，账户管理由分散到统一，提高了预算执行的透明度，提高了财政资金使用的规范性、安全性、有效性。

13.4 政府决算

13.4.1 政府决算的含义与决算的组成

决算是指各级政府、各部门、各单位编制的经法定程序审查和批准的预算收支的年度执行结果。它反映和总结预算执行情况的结果，是预算管理中的重要环节。

决算由决算报表和文字说明两部分组成，通常按照我国统一的决算体系逐级汇编而成。决算的构成和收支项目同预算一致。中央决算由中央各部门决算组成，并包括地方向中央上缴的收入和中央对地方返还或者给予补助的数额；地方决算由各省、自治区、直辖市总决算组成；地方各级总决算由本级政府决算和汇总的下一级总决算组成。

13.4.2 决算草案的编制

决算草案是指各级政府、各部门、各单位编制的未经法定程序审查和批准的预算收支的年度执行结果。决算草案由各级政府、各部门、各单位在每一预算年度终了后按照国务院规定的时间编制。

编制决算草案，必须按照法律、行政法规的规定，做到收支数额准确，内容完整，决算的各项数字均应以核实的基层单位汇总的会计数字为准，不能用估计数字替代。《中华人民共和国预算法实施条例》规定，财政部应当在每年第四季度部署编制决算草案的原则、要求、方法和报送期限，制发中央各部门决算、地方决算以及其他决算的报表格式。

为了准确反映预算执行的结果，保证决算数字的准确、完整、及时，《预算法实施条例》规定，各级政府财政部门、各部门、各单位，在每一预算年度终了时，应全面清理核实全年预算收入、支出数字和往来款项，做好决算数字的对账工作。不得把本年度的收入和支出转为下年度的收入和支出；不得把预算内收入和支出转为预算之外，也不得随意把预算外收入和支出转为预算之内。

13.4.3 决算的审核分析、审查批准与预算监督

1. 决算的审核分析

(1) 决算审核分析的含义。决算审核分析，是指以决算表格数据和决算说明书提供的相关资料为基础，以财政方针、政策、计划、法规及有关规定为根据，对预算执行的过程和结果进行审核、分析、比较的专门方法。它是决算编制工作的重要环节。为了使决算编制符合要求，必须加强对决算的审核与分析，并做到层层负责，逐级审核，确保决算质量，促进预算管理水平的提高。

(2) 决算审核分析的方法。对决算的审核与分析，一般是和决算编制交叉进行的。从审核的方法看，一般有就地审核、书面审核和派人到上级机关汇报审核三种。其中，书面审核是最主要的方法，就地审核和派人到上级机关汇报审核是书面审核的补充。

(3) 决算审核分析的形式。决算审核分析的形式一般有单位自审、组织决算性质相同的单位互审和上级单位审核三种。其中，单位自审是最基本的形式。决算编成后，各编制单位都要对自编的决算全面系统地复核一遍，主要审核数字之间关系和列报口径等方面有无差错。

(4) 决算审核分析的内容。决算审核分析的内容有两个方面：一方面是政策性审核，即从决算贯彻党和国家的方针政策、财政财务制度、财经法纪等方面进行审核分析；另一方面是技术性审核，即从决算报表的数字关系上进行审查和分析。这两方面的审核各有重点，互为补充，相辅相成。

2. 决算的审查批准

《预算法》第六十二条规定："国务院财政部门编制中央决算草案，报国务院审定后，由国务院提请全国人民代表大会常务委员会审查和批准。县级以上地方各级政府财政部门编制本级决算草案，报本级政府审定后，由本级政府提请本级人民代表大会常务委员会审查和批准。乡、民族乡、镇政府编制本级决算草案，提请本级人民代表大会审查和批准。"第六十三条规定："各级政府决算经批准后，财政部门应当向本级各部门批复决算。"

3. 预算监督

(1) 预算监督的含义。预算监督是指对各级财政预算的编制、预算执行、预算调整和决算等预算管理活动的合法性和有效性实施的监督。按监督主体划分，预算监督包括各级人民代表大会及其常务委员会对预算、决算进行的监督，各级政府对下一级政府预算执行的监督，各级政府财政部门对本级各部门、各单位和下一级财政部门预算执行的监督检查，以及各级政府审计部门对预算执行情况和决算情况实行的审计监督。

(2) 预算监督的作用。预算监督是国家通过国家预算参与国民收入分配的过程，是对社会经济活动各环节、各方面进行的监察、监督和制约。预算监督是国家预算的职能之一，是在国家预算资金的集中和分配过程中进行的。通过预算监督，可以促使各部门和行政机关改善管理，加强经济核算，努力增收节支，对预算编制及执行中违反预算管理的行为进行监督、检查，实现预算收支平衡，保证国家预算资金的合理使用，圆满完成预算收支任务。

(3) 预算监督的主要内容。

1) 监督所属财政部门和预算单位的各项经济建设和事业发展计划、预算收支完成情况，保证党和国家各项任务的顺利完成和有关方针、政策的贯彻落实。

2) 监督财政部门是否按政策要求组织预算收入，是否及时、足额地解缴入库，有无截留、坐支、挪用等错误行为。监督各预算缴款单位是否努力增收节支，增产节约，加强内部经济核算，保证各收入征收机关顺利组织各项预算收入，完成或超额完成预算任务。

3) 通过监督预算支出计划的编报、审核、拨款和报账工作，促使各预算用款单位厉行节约，防止弄虚作假、虚列支出、挪用预算资金、擅自提高开支标准等错误行为。按国家预算规定专款专用，节约、合理地使用资金，提高预算资金的使用效果。

4) 各监督职能部门要会同有关部门严厉查处违规违章、铺张浪费以及一切违法犯罪行为。

本章小结

政府预算是政府参与分配国民生产总值的重要杠杆，是适应国家财政管理的需要而产生的一个财政范畴，是财政体系的主导环节。政府预算的产生、发展与不断完善，标志着一国的财政管理逐步走上规范化、法制化与民主化轨道。本章主要阐述政府预算的含义、政府预算收支分类、政府预算的编制以及政府预算组织形式等内容。

关键术语

政府预算　收支分类　政府预算组织形式　政府决算　复式预算　零基预算

复习思考题

1. 我国实行复式预算有何意义?
2. 如何完善我国现行的复式预算?
3. 简述政府预算的编制原则和依据。
4. 简述预算审批关系。
5. 财政国库管理制度改革的主要意义是什么?

阅读材料

2010 年中央国有资本经营预算收入预计 421 亿

据国家财政部网站消息，财政部公布国有资本经营预算编制情况显示，2010 年，中央国有资本经营预算收入预计 421 亿元，加上上年结转收入 19 亿元，合计 440 亿元，中央国有资本经营预算支出安排 440 亿元。

国有资本经营预算，是国家以所有者身份依法取得国有资本收益，并对所得收益进行分配而发生的各项收支预算，是政府预算的重要组成部分。建立国有资本经营预算制度，是党中央、国务院作出的一项重大决策，对于深化国有企业改革、规范国家与国有企业分配关系、增强政府宏观调控能力具有十分重要的意义。1993 年，《中共中央关于建立社会主义市场经济体制若干问题的决定》中提出建立政府公共预算和国有资产经营预算。2003 年，《中共中央关于完善社会主义市场经济体制若干问题的决定》再次提出建立国有资本经营预算制度。

2007 年 9 月，国务院发布《关于试行国有资本经营预算的意见》，标志着我国开始正式建立国有资本经营预算制度。根据该文件精神，中央本级国有资本经营预算从 2007 年起试行，地方试行国有资本经营预算的时间、范围和步骤由各省（区、市）及计划单列市人民政府决定。按照全国人大要求，中央本级国有资本经营预算于 2010 年首次提交全国人大审查。

一、国有资本经营预算的基本内容和编制程序

（一）收入预算

收入预算是指国家按年度和规定比例向企业收取国有资本收益的收缴计划。依法取得国有资本收益，是国家作为国有资本投资者应当享有的权利，也是建立国有资本经营预算的基础。2007 年 12 月，财政部和国资委联合印发了《中央企业国有资本收益收取管理暂行办法》，规定国有资本收益是指国家以所有者身份依法取得的国有资本投资收益，具体包括：（1）应交利润，即国有独资企业按规定应当上交国家的利润；（2）国有股股利、股息，即国有控股、参股企业国有股权（股份）获得的股利、股息收入；（3）国有产权转让收入，即转让国有产权、股权（股份）获得的收入；（4）企业清算收入，即国有独资企业清算收入（扣除清算费用），国有控股、参股企业国有股权（股份）分享的公司清算收入（扣除清算费用）；（5）其他国有资本收益。

根据《中央企业国有资本收益收取管理暂行办法》，采取区别不同行业适用不同比例的方式，将企业划分为三类：第一类是具有资源性特征行业企业，上交比例为净利润的 10%；第二类为一般竞争性行业企业，上交比例为净利润的 5%；第三类为国家政策性企业，暂缓 3 年上交或者免交。另外，办法还对中央企业国有资本收益的申报、核定、上交等事项进行了明确。

（二）支出预算

支出预算是指国家根据国有资本经营预算收入规模和国民经济发展需要制定的支出计划。近期，国有资本经营预算支出要着力解决国有企业发展中的体制性、机制性问题，着力解决涉及企业职工切身利益的问题，着力推进经济结构调整和经济发展方式的转变。根据《国务院关于试行国有资本经营预算的意见》，2007 年 11 月，财政部下发了《中央国有资本经营预算编报试行办法》，规定国有资本经营预算支出按照资金使用性质划分为：(1) 资本性支出，主要是根据国家产业发展规划，国有经济布局和结构调整规划，用于支持国有企业改制、重组，自主创新，提高企业核心竞争力；(2) 费用性支出，主要用于弥补国有企业改革成本，解决历史遗留问题，当前，要重点解决困难企业职工养老保险、离退休职工医疗保险、特困企业职工生活补助、分离企业办社会职能、企业后勤服务社会化等涉及职工切身利益的问题，以及支持重点行业企业的节能减排；(3) 其他支出，即用于社会保障等方面的支出。

（三）编制程序

《中央国有资本经营预算编报试行办法》对预算的编制程序也进行了规定：财政部每年向中央预算单位和中央企业下发编报年度中央国有资本经营预算建议草案和支出项目计划的通知；中央企业编制国有资本经营预算支出项目计划上报中央预算单位；中央预算单位编制国有资本经营预算建议草案上报财政部；财政部汇总编制中央国有资本经营预算草案上报国务院审批。2009 年 3 月第十一届全国人民代表大会财政经济委员会《关于 2008 年中央和地方预算执行情况与 2009 年中央和地方预算草案的审查结果报告》明确要求“2010 年向全国人大提交中央国有资本经营预算”。

二、2007—2010 年中央国有资本经营预算试行情况

根据《国务院关于试行国有资本经营预算的意见》，2007 年开始试点收取部分企业 2006 年实现的国有资本收益，2008 年起正式实施中央本级国有资本经营预算。

中央国有资本经营预算收入主要来源于试行范围内的中央企业上交的税后利润。2007—2009 年，共收取中央企业国有资本收益 1 572.2 亿元，其中：2007 年 139.9 亿元，2008 年 443.6 亿元，2009 年 988.7 亿元（包括电信企业重组专项资本收益 600 亿元）。

中央国有资本经营预算支出 2008—2009 年达 1 553.3 亿元，经国务院批准，主要用于国有经济和产业结构调整、中央企业灾后恢复生产重建、中央企业重大技术创新、节能减排、境外矿产资源权益投资以及改革重组补助支出等。

2010 年，中央国有资本经营预算收入预计 421 亿元，加上上年结转收入 19 亿元，合计 440 亿元，中央国有资本经营预算支出安排 440 亿元。2010 年中央国有资本经营预算已经十一届全国人大三次会议审议批准通过。

下一步，财政部将会同有关部门在总结近年编制中央国有资本经营预算试点经验的基础上，进一步加大工作力度，不断完善相关制度，推进国有资本经营预算编制工作迈上新台阶。

一是研究扩大中央国有资本经营预算试点范围。中央国有资本经营预算收支范围目前仅限于在国资委监管的中央企业、中国烟草总公司和中国邮政集团公司试行。金融企业和铁路、交通、教育、文化、科技、农业等部门所属中央企业均未纳入中央国有资本经营预算试行范围。下一步将在理顺部门关系的前提下，进一步研究扩大试点范围。

二是完善国有资本收益收取政策。针对目前国有资本收益收取比例过低，不利于遏制央企盲目投资和国企结构调整的状况，适当提高国有资本收益的收取比例。

三是推动地方国有资本经营预算试点工作，做好汇总编制全国国有资本经营预算准备工作。在中央国有资本经营预算基础上，加快研究制定地方国有资本经营预、决算的汇总上报体系及软件编报系统，为统一中央和地方国有资本经营预算管理提供制度基础和技术保证。

资料来源：《2010年中央国有资本经营预算收入预计421亿》，见中国新闻网，2010-05-12。

第 14 章

国有资产管理概述

重点问题

- 国有资产的分类
- 国有资产管理的内容

14.1 国有资产的含义与分类

14.1.1 资产

资产是指可作为生产要素投入生产经营过程中，并能带来经济利益的财产。《企业会计准则——基本准则（2006）》中规定："资产是指企业过去的交易或者事项形成的、由企业拥有或者控制的、预期会给企业带来经济利益的资源。"这里所说的拥有或者控制，是指企业作为法人在形式上虽没有所有权，但在实际上取得了控制权，能够自由使用、依法处置，并享有和承担与该法人财产相关的利益和风险。美国财务会计准则委员会（FASB）在《财务会计概念公告》中将资产定义为："资产是某一特定实体由于过去的交易或事项获得或控制的可能的未来经济利益"，资产的共同特征是服务潜力或未来经济利益，即为使用资产的实体提供服务或利益的生产能力。由上述定义可以看出，资产主要强调的是经济资源，而且是能够带来经济利益的经济资源。

14.1.2 国有资产

从上述关于资产定义的本质出发，国有资产就是指能够带来经济利益的国有经济资源。但是在现有与国有资产有关的著述中，一般都将国有资产区分为广义的国有资产和狭义的国有资产。广义的国有资产通常是指国家所有的一切资产，是指国家以各种形式投资、收益、拨款、接受馈赠、凭借国家权力取得，或者依据法律认定的各种类型的财产或财产权利。广义的国有资产应包括：国家以各种形式形成的对企业的投资及获得的收益等经营性资产；国家向行政事业单位拨款形成的非经营性资产；国家依法拥有的土地、森林、河流、矿藏等资源性资产。

狭义的国有资产就是经营性国有资产，是指国家作为出资者在企业中依法拥有的资本及权益。经营性国有资产主要包括三部分：企业占用的国有资产；行政事业单位占有、使用的非经营性资产中，以获取利润为目的而通过各种形式用于经营的资产；国有资源中投入生产经营过程的资源。经营性国有资产不同于企业总资产。经营性国有资产主要是指国有资本，是企业资产负债表中的所有者权益部分。国有独资企业的国有资产是该企业的所有者权益（净资产），总资产是企业作为独立法人所拥有的资产，企业国有资产是企业总资产来源的一部分；股份制企业的国有资产是该企业所有者权益中的国家资本，而企业总资产则是各类出资者出资形成的全部企业法人财产。

14.1.3 国有资产的分类

国有资产可以按不同的标准进行分类：

（1）按是否参与经营活动分类，可分为经营性国有资产、非经营性国有资产和资源性国有资产。经营性国有资产，是指从事经营活动，能够实现资本金增值的国有资产。经营性国有资产，按其性质又可划分为垄断性行业的国有资产和非垄断性（竞争性）行业的国有资产。前者如铁道、邮电、通信行业的国有资产，后者如冶金、化工、机械行业的国有资产。非经营性国有资产，是指不从事经营活动，不能实现增值，只能有效、合理地加以使用的国有资产，如国家机关、事业单位的国有资产就属于这一类。但是，事业单位利用这些国有资产从事业务，也会程度不同地取得一些收入，称作事业收入。资源性国有资产，又称国有资源，是指大自然形成的，通过开发利用，可以具有价值和使用价值的国有资产，例如，属于国有的土地、矿藏、森林、草场、水资源等。

（2）按存在的形态分类，可分为固定资产、流动资产和其他资产。固定资产是固定资金的实物形态，包括生产性固定资产和非生产性固定资产。生产性固定资产是指由机器设备、厂房、建筑物、铁路、桥梁、电站等劳动手段所组成的资产，它们直接参与生产活动。非生产性固定资产是指机关、部队、学校、医院、俱乐部等的建筑物和设备以及企业所占有的职工食堂、幼儿园、职工医院等。流动资产是在生产和流通过程中不断变换其形态的原材料、半成品、产成品以及债权、货币资金等其他流动资产。其他资产是指在固定资产和流动资产之外，属于国有的土地、森林、矿产等自然资源及其开发权、使用权、专利权、出版权、商标权等，以及债券、股票等有价证券。

（3）按有无实物形态分类，可分为有形资产和无形资产。有形资产是指具有实物形态的各种资产，如土地、房屋、建筑物、机器设备、工具等。无形资产是指不具有实物形态而又能较长期地提供某种特殊权利或有助于取得较高收益的资产，如专利权、版权、商标权等。

（4）按资产存在地域不同分类，可分为境内资产和境外资产。

14.2　国有资产管理的含义与特征

14.2.1　国有资产管理的含义

国有资产管理是自国有资产一形成就存在着的，但作为一个理论概念，也是与国有资产概念同时提出来的。资产是一个与商品经济相联系的范畴，国有资产管理自然也是一个与商品经济运行相联系的范畴，是指在商品经济条件下，国家以所有者的身份，凭借所有权对国有资产的经营和使用进行组织、指挥、协调、监督和控制等一系列活动。国有资产管理要以提高国有资产运营效益、维护国有资产所有者和经营者合法权益、不断壮大和巩固国有制经济为宗旨，管理的重点在于经营性资产，并强调产权管理。我国是以公有制为基础的社会主义国家，国有资产是我国社会主义制度赖以存在和发展的物质基础，加强国有资产管理对于巩固和发展社会主义制度、建立社会主义市场经济具有十分重要的意义。

14.2.2　国有资产管理的基本特征

国有资产管理是经济管理，但又不同于一般的经济管理。这不仅表现为参与管理的政府的身份不同，而且表现为管理目标、管理范围、管理内容等方面的不同。具体来说，国有资产管理具有以下基本特征：

1. 国有资产管理是以产权所有为基础的管理

这是国有资产管理最基本的特征。在社会主义条件下，国家具有双重经济职能：一是社会经济管理者职能；二是生产资料所有者职能。这是由社会主义国家具有的两重性所引起的。一方面，国家作为上层建筑的核心，可以借助国家政权的力量，保护社会主义经济基础，促进社会主义经济基础的发展；另一方面，国家作为经济基础的主体，又可以通过其掌握的全民所有制生产资料，直接领导和管理社会主义经济建设。与此相联系，国家具有社会经济管理和国有资产所有权管理两种职能。

社会经济管理职能是指国家通过政府对社会各类经济成分的综合管理职能，其管理范围包括制定经济法规和社会发展规划，实施对全社会经济的宏观调控，保证整个国民经济的有序发展等。国有资产所有权管理职能，是指国家委托政府代表全体人民以所有者身份对全民所有的资产即国有资产进行管理的职能。

在我国社会主义条件下，两种职能虽然具有统一性，但也存在很大差别。主要表现在以下几个方面：其一，两者产生的基础不同。国有资产所有权管理职能建立在国家作为全民所有的生产资料所有者身份的基础上，而社会经济管理职能建立在国家作为社会管理者身份的基础上。其二，两种职能要求实现的目标不同。国有资产的所有者为实现国有资产保值增值而追求利润率的不断提高，而社会经济管理者追求的目标主要是社会的稳定和有序发展。其三，两种职能行使的范围不同。作为国有资产的所有者，其职能仅限于国有资产，行使的范围包括国内外拥有国有资产的企业，而社会经济管理职能则必须面对各种不同的所有制企业，其范围仅限于国内。其四，两种职能的工作内容不同。国有资产的所有者主要是管理和经营国有资产，而社会经济管理者的管理对象则是包括经济在内的各种社会活动。其五，两种职能使用的管理手段不同。国有资产所有者主要是通过控制产权代表从内部影响企业行为来贯彻自己的意图。社会经济管理者主要是依靠政权的力量，通过制定和发布各种法规、政策从外部约束企业的行为。

由此可见，政府在履行所有权管理职能和社会经济管理职能时，其依据的原则与行为轨道均不相同。在国有资产的管理上，政府只能以所有者的身份或者说以产权为基础对国有资产进行管理。如果在同一项管理活动中，政府既以超越一般经济主体的管理者身份出现，又以国有资产所有者的身份出现，就会产生一系列问题，其中最主要、最直接的问题就是政企不分。

2. 国有资产管理目标的双重性

国有资产管理目标的双重性，指的是国有资产管理不仅强调资产经营活动的营利性目标，同时还要考虑资产经营活动的非营利性目标。

国有资产管理目标的双重性，从根本上说，是由于国有资产本身具有双重功能。一方面，国有资产特别是经营性国有资产是一种企业资产，它要参与社会再生产过程，不仅要实现保值，而且要实现增值；另一方面，国有资产又是一种以国家为代表的社会性资产，在一定时期和一定条件下，又必须满足和服从国家利益和社会利益，从而达到国家对社会经济活动实行有效调节或实现某些社会目标的目的。

国有资产与国有资产管理目标的双重性，在实践中往往集于国有企业一身，因此两者的界限有时变得相当模糊，在实际管理过程中难以区分。或者营利性目标侵占了非营利性目标，或者非营利性目标侵占了营利性目标。这不仅是政企不分的重要原因，也在很大程度上造成了国有企业的低效率。如何处理好国有资产管理中双重目标的关系，是改革以来我国一直在探索的问题。改革的实践证明，处理好这一关系的关键，是要把双重目标从某一具体企业分离出来，使企业的目标逐步单一化。

3. 管理范围的全面性

国有资产不等于国有企业的资产，而是资产所有权应归国家所有的全部资产。国有资产管理在范围上要把所有的国有资产，不论是预算内资产还是预算外资产，不论是经营性资产还是非经营性资产，也不论是国有单位占有的资产还是非国有单位占有的资产，不管是分布在中华人民共和国境内的国有资产还是分布在境外的国有资产，都纳入国有资产管理的范围。

国有资产管理范围的全面性还表现为国有资产管理的全过程性。也就是说，国有资产管理必须贯穿于国有资产参与社会再生产活动的每一个环节。不仅包括存量资产的经营管理，也包括增量资产的管理；不仅包括投入的管理，也包括运营过程和收益的管理。

国有资产管理范围的全面性要求国有资产所有者的产权管理职能进入企业，不仅仅对国有企业有效，而且对一切占有、使用国有资产的企业、单位都有效。

4. 价值管理和实物管理相结合，以价值管理为主

与一般的经济管理如企业管理不同，国有资产不只是对资产实物形态的管理，更重要的是对资产价值形态的管理。这是市场经济条件下，解决财产社会化与各企业财产在实物形态和性能上千差万别、不便管理的矛盾的最有效方法之一。在传统体制下，国有资产管理侧重于实物形态的管理，强调实物形态的完整无缺，对实物资产的购置、修理、转让、调拨、报废等过程，通通由主管部门管理起来。其结果是，企业完全无权根据生产发展的实际情况和市场的变化来决策，这不仅不能起到有效管理的作用，而且使企业失去很多发展的机会。因此，说到底，对资产实物形态的管理是一种适应产品经济的管理方式。在市场经济条件下，国有资产管理应从资产实物形态为主的管理向价值形态为主的管理转换。对企业占有的国有资本，多少用于固定资产，多少用于流动资产，完全由企业根据实际情况自主决定，国有资产的实物形态交由企业管理，按照权、责、利相结合的原则，给予企业充分的自主权。国有资产管理部门只从价值形态实行总量控制。采取价值形态为主的管理方式，不仅能保证国有资产的保值增值，而且能真正做到企业对资产的自主经营，有利于扩大企业自主权，增强企业活力。

需要指出的是，强调国有资产的价值管理，不能忽视甚至否定实物形态的管理，这不仅因为实物形态是价值形态的物质承担者，还因为我国国有资产以广泛的非经营形态和资源形态存在，而对于这类国有资产，更应该强调实物形态的管理。

14.3　国有资产管理的基本任务与内容

14.3.1　国有资产管理的基本任务

我国国有资产管理的基本任务表现为：

（1）维护所有者国家的权益，确保国有资产的保值和增值，增加社会积累和国家财政收入。这一任务的核心问题是确保资产的保值、增值，提高运营效益，增加财政收入，其重点又在于增值。资产增值是商品经济的一般规律。在我国现实的经济条件下，国有经济在国民经济中占有主导地位，社会资本积累的规模、国民经济增长的速度还在相当程度上取决于国有资产的运作。因此，通过宏观管理和微观管理提高国有企业的效率，从而进一步提高国有资产的规模、增加国有资产的收入，是我国今后相当长一段时间内国有资产管理的首要任务。当然，随着我国国有经济的战略性调整，国有资产将会逐步从竞争性领域退出，国有资产发挥作用的领域将会发生很大变化。

（2）进一步搞活国有经济，促进国有经济结构的转换，有效地促进其整体效益的提高，发挥国有经济在宏观调控中的作用。要通过国有企业的改制和国有资产的有效管理，以及国有经济的战略性调整，增强国有企业的活力，提高国有经济的整体效益，促进国有经济产业结构的优化和升级。不仅要使国有资产在增加国家财力上发挥重要作用，而且要使它们在保证整个国民经济的稳定运行和宏观调控上发挥主导作用。

国有经济的运行不仅不能和整个国民经济的运行分开，而且应在其中起核心作用，这就要求国有经济配合国家宏观经济调控的需要，发挥政策工具的作用。例如，国有资产经营机构和国有企业在进行投资活动时，必须以国家在一定时期的产业发展规划为依据，按照国家产业政策的要求，优化国有资产的配置。总之，国有经济不能成为市场自发力量的盲目追随者，而应成为国家有计划地引导和调节市场的一支强大力量和一种有效工具，从而起到其他政策工具所难以起到的作用。

（3）保证一定的社会、经济目标的实现，促进社会的稳定繁荣与整个国民经济的健康发展。按照国民经济和社会发展的整体要求，国有资产要在公共产品和准公共产品的生产领域占主导地位，从而要求国有资产管理必须在这些领域发挥重要作用。不仅要使国有资产在这些领域得到合理配置，而且要使它们得到充分利用。例如，利用国有资产提供军队、警察、基础教育、卫生、基础设施建设等公共产品，以保证国家的安全和社会的稳定。

14.3.2 国有资产管理的主要内容

国有资产管理是对属于国家的财产实施所有权的管理，主要内容包括：

1. 确定国有资产管理体制，明确各级国有资产管理部门的职责和相互的责权利关系

国有资产管理体制是处理国有资产管理中一系列关系与问题的纲领，一般通过法规、条例和规章制度等体现出来。明确了国有资产管理体制，就为有效地实施国有资产管理奠定了良好的基础。因此，建立高效的国有资产管理体制，是国有资产管理的关键环节。

2. 国有资产投入的管理

国有资产投入对实现国家职能、优化产业结构、促进社会生产力的发展、提高人民物质文化生活水平都具有重要作用。所以，加强国有资产投入的管理是国有资产管理的重要内容。国有资产投入是国有资产运营的起始环节，其主要管理内容有：第一，投入主体的确认。投入主体主要是掌握国有资产的政府行政管理部门，各种国有资产授权经营机构，从事生产经营的企业等。在确认投入主体资格时，也应落实投入的责任，即投入主体必须保证国有资产的保值增值。第二，确定投资规模和投入方向。投入管理必须保证投入规模合理，投入方向与国家产业政策要求一致，确保国有资产的合理配置。第三，对投入过程进行监督与调控。

3. 国有资产存量经营的管理

具体内容有：对经营主体的确认，经营者权益和责任的落实；选择和确定经营者，考核其经营业绩，包括制定科学、合理的业绩评价指标，严格评价考核制度，建立有效的激励与约束机制；制定科学的保值增值考核指标和有效的管理措施，要求经营者必须保证国有资产的价值规模完整并增值。

4. 国有资产收益分配的管理

国有资产收益，是指国有企业以及占用国有资产的其他单位经营国有资产所得的资产报酬，即企业税后利润。国有资产收益在整个国民经济中占有重要的地位，是国有资产实现增值的主要途径。其具体管理内容是：合理确定国有资产收益在国家、企业之间的分配比例，保证归国家支配收益的足额上缴，监督国有资产收益的合理使用。

5. 资源性国有资产管理

资源性国有资产，是指根据法律规定所有权属于国家的各种自然资源。资源性国有资产管理的对象主要有国有土地、森林资源、矿产资源、水资源等。由于资源性国有资产的有形性、有限性和国家垄断性，其管理也有特殊性。

6. 涉外国有资产管理

涉外国有资产，是指我国资本与外国资本直接结合所形成的经济实体中，属于我国所有的那部分资产，以及我国在国外独资经营企业中的国有资产和国家派驻国外的一些机关团体的国有资产。涉外国有资产包括境外国有资产和境内国有资产两大类，所以管理的内容也包括境外国有资产管理和境内中外合资、合作企业中国有资产管理两大部分。

7. 国有资产处置的管理

具体内容是：根据国民经济发展的需要和企业经营状况，组织推进国有资产合理流动和优化配置；组织国有资产的出售和企业兼并；决定或批准企业的设立、合并、分立、终止、拍卖，批准企业提出的被兼并申请和破产申请；根据国务院有关规定，审批企业财产的报损、冲减、核销及关键设备、成套设备或者重要建筑物的抵押、有偿转让，组织清理和收缴被撤销、解散企业的财产。

14.3.3 国有资产的基础管理

国有资产管理，实质上是对属于国家的财产实施所有权管理。相当长时间以来，由于人们缺乏产权观念，使得国有资产管理中的一些基础工作严重滞后，突出反映在企业、事业单位中国有资产所有权归属不清、界限不明，大量国有资产被闲置、侵占。因此，在这样的基础上来实施国有资产的产权管理，最基本的环节就是要进行清产核资、产权界定、产权登记等工作，通过这些基础工作的展开来理清企业、事业单位的产权关系，从而为国有资产产权的有效运行创造条件。国有资产的基础管理主要包括以下几项工作：

1. 清产核资

（1）清产核资的含义。清产核资是在全国范围内进行清查资产、清理债权债务、界定产权、重估资产价值、核实企业法人财产占用量、核定国有资本金的工作。它具体包括两方面的内容：一是清产，是指对企业、事业单位占有的各类资产进行全面的清查，对占用的各项资金，即对所有者权益和负债进行全面的核对、查实；二是核资，即核定资金和核定国有资本金，是指对企业、事业单位等的各项资金，在全面清查、界定、重估的基础上，进行审查、核对和必要的账务处理，以准确核实企业、事业单位占用的国有资产价值总量，核定企业的国有资本金。

（2）清产核资的主要内容。清产核资工作的主要内容是：1）资产清查，指对企业、事业单位的各项资产、负债和所有者权益进行全面清理、核定和查实。2）产权界定。3）价值重估和土地估价，指对企业、事业单位的主要固定资产进行重新估价和对企业、事业单位占用的国有土地进行清查估价。4）资金核实，指对企业、事业单位的法人财产占用量进行核实和核定国家资本金。5）产权登记。6）建章建制，指建立健全各项国有资产的基础监督管理制度，促进企业资产合理流动，优化资本结构，明确企业、事业单位应承担的国有资产保值增值责任。

2. 产权界定

（1）产权界定的含义。产权界定是指国家依法划分财产所有权、经营权、使用权等产权归属，明确各类产权主体行使权利的财产范围及管理权限的一种法律行为。产权界定主要包括财产所有权及与财产权相关的其他所有权的界定。国有资产产权界定属于财产权界定的范畴，包括两方面内容：一是国有资产所有权界定，即界定是否属于国家所有的资产；二是与国有资产所有权相关的、由国有资产所有权权能分离而产生的其他产权界定，即界定国有资产各类经营、使用、管辖主体行使资产占有、使用、收益及依法处分权的界限、范围和关系。

（2）企业国有资产产权界定的意义。首先，界定企业国有资产产权，是维护和保障国家所有者权益的必要措施。界定企业国有资产产权，将使国家终极所有权得以明晰化，从而可以避免过去由于产权边界不清，某些企业在生产经营过程中自觉或不自觉地侵犯国家所有者权益的现象，同时也有利于国家对企业派出的产权代表做到心中有数，加强对国有产权的管理，防止国有资产流失和受损，促进其保值和增值。其次，界定企业国有资产产权，是落实企业法人财产权，调动其生产经营积极性的重要措施。界定企业国有资产产权，不仅要界定作为出资者之一的国家对企业中国有资产的终极所有权，还要界定作为经营者的企业占有、使用构成其法人财产的国有资产的责、权、利关系，实质上也就是要使企业法人财产明晰化。只有真正明确企业法人财产权，才能调动企业经营者的积极性，也才能确保国有资产的高效运作与增值。最后，界定企业国有资产产权，是正确处理国有经济与其他经济成分的经济利益关系的重要前提。伴随着改革开放的深入发展，企业所有制关系日趋复杂，混合所有制经济所占比例越来越大。在同一企业中存在不同经济成分的现象将日益增多，而纯粹的国有独资企业会越来越少。在这种情况下，就出现了如何处理企业中国有经济与其他经济成分的经济利益关系的问题，也就需要弄清楚：企业中哪些资产是属于国家所有的资产，哪些资产是属于其他经济成分所有的资产。然后根据各种经济成分对企业投资的数量和比例，来分配企业资产的收益。这就很自然地涉及企业国有资产产权界定。因此，界定企业国有资产产权，也是正确处理国有经济与其他经济成分经济利益关系的重要前提。

（3）企业国有资产产权界定的原则。企业国有资产产权界定的原则包括以下几个方面：

1）谁投资，谁拥有产权的原则。在现实经济生活中，一般通过投资形成资产，并从而取得资产所有权。比如，国家直接投资形成的资产，必然归国家所有，并由国家受益，这在法学上称为“原始取得”。我们界定国有资产的所有权时，必须考虑这一原则，认真追溯资金的原始投入。

2）维护资产所有者权益的原则。这是企业国有资产产权界定的基本原则。所谓资产所有者权益，也就是所有者对归属于他的资产的独占和垄断的财产权利。在现实经济生活中，这种对资产的独占和垄断的权利，常常体现为对社会再生产条件即生产的前提和结果的保护，也就是对社会再生产的保护。而社会再生产能否顺利进行并不断得到发展，又直接关系到国家政权与社会的稳定。所以，无论何种类型的国家的法律，都把保护资产所有者权益作为其法律的中心任务之一。

国家所有者权益受特殊保护，主要体现在两个方面：在资产所有权界定中，没有法律依据归集体、个人或外国政府、公民、法人所有的财产，或者说无主财产或无人继承的财产，通通推定为国家所有；对依法界定为国家所有的资产，但由于某些原因被非国有经济成分长期非法占有、使用时，国家具有受法律特殊保护的追索权。

3）重视资产运营过程中产权关系的正确处理，促进企业生产力发展的原则。在现代商品经济条件下，对企业资产处于静态时的所有权归属的界定固然十分重要和必要，但对其动态运营过程中所形成的各种产权关系的界定同样不能忽视。因为在企业资产的动态运营过程亦即企业的生产经营过程中，因资产的占有和使用而形成的各种产权关系能否被合理界定和确认，直接影响到企业生产力的顺利发展。企业资产处于动态运营过程中所形成的产权关系包括两个方面：一是出资人凭借原始产权在企业中享有的所有权权能及权利范围；二是企业凭借经营者的地位，在占有、使用由出资人投资所形成的法人财产时确立的对财产的责、权、利关系。它们实质上是资产经营过程中两种产权主体即所有者与经营者的经济关系。我们要通过建立现代企业制度的工作和进行企业国有资产产权界定的工作，在企业中构建起法人治理结构，明确界定所有者和经营者的产权关系，做到既引入所有权的约束机制，保障所有者对经营者的监督和控制，又充分落实经营者占有、使用资产的种种权利，促进资产运营效率和效益的提高，确保生产力更快更好地发展。

3. 产权登记

（1）产权登记的含义。国有资产产权登记是指国有资产管理部门代表国家对应属国家所有的资产组织登记，依法确认国家对国有资产的所有权以及企业单位占有、使用国有资产的法律行为。上述概念包括两层含义：一是国有资产产权登记是一种法律行为。产权登记的结果是以法律文件的形式表现出来的，具有法律效力并受法律保护。二是国有资产产权登记是对国家取得所有权和企业单位取得经营使用权两方面的同时确认。

国有资产产权登记是为了体现所有权与经营权适当分离的原则，保障国家对国有资产的所有权，落实占有、使用国有资产的企业单位的经营权和经营责任的一种法律手段，是借以明确国家所有权和企业法人财产权的法律依据。

（2）国有资产产权登记的作用。国有资产产权登记的作用包括以下几个方面：

1）产权登记是国有资产管理的一项基础工作，是实施产权管理的前提和基本手段。在摸清家底并进行产权登记的基础上，及时了解国有资产的存量分布、价值总量及增减变化情况，为建立与市场经济相适应的国有资产管理体制和管理方法提供决策依据。

2）产权登记是确保国有资产完整的一项重要工作。依法确认国有资产所有权，明确企业占有、使用国有资产的经营责任，对于防止国有资产流失，保证国有资产的安全和完整，有着十分重要的意义。

3）产权登记是维护国有资产经营者合法权益，促进其提高效益的前提。产权登记有利于实施财政和工商部门的管理职能，通过产权登记，有利于防止资产和收益的流失，有利于加强国家财政管理职能。从工商部门职能来说，产权登记不仅有利于核定企业的经济性质和合法地位，而且产权登记表作为资信证明，可以为工商部门核实企业注册资金提供依据。

（3）国有资产产权登记组织实施的原则。产权登记按照统一政策、分级管理的原则，由各级国有资产管理部门按企业单位财务隶属关系组织实施。按财务隶属关系不便组织实施的，可结合行政隶属关系组织实施。不论按上述何种关系组织，都要贯彻国有资产产权登记不重不漏的原则。

4. 资产评估

(1) 资产评估的含义。所谓资产评估，是指根据特定目的，遵循客观经济规律和公允准则，按照国家法规、法定标准和程序，运用科学的方法，对资产实体以及预期收益进行评估和估算。

(2) 资产评估的特征。资产评估作为对资产价格进行评定估算和管理的活动，具有三个基本特征：

1) 资产评估是将资产商品化和市场化的社会经济活动。资产评估的对象不管是否为劳动产品，都要被视作商品对待，都要按照商品经济条件下的价值规律来评定其价格。

2) 资产评估是专业人员模拟市场对资产价格所进行的评定和估算。被评估的资产不一定真正进入市场，评估只是在特定的情况下，对那些具有特定目的的资产在时点上的公平市场价格的估计和说明。

3) 资产评估及其结果只是对资产在某一时点上的价格的估计和说明。价格是一个动态的指标，它受诸多因素的影响和作用，并随着这些影响因素的变化而变化。因此，资产评估及其结果具有很强的时效性。

(3) 资产评估的原则。资产评估涉及面广、政策性强，要做到公平合理，必须遵循一定的原则。按照我国的有关规定，资产评估应遵循以下原则：

1) 公平性原则。也就是说，处理事情要合理，不偏袒任何一方。

2) 独立性原则。资产评估机构和评估人员有权根据党和国家的法规政策，依据所掌握的第一手资料、数据，对评估资产的价值做出完全独立的结论，不受任何干扰和约束。资产评估机构是独立的法人，对评估结果负有法律责任，并受法律保护。

3) 科学性原则。评估工作的程序、方法等是否科学、正确，对评估结果影响很大，因此一定要严格遵循科学性原则，否则就会导致错误的结果。

4) 替代性原则。评估人员在采用市场类比法评估资产价值时，可选择参照物进行比较，选择的参照物越多，得出的数据就越准确。

(4) 资产评估的对象。一般情况下，评估对象分为有形资产和无形资产。有形资产分固定资产、流动资产、在建工程、长期投资等。无形资产有土地使用权、矿业开采权、专利、专有技术使用权、商标权、商誉等。

除上述内容之外，国有资产的基础管理还包括国有资本金预算、国有资产统计分析报告制度、国有资产保值增值指标考核等内容。

本章小结

国有资产管理是经济管理的重要组成部分。在现代市场经济条件下，对国有资产的管是以产权为基础的管理，应采取价值管理与实物管理相结合、以价值管理为主的管理方本章主要讨论了国有资产及其分类，国有资产管理的含义、特征、内容等。

术语

资产　　国有资产分类　　国有资产管理

复习思考题

1. 国有资产有哪些分类?
2. 国有资产管理的主要内容是什么?
3. 国有资产管理与一般经济管理相比具有哪些特征?

阅读材料

国外国有资产管理模式对我国国有资产管理的启示

国有资产是世界各国普遍存在的产权形式，随着经济的发展，我国国有资产的规模日益扩大，在我国经济中占有重要的地位，对我国国民经济和社会各项事业的发展起着至关重要的作用。国有资产的产权具有公共性的特征，因此，难以完全按照私营企业的模式来管理，只能通过完善的国有资产管理模式来进行管理。国外国有资产的管理无论是直接管理模式，还是间接管理模式，都强调对国有资产的依法、分类管理，重视激励与监督机制，突出竞争性行业的市场化运作，这些经验值得我们借鉴。

一、国外国有资产的管理模式

国有资产管理是一个全球性的经济问题，二战后除社会主义国家外，发达资本主义国家和发展中国家的国有经济也在迅速发展。但由于国情不同，各国不同时期不同的国内政策都会对国家的国有资产管理体制产生影响，出现各种变化和差异。但总的来说还是比较稳定的，国外的国有资产管理模式归纳起来主要有直接管理模式和间接管理模式两种。

（一）直接管理模式

直接管理模式是指政府对国有企业资产的直接管理，该模式主要适合于国有企业较少的国家。美国、加拿大、法国、德国和巴西等国采用的是这种模式，其中以美国和法国为主要代表。

(1) 美国模式。美国政府对国有企业的管理是非常严格的。除一部分对总统直接负责的企业外，大多数国企都是由政府的有关部、处以及根据国会各种决议设置的专门常设委员会管辖。政府主要通过有关部门的行政指令来确定企业投资规模与方向；利用价格、税收等经济手段对企业活动进行调节；由国家派遣监督员或监督团，对企业实行资产监管；同时，为确保国家对企业发展及分配方面的决定权，政府还有权决定企业的劳动人事、产品定价及利润分配制度。当然，企业也拥有在法律允许范围内自行设立董事会等管理机构以及自主经营的权利。

(2) 法国模式。西方国家中国有化程度最高的国家是法国，其国有企业主要分布在能源、交通、通信、原材料、加工制造、银行和保险等几大部门。法国的政府与国有企业之间保持着复杂的管理关系，虽然上述部门在国民经济中占有重要的地位，但是法国政府并没有建立一个全国统一的国有企业管理机构，也没有统一的法律法规来管理。总体而言，国家对国有企业的领导和监督主要集中在价格与投资控制、人事任免、企业经营方向和财产管理等方面。在政府一级，大致建立以下的管理分工：行政和业务领导归属对口的主管部门，财政监督权主要属于政府经济、财政与预算部及国家审计法院。从产权管理角度看，经济、财政与预算部是对国有企业行使财政监管权的最主要机构。在公司一级实行董事会负责制，董事长和总经理由政府总理或主管部门提名，并通过政府颁布法令正式任命董事长。一经任命，不得再兼任行政职务。法国国会对国有资产经营活动负有监督管理职能，这种监督管理职能的实施主要通过调查和诉讼的方式。

（二）间接管理模式

间接管理模式是政府设立国有资产营运机构对国有企业进行管理，这种模式较适用于国有资产规模较大、国有企业较多、竞争性产业比例较高的国家。目前，新加坡、意大利、英国等国采用这种模式。

（1）新加坡模式。新加坡政府在对公用事业行业、垄断行业、涉及国家安全及与国计民生密切相关的行业进行管理时，通过立法的形式，设立法定机构来管理这些国有资产。这类法定机构尽管是独立法人，实施企业化管理，但同时也需要承担众多的社会职能。而对于众多的竞争性行业，则是根据本国的公司法，依法成立数家国有控股公司，由国有控股公司对众多的所控制企业进行持股和管理，其中最具代表性的公司是淡马锡控股公司、政府投资有限公司、新加坡科技控股公司、国家发展部控股公司等。这些国有控股公司的主要优势在于：作为政府与企业之间的隔离层，使企业运作不过多地受政府行政性干预，进行专业化管理，有利于推进公司的市场化运作，有利于协调各政府部门间的关系，有利于加强对下属公司的监管。淡马锡控股公司是新加坡最大的国有控股公司，其主营业务是投资管理，它以新加坡政府全资拥有的控股公司的身份，以独资或控股方式直接管理 20 多家企业，间接管理多家企业，在无须政府投资的领域实施民营化，经营领域包括金融、石油、运输、地产、娱乐、咨询等。淡马锡控股公司成立 37 年来，股东投资回报率年均达 18%，被誉为“亚洲最好的投资公司”。

（2）意大利模式。意大利整个国有资产管理体制分为三个层次。首先，政府设立专门委员会负责制定控股公司的政策目标、检查计划的执行情况、审查控股公司提出的国家拨款申请、协调政府不同部门的政策等；其次，成立国家参与部，管理国家参与制企业；最后，由三大国家控股公司伊里公司、埃尼公司和埃菲姆公司，负责管理国家拥有的企业股份，督促国家参与制企业执行政府指示，指导、协调企业的投资、经营和生产活动，向企业提供必要的财政支持和人才、技术服务，并通过控股公司购买或出售企业股份、行使股权，确保国有资产的保值、增值。

（3）英国模式。英国政府在 1979 年对国有企业实行了大规模的私有化后，国有资产的规模大幅度缩小，国有企业数量已不多，国有企业一般集中于公益性和自然垄断性的领域。其国有资产主要是由贸易和工业部与财政部负责监管，旗下各有一定数量的国有企业。这种架构的层次相对较少，国有企业的自主权相对更大，能够及时根据市场状况做出决策。可以说，英国政府实施的是一种放权式的管理，但是放权并不意味着不管。首先，在人事任命方面，由贸易和工业部部长任命国有企业的董事长、非执行董事。董事长和非执行董事推荐执行董事，由贸易和工业部部长认可或任命。其次，在公司经营方面，除国有企业要定期向贸易和工业部递交年度经营计划和管理层绩效报告外，政府部门不会过多参与公司内部的经营性决策，而主要通过外部市场化措施进行监管。为了解决政府部门同时履行社会经济管理职能和国有资产所有者职能的问题，英国政府通过法律，规定在部分国有企业中享有“黄金股”，对于公司的重大事宜，可以行使否决权，以期最大程度防止公众利益被侵害。

二、国外国有资产管理模式的启示

国外国有资产管理模式的探索，在很多方面给了我们重要的启示，有助于我国在国有资产管理体制上认真借鉴，并在借鉴的基础上不断创新。

(1) 进一步明确国资委作为行使国有资产所有权的代表所具有的责任、权利和法律地位。从 2003 年 3 月国资委成立以来，国家已经开始进行积极并富有成效的尝试，为构建国有资产管理的有效治理结构奠定了基础。而 2008 年《国有资产法》的颁布实施，进一步明确了国资委作为行使国有资产所有权的代表所具有的责任、权利和法律地位。为了能够真正实现政企分开、所有权与经营权的分离，割断政府与企业之间的直接联系，国资委的职能应该进一步明确，资产或资本的使用效率将成为一个核心命题，它更应该像是国家国有资产的总董事会，国有资产的经营效果应该是对国有企业进行绩效考核的主要依据。国资委将按照这样的原则管理它代表国家所拥有的国有企业，管理的内容包括国有资产的使用和国有资产的出售，国家股东权益主要通过国资委对国有企业董事会的任命来行使，而由国资委任命的国有企业董事会将按公司法具有独立的权利来决定本企业所有重大事宜，所以，考察任用国有企业董事及组建高质量的董事会将成为国资委最重要的工作之一。而要完成这样的任务，要求国资委本身的运作模式也必须是相当市场化、商业化的，其组成人员要有较高的专业化水平。从宏观环境来讲，除了依法实施的管理和监督之外，任何其他机构和个人无权干涉企业的事务。

(2) 对国有经济实行严格分类管理，分别承担不同的国家利益。国家作为国有资产产权主体，其利益目标具有多重性，这些利益必然成为不同国有资产运行的导向。但是由于这些利益目标之间不具有统一性，更多的情况下，相互之间还可能存在冲突，因此必须对国有资产实行严格分类管理，使之分别承担不同的利益目标。国民经济中不同行业或部门的不同性质为国有资产的分类管理提供了客观基础，各类国家机构的运行主要是提供社会公共产品，因此支撑国家机构运行的国有资产只能以提高社会福利水平为目标，而不能以营利为目标；基础设施和公用事业具有较强的正外部性和自然垄断性，在国民经济中居于基础地位，在这些部门中，国有资产的目标应该以为社会提供高效优质的商品和服务为重点，同时还要获取规模收益。近些年来，许多国家在铁路、电信及电力等自然垄断行业引进竞争机制，放弃国有资产一统天下的做法，其出发点就是为社会提供高效优质的产品和服务，而不仅仅是使这些部门的国有资产自负盈亏；在国民经济的关键和主导行业中，国有资产要担负起产业先导的责任，不能单纯追求利润；除上述行业和部门之外的其他竞争性行业，国有资产只有营利这一项目标，除此之外，没有其他目标。对国有资产从分类管理，明确不同的追求利益目标，有助于增强管理的针对性，也有助于协调不同的利益目标，从而从整体上提高国有资产的利用效率。

（3）合理界定中央和地方政府对国有资产产权行使边界。我国国有资产名义上由国务院代表国家统一所有，由地方政府行使对产权的分级管理。但在实际执行中，分级管理者和所有者并没有严格的区别。各级地方政府、各经济管理部门有权转让国有资产，有权决定国有企业的改革形式，包括决定企业的改制和出售。这样，原本作为国有资产分级管理者的地方政府成了实际所有者。在名义所有权与实际支配权不对称的情况下，各级政府不可能完全将国有资产的保值增值作为评价工作绩效的唯一标准，反而可能在地方利益、部门利益和行业利益与国有资产保值增值发生冲突时，尽可能维护前者而牺牲后者。但我国国有资产管理体制并没有提出国有资产“分级所有”，因此，国有资产将不会也不可能全部划归地方所有，地方政府不可能彻底、完全地行使产权。所以，中央和地方政府之间必须确定产权行使边界。如何划分这一边界？其基本原则是，边界要定得适当而且要明确化，若边界太窄，则不能激发地方政府的积极性，更不利于国有资产利用效率的提高，若边界含糊，那么权责不明、“多龙治水”等不良现象的重演就是不可避免的。

（4）强调竞争性行业的市场化运作。多数国家都是依据本国的公司法对竞争性行业进行管理的，国家股东与其他股东一样享有同等的权利，强调市场化运作。主要表现在：力求建立合理的法人治理结构，利用市场的制约机制，做出市场化的科学审慎的决策；从外部选聘高素养的经营管理人员，并支付具有市场竞争力的薪酬。例如瑞典对所控制的企业采取类似投资银行投资经理对所持投资组合的管理方式，通过资本结构管理资本的利用率。新西兰引入了国外管理机构加强管理，还建立了一套类似上市公司的信息披露程序。

三、我国国有资产管理体制创新的路径选择

把国有资产转化为国有资本，转化为以增值为目的、处于运动之中的、时刻产生扩张冲动的那种资本是国有经济进行改革的一项重要内容和任务。只有国有资本的功能得到充分发挥，才能实现搞活国有经济的目的。因此，我国国有资产管理体制的创新应当遵循以下路径：

（1）促进分工发展。经济发展的本质就是社会分工的发展，任何经济形式如果阻碍分工演进，就会被市场所淘汰，国有经济也必须遵循分工发展的基本原则。但是，分工的发展受制于交易效率，交易效率提高，分工水平则上升。而交易效率又受制于制度、市场和交易技术三方面因素。因此，推动经济发展的前提是降低交易费用，提高市场竞争自由度，提高交易效率，推动分工的演进。作为国有经济制度架构的国有资产管理模式则必须以促进分工演进为基本原则，通过制度创新，降低交易费用，提高交易效率，推动分工的演进。只有如此，国有经济才能发挥其推动经济发展、提高社会生产力的作用。

(2) 推动资本流动。资本的流动不仅仅使资本获得增值，更重要的是通过资本的流动，实现社会资源的合理配置，推动分工演进和经济发展。国有经济改革的目标就是要把本来是资本而没有成为资本的国有资产转化为国有资本，转化为以增值为目的、处于运动之中的、时刻产生扩张冲动的国有资本。要实现这种转化，一是要求国有资产具有可交易性，明确规定除特殊国有企业之外，所有国有企业都可以上市买卖，可以股份化。而且国有股同社会上任何股份一样，具有可交易性，能平等地上市交易。二是国有资产交易应是纯资本性交易，要把政府目标及人力资本同资本和资产交易分开，不能为交易性的国有资本附加非交易条件，阻碍交易。

(3) 实施国有经济的资本控制。国有资本控制不同于国有经济控制，国有经济控制是指国有经济对非国有经济成分的控制，是一种与市场经济原则相悖的“国有经济主导论”；国有资本控制则是通过运营国有资本对国有经济实施控制，与国有经济控制存在本质差别。一是必须把国有资本与国有企业资产严格区分开来，对国有经济的控制只能是对国有资本的控制，而非对国有企业资产的控制。二是实行国有资本的纵向放大与多级所有的控制方式，即通过母公司控制子公司、子公司控制孙公司的多级所有方式，实现国有资本的纵向放大，以达到对国有经济的控制目的。三是在某些条件下，对企业的控制还可以实行“零资本控制”，通过对一些具有很高市场价值的“无形资产”进行控制，来获得对企业的控制权。因此，国有资产管理模式不一定必须要求对国企实施绝对控制，而可以采取资本控制的原则，获得国有资本的放大，进而实现国有资本的保值增值。

综上所述，国有资产管理体制创新的路径选择必须以整体搞活国有经济为目的，以促进经济发展为目的，以实现国有资本的保值增值为目的。而要做到这一点，国有资产管理模式必须坚持由国有资产管理向国有资本运营转变这一基本原则。

资料来源：黄波：《国外国有资产管理模式对我国国有资产管理的启示》，载《生产力研究》，2011 (10)。

第 15 章

中国政府对国有资产的管理

重点问题

- 国有资产管理体制改革的目标
- 国有资产产权经营主体
- 国有资产重组

15.1　国有资产管理体制

15.1.1　国有资产管理体制概述

1. 国有资产管理体制的含义

国有资产管理体制，是指国家为了实现其对国有资产的有效管理而设置的一整套组织、机构的职能及其相互之间责、权、利的划分，以及有关国有资产管理制度和管理方法的总称。

2. 国有资产管理体制所要解决的基本问题

国有资产管理体制一般通过法律、条例和规章制度等体现出来，它既受国家经济职能的制约，又与政府的组织机构直接相关。因此，从其形式来看，可以说国有资产管理体制是一个涉及上层建筑领域的问题。但是，从它要解决的基本问题来看，国有资产管理体制实质上又是一个正确处理全民所有制内部各种经济关系，以及全民所有制与其他所有制之间经济关系的问题。其中，主要是处理好以下几个方面的经济关系：

（1）国家与国有企业的产权经济关系。主要是处理好国家终极所有权与企业法人财产权的关系，实现国有资产国家统一所有与企业自主经营相结合，即既要保证国有产权在经济上的充分实现，又要使企业成为真正的市场经济主体。

（2）国家内部国有资产产权管理职能部门与行政管理职能部门的经济关系。主要是处理好两种不同经济职能部门之间合理的分工和协作关系。

（3）国有资产管理体系中中央政府与地方政府的产权经济关系。主要是处理好中央集权与地方分权的关系，要在兼顾国家和地方利益的基础上，做到既能调动地方的主动性和积极性，又能保证国有资产的统一所有。

（4）国有资产产权管理部门与产权运营机构的经济关系。主要是要使国有资产的行政管理职能与产权运营职能适当分开，以实现国有资产管理系统内部的政企分开。

正因为国有资产管理体制既涉及上层建筑的若干方面，同时又是我国全民所有制的具体实现形式，而且，全民所有制经济在我国国民经济中居主导地位，因此，它的健全和完善对我国生产力的顺利发展具有特别重要的作用。

15.1.2　中国国有资产管理体制的沿革

1. 传统经济体制下的国有资产管理体制

传统经济体制下的国有资产管理体制，是指从建国开始到 1978 年这一段时间的国有资产管理体制，其特点是，对国有资产的管理是与国家对整个国民经济的管理紧密结合成一体的，没有形成专门的国有资产管理。这种体制的主要弊端表现在以下几个方面。

（1）政府的社会经济管理职能与资产所有者职能合一。不仅在政府机构设置上没有独立行使国有资产管理职能的部门，而且在职能划分上也没有明确划分政府的社会经济管理职能和资产所有者职能。国有资产管理职能被分散在不同的政府经济管理部门之中。

（2）政企职责不分。在政府与国有企业的关系上，政府把企业当作自己的附属物，以行政隶属关系取代产权关系，以行政管理取代产权管理，没有赋予企业任何自主权。与此同时，国有企业承担了许多本该由政府承担的社会职能，政府也以这些任务的完成情况作为考核企业和经营者绩效的主要标准之一，结果造成了企业职责的模糊、错位，使得企业不可能也不必将经营目标放在第一位，难以集中全部资源搞好生产经营活动，难以提高经济效益和实现企业经营目标。

（3）国有资产管理主体多元化与所有者缺位并存。由于全民所有制采取了国家代理的形式，而国家又委托各级政府部门来行使国有资产所有权，于是所有者的统一权能被分割。例如，国有资产的增量管理权由计委行使，存量经营权由经委行使，资产收益权由财政部门行使，干部任免权由组织人事部门行使，管人与管资产完全脱节，等等。这些部门都以国有资产所有者代表的身份出现，各自按照自身的利益来行使产权，由此造成了多头管理、政出多门等诸多问题，使企业无所适从。而一旦决策失误，又找不到真正的责任人，以致造成国有资产产权主体虚置，国有企业所有权管理难以实现。

（4）国有资产管理“条块分割”。由于国有企业隶属于不同的地区和部门，各地区、各部门按照自身利益进行经济管理与决策，割裂了企业间客观存在的分工协作关系。各地方、各部门自成体系，地区封锁，行政垄断，重复建设，经济结构趋同。市场分割导致国有资产整体配置效益低下和国有资源的严重浪费。全民所有制演变成了事实上的“部门所有制”和“地方所有制”，使经济资源难以得到优化配置，国有经济布局难以按照国民经济发展和市场经济规律的要求进行适时调整，产业结构和企业组织结构难以升级和优化。

2. 国有资产管理体制改革探索

自1978年党的十一届三中全会以来，我国开始了经济体制改革，这一时期我国在国有资产管理体制改革方面进行了许多有益的探索并取得了重大成就。

(1) 以国有资产管理微观基础改革为主的阶段(1978—1987年)。这一阶段国有资产管理体制的改革主要集中在微观领域，其基本做法是扩大企业自主权。针对传统经济体制下国家对企业管得过多过死和职工报酬与企业经济效益脱节等弊端，经济体制改革最初采取了扩大企业经营自主权、强化对职工物质利益激励的措施。1983年和1984年又进行了两步利改税，试图以这种形式确定国家和企业的分配关系。20世纪80年代中期以后，国有企业改革逐步向企业承包经营责任制转换，到1987年底，大部分国有工业企业都实行了承包经营责任制，同时相当一部分企业进行了租赁制、股份制和其他经营方式改革的试点。放权让利的微观改革给企业注入了生机和活力。但由于改革未能触及企业制度特别是产权制度这一根本性问题，企业经营机制没有发生实质性转变，企业经济效益没有得到根本性提高。

(2) 国有资产宏观管理体制探索阶段(1988—1998年)。在国有企业改革探索过程中，不可避免地触及了国有资产管理体制问题，人们开始认识到国有资产产权制度改革的重要性。特别是1984年开始的股份制试点，在实践中遇到了许多产权问题，这大大地加深了人们对产权制度改革重要性的认识，从而推动了国有资产管理体制改革的理论研究和实践探索。在实践中人们逐渐认识到，过去的改革只着眼于对企业放权让利，而没有从根本上解决政企不分和企业经营机制转换的问题。在对国有企业管理体制深入分析的基础上，人们开始认识到政企不分的根源在于政资不分，即同一行政机构既行使社会经济管理者职能，又行使国有资产所有者职能。而要实现国有企业经营机制的根本转变，使企业真正成为商品生产者和经营者，首先国家社会经济管理职能与国有资产所有者职能必须分离。

理论和实践的探索为国有资产管理体制改革做好了准备。1988年，国务院成立了国家国有资产管理局，归口财政部管理。此后，各级地方政府也先后建立了国有资产管理局或国有资产管理机构，作为国有资产行政管理的专门机构，负责对国有资产的综合管理。国有资产管理局的成立标志着我国国有资产管理体制改革在将政府的社会经济管理职能与国有资产管理职能分开方面迈出了重要的一步，在设立专司国有资产管理职能的机构方面进行了实质性的探索。

1988年11月，国务院批准了国家国有资产管理局的“三定”方案，确定国家国有资产管理局的主要任务是：对中华人民共和国境内和境外的全部国有资产行使管理职能，重点是管理国家投入各类企业(包括中外合资、合作企业)的国有资产。国有资产管理局的工作目标是优化国有资产配置，实现国有资产的保值和增值，维护国有资产使用单位(或人员)的合法权益，巩固和发展全民所有制经济的骨干作用，推动社会生产力和社会主义商品经济的不断发展，逐步完善国有资产管理制度，促进国有资产使用单位有效地经营和使用国有资产，依法缴纳国家规定的各项税收和费用，依法向国家上缴利润和国有资产股权利益，实现资产增值，并按照“统一政策，分级管理”原则，逐步建立从中央到地方的国有资产管理体系，更好地为改革开放服务。

国有资产管理局的成立具有深远的历史意义和重要的现实意义。从政府管理职能体制上看，是政府双重职能（社会经济管理职能和国有资产管理职能）合一向双重职能分开的历史性转变。从国有资产管理体制上看，是国有资产多部门管理向职能化管理的根本性转变。

但由于政府机构改革的滞后，国有资产管理局成立后，政府各行政部门作为国有资产管理者的权利和职能范围没有能够进行相应调整，国有资产管理局的职能与有关行政部门的职能发生了交叉，因此拟通过设立国有资产管理局，逐步将各行政部门国有资产管理者的职能集中起来的目标并没有实现。1998 年政府机构改革，撤销了国家国有资产管理局，将其职能并入了财政部。

（3）国有资产管理新体制目标探索与确立阶段（1999—2002 年）。在上述改革的基础上，1999 年 9 月党的十五届四中全会通过的《中共中央关于国有企业改革和发展若干重大问题的决定》进一步提出，要按照“国家所有、分级管理、授权经营、分工监督”的原则，逐步建立国有资产管理、监督、营运体系和机制，建立与健全严格的责任制度。按照这一精神，近年来，我国在探索国有资产国家所有权的实现形式，处理国有资产管理中中央政府与地方政府的关系，国有资产授权经营以及国有资产监管方面进行了有效的探索，取得了许多积极成果，积累了宝贵的经验，为建立更加完善的国有资产管理体制打下了良好的基础。

2002 年召开的党的十六大提出了“建立中央政府和地方政府分别代表国家履行出资人职责，享有所有者权益，权利、义务和责任相统一，管资产和管人、管事相结合的国有资产管理体制”改革任务。同时明确指出，“继续调整国有经济的布局和结构，改革国有资产管理体制，是深化经济体制改革的重大任务”。党的十六大提出的目标，标志着国有资产管理体制的改革进入了新阶段。

党的十六大关于国有资产管理体制改革的论述明确了几个重大问题：一是设立专门的国有资产管理机构；二是在坚持国家所有的前提下，中央政府和地方政府分别代表国家履行出资人的职责，充分发挥中央和地方两个积极性；三是实现管资产和管人、管事相结合。党的十六大的这些论述，为深化国有资产管理体制改革指明了努力的方向。

15.1.3　建立新型国有资产管理体制的总体目标与基本框架

我国经济体制改革的目标模式是建立社会主义市场经济体制，作为整个国民经济体制重要组成部分的国有资产管理体制，应适应社会主义市场经济发展的要求。党的十六大报告指出：“继续调整国有经济的布局和结构，改革国有资产管理体制，是深化经济体制改革的重大任务。在坚持国家所有的前提下，充分发挥中央和地方两个积极性。国家要制定法律法规，建立中央政府和地方政府分别代表国家履行出资人职责，享有所有者权益，权利、义务和责任相统一，管资产和管人、管事相结合的国有资产管理体制。”这一精辟论述，为深化国有资产管理体制改革指明了方向。按照党的十六大报告精神，建立国有资产管理体制的总体目标和基本框架包括以下几个方面：

1. 坚持国家统一所有

依据现有的法律法规，国有资产属于全体人民，归国家统一所有。由国家制定法律法规，政府代表国家统一行使国有资产所有权。政府行政管理部门与行使出资人职责的机构分设。各级政府成立专门负责国有资产监督管理的国有资产监督管理委员会（简称国资委），代表政府统一管理国有资产。

国资委是受政府委托统一管理国有资产的特殊法定机构，代表国家专门行使国有资产出资人职责，以资本为纽带，理顺出资关系，进行产权管理。国资委的主要职责是：制定国有资产营运战略方针、结构调整方向和投资发展规划；编制国有资产经营预算；选派和更换国有资产营运主体的董事、监事和财务总监；考核国有资产营运主体的营运业绩，决定国有资产营运主体的设立、分立、合并、变更等重大事项。

2. 分级行使出资人职责

通过逐级授权，明确中央政府与地方政府管理国有资产的范围。也就是从纵向上妥善解决中央政府与地方政府管理国有资产的权责问题，通过逐级构建符合基本经济制度要求的国有资产管理体制，明确国有资产的管理者。我国国有资产量大面广，中央政府作为唯一的出资人，难以有效地管理全部国有资产，因此，必须充分发挥地方政府的积极性。分级行使出资人职责，实质上是一种责任规范，即通过逐级授权，明确各自管理国有资产的范围，负责所辖国有资产的管理、处置和收益等，是在法律制度下对所有者权利的保护。

3. 实现管资产和管人、管事相结合

建立统一的国有资产管理机构，解决国有资产管理中的部门分割问题。要在减少现有机构的前提下，通过归并和整合有关出资人职责的部门和机构，对原来分散在各个部门中的出资人职责实行统一管理，由专门机构承担国有资产出资人职责，行使资产收益、重大决策和选择管理者等权利，从而实现权利、义务和责任相统一，管资产和管人、管事相结合。

4. 确立国有资产营运主体

国资委对国有资产营运主体行使出资人职责，通过授权明确国有资产营运主体的权利和责任。国有资产营运主体主要从有条件的大型企业集团中进行选择，可以是国有控股公司、投资公司、集团总公司、资产经营公司等。国有资产营运主体按照投资份额依法对全资、控股及参股企业行使出资人职责，对所投资企业承担国有资产保值增值的责任，享有资本收益、重大决策和选聘经营管理者等权利。

5. 加强国有资产管理的法制建设

要以法律的形式，明确国资委、国有资产营运主体的法律地位、组织机构、运行规则和权利、职责，落实国有资产保值增值责任。规范国有资产处置的方式和方法，改进和完善国有资产收益的收缴办法。

6. 强化国有资产的管理和监督

建立国有资产经营预算管理制度。以资本收益为核心，根据资产规模、行业特点、经营目标和地区经济状况，改进和完善国有资产保值增值的考核指标体系和绩效评价制度。改进国有资产统计报告制度，实行新的分类管理办法，合理划分经营性国有资产与非经营性国有资产，强化和完善审计监管制度和监事会制度。

根据党的十六大关于深化国有资产管理体制改革的总体要求，国务院于 2003 年 5 月颁布了《企业国有资产监督管理暂行条例》，该条例对中央政府与地方政府管理国有资产的范围、职责，国有资产监督管理机构的性质、职责、义务，企业国有资产管理与监督等重大问题进行了明确规定，这为国有资产的法制化管理，为国有资产管理新体制的建立与完善奠定了坚实的基础。

15.2　深化国有企业改革与完善公司治理结构

15.2.1　国有企业改革的目标

作为国有资产管理体制改革基础性环节的国有企业改革始于 1978 年。在历经了 20 世纪 80 年代末 90 年代初的放权让利、承包经营、所有制形式改革、产业结构调整等改革措施之后，国有企业的整体面貌发生了巨大变化。1992 年 10 月，党的十四大明确提出，我国经济体制改革的目标是建立社会主义市场经济体制，并要求围绕社会主义市场经济体制的建立，加快经济改革步伐。1993 年 11 月，党的十四届三中全会通过了《中共中央关于建立社会主义市场经济体制若干问题的决定》，提出我国国有企业改革的目标是建立现代企业制度，并把其概括为适应市场经济和社会化大生产要求的“产权明晰、权责明确、政企分开、管理科学”的企业制度。要求通过建立现代企业制度，使企业成为“自主经营、自负盈亏、自我发展、自我约束”的法人实体和市场竞争主体，并提出“国家统一所有、政府分级监管、企业自主经营”的改革思路。

15.2.2　现代企业制度的特征和主要内容

党的十四届三中全会通过的《中共中央关于建立社会主义市场经济体制若干问题的决定》，明确提出现代企业制度的四个基本要求，是我国国有企业改革的方向。其基本特征，一是产权关系明晰，企业中的国有资产所有权属于国家，企业拥有包括国家在内的出资者形成的全部法人财产权，成为享有民事权利、承担民事责任的法人实体。企业以其全部法人财产，依法自主经营，自负盈亏，照章纳税，对出资者承担资产保值增值的责任。二是出资者按投入企业资本额享有所有者权益，即资产受益、重大决策和选择管理者等权利。企业破产时，出资者只以投入企业的资本额对企业债务负有限责任。三是企业按照市场需求组织生产经营，以提高劳动生产率和经济效益为目的，政府不直接干预企业的生产经营活动。企业在市场竞争中优胜劣汰，长期亏损、资不抵债的企业应依法破产。四是建立科学的企业领导体制和组织管理制度，调节所有者、经营者和职工之间的关系，形成激励和约束相结合的经营机制。简言之，现代企业制度的四个基本特征为“产权明晰、责权明确、政企分开、管理科学”。

1. 产权明晰，建立明确的法人财产权制度

在现代企业制度下，所有者与企业的关系是出资人与企业法人的关系。按这种关系理解，在现代企业制度下，出资人对投入企业的资产拥有所有权，而企业则拥有与之相对应的法人财产权。出资人其他的个人财产与其投入公司的财产之间有着明确的边界。投资者将资本金投入企业之中后成为企业的出资人，因此拥有法律所规定的出资人的权利。例如，作为公司股东参加股东大会和行使对公司的重大决策进行审核、批准，审查公司的财务状况，选举公司董事会成员等方面的权利。而公司作为独立的法人，对出资人投入公司的财产拥有独立的法人财产权。可以说，现代企业制度与其他企业制度在产权制度方面最大的不同就是它必须建立起明确的法人财产权制度。

根据《国有企业财产监督管理条例》，由国家以各种形式对企业投资和投资收益形成的财产，以及依据法律、行政法规认定的企业其他国有财产，都属于企业国有资产。产权明晰是国有企业改革的目标，其基本内容包括：国有企业的出资者所有权与企业控制权相分离，由国家授权投资的机构或国家授权投资的部门行使企业国有资产的出资者所有权，形成独立于企业资产所有权的法人财产权。

企业法人财产权制度的实质，就是将企业拥有的产权和出资人拥有的产权分开，企业以独立的法人财产权承担民事责任。这样就解决了企业作为独立的法人所必须具有的民事行为能力与民事责任能力，解决了企业从“有人负责”到“有能力负责”的难题。只有企业的民事行为能力与民事责任能力统一，企业才能真正成为自主经营、自负盈亏的商品生产者。可见，国有资产的最终所有权与企业法人财产权的明确界定是现代企业制度的特征。

2. 权责明确，出资人对企业的债务承担有限责任，企业凭借法人财产，自主经营，自负盈亏

在现代企业制度下，出资人拥有出资人所有权，享有出资人应当享有的对企业的管理权、收益分配权、资本金的转让权。国有企业的出资者所有权体现在三个方面：第一，依据出资者投入企业的资产数额取得国有资产的收益。这是国有企业的出资者所有权的最基本的权能。第二，审定国有企业的重大经营决策，尤其是与国有企业资产变动、利益分配相关的重大决策。第三，选择合适的企业经营管理者。现代企业制度要求企业拥有独立的法人财产权，企业资产所有者不得直接干预企业的正常运行，因此，必须通过正确的途径选择合适的经营管理者以实现国有资产的收益权。企业经营管理者掌握企业资产的控制权，不仅意味着可以完全自主地支配、处置企业资产，而且意味着企业所有者在正常情况下不能抽回投入企业的资产。

当然，出资人对企业也承担着相应的责任。这个责任除了投入资金之外，还包括对企业负债的责任，即出资人以其出资对企业的债务承担有限责任。企业在拥有法人财产权的同时，也承担着相应的责任：一是对股东或者说是对出资人的责任，也就是对出资人资金保值增值的责任；二是作为独立的法人自负盈亏的责任。企业经营有方，产品适销对路，企业就会不断得到发展。如果企业经营失误，产品不能为消费者接受，企业的生存就会发生困难，严重的会破产清算。可见，财产所有者既拥有财产的所有权，也相应承担与出资比例相对应的风险，体现了权利与风险的对等性原则。

现代企业制度要求国家所有的财产或其他经济成分所有的财产，一旦投资于企业，就成为企业法人财产，企业法人财产权便由此确立。该部分法人财产归企业运用，但企业应使其保值和增值，实现法人的权与责的统一。

3. 政企分开，企业自主经营

在市场经济中，政府与企业是两种性质不同的组织。政府是管理社会的政权机关，虽然它拥有对社会宏观管理和调节的权力，但是这种权力不应直接作用于企业，而应当通过市场机制，以经济手段、法律手段以及发挥各种中介组织的作用对企业的经营活动进行间接调控。政府作为社会经济的宏观管理者，调控的目标应当是保证宏观经济总量的平衡，保证公平竞争，保持社会的稳定，促进经济结构的合理化调整。企业则是一个以营利为目标的组织，是市场经济的主体，必须按照价值规律办事，按照市场需求和市场竞争来组织生产。可见，企业与政府的职能、性质、行为目标都是有区别的，不能以政代企、政企不分。

政企分开主要有两层意思：一是政资职能分开，即政府的行政职能与国有资产管理职能分开。前者是政府作为行政机关的一种职能，而后者由民法来调整其关系，在资产关系上，企业与政府是平等的民事主体。二是政企职责分开，即政府通过出资人代表国家对出资举办的拥有股份的企业行使所有者职能，不干预企业的日常经营活动；企业应当成为独立自主的市场主体，享有完整的市场权利，承担相应的民事责任，企业不承担政府的行政管理职能和社会职能，不套用行政机关的行政级别，摆脱对行政机关的依附地位。

4. 管理科学，注重效率

在现代企业制度下，企业必须面向市场，按照市场的要求组织生产。为此，企业必须根据自身的特点和现代企业管理的一般要求，建立起符合市场经济要求的企业组织结构、内部经营机制和管理制度。

15.2.3　建立和完善公司治理结构

党的十五届四中全会通过的《关于国有企业改革和发展若干重大问题的决定》指出，要对国有大中型企业实行规范的公司制改革。公司制是现代企业制度下的一种有效组织形式。而公司法人治理结构是公司制的核心。党的十六大报告也进一步指出，要按照现代企业制度的要求，国有大中型企业继续实行规范的公司制改革，完善法人治理结构。因此，建立和完善公司治理结构，成为深化国有企业改革的主要内容。

1. 公司治理结构的含义与基本内容

公司治理（corporate governance），也称公司治理结构，是一个颇具争议的概念。到目前为止，学术界对公司治理还没有一个统一的定义。大致上可以将公司治理分为内部治理和外部治理。内部治理即通常所说的治理结构，是股东及其他参与者利用公司内部的机构和程序参与公司治理的一系列法律、制度安排。它由股东大会、董事会、经理层三大机构之间的权利、责任及制衡关系组成。其基本关系是：股东通过股东大会决定公司的重大事宜，选举董事会成员；由董事会进行公司的战略管理，聘任和解聘经理；日常管理则交给经理层负责，并由董事会对其进行监督、考核和激励。在权责关系上，董事会对股东负责，经理层对董事会负责。在我国还设立了监事会，该机构的成员也主要由股东大会选举，主要对董事及高层管理人员的行为特别是财务活动进行监督。

外部治理是以竞争为主线的外在制度安排，主要涉及公平的竞争环境、充分的信息机制、客观的市场评价以及优胜劣汰机制，此外还包括政府和社区等对公司所进行的治理。

2. 有效的公司治理的作用

第一，保证公司管理行为符合国家法律法规、政府政策、企业的规章制度，保证公司信息记录的正确真实，保证各方面当事人对公司经营状况有一个全面真实的了解。第二，能够保证经理人员的创新自由、创新动力。第三，能够确保经理人员从股东利益出发去管理好企业。第四，股东能够对经理人员进行有效的监督和激励，对经理人员实施“用手投票”或“用脚投票”。第五，企业外部的监控机制能够有效发挥作用。资本市场的价格能够反映企业的经营状况，公司控制权市场能够形成对经理人的有效监控机制。

3. 国有企业公司治理存在的主要问题

公司治理在我国许多国有企业包括上市公司和非上市公司，都是一个薄弱环节。由于历史的原因，我国现有上市公司中的大部分是由原国有企业或其他政府部门控制的实体重组改制而成。在这一过程中，有些公司的运作较为规范，然而许多公司尚未真正实现向公司制运行机制的转变。概括起来，国有企业公司治理存在的主要问题是：

(1) 许多国有上市公司“一股独大”，缺乏多元股权制衡。在许多上市公司中，国家拥有高度集中的股权，是最大的控股股东。“一股独大”使得大股东委派的董事控制了董事会，造成董事会结构的不健全和公司治理的制衡功能失效，董事会变成大股东会，造成对小股东的利益的忽视和侵犯。一些非国家控股的上市公司，同样存在“一股独大”和大股东侵犯公司与中小股东利益的问题。

(2) 集团公司越权干预其控股的上市公司的董事会和执行层的经营业务。有些集团(控股)公司的董事长或总经理兼任上市公司的董事长或总经理，内幕交易和不正当的关联交易时有发生。为实现控股股东的利益而掏空上市公司资金的行为也不少见。

(3) 董事会缺乏健全的内设专门机构，独立董事缺位。如必须设立的且主要由独立董事组成的审计委员会、薪酬委员会、提名委员会等在许多公司并未建立。尽管上市公司建立了独立董事制度，但由于缺乏相关的选择、任命、职责、待遇等法律和规则，独立董事制度并没有很好地发挥作用，对小股东和其他利害相关者权益的保护不够。

(4) 经理人员激励与约束“双重软化”。即使在我国国有企业实行了公司制改革以后，许多公司的高层经营管理人员仍然由上级部门任免，由此造成权责的不对称。公司治理的制衡机制很难发挥作用。同时，公司经营者的激励制度尚不健全、不规范，难以调动经营者的积极性和创造性。

(5) 公司外部治理机制发育不全。主要表现在三个方面：一是银行等作为债权人对公司实施的监控作用较小。二是公司控制权市场或者并购市场对公司实施的监控作用非常有限。三是经理人市场不成熟。由于不存在一个真正的经理人市场，董事会也无法按资本高效运行的要求选聘合格的经理人或更换不合格的经理人，因而潜在的竞争者对现任经营者的威胁不大。在缺乏竞争的市场中，在所有者和经营者之间尚未建立起一套有效的信息交换机制，信息不对称情况较为普遍，存在较大的经营者道德风险。

(6) 信息披露机制不健全。公司治理结构方面的缺陷使一些企业的信息不公开、不透明、不真实。公司大小股东之间、股东与经营者之间以及企业内外部之间，存在大量信息不对称现象。这在某种程度上为上市公司信息操纵和信息造假提供了条件。

4. 完善公司治理结构的思路

公司治理结构是现代企业制度最重要的组织框架，所以要从根本上提升公司的质量和管理水平，提高企业的市场竞争优势，就必须依靠公司治理结构的完善。而要完善公司治理结构，必须结合我国实际情况，从目前存在的问题出发，提出解决问题的思路。

（1）重视和推进利益相关者参与公司治理。利益相关者治理已日渐成为各国公司治理发展的一种趋势。在我国公司治理的实践中，包括中小股东、债权人、职工等在内的利益相关者受到侵害的事件时有发生，因此，探讨利益相关者参与公司治理的机制与可行途径，已成为我国完善公司治理结构的紧迫任务。

（2）继续推进产权制度改革，建立合理的公司股权结构。合理的公司股权结构，是建立公司内部制衡机制和有效监督机制的基础。我国上市公司普遍存在“一股独大”的状况，控股股东极易利用其控股地位侵占上市公司的资金，严重影响上市公司的经营，直接损害了上市公司和投资者的利益。必须积极推进股权多元化，改变上市公司“一股独大”的状况。然而，国际经验表明，股权过于分散又会导致内部人控制等问题。因此，我国国有企业产权改革必须从我国的实际出发，充分考虑我国国有企业特别是大型企业多年累积形成的现实的产权状况，提倡和推进国有企业之间以及国有企业与非国有企业之间相互持股，在此基础上实现股权多元化、分散化、法人化。

（3）规范和完善董事会的运作。在公司治理结构中，董事会处于核心地位。因为对于股东而言，董事会是受托者，接受股东的委托实现股东对资产保值增值的要求；对于经理层而言，董事会又是委托者，授权经理层开展公司经营活动并对其实施监督和控制，以实现其经营目标。董事会决定公司的管理层，决定高层管理的水平和结构，监督公司的内部控制和财务管理系统，决定公司的主要战略和决策。因此，必须健全董事会制度，优化董事会的决策程序，保持董事会的独立性，建立起一种责权利相互制衡的机制，主要包括：1）严格按照《公司法》规定的程序召开股东大会，选举董事，组成董事会，避免董事长兼任总经理以及董事会成员与经理层高度重合的现象，真正建立和完善董事会和经理层之间的委托—代理关系。2）优化董事会的结构和功能，提高董事的经营管理水平和业务素质，规范独立董事制度，同时强化董事会的决策支持系统；确保董事会集体决策，防止内部合谋行为，保护中小股东的利益。3）建立和完善董事的信息披露制度，以确保公司法人治理结构更加透明。基于股东会和董事会之间的信托法律关系，公司股东有权利获悉关于董事活动、薪酬以及商业利益的相关信息。

（4）强化监事会的作用。国有企业应按照《国有企业监事会暂行条例》的规定健全企业监事会制度，完善监督机制。首先，要在制度上保证监事要知事。其次，要优化监事会的成员结构。要控制监事会成员中内部成员的数量，适当增加外部监事，使监事会更具有独立性。最后，要加强对监事会成员的业务培训工作，力求全面提高全体监事会成员的素质，使监事会成员精通公司业务、财务、法律，变为真正的内行，保证监事会的监督治理机能正常运转。

（5）规范经理层的运作机制。要充分调动经理人员的积极性，使其既享有充分的经营管理权，又尽职尽责地履行义务，最大限度地落实董事会决议，实现股东利益，必须建立起有效的激励和约束机制。1）切实保证经理行使法定的权利。经理依据《公司法》、《公司章程》和董事会决议行使公司日常经营管理的职权，任何组织和个人不得干涉。2）使经理人员的利益同企业的经营效果挂起钩来。要建立一套根据企业经营效果决定经理人员报酬的激励制度，包括实行基本工资、年度奖金、长期奖励（如股票期权）相结合的薪金制度。3）完善经理聘任制，既要引入竞争机制，又要防止经营者频繁流动，以避免短期行为，保障公司长期稳定增长与可持续发展。

（6）建立具有监管动机的外部监管机构。在日本和德国，典型的外部监管机构是银行，而在美国，主要是机构投资者，例如养老基金。近年来，我国机构投资者也获得了较大发展，但总体规模不足、种类单一，在参与公司治理方面仍属于“沉默的大多数”，并没有在公司治理改进的事业中发出应有的声音。在目前的中国股市中，机构投资者还只是一个“用脚投票”的交易者而远非以公司治理为导向的投资者。因此，创造机构投资者参与公司治理的动力机制并探索其参与公司治理的有效途径，发挥机构投资者在公司治理中的作用，是我国完善公司治理结构所面临的重要任务。

（7）建立良好的制度环境。有效的公司治理需要有良好的制度体系与外部环境。从发达国家的经验来看，要实现公司治理的目标，需要有竞争性的产品市场和资本市场、活跃的公司控制权市场、管理人员的激励与监督机制，不仅需要健全的公司法，还需要严格的审计和财务信息披露制度、严格的反欺诈法规，以及高效率和高水平的司法系统、行政监管机构和自律性组织。我国资本市场发展的时间不长，相应的法制建设也相对落后，行政监管机构和中介组织的公信力不够，司法系统效率不高。这些都必须从系统的角度加以改进与建设，为建立有效的公司治理结构创造良好的外部条件。

15.3 国有资本调整、国有企业重组与垄断行业改革

15.3.1 国有资本调整

随着我国社会主义市场经济体制的逐步建立，多元化的所有制结构已经形成。尽管如此，国有经济仍然在我国国民经济中起主导作用。因此，通过调整和深化改革，努力提高国有经济运行的效率，更好地发挥国有经济在国民经济中的作用，仍将是我国今后相当长的一段时间内所面临的重要任务。在 2005 年 3 月召开的十届全国人大三次会议上，国务院的《政府工作报告》提出，要坚持国有经济布局和结构的战略性调整，完善国有资本有进有退、合理流动的机制。中国将按照有进有退、有所为有所不为的原则，加快国有经济布局和结构的战略性调整。

1. 基本原则

根据国务院国有资产监督管理委员会 2006 年发布的《关于推进国有资本调整和国有企业重组的指导意见》要求，调整和重组的基本原则包括五个方面：一是坚持公有制为主体、多种所有制经济共同发展的基本经济制度。毫不动摇地巩固和发展公有制经济，增强国有经济的控制力、影响力、带动力，发挥国有经济的主导作用。毫不动摇地鼓励、支持和引导非公有制经济发展，鼓励和支持个体、私营等非公有制经济参与国有资本调整和国有企业重组。二是坚持政府引导和市场调节相结合，充分发挥市场配置资源的基础性作用。三是坚持加强国有资产监管，严格产权交易和股权转让程序，促进有序流动，防止国

有资产流失，确保国有资产保值增值。四是坚持维护职工合法权益，保障职工对企业重组、改制等改革的知情权、参与权、监督权和有关事项的决定权，充分调动和保护广大职工参与国有企业改革重组的积极性。五是坚持加强领导，统筹规划，慎重决策，稳妥推进，维护企业正常的生产经营秩序，确保企业和社会稳定。

2. 主要目标

根据《指导意见》的要求，国有资本调整和重组的目标是，进一步推进国有资本向关系国家安全和国民经济命脉的重要行业和关键领域集中，加快形成一批拥有自主知识产权和知名品牌、国际竞争力较强的优势企业；加快国有大型企业股份制改革，完善公司法人治理结构，大力发展国有资本、集体资本和非公有资本等参股的混合所有制经济，实现投资主体多元化，使股份制成为公有制的主要实现形式；大多数国有中小企业放开搞活；到2008年，长期积累的一批资不抵债、扭亏无望的国有企业政策性关闭破产任务基本完成；到2010年，国资委履行出资人职责的企业调整和重组至80～100家。

3. 主要内容

（1）推动国有资本向关系国家安全和国民经济命脉的重要行业和关键领域集中。合理收缩中央企业分布范围，使国有资本集中投向特定产业链中市场机制难以发挥作用或需要加强控制的基础产业、基础服务、基础设施、基础原料、关键技术、关键工序等。

（2）推动国有资本向具有竞争优势的行业和未来可能形成主导产业的领域集中。通过增量投入和存量调整相结合的办法，加大对产业进入门槛高、国有经济控制力较强、市场发展前景广阔的基础性和支柱产业的投入力度，重点发展高新技术产业，培育未来主导产业，形成能在国民经济发展中起先导和带头作用的高新技术产业群和骨干力量。

（3）推动国有资本向具有较强国际竞争力的大公司大企业集团集中。围绕加快培育和发展80～100家技术先进、结构合理、机制灵活、具有自主知识产权、有较强国际竞争力的大公司大企业集团，加快中央企业的重组和调整，在体现国家综合国力的基础性和支柱产业中拥有一批对行业发展有较强影响力的重要骨干企业。

（4）推动国有资本向国有企业主业集中。积极推进中央企业之间、中央企业和其他企业、上下游企业之间存量资产的调整重组，优化国有经济在企业间的分布。通过内部整合和外部重组等措施减少企业管理层次，优化国有经济在企业内部的分布。

15.3.2　加快国有企业重组

企业重组是市场经济条件下企业生存和发展的永恒主题，它不仅是现代企业扩张发展的重要方式，也是企业摆脱困境的重要手段。国有企业改革的实践表明，企业重组在国有企业改革脱困中发挥着重要作用。

1. 产权重组

产权重组是为了进一步明确产权关系，形成多元化的股权结构，改变经营机制，同时引入战略投资者，增强企业的资本实力。具体包括：

（1）加快国有企业的股份制改革。除了涉及国家安全的企业、必须由国家垄断经营的企业和专门从事国有资产经营管理的公司外，国有大型企业都要逐步改制成为多元股东的公司。

（2）积极支持资产或主营业务资产优良的企业实现整体上市，鼓励已经上市的国有控股公司通过增资扩股、收购资产等方式，把主营业务资产全部注入上市公司。

（3）积极鼓励引入战略投资者。引入战略投资者要有利于增强企业技术创新能力，提高产品的档次和水平，改善经营管理，促进企业持续发展。

（4）放开搞活国有中小企业，建立劣势企业退出市场的机制。采取改组、联合、兼并、租赁、承包经营、合资、转让国有产权、股份制、股份合作制等多种形式，继续放开搞活国有中小企业。

（5）促进中央企业和地方人民政府所出资企业之间的重组。根据《指导意见》的精神，对不属于重要行业和关键领域的中央企业，下放给地方管理有利于发挥地方优势、有利于与地方企业重组提高竞争力的，在征得地方人民政府同意并报经国务院批准后，可以将其交由地方国有资产监管机构或地方企业管理；地方企业并入中央企业有利于优势互补的，在征得地方人民政府同意后，可以将其并入中央企业。鼓励中央企业和地方企业之间通过股权并购、股权置换、相互参股等方式进行重组。在地方企业之间，也应按此要求促进重组。

2. 产业重组

产业重组是为了整合上下游产业的关系，集中优势，形成规模经济，提升产业竞争力。具体包括以下几个方面：

（1）加快国有大型企业的调整和重组，促进企业资源优化配置。积极推进国有企业之间的强强联合。强强联合必须遵循市场规律，符合国家产业政策，有利于资源优化配置，提高企业的规模经济效应，形成合理的产业集中度，培育一批具有国际竞争力的特大型企业集团。对不具备优势的国有企业，应采取多种方式，大力推动其并入优势国有大企业，以减少污染、节约资源、保障安全生产、提高效率。优势国有大企业要通过增加投资以及资产业务整合等措施，充分发挥资产的整体效能。

（2）积极推动应用技术研究院所与相关生产企业（包括大型工程承包企业）的重组。鼓励研究院所与相关生产企业重组，实现研发与生产相互促进、共同发展，提高企业的技术创新能力。

（3）加大对亏损企业国有资本的调整力度。对不属于重要行业和关键领域的亏损企业，短期内难以扭亏的，可以向各类投资主体转让，或与其他国有企业进行重组。要依照有关政策，对重要行业和关键领域亏损严重的重要企业，区别不同情况，采取多种方式和途径，推动其改革重组，促进企业发展，并确保国有资本控股。

3. 内部重组

内部重组的目的是使企业明确经营方向、突出主业，同时优化企业组织结构，提高组织效率。主要包括以下内容：

（1）突出主业，积极推进企业非主业资产重组。通过多种途径，使部分企业非主业资产向主业突出的企业集中，促进企业之间非主业资产的合理流动。对于非主业资产的中小企业，可采取多种形式放开搞活，符合主辅分离、辅业改制政策要求的，要加快主辅分离、辅业改制、分流安置富余人员的步伐。

（2）推进国有大型企业内部的重组。简化企业组织机构，对层级过多的下属企业进行清理、整合，通过关闭、破产、撤销、合并、取消企业法人资格等完善大企业的母子公司体制，强化母公司在战略管理、资本运作、结构调整、财务控制、风险防范等方面的功能，通过对业务和资产的调整或重组，发挥企业整体优势，实现专业化和规模化经营。

15.3.3　推进垄断行业改革

1. 推进垄断行业改革的必要性

（1）推进垄断行业改革是深化经济体制改革的迫切要求。推进垄断行业改革是建立和完善社会主义市场经济体制的需要。通过多年努力，我国经济体制改革已取得重大进展，社会主义市场经济体制初步建立，市场体系逐步完善，市场在资源配置中的基础性作用正在加强。但是，经济体制改革还需要进一步深化，还需要打一些攻坚战，而打破行业垄断的改革就是其中之一。行业垄断是计划经济体制的产物，它依靠旧体制，利用或滥用行政权力和手段，实行垄断经营，获取垄断利益，遏制竞争，与建立和完善社会主义市场经济体制的改革方向背道而驰，是深化经济体制改革的障碍。

（2）推进垄断行业改革是我国开放型经济不断发展的需要。改革开放以来，我国经济的开放度有了很大提高，特别是加入 WTO 以后，我国垄断行业面临严峻的新形势。一方面，在加入 WTO 协议中，我们承诺要对电信、金融等行业进行有限制的开放，这些行业的改革势在必行。另一方面，我国的某些垄断行业，在其他国家并不属于政府管制的对象，而属于竞争性行业，我们没有理由拒绝外资进入。在国外，这些行业的大企业有灵活的机制和雄厚的实力，不少已经相继进入我国，对我国垄断行业的企业形成了巨大压力和挑战，我国企业若不加快进行改革，在竞争中必将处于非常不利的地位。

（3）推进垄断行业改革是提升我国产业和国民经济整体素质的需要。我国垄断行业存在许多共同的弊病：一是投资主体单一，多为国有独资。一些行业性集团公司的子公司虽然实现了投资主体多元化，有的还改制为上市公司，但是集团公司本身仍是国有独资企业。二是政企不分，集政府职能和企业功能于一身。有的行业性集团公司虽然进行了改革，但它们多是由政府部门或行政性行业公司演变而来的，还没有成为真正的企业，习惯于用行政办法对业内的企业进行管理。三是缺乏活力和竞争力。与市场化程度较高的机械、家电、日用工业品、食品等行业的企业相比，垄断行业的活力和竞争力较差。四是创新能力不强。竞争是提高企业创新能力的动力，行业垄断扼杀竞争、保护落后，新的装备、工艺、技术和管理方法运用慢。五是产品质量和服务较差。

2. 努力探索垄断行业改革的方式和途径

垄断行业的改革是一个世界性的趋势，也是近几年我国国有经济和国有企业改革的重点和难点。垄断行业改革能否有力地推进，对于中国国有经济布局与结构战略调整关系重大。通过近几年的改革，我国在垄断性行业改革方面取得了一定的进展：民航体制改革方面，实行了政企分开和机场属地化管理，出台了社会资金投资民航业的规定；电信体制改革方面，四大国有运营商已完成上市工作，电信竞争格局在一定范围内形成；电力体制改革方面，区域电力市场试点工作取得进展，“大用户”直接购电试点开始推进，《电力监管条例》颁布实施；铁路改革方面，以行政手段撤销了 41 个铁路分局和 2 个铁路公司，实行铁路局（公司）直接管理站段体制；邮政体制改革方面，改革方案已获国务院批准；其他如城市公用事业改革、矿产资源探矿权和开采权体制改革、国防科技工业管理体制改革方面，也有不同程度的进展。

尽管我国的垄断行业改革取得了一定的进展，但面临的任务还很艰巨。垄断行业改革的深化，要区分情况分别推进。对于自然垄断业务，如国家输电网、铁路路网、航空网络、国家电信骨干网络等，其垄断性强，要不断引入市场机制，允许非公资本以参股方式进入，积极推进投资主体多元化。对于除自然垄断行业之外的其他垄断领域，如电力行业的发电部分，民航、铁路、电信的营运部分，本身具有很强的竞争性，根据竞争的原则，对于这部分领域，非公资本可以以多种方式进入。既可以独资，也可以控股；既可以合资合作，也可以项目融资。对于那些过去国家限制或禁止进入的重要领域，随着《国务院关于鼓励支持和引导个体私营等非公有制经济发展的若干意见》对行业准入的解禁，例如公用事业、矿产资源的勘探和开采、教育卫生、金融服务、国防科技工业等领域，非公资本也可以根据行业发展的需要，灵活进入。

3. 积极稳妥地推进垄断行业改革

(1) 进一步解放思想，明确改革目标。要推进垄断行业改革，根本的是要提高认识，解放思想。垄断行业的改革整体滞后，给经济社会发展带来严重的负面影响，既造成市场的不公平竞争，又造成行业巨大差距和收入分配的巨大差距，是导致社会不公平的重要因素。这些问题将直接制约我国发展方式的转型。因此，应该坚定不移地推动垄断行业改革。同时，推进垄断行业改革，不能完全以提高效率为唯一目标，而要真正实现邓小平提出的“三个有利于”，尤其是要有利于提高人民的生活水平。

(2) 加强政府监管体制改革。垄断行业的改革要有持久性保障，必须要有高效率的管制体制的支持。因为引进竞争机制以后，政府对垄断行业的管理更加复杂，这就要求有一种新的高效率的管制体制来解决可能发生的市场失衡。从政府监管的角度看，主要是两个方面：一是要有完善的法律制度；二是要有高效率的管制机构。前者是政府管制的基本依据，后者是实现有效管制的组织保证。现代化的监管体系不仅包括政府监管，更应该有社会监管。应该将政府力量和民间力量、体制内力量和体制外力量结合起来。

(3) 提高垄断行业改革的广泛性和参与性。回顾我国垄断行业的改革过程，某些垄断行业改革方案的设计是有缺陷的，根源在于没有公众参与。而其他许多国家的垄断行业改革，一般都要组成专门的设计班子，包括各个行业的专业人员和社会公众。政府在方案设计中承担改革的利益调整者的角色。因此，进一步推进垄断行业改革，必须提高社会阶层的广泛性和社会公众的参与性。

本章小结

我国社会主义经济制度以公有制为主体，全民所有制是国民经济的主导力量。我国的全民所有制采取国家所有制形式，全民所有制资产就是国有资产。建立高效的国有资产管理体制，不断提高国有资产运营效率，是满足人民物质文化生活需要的物质保证。本章从国有资产管理体制的概念出发，阐明我国国有资产管理体制的历史沿革和国有资产管理体制改革的目标，分析建立现代企业制度的必要性及其基本架构，探讨国有企业资产战略性重组以及垄断行业改革的必要性和途径等问题。

关键术语

国有资产管理体制　　公司治理结构　　国有资产重组　　垄断行业改革

复习思考题

1. 什么是政资不分？
2. 建立新型国有资产管理体制的主要目标是什么？
3. 在社会主义市场经济条件下，国有经济应发挥哪些作用？
4. 为什么要推进垄断行业改革？
5. 如何明确国有资产产权主体？
6. 如何保证国有产权交易的公平和防止国有资产流失？
7. 如何辩证看待国有产权交易"价高者得"？

阅读材料

上海国资国企改革 20 条

2013 年 12 月 17 日上午举行的上海市深化国资改革促进企业发展工作会议正式发布了《关于进一步深化上海国资改革促进企业发展的意见》（即"上海国资国企改革 20 条"），以下为文件内容。

为深入贯彻落实党的十八大、十八届三中全会和习近平总书记一系列重要讲话精神，切实加强党对国资国企改革发展的领导，营造鼓励改革创新的良好环境，推动国资国企成为上海加快推进"四个率先"、加快建设"四个中心"和社会主义现代化国际大都市的重要力量，现就进一步深化上海国资改革、促进企业发展提出如下意见：

一、进一步深化国资改革、促进企业发展的重要意义和指导思想

（一）重要意义。上海国资国企在全市经济社会发展中具有举足轻重的重要作用。深化国资改革、促进企业发展，是新形势下坚持公有制主体地位，增强国有经济活力、控制力、影响力的必然选择，对上海改革开放和社会主义现代化建设意义重大，对推进国家现代化、保障人民共同利益也具有积极影响。近年来，上海按照党中央、国务院的部署，坚持以体制机制创新为重点，全力推进国资国企改革发展，国资监管体系基本确立，国资布局结构不断优化，国有企业竞争力明显提高，国有经济实力得到增强。

但是，国资监管体制机制仍需进一步完善，国有企业改革动力和发展活力仍需进一步增强。当前，上海面临改革开放的新机遇和新型发展的新挑战，已经到了没有改革创新就不能前进的阶段。上海国资国企必须以高度的责任感、使命感、紧迫感，抓住国家推进重点领域、关键环节改革和中国（上海）自由贸易试验区建设的机遇，更加主动地承担起推动上海改革发展的重要任务，坚持提升发展、开放发展、创新发展、内涵发展、和谐发展，为上海建设社会主义现代化国际大都市作出应有的贡献。

（二）指导思想。高举中国特色社会主义伟大旗帜，以邓小平理论、“三个代表”重要思想、科学发展观为指导，认真贯彻落实党的十八大、十八届三中全会和习近平总书记一系列重要讲话精神，坚持“两个毫不动摇”，坚持创新驱动、转型发展，坚持开放促改革、改革促发展，以市场化、专业化、国际化为导向，以深化国资改革带动国企改革为着力点，以推进开放性市场化重组为途径，积极发展国有资本、集体资本、非公有资本相互融合的混合所有制经济，提高国有企业活力和国有经济整体竞争力，促进国有经济与其他所有制经济共同繁荣，实现上海经济社会全面协调可持续发展。

二、进一步深化国资改革、促进企业发展的基本原则和主要目标

（三）基本原则。要坚持科学发展。强化企业的市场主体地位，促进国资国企在改革中调整提升，在开放中创新发展，实现有质量、有效益、可持续发展。要遵循市场规律。切实把握和遵循中国特色社会主义市场经济的一般要求和本质规律，借鉴国际先进经验，推动企业管理体制机制深度变革，增强国资监管的系统性、规范性、有效性。要深化改革创新。勇于先行先试，分类完善国有企业治理结构、管理模式和激励约束机制，持续激发企业改革发展的动力和创新转型的活力。要承担社会责任。推动国有企业成为依法经营、诚实守信、节约资源、保护环境、保障民生和维护社会稳定的表率。

（四）主要目标。经过3～5年的扎实推进，国资管理体制机制进一步完善，国资布局结构进一步优化，国有企业活力和竞争力进一步提高，国有经济在全市经济社会中的带动作用进一步增强，加快形成对内合作、对外开放的新格局，努力成为全国国资国企改革发展的排头兵。

建成统筹协调分类监管的国资监管体系。正确处理好政府与市场的关系，政府部门履行宏观调控、市场监管、行业管理等公共管理职能。国资监管机构依法履行出资人职责，分类推进改革调整和管理。形成规则统一、权责明确、分类分层、规范透明的市属经营性国资监管全覆盖体系。

形成适应现代城市发展要求的国资布局。将国资委系统80%以上的国资集中在战略性新兴产业、先进制造业与现代服务业、基础设施与民生保障等关键领域和优势产业。企业集团控制管理层级，加强对三级次以下企业管控。

建立健全具有中国特色的现代企业制度。确立法定代表人在公司治理中的中心地位，健全协调运转、有效制衡的法人治理结构。以规范经营决策、资产保值增值、公平参与竞争、提高企业效率、增强企业活力、承担社会责任为重点，进一步深化国有企业改革，形成企业优胜劣汰、经营者能上能下、人员能进能出、收入能增能减的市场化经营机制。

打造符合市场经济运行规律的公众公司。积极发展混合所有制经济，加快企业制股份制改革，实现整体上市或核心业务资产上市。畅通国有资本合理流动渠道，形成企业融资发展、机制创新、管理提升、价值创造、回报社会的良性发展机制。

培育具有国际竞争力和影响力的企业集团。支持有条件的企业开展境外投资和跨国经营，提升国际化经营水平。形成 2～3 家符合国际规则、有效运营的资本管理公司；5～8 家全球布局、跨国经营，具有国际竞争力和品牌影响力的跨国集团；8～10 家全国布局、海外发展、整体实力领先的企业集团；一批技术领先、品牌知名、引领产业升级的专精特新企业。

三、加快国资与产业联动调整，优化国资布局和结构

（五）推进企业上市发展规范运营。利用国内外多层次资本市场，推动企业整体上市、核心业务资产上市或引进战略投资者，成为公众公司，实现投资主体多元化、经营机制市场化。借鉴上市公司管理模式和运作规则，建立企业真实、准确、完整、及时披露相关信息的制度体系。

（六）建立公开透明规范的国资流动平台。坚持统筹规划，优化完善国资流动平台运营机制，充分发挥市场配置资源功能，推动国有控股上市公司、非上市公司开放性市场化重组整合，实现资源、资产、资本、资金的良性循环，为培育发展战略性新兴产业、加快基础设施建设、保障服务民生等提供有力支撑。

（七）调整优化国资布局结构。聚焦产业链、价值链，深化开放性市场化双向重组联合，加快调整不符合上海城市功能定位和发展要求的产业和行业。重点发展新能源汽车、高端装备、新一代信息技术、新能源等有一定基础和比较优势的战略性新兴产业。推进制造业企业创新发展和转型升级，促进服务业企业模式创新和业态转型，完善基础设施与民生保障领域企业持续发展的经营模式。围绕上海“四个中心”建设，推进企业向重点区域或功能性区域集聚。

（八）健全完善国有资本收益保障机制。根据全市经济社会发展总体安排和国资战略布局，完善覆盖全部经营性国有企业、分级管理的国有资本经营预算制度。逐步提高国有资本收益上缴比例，到 2020 年不低于 30%。国资收益原则上按照产业调整发展、基础设施建设、民生社会保障各 1/3 安排支出，建立国资收益资金使用评价制度。

四、分类完善治理结构，建立市场化的选人用人和激励约束机制

（九）明确功能定位并实施分类管理。突出企业市场属性，兼顾股权结构、产业特征、发展阶段，逐步实现差异化管理。竞争类企业，以市场为导向，以企业经济效益最大化为主要目标，兼顾社会效益，努力成为国际国内行业中最具活力和影响力的企业；功能类企业，以完成战略任务或政府重大专项任务为主要目标，兼顾经济效益；公共服务类企业，以确保城市正常运行和稳定、实现社会效益为主要目标，引入社会评价。功能类和公共服务类企业。按照市场规则，提高资源配置效率和公共服务能力。对涉及跨上述分类业务的企业，因企制宜、分类分层管理。按照国资布局结构和企业发展战略，企业分类可动态调整。

(十)规范设置法人治理结构。竞争类企业,积极推进以外部董事占多数的董事会建设,强化董事会专门委员会功能,董事长为法定代表人,原则上兼任党委书记,与总经理分设。功能类和公共服务类企业,国有多元投资企业原则上董事长为法定代表人,经法定程序,兼任总经理,与党委书记分设;非多元投资企业可设1名执行董事任法定代表人兼总经理,与党委书记分设。履行出资人职责的机构委派或推荐监事会主席和外派监事,与企业内部监事组成监事会。功能类和公共服务类企业,外派财务总监。

(十一)推进市场化导向的选人用人和管理机制。全面推行国有企业领导人员任期制契约化管理,明确责任、权利、义务,严格任期管理和目标考核,保持合理的稳定性和必要的流动性。竞争类企业,按有关规定落实董事会选人用人、考核奖惩、薪酬分配权。合理提高市场化选聘比例,在市场化程度较高的企业,积极推行职业经理人制度,更好发挥企业家作用。加强对董事会市场化选聘经理层工作的指导,明确选人用人标准,规范管理办法,完善配套政策。完善企业领导人员发现培养、选拔任用、考核评价、激励约束机制,建立一支勇于创新、敢于担当、勤于思考、严于律己的企业家队伍。

(十二)完善注重长效的激励约束分配机制。坚持国有企业领导人员收入与职工收入、企业效益、发展目标联动,行业之间和企业内部形成更加合理的分配激励关系。建立健全企业核心骨干长效激励约束机制、与市场机制相适应的分配机制。符合法定条件、发展目标明确、具备再融资能力的国有控股上市公司,可实施股权激励或激励基金计划。人力资本密集的高新技术和创新型企业,可实施科技成果入股、专利奖励等激励方案。承担战略性新兴产业项目的投资公司,探索市场化项目收益提成奖励。国有创投企业鼓励采用项目团队参股股权投资管理公司的方式,探索建立跟投机制。完善市管国有企业领导人员薪酬体系,符合条件的竞争类企业实施股权、现金两种类型的中长期激励,功能类和公共服务类企业完成重大任务后,经考核配套实施专项奖励。健全与长效激励相配套的业绩挂钩、财务审计和信息披露、延期支付和追索扣回等约束机制。

五、鼓励企业立足本土融入全球,提高国际竞争能力

(十三)支持企业跨国经营、参与全球资源配置。以市场拓展、资源引入、技术提升、品牌输出为重点,支持企业面向国际国内两个市场配置资源,因时、因地、因企制宜开展跨国并购,建立境外科技研发、资源开发和加工贸易基地,构建符合国际市场竞争要求的管理和运营方式。增强企业在国际同行业中的竞争优势,具备条件的企业要努力成为国际标准的制定者、主导者。加大国际化人才培养和引进力度,鼓励企业结合实际,探索实施符合国际惯例的外派跨国经营管理人才薪酬制度。建立适应国际化经营的企业组织架构,完善境外投资决策、项目评估、过程监控、风险分担机制,严格投资经营效益考评,提升国际化经营的能力和水平。

(十四)构建支持企业跨国经营的服务机制。完善境外投资合作国别(地区)指南和产业导向。简化投资合作核准手续。为企业人员赴境外开展投资合作项目提供便利。加强外汇金融支持，鼓励国有企业积极争取外汇资金集中运营管理试点。打造服务企业、联动发展平台、完善信息交流、资源配置、专业服务功能。培育跨国经营的服务主体，形成集约集群优势。境外投资合作项目，经认定可在一定期限内单列考核。

（十五）增强创新动力、实现转型发展。聚焦核心主业、核心技术、核心竞争力，坚持专业化基础上的相关多元经营。发挥信息化在模式创新和业态转型中的重要作用，推进产业升级。加大技术研发、经营管理、人力资源管理等方面的创新和投入力度，增强企业研发能力，提升企业管理水平。对主动承接国家和本市重大专项、科技计划、战略性新兴产业领域产业化项目，收购创新资源和境外研发中心，服务业企业加快模式创新和业态转型所发生的相关费用，经认定可视同考核利润。

六、优化国资监管体系，提高国资监管效率

（十六）完善国资监管体制机制。坚持政企分开、政资分开、所有权与经营权分开，进一步转变政府职能。以管资本为主加强国资监管，完善市属经营性国资集中统一监管的国资管理体制，以产权为纽带，积极推进产业与金融结合，加快产业与金融等各类资本优化配置，切实履行资产收益、选择管理者和参与重大决策等出资人职责。加强对区县国资监管工作的指导。

（十七）优化国资监管方式方法。履行出资人职责的机构依法制定或参与制定公司章程，使之成为各类治理主体履职的主要依据之一。加强战略管理、发展目标、布局结构、公司治理、考核分配和风险控制等管理，构建科学合理的国资监管体系。减少审批事项，切实落实企业自主经营权，实施标准化操作流程，提高管理精细化水平。加强信用体系建设，鼓励和支持企业积极履行社会责任。

七、凝聚共识、营造氛围，形成推进改革发展的合力

（十八）充分发挥党组织政治核心作用。按照参与决策、带头执行、有效监督的要求，加强学习型、服务型、创新型党组织建设，充分发挥现代企业制度下企业党组织的政治核心作用。坚持领导班子建设与法人治理结构健全相结合，形成党组织参与重大问题决策的体制机制；坚持职工队伍建设与人力资源管理相结合，打造一支职业素养高、业务能力强、岗位业绩优的职工队伍；坚持思想政治工作与企业文化建设相结合，保障职工参与管理和监督的民主权利，培育体现企业特点、增强企业凝聚力、激发职工创造力的企业文化；坚持反腐倡廉建设与加强企业管控相结合，运用“制度加科技”方法，加强对权力运行的制约和监督，强化对重点领域和关键环节的监控，严格规范国有企业管理人员职务待遇、职务消费和业务消费。

（十九）完善各类配套政策措施。完善国有企业工资总额管理办法，落实国有企业自主分配权。鼓励张江国家自主创新示范区内符合条件的企业参与股权和分红激励试点，示范区外的国有创新型企业、高新技术企业参照实施。创新优化国有创投企业评估管理方式。对符合国家政策规定的企业予以职工培训税收优惠。探索建立符合上海特点，特许经营、定价机制与政府财政投入相配套的公共产品管理体系，完善土地资产管理的配套政策，研究以国有划拨土地采用国家作价入股的方式支持企业发展，探索企业参与土地二次开发利益分配的机制。逐步落实国有企业退休职工社会化管理政策。

（二十）建立鼓励改革创新的容错机制。对法律法规规章和国家政策未规定事项，鼓励开展改革创新。积极参与国家改革创新试点，部市合作共建中国特色现代企业制度试验区。将改革创新工作纳入部门绩效考核，作为个人职务晋升和奖励的依据之一。改革创新工作未能实现预期目标，但有关单位和个人依照法律法规规章、国家和本市有关规定决策、实施，且勤勉尽责、未牟取私利，不作负面评价，依法免除相关责任。

有关部门、单位要按照本意见精神，结合实际，抓紧制定、认真落实完善分类监管、法人治理结构、长效激励约束、培育跨国公司、优化国资布局结构等配套文件。各企业集团、委托监管单位要从实际出发，大胆探索实践，抓紧制定贯彻落实本意见的工作方案。各区县国资国企改革可参照本意见执行。

资料来源：《上海国资国企改革20条正式发布》，见凤凰网，2013-12-17。

参考文献

中文文献

1. [美] 鲍德威，威迪逊. 公共部门经济学. 北京：中国人民大学出版社，2000

2. [美] 约瑟夫·E·斯蒂格利茨. 政府经济学. 北京：春秋出版社，1988

3. [美] 约瑟夫·E·斯蒂格利茨等. 政府为什么干预经济——政府在市场经济中的角色. 北京：中国物资出版社，1998

4. [英] 安东尼·B·阿特金森，[美] 约瑟夫·E·斯蒂格利茨. 公共经济学. 上海：上海三联书店，上海人民出版社，1994

5. [美] 查尔斯·沃尔夫. 市场或政府——权衡两种不完善的选择. 北京：中国发展出版社，1994

6. [美] 查尔斯·林德布洛姆. 政治与市场：世界的政治—经济制度. 上海：上海三联书店，1992

7. [美] T. M. 布坎南. 自由、市场与国家. 上海：上海三联书店，1989

8. [日] 青木昌彦，奥野正宽编著. 经济体制的比较制度分析. 北京：中国发展出版社，1999

9. [日] 青木昌彦. 比较制度分析. 上海：上海远东出版社，2001

10. [英] J·罗杰斯·霍林斯沃思，罗伯特·博耶主编. 当代资本主义——制度的移植. 重庆：重庆出版社，2001

11. [美] 丹尼尔·F·史普博. 管制与市场. 上海：上海三联书店，上海人民出版社，1999

12. [美] 乔治·C·洛奇. 轮到美国改革了. 北京：企业管理出版社，1994

13. [美] 戴维·奥斯本，特德·盖布勒. 改革政府——企业精神如何改革着公营部门. 上海：上海译文出版社，1996

14. [美] 道格拉斯·C·诺思. 经济史中的结构与变迁. 上海：上海三联书店，上海

人民出版社，1994

15. ［美］R. 科斯，A. 阿尔钦，D. 诺思等. 财产权利与制度变迁——产权学派与新制度学派译文集. 上海：上海三联书店，上海人民出版社，1994

16. ［美］奥斯特罗姆等编. 制度分析与发展的反思——问题与抉择. 北京：商务印书馆，1996

17. 世界银行编. 官办企业问题研究——国有企业改革的经济学和政治学. 北京：中国财政经济出版社，1997

18. 亚洲开发银行编著. 政府支出管理. 北京：人民出版社，2001

19. ［美］丹尼尔·W·布罗姆利. 经济利益与经济制度——公共政策的理论基础. 上海：上海三联书店，上海人民出版社，1996

20. ［美］库尔特·勒布，托马斯·盖尔·穆尔主编. 施蒂格勒论文精粹. 北京：商务印书馆，1999

21. ［南］斯韦托扎尔·平乔维奇. 产权经济学——一种关于比较体制的理论. 北京：经济科学出版社，1999

22. ［美］加里·D·利贝卡普. 产权的缔约分析. 北京：中国社会科学出版社，2001

23. ［美］戈登·塔洛克. 寻租——对寻租活动的经济学分析. 成都：西南财经大学出版社，2000

24. ［美］理查德·A·马斯格雷夫. 比较财政分析. 上海：上海人民出版社，上海三联书店，1996

25. ［意］尼古拉·阿克塞拉. 经济政策原理：价值与技术. 北京：中国人民大学出版社，2001

26. ［英］C. V. 布朗，P. M. 杰克逊. 公共部门经济学. 北京：中国人民大学出版社，2000

27. ［美］哈维·S·罗森. 财政学. 北京：中国人民大学出版社，2000

28. ［美］丹尼斯·C·缪勒. 公共选择理论. 北京：中国社会科学出版社，1999

29. 王俊豪. 政府管制经济学导论. 北京：商务印书馆，2001

30. 世界银行编著. 1997年世界发展报告：变革世界中的政府. 北京：中国财政经济出版社，1997

31. 毛寿龙. 中国政府功能的经济分析. 北京：中国广播电视出版社，1996

32. 郭小聪编著. 政府经济职能与宏观管理. 2版. 广州：中山大学出版社，1999

33. 郭小聪主编. 经济改革中的政治问题研究. 广州：中山大学出版社，1999

34. 吴易风，王键，方松英. 市场经济和政府干预. 北京：商务印书馆，1998

35. 杨祖功，田生，莫伟. 国家与市场. 北京：社会科学文献出版社，1999

36. 刘军宁等编. 市场逻辑与国家观念. 北京：三联书店，1995

37. 徐滇庆，李瑞. 政府在经济发展中的作用. 上海：上海人民出版社，1999

38. 方福前. 公共选择理论——政治的经济学. 北京：中国人民大学出版社，2000

39. 楼继伟主编. 政府采购. 北京：经济科学出版社，1998

40. 刘小川，王庆华. 经济全球化的政府采购. 北京：经济管理出版社，2001

41. 张弘力主编. 公共预算. 北京：中国财政经济出版社，2001
42. 储敏伟，杨君昌主编. 财政学. 北京：高等教育出版社，2000
43. 王传纶，高培勇. 当代西方财政经济理论. 北京：商务印书馆，1998
44. 冯秀华主编. 公共支出. 北京：中国财政经济出版社，2000
45. 丛树海主编. 中国宏观财政政策研究. 上海：上海财经大学出版社，1998
46. 刘宇飞. 当代西方财政学. 北京：北京大学出版社，2000
47. 何振一，阎坤主编. 中国财政支出结构改革. 北京：社会科学文献出版社，2000
48. 邓子基等. 税收支出管理. 北京：中国经济出版社，1999
49. 吴俊培，许建国，杨灿明编著. 公共部门经济学. 北京：中国统计出版社，1998
50. 高培勇，崔军编著. 公共部门经济学. 北京：中国人民大学出版社，2001
51. 陈共主编. 财政学. 北京：中国人民大学出版社，1998
52. 李文星，白冰主编. 公共部门经济学引论. 成都：四川人民出版社，2001
53. 田大山编著. 公共经济学. 北京：团结出版社，2000
54. 马海涛主编. 公共财政学. 北京：中国审计出版社，2000
55. 樊勇明，杜莉编著. 公共经济学. 上海：复旦大学出版社，2001
56. 刘溶沧，赵志耘. 中国财政理论前沿. 北京：社会科学文献出版社，1999
57. 项怀诚. 中国财政管理. 北京：中国财政经济出版社，2001
58. 张弘力. 公共预算. 北京：中国财政经济出版社，2001
59. 麦履康，黄挹卿. 中国政府预算. 北京：中国财政经济出版社，1999
60. 包丽萍等. 政府预算. 大连：东北财经大学出版社，2000
61. 贺卫. 寻租经济学. 北京：中国发展出版社，1999
62. 赵守日. 闯关：西方国有经济体制革命. 广州：广东人民出版社，2000
63. 郑贤操，陈文学，陈祖煌. 国企改革：转轨与创新. 广州：中山大学出版社，1999
64. 卢洪友. 政府职能与财政体制研究. 北京：中国财政经济出版社，1999
65. [美] 米尔顿·弗里德曼. 资本主义与自由. 北京：商务印书馆，1986
66. 赵汀阳. 学问中国. 南昌：江西教育出版社，1998
67. 郑秉文. 市场缺陷分析. 沈阳：辽宁人民出版社，1993
68. [美] 保罗·R·格雷戈里，罗伯特·C·斯图尔特. 比较经济体制学. 上海：上海三联书店，1988
69. 张昕竹主编. 中国规制与竞争：理论和政策. 北京：社会科学文献出版社，2000
70. 魏杰. 宏观经济政策学通论. 北京：中国金融出版社，1990

英文文献

1. Michael Howard. *Public Sector Economics: For Developing Countries*. Babrbados: University of the West Indies Press，2001
2. C. V. Brown，P. M. Jackson. *Public Sector Economics*. Oxford: Martin Roberton，1978

3. David N. Hyman Holt. *The Economics of Governmental Activity*. New York: Rinehart and Winston, Inc., 1973

4. Norman Flynn. *Public Sector Management*. Third Edition. New York: Prentice Hall/Harvester, 1997

5. Henry L. Lefevre. *Government Quality and Productivity-Success Stories*. Milwaukee, Wisconsin: ASQC Quality Press, 1992

6. Marc Holzer. *Public Service—Callings, Commitments, and Constraints*. Boulder, Colo.: Westview Press, 2000

7. Christoper Pollitt, Geerr Bouckaert. *Public Management Reform—A Comparative Analysis*. New York: Oxford University Press, 2000

8. David Gold. *The Role of the Market in the Provision of Public Goods and Services: Balancing Market Failure and Government Failure*. United Nations, New York, 1999

9. United Nations Report. *Privatization and Regulation in Developing Countries and Economies in Transition*. United Nations, New York, 1999

10. Goldin. Equal Access VS Selective Access: A Critique of Public Goods Theory. *Public Choice*, 29 (Spring), 1979

11. Demsetz. The Private Production of Public Goods. *Journal of Law and Economics*, 13 (October), 1970

12. Brubaker. Farl, Free Ride, Free Revelation, or Golden Rule, *Journal of Law and Economics*, 18 (April), 1975

13. P. H. Collin. *Dictionary of Government and Politics*. Second Edition. Teddington, Middlesex: Peter Collin Publishing, 1997

后　记

这本《政府经济学》，既是我长期从事政府宏观经济管理课程教学的总结，也是“政府经济学”课程组全体老师集体努力的结果。

从 20 世纪 90 年代初起，我就给中山大学行政管理学专业和政治学专业的本科生开设政府宏观经济管理方面的课程。经过几年的探索和积累，于 1997 年出版《政府经济职能与宏观管理》一书的第一版，于 1999 年修订出版了该书的第二版。从 1997 年起，我给中山大学行政管理学和政治学两个专业的硕士研究生开设了“政府与市场”的专题研讨课。每次研讨课，学生的讨论、发言都给了我很好的启发，有利于拓宽我的思路。1999 年，经过严格评审，“政府经济学”被评为中山大学的重点课程。编写和出版教材是重点课程建设的主要内容。自此以后，课程组的几位老师就开始了这本《政府经济学》的研究和撰写工作。原计划是 2000 年完成的，但由于我 2000—2001 年到美国伊利诺伊大学（UIUC）从事访问研究，2002 年又到美国加利福尼亚州立大学海沃德分校做访问学者，因而推迟到 2003 年 1 月才定稿。其间，反复修改，数易其稿，个别章节甚至推翻重来。对此，要特别感谢课程组几位老师的耐心配合。由于我们水平有限，而且时间紧迫，书稿仍然有不尽如人意之处，敬请读者批评指正。

全书的篇、章、节结构先由我设计，课程组全体老师讨论、修改，然后分工撰写，最后由我修改和统稿。何艳玲老师协助我统一全书的格式和整理主要的参考文献。各章的撰写分工如下：前言，郭小聪；第 1 章、第 2 章，郭小聪；第 3 章、第 4 章，郭小聪、何艳玲；第 5 章、第 6 章，何艳玲；第 7 章至第 9 章，谢蓉；第 10 章至第 15 章，郭银华。

在此，对参加撰写工作的课程组老师表示衷心感谢。中山大学教务处对本课程的教材建设给予了一定的支持，中山大学原政治学与行政学系的领导以及现在的政治与公共事务管理学院的领导对本课程的建设也予以高度重视，这里一并致谢。要特别感谢本书所借鉴和参考的著作的作者，是他们给了本书重要的养分。还要特别感谢中国人民大学出版社，没有它的大力支持，本书的出版计划将无法实现。在出版过程中，中国人民大学出版社刘晶女士的真诚相助和敬业精神，令人感动；责任编辑认真负责的工作态度和一丝不苟的精神，值得赞赏。借此后记也表达我们的诚挚谢意。

郭小聪

2003 年 7 月

人大版公共管理类教材

公共管理类专业教材——学科基础课教材

书名	作者
现代管理学原理（第三版）（“十一五”国家级规划教材）	娄成武　魏淑艳
一般管理学原理（第四版）	张康之　周　军
管理学基础（第三版）	方振邦
政治学原理（第三版）	景跃进　张小劲
现代政治学原理（第四版）	石永义　刘玉萼　张　璋
公共管理学（第二版）	陈振明
公共管理学——一种不同于传统行政学的研究途径（第二版）	陈振明
公共管理学（第三版）（数字教材版）（“十二五”国家级规划教材）	蔡立辉　王乐夫
公共管理学（精编版）	王乐夫　蔡立辉
公共管理学（第二版）	张康之　郑家昊
公共管理概论（第二版）	朱立言　谢　明
公共政策导论（第六版）（数字教材版）	谢　明
公共政策概论（第二版）	谢　明
公共政策学——政策分析的理论、方法和技术（“十一五”国家级规划教材）	陈振明
公共政策学（第二版）	杨宏山
政策科学——公共政策分析导论（第二版）	陈振明
公共经济学（第三版）（“十二五”国家级规划教材）	高培勇
公共经济学教程	秦立建
政府经济学（第四版）（“十一五”国家级规划教材）	郭小聪
政府经济学（第四版）	潘明星　韩丽华

公共管理类专业教材——方法课教材

书名	作者
公共管理研究方法	何兰萍　张俊艳
行政学研究方法与应用案例	萧鸣政　等
管理定量分析：方法与技术（第三版）	刘兰剑

公共管理类专业教材——行政管理、公共事业管理专业教材

书名	作者
行政法学导论	姜晓萍
公共部门人力资源管理（第四版）	孙柏瑛　祁凡骅
公共部门人力资源开发与管理（第五版）（“十二五”国家级规划教材）	孙柏瑛　祁凡骅
公共部门人力资源管理（第三版）	滕玉成　于　萍
公共部门人力资源管理概论（第二版）	方振邦
公共部门人力资源管理案例	周均旭
行政管理学（第五版）（数字教材版）	郭小聪
公共行政学（第五版）	彭和平
公共行政学（第二版）	张康之　张乾友
行政学导论（第三版）	齐明山

书名	作者
行政管理学导引与案例	陈季修
管理心理学（第三版）	范逢春
公共组织行为学（第三版）（“十一五”国家级规划教材）	孙　萍　张　平
公共组织学（第四版）	李传军
行政组织学（第二版）	张　昕　李　泉
公共组织理论	陆明远　冯　楠
公共事业管理概论（第三版）	朱仁显
公共组织财务管理（第三版）（“十一五”国家级规划教材）	王为民
国家公务员制度（第五版）（数字教材版）（“十二五”国家级规划教材）	舒　放　贾自欣
国家公务员制度概论（第二版）	刘碧强　郗永勤
公务员制度概论	李如海
公务员制度	温志强　王彦平　郝雅立
当代国家公务员制度：理论与实践	胡春艳
行政领导学（第三版）	朱立言　李国梁
领导学（第五版）	邱霈恩
领导学	孙　健
现代市政学（第五版）（数字教材版）	王佃利
市政管理学（第五版）（“十一五”国家级规划教材）	杨宏山
社区管理（第四版）	汪大海　魏　娜　郇建立
社区管理原理与案例	魏　娜
电子政务教程（第三版）（“十一五”国家级规划教材）	赵国俊
电子政府与电子政务（第二版）（“十一五”国家级规划教材）	张锐昕
行政伦理学教程（第四版）（“十二五”国家级规划教材）	张康之　李传军
公共危机管理概论（第二版）	王宏伟
公共危机管理	唐　钧
当代中国政府与政治（第二版）	景跃进　陈明明　肖　滨
当代中国政府与行政（第三版）	魏　娜　吴爱明
地方政府学概论（第二版）	方　雷
地方政府管理（第二版）	陈瑞莲　张紧跟
管理秘书实务（第三版）	赵锁龙
行政秘书学	唐　钧
公文写作与处理	赵国俊
机关管理的原理与方法（第三版）	赵国俊　陈幽泓
公共部门绩效管理（第二版）	方振邦
政府绩效管理（第二版）	方振邦　葛蕾蕾
政府绩效评估	蔡立辉
政府公共关系（第二版）（“十一五”国家级规划教材）	廖为建　张　宁
西方行政学理论概要（第二版）（“十一五”国家级规划教材）	丁　煌
公共行政学史（第二版）	何艳玲
西方公共管理名著导读	汪大海
文化管理学（第三版）（“十二五”国家级规划教材）	孙　萍
文化创意产业导论	魏鹏举
卫生事业管理（第二版）（“十一五”国家级规划教材）	李　鲁
现代公用事业管理	崔运武

公共管理类专业教材——劳动与社会保障专业教材

书名	作者
社会保障概论（第七版）	孙光德　董克用
社会保障学	戴卫东
劳动经济学（“十一五”国家级规划教材）	董克用　刘　昕
劳动法与社会保障法	黎建飞
社会保险学（第四版）	孙树菡　朱丽敏
社会保障基金管理	李春根
社会保障国际比较	仇雨临

公共管理类专业教材——土地资源管理专业教材

书名	作者
土地经济学（第八版）（“十一五”国家级规划教材）	毕宝德
土地法学（中国人民大学“十三五”规划教材）	严金明
土地资源学	张正峰　赵文武
土地资源管理学（第二版）	张正峰
国土空间规划学	张占录　张正峰
不动产估价（第二版）（“十一五”国家级规划教材）	叶剑平　曲卫东
土地信息系统	曲卫东　韩　琼
地籍管理（第五版）（“十一五”国家级规划教材）	谭　峻　林增杰

公共管理类专业教材——城市管理专业教材

书名	作者
城市管理学（第四版）	杨宏山
城市管理学：公共视角	陆　军 等
城市管理法	王丛虎
城市总体规划原理	郐艳丽　田　莉

公共管理类教材——应急管理专业教材

书名	作者
应急管理导论：原理与案例	李燕凌　朱正威 张海波　章文光
应急管理概论	王宏伟
应急管理理论与实践	唐　钧
突发事件风险管理	张小明
应急管理新论	王宏伟
新媒体时代的应急管理与危机公关	唐　钧
公共安全风险治理	唐　钧

公共管理硕士（MPA）教材——核心课教材

书名	作者
全国公共管理硕士（MPA）核心课程教学指导纲要	全国公共管理专业学位 研究生教育指导委员会
社会主义建设理论与实践（第三版）	李景治　蒲国良

书名	作者
公共管理英语（修订版）	顾建光
学术规范和论文写作	胡宏伟
公共管理学（第三版）（全国优秀教材二等奖）	张成福　党秀云
公共管理学原理（修订版）	陈振明
公共管理导论	竺乾威　朱春奎　李瑞昌
公共政策分析	陈振明
公共政策分析导论	陈振明
公共政策分析概论（修订版）	谢　明
公共部门经济学（第三版）	高培勇　崔　军
公共经济学	唐任伍
行政法学（修订版）	皮纯协　张成福
行政法学概论（第三版）	胡锦光
非营利组织管理概论（修订版）	王　名
非营利组织管理	王　名　王　超
公共管理伦理学（修订版）	张康之
社会研究方法	陈振明
电子政务理论与方法（第五版）	金江军
公文写作概论	高永贵

公共管理硕士（MPA）教材——专业方向必修课、选修课教材

书名	作者
公务员制度教程（第六版）	舒　放　王克良
比较政府与政治（修订版）	卓　越
当代中国政府与政治（第三版）	吴爱明　朱国斌　林　震
公共部门人力资源管理及案例教程（第三版）	陈天祥
公共部门绩效评估（修订版）	卓　越
公共部门危机管理（第三版）	张小明
应急管理通论（第二版）	李雪峰
公共部门战略管理（修订版）	陈振明
MPA 学位论文写作指南	汪大海

图书在版编目（CIP）数据

政府经济学/郭小聪主编. —4版. —北京：中国人民大学出版社，2014.12
普通高等教育“十一五”国家级规划教材. 新编21世纪公共管理系列教材
ISBN 978-7-300-20406-2

Ⅰ.①政… Ⅱ.①郭… Ⅲ.①行政干预-宏观管理-经济学-高等学校-教材 Ⅳ.①F20

中国版本图书馆CIP数据核字（2014）第292974号

普通高等教育“十一五”国家级规划教材
新编21世纪公共管理系列教材
政府经济学（第四版）
郭小聪　主编
Zhengfu Jingjixue

出版发行	中国人民大学出版社		
社　　址	北京中关村大街31号	**邮政编码**	100080
电　　话	010－62511242（总编室）		010－62511770（质管部）
	010－82501766（邮购部）		010－62514148（门市部）
	010－62511173（发行公司）		010－62515275（盗版举报）
网　　址	http://www.crup.com.cn		
经　　销	新华书店		
印　　刷	运河（唐山）印务有限公司	**版　　次**	2003年11月第1版
开　　本	787 mm×1092 mm　1/16		2015年2月第4版
印　　张	24.5	**印　　次**	2025年8月第15次印刷
字　　数	541 000	**定　　价**	58.00元

中国人民大学出版社　管理分社

教师教学服务说明

中国人民大学出版社管理分社以出版工商管理和公共管理类精品图书为宗旨。为更好地服务一线教师，我们着力建设了一批数字化、立体化的网络教学资源。教师可以通过以下方式获得免费下载教学资源的权限：

★ 在中国人民大学出版社网站 www.crup.com.cn 进行注册，注册后进入“会员中心”，在左侧点击“我的教师认证”，填写相关信息，提交后等待审核。我们将在一个工作日内为您开通相关资源的下载权限。

★ 如您急需教学资源或需要其他帮助，请加入教师 QQ 群或在工作时间与我们联络。

中国人民大学出版社　管理分社

教师 QQ 群： 648333426（工商管理）　114970332（财会）　648117133（公共管理）
教师群仅限教师加入，入群请备注（学校＋姓名）

联系电话： 010-62515782，82501868，82501048，62514760

电子邮箱： glcbfs@crup.com.cn

通讯地址： 北京市海淀区中关村大街甲 59 号文化大厦 1501 室（100872）

管理书社　　人大社财会　　公共管理与政治学悦读坊